Kultur-Reiseführer in der Reihe DuMont Dokumente

Zur schnellen Orientierung – die wichtigsten Inseln und Orte

In der vorderen Umschlagklappe: Karibisches Meer, westlicher Teil

In der hinteren Umschlagklappe: Karibisches Meer, östlicher Teil

Gerhard Beese

Karibische Inseln

Westindien von Cuba bis Aruba

DuMont Buchverlag Köln

Abb. Umschlagvorderseite: Pigeon Point, Tobago
Abb. Umschlaginnenklappe: Karneval in Port of Spain, Trinidad
Abb. Umschlagrückseite: Ara-Papagei
Frontispiz: Kariben-Indianer

Für meine Mutter

Der Autor möchte allen herzlich danken, die ihn bei seinen Arbeiten am vorliegenden Reiseführer unterstützt haben. Sein besonderer Dank gilt seiner Mutter Frau Helga Beese, der Deutschen Lufthansa, der NUR Touristik GmbH, der Caribbean Tourist Association und dem Westindia Committee.

CIP-Kurztitelaufnahme der Deutschen Bibliothek

Beese, Gerhard:
Karibische Inseln / Gerhard Beese. – Köln :
DuMont, 1985.
(Kunst-Reiseführer in der Reihe
DuMont-Dokumente)
ISBN 3-7701-1466-3

Satz und Druck: Rasch, Bramsche
Buchbinderische Verarbeitung: Bramscher Buchbinder Betriebe
Printed in Germany ISBN 3-7701-1466-3

Inhalt

Karibik – Schmelztiegel von Natur und Kultur

Die Vermutung, daß westlich der Alten Welt unentdeckte Inselreiche liegen, läßt sich bis in die Antike zurückverfolgen. Antilia, Atlantis oder die Inseln der Glücklichen sind Namen, die im Laufe der frühen europäischen Entdeckungsgeschichte immer wieder auftauchen.

Bis zum Ausgang des Mittelalters aber hatte die Alte Welt selbst genügend Raum für wirtschaftliche und politische Ausdehnungsbestrebungen geboten. Je mehr sich indessen im Abendland die Machtzentren nach Westeuropa verlagerten und je mehr sich die navigatorischen Fähigkeiten entwickelten, um so stärker wurden die Meere in den Expansionsdrang einbezogen.

Vor allem Spanien, Portugal und Italien wuchsen zu führenden Handelsnationen heran. Der Venezianer Marco Polo und der Portugiese Vasco da Gama stehen stellvertretend für diese Periode; sie repräsentieren nicht nur Abenteuerlust, sondern auch die neuen Großmachtambitionen. Nicht mehr die Suche nach imaginären Inseln waren die Motive der Entdeckungsreisen, vielmehr handelspolitische Bestrebungen; immer mehr wurden solche Vorhaben direkt von den Königshäusern und Handelsgesellschaften gefördert. Was lag näher, als aus der neugewonnenen Erkenntnis heraus, daß die Erde eine Kugelgestalt besitzt, den Seeweg nach Indien, zu den Gewürzinseln oder dem Chinesenreich Cathay in westlicher Richtung zu suchen.

Columbus – ein Italiener aus Genua – war der erste, der diese Idee mit praktisch-politischen Absichten aufzugreifen suchte, zunächst aber beim portugiesischen König Johann I. wenig Erfolg hatte. Erst Jahre später konnte er für die Unterstützung seines Planes das spanische Königspaar Ferdinand und Isabella gewinnen. Noch im gleichen Jahr, am 2. August 1492, verließ er mit drei Schiffen die Alte Welt. Bereits am 12. Oktober wird die Bahama-Insel Guanahani gesichtet – ein Vorposten der Neuen Welt. Wenn Columbus auch nicht der wahre Entdecker Amerikas ist – die Wikinger landeten, wie wir inzwischen wissen, schon vor ihm dort – so leitete er doch die Inbesitznahme und Unterwerfung des Subkontinents durch die Europäer ein. Er selbst freilich starb in dem Irrtum, Indien in westlicher Richtung entdeckt zu haben, wovon noch heute der Name »Westindische Inseln« zeugt.

Die westindische Inselwelt, die östliche und nördliche Karibik begrenzend, sollte das Tor und Brücke für weitere Entdeckungen in der Neuen Welt werden. Im Wettrennen um die Eroberungen des Subkontinents durch die westeuropäischen Mächte gewannen die karibischen Inseln eine hervorragende strategische Bedeutung, die sie bis heute nicht verloren

Columbus betritt Hispaniola und wird von Indianern mit Geschenken empfangen

haben. Mit ca. 234 000 qkm nimmt der karibische Inselbogen annähernd die Fläche Westdeutschlands ein und erstreckt sich von Cuba über eine Länge von nahezu 4500 km. Die bereits im Atlantik gelegenen Bahamas bilden innerhalb Westindiens eine eigene Inselgruppe und werden daher in diesem Reiseführer nicht einbezogen. Nimmt man nur die bewohnten Inseln, so werden es leicht 60, nicht eingerechnet die zahllosen menschenleeren Eilande – die Grenadinen zählen allein an die 100. Nur der indomalayische Archipel weist größere Dimensionen auf. Entsprechend groß war und ist die exotische Vielfalt an Pflanzen und Tieren. Viele Aufzeichnungen Columbus' und seiner Zeitgenossen bezeugen den Eindruck, den die fremdartige Tropenlandschaft auf sie machte, und auch später lösten die karibische Flora und Fauna in ihrer verschwenderischen Fülle bei den Chronisten immer wieder Staunen und Begeisterung aus. Sie sollten aber auch bald die verderbenbringenden Naturkatastrophen kennenlernen: tropische Wirbelstürme, Vulkanausbrüche und Erdbeben. Paradies und Hölle in unmittelbarer Nachbarschaft – dieser sonst so klischeehafte Vergleich fand und findet hier seine Bestätigung. Grund für diese extreme Gegensätzlichkeit ist die noch nicht abgeschlossene erdgeschichtliche Entwicklung sowie die meteorologische Randlage der karibischen Inseln innerhalb des Tropenbereichs. Erst vor 150 Millionen Jahren – ein geologisch sehr kurzer Zeitraum – entstanden im Vollzug der Trennung Südamerikas von Afrika die Großen Antillen. Noch viel später, vor 35 Millionen Jahren, kamen die Kleinen Antillen hinzu – insulares Resultat der immer noch fortschreitenden Kontinentalverschiebung. Sie sind es denn auch, die durch heftige Vulkanausbrüche und Erdbeben bis heute noch nicht das Ende ihrer Entwicklung zu erkennen geben. Der Ausbruch des Mt. Pelée auf Martinique im Jahre 1902 gilt mit seinen über 30000 Opfern als eine der größten Vulkankatastrophen in jüngerer Zeit.

Die Kontraste in der Vertikalen, wie wir sie im karibischen Raum finden, haben auf der Erde sonst kaum ihresgleichen: Hier der 3175 m hohe Pico Duarte auf Hispaniola, dort, nur wenige hundert Kilometer entfernt, die größte Tiefe des Atlantischen Ozeans im Puerto Rico-Graben (9219 m). Ohne das Meer würde sich unseren Augen ein 12400 m hohes Gebirge darbieten. Dieses Dichtbeieinander von Gebirgsketten und Meeresgräben läßt den immer noch andauernden geologischen Auffaltungsprozeß erahnen. Auch das Klima Westindiens weist Extreme auf. Bedingt durch die Lage zwischen nördlichem Wendekreis und Äquator ist es tropisch in allen Variationen: Von heiß-schwül auf der atlantischen Seite bis wüstenhaft-trocken auf den Niederländischen Antillen im Süden der Karibik. Hinzu kommt, daß auf den gebirgigen Inseln ein vertikales Temperaturgefälle bis hin zu einem kühl

Mahagoniwald auf den Kleinen Antillen

Ananas

gemäßigten Klima mit gelegentlichen Nachtfrösten herrscht. Die stetigen Passate aus dem Nordosten mildern Temperaturextreme, machen die karibische Inselwelt zu einem der beliebtesten Urlaubsziele. Sie steuern auch die Warmwassermassen im amerikanischen Mittelmeer, die ihren Abfluß in der Floridastraße finden und dann als Golfstrom karibische Wärme bis in unsere Breiten verfrachten. Dort, wo sich die klimatische Nahtstelle zwischen Tropen und Subtropen entlangzieht, besonders im Bereich der Großen Antillen, entwickeln sich Hurricans mit der bekannten vernichtenden Wirkung. Mit ihren kaum mehr meßbaren Windstärken sowie verheerenden Niederschlägen führen sie zu Naturkatastrophen von oft unvorstellbarem Ausmaß. 1979 verwüstete der Hurrican »David« die gesamte Insel Dominica und Teile ihrer Nachbarinseln.

Extreme der Natur – auf den Westindischen Inseln mit ihren fruchtbaren Böden aus vulkanischer Asche schaffen sie trotz der Naturkatastrophen außerordentlich gute Lebensbedingungen. Üppige Regenwälder und unmittelbar daneben intensive Landwirtschaft sind besonders auf den Inseln über dem Wind keine Seltenheit. Ein nicht minder reiches Leben setzt sich unter Wasser fort. Wohl nirgends sonst in der westlichen Hemisphäre findet man so umfangreiche Korallenriffgebiete wie in der Karibik. Das klare, sonnendurchflutete, über das ganze Jahr warm temperierte Wasser ergibt eine ideale Lebensgrundlage für riffbauende Korallenpolypen. Diese wiederum verschaffen marinen Tierarten in einer kaum zu überbietenden Vielfalt Existenzmöglichkeiten. Das Ergebnis ist ein Schmelztiegel, in dem sich die von der Natur geprägten Extreme und Widersprüchlichkeiten zu einer der faszinierendsten Großregionen dieser Erde vereinen – über und unter Wasser.

Durch Columbus und die Aufzeichnungen der Conquista-Chronisten wissen wir, daß die Westindischen Inseln schon vor der Entdeckung wahrscheinlich von mehr als einer Million Urbewohnern besiedelt waren. Dank der günstigen Umweltverhältnisse bildeten sich in ihrer 6000jährigen Geschichte Kulturen und Gesellschaftsstrukturen von hohem Niveau heraus. Dies drückt sich allerdings weniger in architektonischen Hinterlassenschaften als in

Funden von Schmuck und Gebrauchsgegenständen dieser präkolumbischen Gemeinschaften aus, deren Vergangenheit sonst noch weitgehend im dunkeln liegt. Völlig unvorbereitet auf die europäischen Eroberer und ihre technisch-zivilisatorische Überlegenheit, gingen sie in den nachfolgenden Jahren und Jahrhunderten ausnahmslos unter. Die wenigen heute noch auf Dominica lebenden Urbewohner haben ihre Identität, ihre Verbindung zur eigenen Vergangenheit gänzlich verloren. Angesichts der Dominanz von nachgerückten Afrikanern und Europäern gleicht diese Bevölkerungsgruppe eher einem Mahnmal. Es waren dabei weniger die brutalen Methoden der Conquistadoren als die Nachfolgeerscheinungen – etwa die physische Unterlegenheit der Eingeborenen bei Sklavenarbeiten, dazu eingeschleppte Krankheiten aus der Alten Welt, denen sie keinen natürlichen Widerstand entgegensetzen konnten –, die zum karibischen »Holocaust« führten. So waren die Großen Antillen schon wenige Jahrzehnte nach der spanischen Landnahme von ihren Urbewohnern nahezu entvölkert. Nur die Unzugänglichkeit einiger Inseln der Kleinen Antillen zögerte den Untergang der kriegerischen Kariben noch ein, zwei Jahrhunderte hinaus. An diese Ureinwohner erinnert die Benennung Karibische See für den Südteil des amerikanischen Mittelmeers.

Das heißbegehrte Gold fanden die spanischen Conquistadoren und ihre Gefolgsleute nur in unerwartet geringen Mengen, und so wandte man sich immer mehr der landwirtschaftlichen Erschließung zu, was allerdings einen hohen Arbeitskräftebedarf nach sich zog. Der Untergang der Urbevölkerung machte es unmöglich, ihn auf die Dauer an Ort und Stelle zu decken, und die weißen Herren suchten sich neue Opfer. Derselbe Dominikanerpater, Bartolomé de las Casas, der – viel zu spät – die Abschaffung indianischer Sklavenarbeit durchsetzte, machte sich das nicht gerade christliche Argument dieses Ordens zueigen, daß

Kariben-Indianer unter einem Papayabaum

Anacoana, Kazikenfrau und Freiheitskämpferin in Ketten

die Arbeit eines einzigen Schwarzen die von vier Indianern aufwiege und öffnete damit dem Sklavenhandel mit afrikanischen Negern Tor und Tür. Und dieses Menschenreservoir erwies sich auch im Laufe der folgenden 300 Jahre als nahezu unerschöpflich. Mit der Ausrottung der Urbevölkerung, der Neubesiedlung durch Spanier, später auch Engländer, Franzosen und Niederländer sowie dem nach Millionen zählenden Sklavenimport setzte ein gesellschaftlicher, wirtschaftlicher und kultureller Umbruch ohnegleichen ein, der bis heute nachwirkt und in seiner Komplexität noch immer schwer zu erfassen ist.

Mit der fortschreitenden Eroberung Mittel- und Südamerikas und den sie begleitenden Goldfunden – oder besser gesagt, mit der Plünderung des Goldes der Inka und Azteken – nahm das wirtschaftspolitische Interesse Europas an den westindischen Besitzungen rasch ab. Santo Domingo mußte seine Rolle als Hauptstadt der Neuen Welt an Mexico-City abtreten. Das neugeschaffene Vizekönigreich unter spanischer Oberhoheit, dessen erster Herrscher Columbus war, geriet, zumindest im karibischen Raum, recht bald in Bedrängnis. Schon nach kurzer Zeit riefen die mit edlen Metallen und anderen kostbaren Gütern heimkehrenden Schiffe Piraten auf den Plan. Zunächst noch unpolitisch motiviert, begannen sich neben Franzosen in zunehmendem Maße auch Engländer und Niederländer an dem Kapergeschäft zu beteiligen. In dem Maße, in dem sich die Machtinteressen ihrer Mutterländer am spanischen Kolonialbesitz regten, wurde die Piraterie zum Politikum. Einen wirksamen Schutz gegen die Überfälle konnten auch spanische Geleitzüge nicht schaffen, zu wenig berechenbar war im Zeitalter der Segelschiffahrt die Manövrierfähigkeit der schwergängigen

Galeonen gegenüber den unabhängig operierenden Piratenschiffen. Ihren Höhepunkt erreichte die Piraterie dann mit den Machenschaften des legendären Francis Drake: Der Engländer plünderte nicht nur stark befestigte Städte wie Cartagena und Santo Domingo; 1588 führte er die englische Flotte gegen die als unbesiegbar geltende spanische Armada und vernichtete sie. Mit der Eroberung Jamaicas durch den Engländer Cromwell im Jahre 1655 verblieben Spanien in der Karibik nur noch Cuba, Puerto Rico und das östliche Hispaniola. Die Kleinen Antillen wurden immer mehr zum Zankapfel zwischen den Engländern und nachrückenden Franzosen, Holländern sowie zeitweise auch Dänen. Jeder wollte sich die strategisch günstigste Position für die lukrative Piraterie sichern.

Eine nicht minder lukrative Einnahmequelle stellte der Sklavenhandel dar, der dem nunmehr geschwächten Spanien schnell aus der Hand glitt. In dem Maße, wie sich der Zuckerrohranbau ausbreitete, wuchs der Bedarf an Arbeitskräften, die vor allem von der westafrikanischen Küste auf die Inseln verschleppt wurden. Im Dreieckshandel zwischen Westeuropa, Afrika und der Neuen Welt diente die südliche Route dem Sklaventransport. Die Grausamkeiten dieses Menschenhandels sind allgemein bekannt. Bis zur endgültigen Abschaffung der Sklaverei Ende des letzten Jahrhunderts wurden schätzungsweise 30 bis 100 Millionen Schwarze in die Neue Welt deportiert. Dies löste eine ethnische Umschichtung ohne Beispiel aus, und auf fast allen karibischen Inseln überwiegen heute in der Bevölkerung bei weitem die Nachkommen ehemaliger Negersklaven.

Spätere Zuwanderer aus Nahost, Indien, Indonesien und China vervollständigten das Völkergemisch. Ihre Traditionen verschmolzen von Generation zu Generation immer mehr zu einer einzigartigen Mischkultur mit starken Differenzierungen im Hinblick auf die jeweilige Kolonialmacht. So lassen sich bis zum heutigen Tage zwei kulturelle Großregionen unterscheiden: Das räumlich und bevölkerungsmäßig größere spanische Gebiet umfaßt von den Großen Antillen Cuba, Puerto Rico und den Ostteil von Hispaniola. Jamaica und der westliche Teil von Hispaniola gehören wie die Kleinen Antillen zu dem von England, Frankreich und den Niederlanden geprägten Kulturraum, in dem die schwarze Bevölkerung noch stärker als auf Cuba, Puerto Rico und in der Dominikanischen Republik die ethnische Basis bildet.

Erst nach Abschaffung der Sklaverei, nach dem Ende der krassen kolonialen Unterdrückung, konnte die Rückbesinnung auf eigene, zumeist afrikanische Traditionen erfolgen. Haiti als erster unabhängiger Staat Westindiens blickt seit mehr als 150 Jahren auf eine eigenständige Kultur zurück, und kaum eine andere Antilleninsel bietet ein ähnlich breites Spektrum an kulturellen Eigenheiten. Mehr als anderswo haben sich hier auch kultische Traditionen afrikanischen Ursprungs erhalten, die oft eine seltsame Verbindung mit dem christlichen Glauben eingehen. Der Vodou-Kult ist weit über die Grenzen Haitis bekannt geworden. Mit seinen rituellen Tänzen gehört er zu den Vorformen der karibischen Musikfolklore, die inzwischen von der internationalen Musikszene nicht mehr wegzudenken ist. Tänze wie Habanera, Rumba, Reggae und Salsa sind karibischen Ursprungs, wenn auch durch Anpassung an nordamerikanisch-europäisches Musikempfinden und -verständnis oft bis zur Unkenntlichkeit verändert. Das, was die karibische Musikfolklore so unverwechsel-

Arbeitende Negersklaven auf dem Feld

bar macht, ist der musikalische Ausdruck ganz unterschiedlicher Kultureinflüsse. Ob es afrikanische Stammestänze sind, spanische Fandangos, schottische Reels, sogar Ländler oder Mazurken – sie alle vereinigen sich im Schmelztiegel der Karibik zu ganz neuen, zunehmend allerdings kommerzialisierten Musikformen.

Deutlicher als die Musikfolklore wird die Architektur vom Einfluß der europäischen Kolonialmächte bestimmt. Hier wieder der spanisch beeinflußte Kulturbereich mit prächtigen Sakralbauten in Santo Domingo oder Havanna, mit Profanarchitektur im überladenen Neo-Kolonialstil; dort der englisch-französisch-niederländische Raum mit wesentlich spärlicheren architektonischen Hinterlassenschaften – vielleicht mit der einen Ausnahme von Willemstad auf Curaçao. Daß auch der karibische Raum von der weltweiten modernen Einheitsarchitektur nicht verschont blieb, führen die touristischen und sozialen Zweckbauten vor Augen.

Der angedeuteten kulturellen Entfremdung durch Massenmedien, Tourismus etc. versucht man neuerdings entgegenzuwirken. Man besinnt sich nicht nur auf eigene Traditionen, sondern ist darüber hinaus bestrebt, neue kulturelle Werte zu schaffen. Altstädte werden restauriert, Folklore und Kunstgewerbe von kommerziellen Einflüssen bereinigt, und schließlich wächst auch der karibische Einfluß in der Weltliteratur. Bücher von Alejo

Alte Darstellung der Entdeckung Amerikas

Carpentier, Jacques Stéphen Alexis oder Surajprasad Naipaul wurden inzwischen auch in unsere Sprache übersetzt.

Karibik – Schmelztiegel auch in politischer Hinsicht. Bis 1958 uneingeschränktes Einflußgebiet westlicher Großmachtinteressen, voran der USA, bietet sie sich heute als ein Mosaik unterschiedlichster Staatsformen dar. Vor allem die cubanische Revolution direkt vor der Haustür der USA schlug eine Bresche in die halbkoloniale Abhängigkeit der Westindischen Inseln, allerdings nur, um in neuer, diesmal sowjetischer, Abhängigkeit zu enden. Die daraus resultierende Cubakrise im Jahre 1962 mit dem Risiko eines 3. Weltkriegs ist noch in Erinnerung. Als politische Alternative übertrug sich der cubanische Sozialismus bisher nur auf die Insel Grenada, der aber mit der US-Invasion im Jahre 1983 sein Ende fand. Die anderen inzwischen unabhängig gewordenen Inseln bildeten fast alle eigene Zwergstaaten und blieben auf den Westen orientiert. Im staatlichen Sinne abhängig sind heute nur noch die Französischen Antillen und Puerto Rico, letztere Insel ein den USA assoziierter Staat.

Von politischer Stabilität im amerikanischen Mittelmeer kann bis heute nicht die Rede sein. Zu vielschichtig sind die Probleme. Im Gegenteil: Mit dem steigenden Bevölkerungsdruck verschärft sich zunehmend die wirtschaftliche, soziale und ökologische Situation im gesamten karibischen Raum. Trotz unterschiedlicher Ideologien sind sich alle Staaten in der Förderung des Fremdenverkehrs einig. Von ihm erhoffen sie sich wirtschaftliche Gesundung. Sonne, Sand und blaues Meer sind als Schlagworte auch heute noch überzeugende Argumente, und die Besucherzahlen steigen nach wie vor. Zumeist in Hotelanlagen oder an Bord von Kreuzfahrtschiffen isoliert, gelingt es dem Karibik-Reisenden allerdings nur schwer, Brücken zu den Gastgeberländern zu schlagen, tieferes Verständnis für Natur und Bevölkerung, für Geschichte und Kultur zu gewinnen. Gerade hierbei will der vorliegende Reiseführer behilflich sein, denn die Karibik, das ist mehr als ein tropisches Urlaubsvergnügen.

Natur und Umwelt

Erdgeschichtliche Entstehung

Das amerikanische Mittelmeer entstand, als sich vor ca. 200 Millionen Jahren, erdgeschichtlich gesprochen im Trias, der hypothetische Urkontinent Pangäa zu spalten begann und in einzelnen Schollen auseinanderdriftete. Die Bruchstellen zwischen Nord- und Südamerika und später zwischen Südamerika und Afrika gaben allmählich Raum für ein neues Meer, in dem eine zusammenhängende mittelamerikanisch-karibische Landmasse auftauchte. Absenkungen im Nordwesten und Südosten ließen im Verlauf der Kreide eine große karibische Insel zwischen dem Pazifischen und Atlantischen Ozean entstehen, die einen großen Teil Mittelamerikas umfaßte.

Vor ca. 60 Millionen Jahren setzte die Auffaltung der Westküste des gesamten amerikanischen Doppelkontinents ein; sie führte zu starken tektonischen Veränderungen auch im karibisch-mittelamerikanischen Raum. Durch die Bildung der peruanisch-venezolanischen Geosynklinale, d. h. eines großräumigen Senkungsgebiets, wurde während des Eozäns das trennende Seegebiet zwischen Mittel- und Südamerika noch verbreitert, zumal sich auch große Teile Mittelamerikas senkten. Gleichzeitig begann sich durch Auffaltungsvorgänge im Osten, dem heutigen Bereich der Kleinen Antillen, eine Landbrücke mit Südamerika zu bilden, so daß eine durchgehende Verbindung zwischen dem heutigen Honduras und Venezuela entstand. Weitere Absenkungsvorgänge im mittelamerikanischen Bereich trennten diese Landbrücke während des Miozäns wieder. Durch fortgesetzte Faltungen entstanden in der Folge zwei zusammenhängende Gebirgszüge, die noch heute das südliche Cuba sowie Jamaica einnehmen und sich auf Hispaniola vereinigen. Tertiäre Kalke und Mergelkalke bedeckten die Gebirge, boten aber der starken Erosionstätigkeit wenig Widerstand, so daß die Gipfel abgetragen wurden. Das heruntergespülte Ton- und Mergelmaterial bildete dann weitausgedehnte Schwemmebenen.

Etwa zur gleichen Zeit war Mittelamerika erneut starken Faltungen ausgesetzt. Die damit einhergehenden tektonischen Vorgänge führten abermals zur Zerstückelung des mittelamerikanischen Kordillerensystems. Erst im Pliozän entstand die heute existierende Landbrücke Mittelamerikas, als sich die peruanisch-venezolanische Geosynklinale mehr und mehr zurückbildete. Andererseits wurden durch nacheiszeitliche Abschmelzungsprozesse besonders während des Quartär, als sich der Meeresspiegel bis zu ca. 30 m hob, flache Teile der Inseln überflutet, vor allem das westliche Cuba.

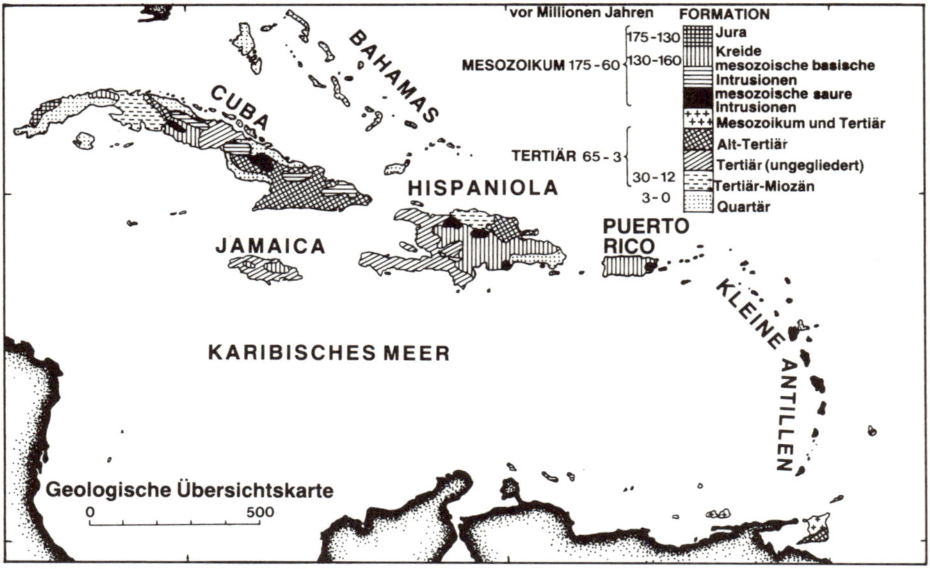

Diese geologischen Erkenntnisse beruhen vor allem auf Rückschlüssen aus den heutigen Gesteinsformationen und der tektonischen Großgliederung zwischen Mittelamerika und den Antillen. Auf der geologischen Übersichtskarte lassen sich erdgeschichtliche Übereinstimmungen sehr gut an den Faltengebirgen im südlichen Cuba, auf Jamaica und dem westlichen Hispaniola erkennen, die alle tertiären Ursprungs sind. Hier haben die Abtragungen der meist aus kristallinen und gefalteten Sedimenten bestehenden Gesteine noch nicht das Ausmaß erreicht wie in Bereichen des westlichen Cubas, im Zentralgebiet von Jamaica und auf Hispaniola, wo Formationen aus der Kreidezeit überwiegen. Die paläozoischen, d. h. dem Erdaltertum entstammenden, Gebirgskerne bestehen aus Graniten, Gneisen und Dioriten. Intrusivgesteine, d. h. Gesteine, die durch Eindringen von Magma verändert wurden, und Basalte lassen in zentralen Teilen Cubas, Hispaniolas, im Ostteil Puerto Ricos und auf den meisten Inseln der Kleinen Antillen auf erloschenen oder noch vorhandenen Vulkanismus schließen.

Auch die Plattentektonik des mittelamerikanisch-karibischen Raums vermittelt interessante erdgeschichtliche Erkenntnisse. Nach der von Alfred Wegener begründeten Kontinentalverschiebungstheorie gehen die heute existierenden 12 großen Erdplatten auf den Beginn der Kontinentaldrift vor ca. 200 Millionen Jahren zurück. Allein fünf dieser Großschollen umgeben die relativ kleine karibische Platte. Schon hieraus lassen sich Rückschlüsse auf die geologische Instabilität des Raumes ziehen. Wie die meisten Randzonen der Platten, zeichnet sich auch der Bereich des Antillenbogens durch heftige und häufige Erd- und

Seebeben aus. Darüber hinaus weisen auch die immer noch tätigen Vulkane auf Guadeloupe, Martinique und St. Vincent auf eine geologische Unruhezone hin.

Von zwei Katastrophen größten Ausmaßes ist in diesem Zusammenhang zu berichten: Vom Untergang der Stadt Port Royal auf Jamaica im Jahre 1692 durch ein Erdbeben und von der Vernichtung von St. Pierre auf Martinique bei einem Ausbruch des Mt. Pelée 1902. Durch Piraterie im 17. Jahrhundert zur reichsten Stadt der Karibik geworden, verschwand Port Royal innerhalb einer Nacht vom Erdboden, und zwar an der Stelle, wo die heute Kingston vorgelagerte schmale Halbinsel im Westen endet. In unser Jahrhundert fällt die Vulkankatastrophe von St. Pierre. Am 8. Mai 1902 vernichtete eine auf 2000° C erhitzte Glutwolke die als »Paris der Karibik« bezeichnete Stadt und ihre Einwohner innerhalb weniger Minuten (s. S. 27). Nur zwei Menschen überlebten das Inferno.

Geologische Unruheräume sind in der Regel an einer vielfältigen tektonischen Gliederung zu erkennen. Faltengebirge und Tiefseebecken in unmittelbarer Nachbarschaft künden von einer Unausgewogenheit in den erdgeschichtlichen Entstehungsprozessen. Die Trennung des Cayman-Grabens und karibischen Beckens durch die Cayman-Schwelle läßt den Verlauf des mittelamerikanischen Bruchfaltengebirges in östlicher Richtung erkennen; der nördliche Gebirgsast taucht als Sierra Maestra im Süden Cubas wieder auf, während der südliche die Insel Jamaica bildet. Nach abermaligem Untertauchen vereinigen sich beide Äste im westlichen Hispaniola und enden im Osten mit den Virgin Islands. Analog dazu bildet ein zunächst ostwärts gerichteter Ast der venezolanischen Küstencordillere die Fortsetzung des nun nach Nordwest orientierten Antillenbogens. Diese Region wird flankiert vom langgestreckten Puerto-Rico-Graben mit der größten Tiefe des Atlantischen Ozeans

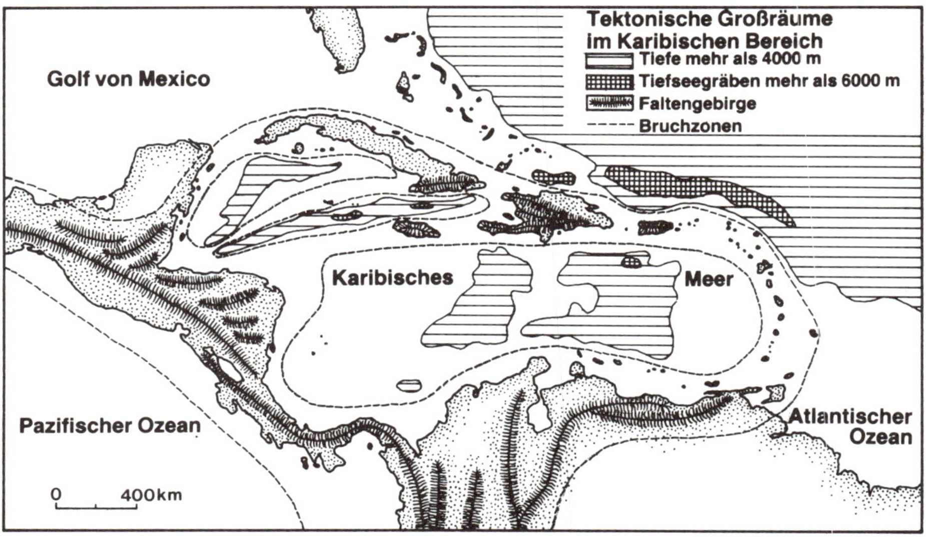

Geologische Großregionen der Antillen

Region	Geologische Bildungen und Formen
Cuba (Westteil)	Vorwiegend Kalkplateau aus der oberen Kreide und dem Quartär, oft verkarstet (Kegelkarst), tertiäre Ergußgesteine
Cuba (Ostteil), Jamaica, Hispaniola, Puerto Rico	Tertiäre Bruchfaltengebirge aus metamorphem (kristalline Schiefer, Gneise), tertiärem vulkanischen Gestein, Intrusivgesteinen sowie Sedimentgesteinen aus der Kreidezeit, eozäne und miozäne Kalkplateaus, z. T. überlagert von bauxithaltiger Roterde (Jamaica), häufig verkarstet (Dolinen, Kegelkarst)
Virgin Islands	Bruchfaltenstruktur aus Sedimenten der Kreidezeit und des Tertiär, metamorphe und vulkanische Gesteine aus dem Tertiär
Kleine Antillen: Innerer Bogen Von Saba bis Grenada	Rezente Vulkangebirge aus Ergußgesteinen, z. T. noch aktiv (Mt. Soufrière auf Guadeloupe, Mt. Soufrière auf St. Vincent und Mt. Pelée auf Martinique), Ascheablagerungen, z. T. vorgelagerte Plateaus aus pleistozänen und miozänen Kalkgesteinen
Kleine Antillen: Äußerer Bogen Anguilla, Barbuda, St. Maarten, St. Barthélemy, Guadeloupe (Grande Terre), Barbados	Plateaus aus pleistozänem Kalkgestein, z. T. überlagert mit miozänen Korallenkalken, Schichtstufenlandschaften (Barbados, Guadeloupe-Basse Terre), manchmal verkarstet (Guadeloupe-Grande Terre)
Trinidad, Tobago	Mesozoische und tertiäre Bruchfaltengebirge andinen Ursprungs aus metamorphem Gestein. Hügelzonen aus tertiärem Sedimentgestein, oligozänen und miozänen Kalken, Korallenplateaus (Tobago)
Curaçao, Aruba, Bonaire	Inselsockel aus Basalten und metamorphem Gestein der Kreidezeit, überlagert von pleistozänen Korallenkalken

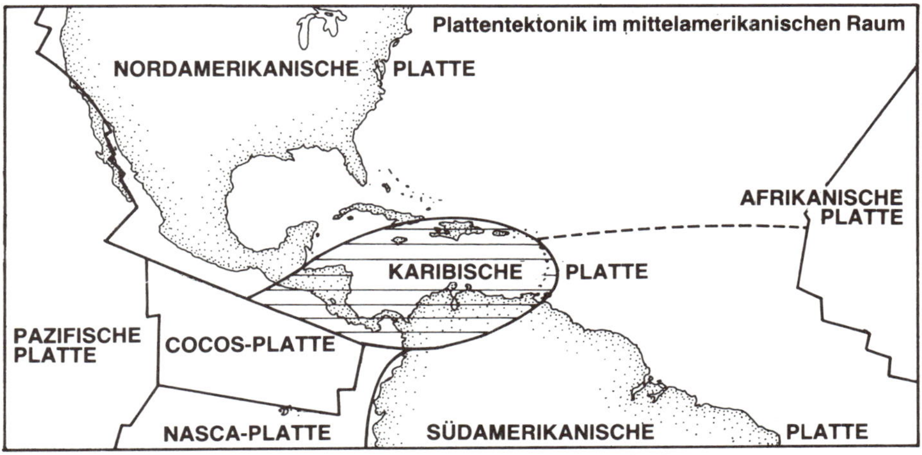

Verteilung von Land und Meer während verschiedener geologischer Perioden in der Karibik

Mittlere Kreide, 100–70 Mio. Jahre

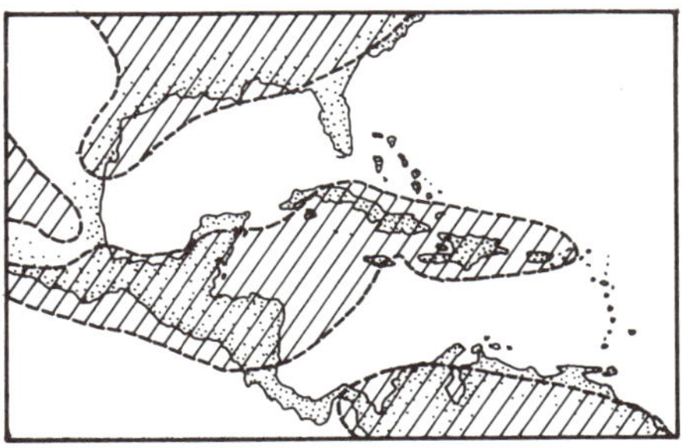

Tertiär (Eozän), 60–40 Mio. Jahre

Tertiär (Miozän), 30–10 Mio. Jahre

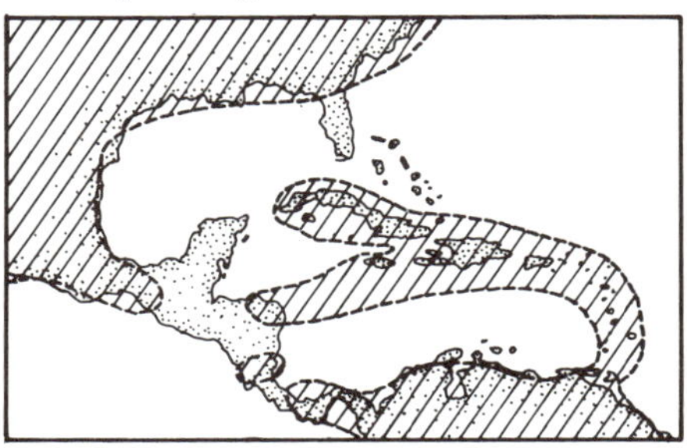

Erdbebengebiete

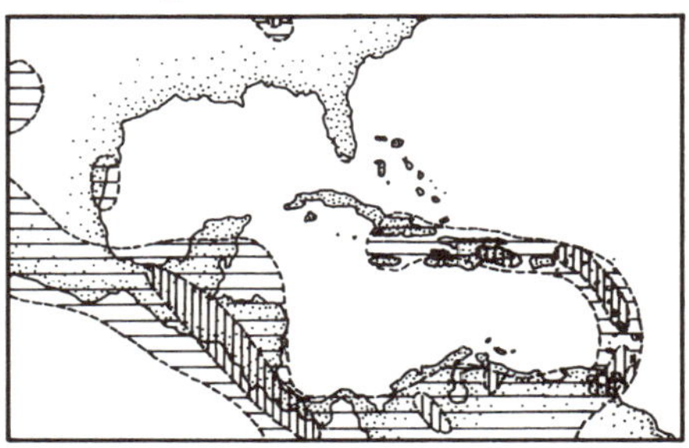

früHere Verteilung
jetzige Verteilung

Erdbebengebiete
Zonen mit häufigen Erdbeben

(Milwaukee-Tief, 9219 m). Ähnlich wie vor der Westküste Südamerikas handelt es sich auch hier um eine Depression als Folge der Gebirgsfaltungen während der späten Kreide und des frühen Tertiär.

Das heutige geographische Bild der Westindischen Inseln zeigt im übrigen nur ein Zwischenstadium der fortdauernden erdgeschichtlichen Metamorphose. Auch jetzt läßt die Inselkette der Antillen immer noch ihre ehemalige Brückenverbindung mit Südamerika und Mittelamerika erkennen: Das westliche Glied, die Großen Antillen, ein »halbertrunkenes« Gebirgssystem, steht in geologischer Verbindung mit den Faltengebirgen von Honduras und Nicaragua. Die Kleinen Antillen kann man als östliches Kettenglied ansehen, als aufgetauchte Gipfel eines nicht zusammenhängenden unterseeischen Gebirges vulkanischen Ursprungs. Die bogenförmige Anordnung der Antillen zwischen Mittel- und Südamerika scheidet den Golf von Mexico vom Karibischen Meer. Beide Teile bilden das Amerikanische Mittelmeer; gleichzeitig erfolgt eine klare Abgrenzung zum Atlantischen Ozean im Osten hin.

Geographische Lage, Gliederung, Namengebung

Die geographische Lage ist definiert durch die Meridiane von 58 West im Osten bei Barbados und 85 West am westlichen Zipfel von Cuba. Der tropische Wendekreis des Krebses bildet die nördliche Begrenzung zwischen Florida und Cuba; im Süden liegt Trinidad am 10. Breitengrad. Auch wenn Cuba die geographische Grenze der Tropen streift, so ist doch die gesamte karibische Region, klimatisch betrachtet, ausgesprochen tropisch.

Mit den Großen Antillen im Westen nimmt die fast 4500 km lange Inselkette ihren Anfang und erstreckt sich zunächst bis Puerto Rico in östliche Richtung. An Größe verlierend, überbrücken die Kleinen Antillen in einem scharf südwärts gerichteten Bogen das letzte Teilstück zur südamerikanischen Küste nördlich der Orinoco-Mündung. Meist sind die Abstände zwischen den Inseln so gering, daß man die Nachbarinseln erkennen kann.

Die Namengebung »Westindische Inseln« erinnert an den historischen Irrtum Columbus', der glaubte, Indien entdeckt zu haben. Auch die Bezeichnung »Antillen« spiegelt einen solchen Irrtum wider. Peter Martyr, der sie prägte, war ein Gelehrter am Hofe des spanischen Königspaares Ferdinand und Isabella. Er vermutete Antilia, die legendäre Insel der griechischen Mythologie, mitten im Atlantischen Ozean. Während der Begriff »Westindien« alle Inseln des amerikanischen Mittelmeeres einschließlich der Bahamas umfaßt, rechnet man zu den Antillen nur die Inselkette von Cuba bis Trinidad und die vor der südamerikanischen Küste liegenden Inseln Margarita, Tortuga, Aruba, Curaçao und Bonaire. Man unterscheidet dabei Große (Cuba, Jamaica, Hispaniola, Puerto Rico) und Kleine Antillen. Letztere werden wiederum in die Inseln über dem Wind (Virgin Islands bis Trinidad) und die Inseln unter dem Wind (Margarita bis Aruba) gegliedert – eine Unterteilung, die schon in der frühen Entdeckungsgeschichte gebräuchlich war. Den luvseitigen Inseln über dem Wind im östlichen Inselbogen bringt der Nordost-Passat Regen, während die leeseitigen Inseln unter dem Wind nur wenig Niederschläge erhalten. Diese zunächst nautisch-meteorologische Definition wurde aber im Laufe der Zeit im Sinne der kolonialen Verhältnisse verändert. Heute hat sich im englischen Sprachgebrauch folgende Gliederung durchgesetzt: Leeward Islands = Virgin Islands bis Guadeloupe; Windward Islands = Dominica bis Trinidad.

Da fast alle Westindischen Inseln von Columbus entdeckt worden sind, war er meist auch der Namengeber. Oft bekamen die Inseln Namen der Tagesheiligen wie St. Martin (Sint Maarten), St. Thomas oder St. Lucia. Andere Inseln, wie beispielsweise die Großen Antillen Cuba, Jamaica und Haiti, behielten ihre indianischen Bezeichnungen oder erhielten sie zurück. Für Haiti setzt sich wieder mehr und mehr der zur Zeit der Entdeckung gegebene Name Hispaniola durch, um Verwechslungen mit dem gleichnamigen Weststaat der Insel zu vermeiden. Das Meer selbst wurde nach den wehrhaften und sich gelegentlich von Menschenfleisch ernährenden Kariben-Indianer (daher kommt der Ausdruck »Kannibale«) benannt, denen man auf den Kleinen Antillen begegnete.

Landschaftsbild der Antillen

Das Landschaftsbild der Antillen soll nach folgender Gliederung vorgestellt werden:

Große Antillen:
Cuba, Jamaica, Hispaniola, Puerto Rico

Kleine Antillen:
innerer Bogen: von den Virgin Islands (die geologisch zu Puerto Rico gehören) bis Grenada
äußerer Bogen: von Anguilla über die Osthälfte von Guadeloupe bis Barbados
außerdem: Trinidad, Tobago, Bonaire, Curaçao, Aruba

An *Oberflächenformen* lassen sich dabei unterscheiden:
Faltengebirge; Vulkangebirge; Schichtstufengebirge; Karstgebirge; flache Kalktafeln; Schwemmland

Auf den **Großen Antillen** sind außer Vulkangebirgen alle Oberflächenformen in den verschiedensten Variationen anzutreffen. Faltengebirge aus dem späten und mittleren Tertiär geben den Landschaften im südlichen Cuba, auf Jamaica und in großen Teilen Hispaniolas eine kaum zu überbietende Vielfalt. Steile Kammgebirge wechseln mit tief eingeschnittenen Tälern, Flußsystemen, Hügelländern und Schwemmebenen ab. Geographische Höhepunkte im wahrsten Sinne sind die Gipfel des Pico Duarte auf Hispaniola mit 3175 m, die fast 2300 m aufsteigenden Blue Mountains auf Jamaica und auch der 2005 m hohe Pico Turquino auf Cuba. Das entgegengesetzte Extrem bildet auf Hispaniola die Enriquillo-Senke mit dem gleichnamigen 44 m unter Meeresniveau liegenden See. In der Regel handelt es sich bei den Gebirgen um gehobene Sedimentgesteine aus der Zeit vom Tertiär bis zum Miozän, durchsetzt mit Intrusivgesteinen aus längst erloschenen Vulkanen. Die Gebirgskerne werden aus paläozoischen Gesteinen gebildet; diese durchbrechen aber nur in Gipfelregionen das Sedimentgestein der Oberflächen. Erwähnt seien in diesem Zusammenhang die reichen Erzvorkommen an Nickel, Chrom, Kupfer und Eisen auf Cuba in der Sierra Maestra sowie in der Cordillera Central auf Hispaniola.

In enger geologischer Verwandtschaft stehen die Faltengebirge der Sierra Maestra auf Cuba, die vier auf Hispaniola fast parallel verlaufenden Cordilleren, die Central Range und Blue Mountains auf Jamaica, aber auch die Zentralcordilleren auf Puerto Rico. Sie bilden sozusagen das Rückgrat der Großen Antillen, wenn man von dem Westteil Cubas einmal absieht. Die Reliefgestalt der Inseln wurde aber nicht nur durch tektonische Ereignisse, sondern ebenso durch klimatische Abtragungsvorgänge geformt. Letztere ließen sogar völlig neue Landschaften entstehen, die sich aus Rumpfflächen, Schichtstufen, Karstgebirgen und Schwemmgebieten formen. Rumpf- oder Einebnungsflächen sind in den zuvor beschriebenen Faltengebirgen und im zentralen Cuba zu finden, wo die meisten während des Tertiär entstandenen Gipfel im Laufe der Zeit durch Erosion abgetragen wurden. Trotzdem erreichen die Bergspitzen in der Cordillera Central auf Hispaniola immer noch Höhen von 2500 m. Schichtstufenlandschaften sind auf den Westindischen Inseln weit verbreitet, besonders auf den Großen Antillen, dem äußeren Bogen der Kleinen Antillen und auf

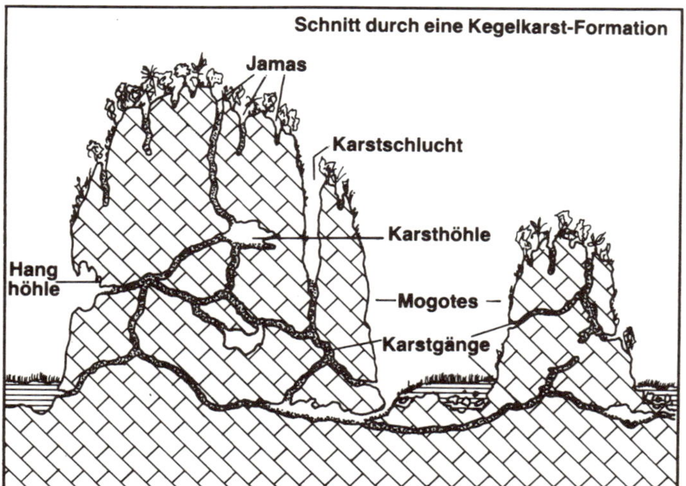

Aruba, Bonaire und Curaçao. Sie gehen aus Sedimentschichten unterschiedlicher Härte und Wasserdurchlässigkeit hervor, die stark feuchtem Klima ausgesetzt sind bzw. waren. Nicht nur Oberflächenerosionen, sondern auch Quellerosionen durch eingesickertes und nach unten wieder austretendes Wasser sind maßgeblich an der Formung von Schichtstufen beteiligt. Besonders klare Formen der Ausbildung findet man auf Cuba im Bergland von Matanzas und auf Puerto Rico zwischen Lares und Utuado. Die weit verbreiteten Karstlandschaften tragen mit ihren bizarren Erscheinungsformen ganz wesentlich zum Landschaftsbild der Großen Antillen bei. Als Karst bezeichnet man Oberflächenformen, die durch Einwirkung von Oberflächen- und Grundwasser auf löslichen Gesteinen entstehen. Die Voraussetzungen zur Karstbildung sind auf den Großen Antillen mit ihren kalkhaltigen Sedimenten und tropischem Regenklima besonders gut. Zwei Erscheinungsformen müssen unterschieden werden: Die erste Form, der Dinarische Karst, entsteht durch Dolinenbildung, d. h. durch Oberflächeneinstürze infolge ausgewaschener Spalten und Höhlen. Handelt es sich um ein weitverzweigtes eingestürztes Spalten- und Höhlensystem, entsteht eine regelrechte Kraterlandschaft wie in Teilen des nördlichen Jamaica, im Hinterland von Santo Domingo und im nördlichen Teil der zentralen Cordilleren auf Puerto Rico. Die auf Jamaica mit bauxithaltigem Schwemmaterial angefüllten Dolinen gehören zu den größten Aluminiumvorkommen der Erde.

Die Kegelkarstgebirge der Großen Antillen stellen als zweite Form des Karsts eine besonders eigentümliche Landschaftserscheinung dar. Vergleichbare Berglandschaften findet man nur noch im südöstlichen China. Ähnlich interessant wie die äußere Erscheinungsform ist auch die Entstehung der oft isoliert stehenden, steil aufragenden Bergkegel in sonst flachen Ebenen. Als Mogotes (Farbt. 9) bezeichnet, sind sie Reste von Karstrandebenen mit hohem Grundwasserstand, die durch Oberflächen- und Quellerosion immer mehr zerklüftet und unterhöhlt werden. Die eindrucksvollste Kegelkarstlandschaft ist ohne Zweifel die Sierra de los Órganos auf dem westlichen Cuba mit ihren bis zu 300 m hohen Turmgipfeln. Aber auch Jamaica (Cockpit Country), Hispaniola (Unterlauf des Río Yuna, Cordillera Septentrional, Halbinsel Samaná) und das nordwestliche Puerto Rico weisen faszinierende Kegelkarstlandschaften auf.

Die niederen Kalktafeln am westlichen Ende Cubas, in Bereichen der Nord- und Südküsten der gleichen Insel sowie die nördlichen und südöstlichen Küstenregionen Hispaniolas entstanden zumeist während des Pleistozäns durch Hebung flacher Meeresteile – ähnlich wie Yucatán, Florida und die Bahamas. Als vorgelagerte flache Schelfgebiete breiten sich die Kalktafeln auch unter Wasser über große Flächen aus. Fossile Korallenvorkommen (Abb. 12) oberhalb des Meeresspiegels weisen auf ehemalige Riffgebiete hin.

Schwemmgebiete werden meist aus Rotlehm und Roterde als den Endprodukten chemischer und physikalischer Verwitterungsvorgänge gebildet. Sie lagern sich vor allem an Flußmündungen der Nordküsten Hispaniolas, Jamaicas sowie Puerto Ricos ab und bilden auf Cuba die Ebenen der Flüsse Cauto und Nipe. Günstige Naturhäfen wie beispielsweise die von Havanna und Willemstad auf Curaçao sind durch nacheiszeitliche Überflutungen ehemaliger Flußtäler entstanden.

Verglichen mit den Großen Antillen weisen die **Kleinen Antillen** entsprechend ihrer anders gearteten geologischen Entstehung wesentliche Unterschiede auf: Durch die viel geringere Fläche tritt der spezifische Inselcharakter stärker in Erscheinung, die Entstehung großflächiger Landschaftsformen ist nicht möglich. Faltengebirge fehlen gänzlich, an ihre Stelle treten mächtige Vulkangebirge mit annähernd 2000 m Höhe. Auf Guadeloupe, Martinique und St. Vincent existieren noch immer tätige Vulkane, auf den anderen Inseln sind sie erloschen oder befinden sich nur noch im Solfatarenstadium, stoßen also nur noch Schweldämpfe ab. Gut erhaltene Kuppen erloschener Schichtvulkane sieht man z. B. noch auf Saba, Sint Eustatius, St. Kitts und Nevis. Die 798 m bzw. 736 m hohen Felsnadeln der beiden Pitons (Farbt. 1 und 3) auf St. Lucia sind Überreste von Schloten aus härterem Gestein längst abgetragener Vulkane. Ähnliche Bildungen sind die Pitons de Carbet auf Martinique. Die drei noch tätigen Vulkane gehören zur Vulkangruppe der Subduktionszonen, wie sie an den Rändern kollidierender Kontinentalplatten entstehen. Als Stratovulkane bauen sie sich aus Schichten von explosiv geförderten Lockerstoffen und effusiv ausgetretenen Lavaströmen auf. Typisch für diese Gruppe sind die extrem sauren Förderprodukte; sie erklären sich aus dem hohen Gehalt von Kieselsäure der silikatischen Massen aus dem Erdinneren. Als Beispiel der schon erwähnte Mt. Pelée auf Martinique: Sein Kegel, der vorwiegend aus vulkanischen Lockerprodukten besteht, erhebt sich 1397 m und ist im oberen Kuppenbereich von zahllosen Erosionsrinnen zerfurcht.

Die unteren Regionen des Vulkans sind schon längst wieder mit dichtem Regenwald überwuchert oder werden landwirtschaftlich genutzt. So bietet sich heute ein paradiesisches Bild, in dem nur noch die Ruinen des nahegelegenen St. Pierre an die Vulkankatastrophe Anfang dieses Jahrhunderts erinnern. Und doch gehört der Mt. Pelée mit seinen sauren Laven zu den gefährlichsten Vulkantypen. Gefährlich deshalb, weil sie hochexplosive Gase ausstoßen, die aus der heißen, viskoseartigen Lava entweichen und mit feinst verteilten Magmapartikeln regelrechte Glutlawinen bilden.

Obwohl geographischer Bestandteil der Kleinen Antillen, unterscheiden sich die Inseln des äußeren Antillenbogens in ihrer Oberflächenstruktur stark von den geologisch viel jüngeren des inneren Bogens. Mit nur fünf größeren Inseln – Barbuda, St. Barthélemy, Sint Maarten, Osthälfte von Guadeloupe und Barbados – ist ihre Zahl auch viel kleiner. Die meist flachen und wenig strukturierten Oberflächen der Inseln werden aus mittel- bis jungtertiären Kalksteinen gebildet, die ältere Vulkangebiete überlagern. Landschaftlich ist Barbuda mit seinem nur 68 m ansteigenden Kalkplateau den Bahamas am ähnlichsten. Guadeloupe bildet die Nahtstelle zwischen beiden Inselbögen. Grande Terre, die östliche Inselhälfte, steht mit ihrer aus miozänen Kalken gebildeten Oberfläche ganz im Gegensatz zum westlichen, vom Vulkangebirge bestimmten Inselteil. Dies erklärt auch, weshalb Grande Terre mit seiner von vielfältigen Karstformen und Schichtstufen geformten Landschaft erheblich mehr Übereinstimmungen mit der fast 400 km weit entfernten Insel Barbados aufweist. Barbados zeigt allerdings eine noch ausgeprägtere Schichtstufenlandschaft mit oft steilen Kliffs, die überwiegend durch Quellerosion entstanden sind.

Der Untergang von St. Pierre

Kurze Chronologie des Ausbruchs von 1902

1851 Leichter Ausbruch, in dessen Folge hin und wieder Rauchwolken aus dem Gipfel steigen.

1902 Im Frühjahr entdeckt Professor Landes, Leiter der naturwissenschaftlichen Abteilung des Gymnasiums von St. Pierre, im oberen Talabschnitt des Rivière Blanche dampfende Fumarolen.

23. 4. 1902 Leichte Erdstöße werden registriert, ein erster Aschenregen geht auf St. Pierre nieder, die Luft enthält Schwefeldämpfe.

24. 4.–4. 5. 1902 Mehrere Explosionen im Gipfelbereich. Der Aschenregen wird intensiver und verfinstert die Sonne. Tiere beginnen zu fliehen. Die zunehmend erregte Bevölkerung wird vom Inselgouverneur beschwichtigt, weil am 10. Mai eine wichtige Wahl stattfinden soll. Starker Aschenfall blockiert einige Straßen.

5. 5. 1902 Ein Sturzbach aus kochendem Schlamm zerstört die am Revière Blanche gelegene Zuckerfabrik, 30 Menschen kommen dabei um.

6. 5. 1902 Erneute Explosionen im Vulkankrater. Truppen werden eingesetzt, um die fliehende Bevölkerung zurückzuhalten.

7. 5. 1902 Die in St. Pierre erscheinende Zeitung »Les Colonies« schreibt: »Der Mt. Pelée bietet für St. Pierre keine größere Gefahr als der Vesuv für Neapel. Wir können diese Panik nicht verstehen. Wo könnte außerhalb von St. Pierre jemand besser Schutz finden als in der Stadt.«

8. 5. 1902 Am frühen Morgen stößt der Mt. Pelée eine riesige Dampffontäne aus. Um 7 Uhr 50 folgen vier gewaltige Detonationen, und aus dem Vulkan entweicht eine schwarze Rauchwolke. Gleichzeitig wälzt sich eine auf 2000° C erhitzte Glutlawine seitlich aus dem Krater und bewegt sich mit 150 km Stundengeschwindigkeit auf die Küste zu. St. Pierre liegt am südöstlichen Rand des Zerstörungsgebiets. Um 7 Uhr 52 bleibt die Uhr des Militärhospitals stehen. Daraus läßt sich rekonstruieren, daß die Katastrophe innerhalb von zwei Minuten so gut wie die gesamte Bevölkerung von ca. 30000 Menschen dahinraffte. Noch 8 km vom Krater entfernt muß die Temperatur des Gases 800° bis 1000° C betragen haben. Die Glutlawine von atomarer Zerstörungskraft ließ nicht nur Glas, Porzellan und Metallgegenstände schmelzen, sondern auch Schiffe im Hafen von St. Pierre fingen Feuer.

Einer der Überlebenden der »Romaina« berichtete folgendes:

»Unser Schiff erreichte St. Pierre am frühen Morgen des Donnerstag. Für Stunden, ehe wir die Reede erreichten, konnten wir sehen, wie vom Mt. Pelée Flammen und Rauch aufstiegen. Niemand an Bord hatte eine Vorstellung von der Gefahr. Kapitän

G. T. Muggah war auf der Brücke, und alle Mann kamen an Deck, das Schauspiel zu sehen. Als wir uns St. Pierre näherten, konnten wir die rollenden und springenden Flammen unterscheiden, die in gewaltiger Menge vom Berg ausgespien wurden und

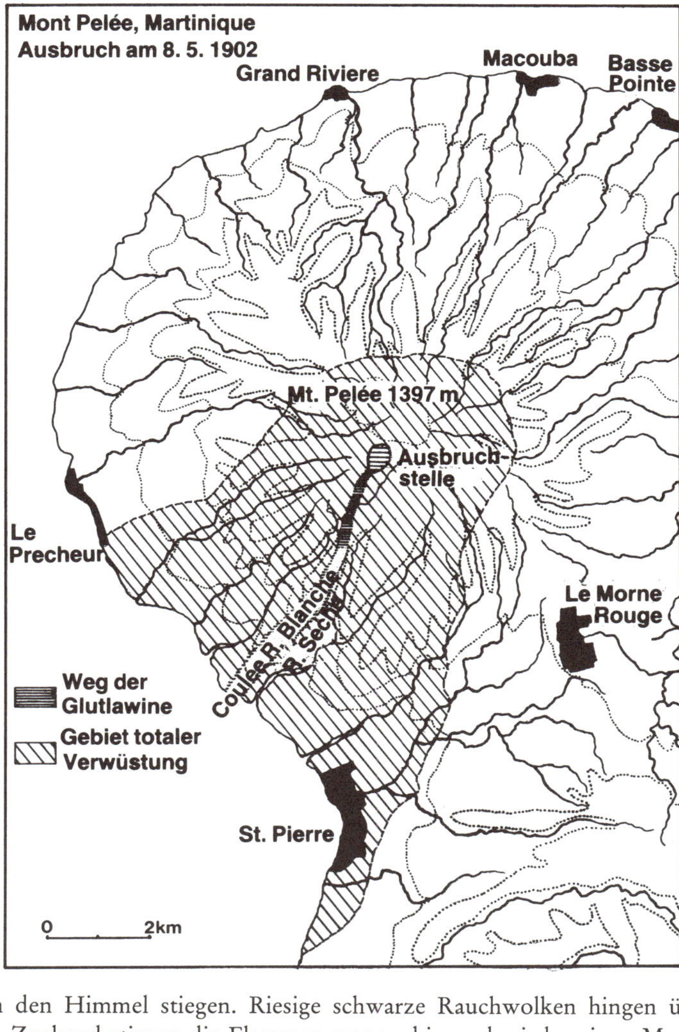

hoch in den Himmel stiegen. Riesige schwarze Rauchwolken hingen über dem Vulkan. Zuckend stiegen die Flammen empor, hin und wieder einen Moment auf diese oder auf die andere Seite wogend, dann plötzlich wieder höher aufspringend.

Ständig war ein dumpfes Grollen zu hören. Das Ganze war vergleichbar dem Aufflammen der größten Ölraffinerie auf dem Berggipfel. Etwa um 7 Uhr 45, kurz nachdem wir eingelaufen waren, gab es eine schreckliche Explosion, der Berg wurde in Stücke geblasen. Es gab keine Warnung. Die Flanke des Vulkans riß auf, und eine dichte Flammenwand raste auf uns zu. Es donnerte wie aus tausend Kanonen. Die Glutwolke stürzte sich wie ein grell aufflammender Blitz auf uns zu und über uns weg. Sie glich einem Hurrican von Feuer, der sich in voller Masse auf St. Pierre und die Schiffe wälzte. Die Stadt verschwand vor unseren Augen, dann wurde um uns die Luft erstickend heiß. Wo auch immer die feurige Masse die See traf, begann das Wasser zu kochen, und mächtige Dampfwolken stiegen auf. Ich rettete mein Leben, indem ich in meine Kajüte stürzte und mich in meinem Bettzeug vergrub. Der Feuersturm vom Vulkan hielt nur wenige Minuten an. Er schrumpfte zusammen und setzte alles, was er traf, in Brand. Brennender Rum rann in Strömen die Straßen von St. Pierre hinab ins Meer. Ehe der Vulkan barst, waren die Landebrücken von St. Pierre mit Menschen überfüllt. Nach der Explosion war keine einzige lebende Seele mehr an Land zu sehen. Von den 68 Besatzungsmitgliedern der ›Romaina‹ waren nach dem Feuersturm nur noch 25 verblieben. Das Feuer hatte die Schiffsmasten und Schornsteine hinweggerissen, als wären sie mit einem Messer abgeschnitten worden.«

Nur zwei Einwohner von St. Pierre sollten dieses Inferno überstehen: Ein Gefangener, der unter dem Gewölbe seiner Gefängniszelle geschützt war und ein Schuhmacher. Die genaue Zahl der Todesopfer konnte nie festgestellt werden, sie wird zwischen 30000 und 40000 geschätzt. Etwa 20 qkm betrug die Fläche totaler Zerstörung. Unmittelbar nach dieser Katastrophe zeigte sich am Gipfel des Mt. Pelée ein ungewöhnlicher Vorgang. Aus dem Krater schob sich eine täglich 10–12 m wachsende nadelförmige Staukuppe, die schließlich 300 m Höhe erreichte und den Schlot verschloß. Es handelte sich um zähe Lava, die schon im oberen Vulkanschlot erstarrte und von äußerst brüchiger Struktur war. Einige Wochen darauf fiel sie in sich zusammen und hinterließ einen großen Haufen mürber Lavabrocken.

Auch danach kam der Mt. Pelée nicht zur Ruhe. Am 20. und 26. Mai, am 6. und 9. Juli sowie am 30. August wälzten sich ähnliche Glutwolken vom Vulkan herab. Katastrophal war der letzte Ausbruch, bei dem abermals etwa 4000 Menschen des Städtchens Morne Rouge den Tod fanden. Angesichts der furchtbaren St. Pierre-Katastrophe geriet die einen Tag zuvor auf St. Vincent stattgefundene Eruption des Mt. Soufrière mit 1600 Todesopfern rasch in Vergessenheit.

Bis 1929 ruhte der Mt. Pelée, dann begann er abermals große Aschenwolken auszustoßen, und die Bewohner des nie wieder in alter Pracht erstandenen St. Pierre wurden vorübergehend evakuiert.

Von ihrer geographischen Zugehörigkeit und geologischen Entstehungsgeschichte her sind **Trinidad** und **Tobago** mehr dem südamerikanischen Kontinent zugehörig, das ist schon an den Gemeinsamkeiten der Gebirgsstrukturen erkennbar. In dem bis auf 941 m ansteigenden Northern Range setzt sich das Gebirge der venezolanischen Halbinsel Paria fort, erst vor ca. 8000 Jahren wurde die Verbindung durch die schmale Meerenge Dragon Mouth unterbrochen. Auch die geologische Struktur aus metamorphem Gestein weist in beiden Teilen Übereinstimmungen auf; hier wie dort haben tertiäre Auffaltungen ihre Spuren hinterlassen. Der geologische Abwechslungsreichtum wird noch dadurch unterstrichen, daß der Central Range als flacher Hügelzug aus miozänen Kalken besteht, der Southern Range aus tertiärem Sedimentgestein. Tobago kann in geologischer Sicht als Fortsetzung des Nordteils von Trinidad gelten. Auch diese Insel wird von einem 572 m ansteigenden Bergrücken durchzogen, der sich aus metamorphem und vulkanischem Gestein aufbaut. Den Südwestteil Tobagos bildet ein niedriges Korallenkalkplateau.

Ebenfalls in geologischer Verbindung zu Südamerika stehen die drei Niederländischen Antilleninseln **Aruba, Bonaire** und **Curaçao.** Analog zum gegenüberliegenden östlichen Ast der venezolanischen Cordilleren bestehen die Inselsockel aus kristallinem Gestein der Kreidezeit, durchsetzt von Basalten und Tuffen, die auf vulkanische Aktivität während des Tertiär zurückgehen. Überdeckt werden die Inseln von pleistozänen Korallenplatten, z. T. als Schichtstufen ausgebildet, wie der 190 m hohe Tafelberg auf Curaçao. Vorhandene Reste von Karstbildungen weisen auf feuchteres Klima in der Vergangenheit hin. Die bis ins Inselinnere reichenden weit verzweigten Naturhäfen – Willemstad wurde schon genannt – sind offensichtlich überflutete Flußtäler, entstanden durch den nacheiszeitlichen Anstieg des Meeresspiegels.

Klima

Sowohl geographisch als auch klimatisch gehört Westindien zum tropischen Bereich. Nur Cuba berührt fast den Wendekreis des Krebses – die nördliche geographische Begrenzung der Tropen. Der warme Golfstrom verschiebt aber die klimatische Grenze weit nach Norden bis zu den Bermudas. An diesem Beispiel ist zu erkennen, daß sich die klimatische und geographische Definition der Tropen nicht immer deckt. Geographisch lassen sich die tropischen Breiten recht einfach durch die beiden Wendekreise definieren, d. h. die Breitengrade, wo die Sonne mindestens einmal im Jahr den Zenit erreicht. Nicht so eindeutig ist die klimatische Definition der Tropen. Man geht inzwischen davon aus, daß in keinem Monat des Jahres eine Durchschnittstemperatur von 18° C unterschritten werden darf; das Jahresmittel muß über 22° C liegen. Diese Definition kann natürlich nicht eine höhenbedingte Temperaturabnahme berücksichtigen, wie wir sie in den Gebirgen auf verschiedenen karibischen Inseln feststellen.

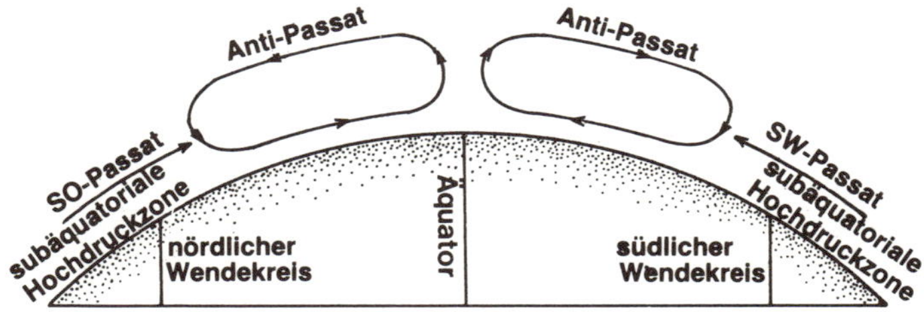

Im Gegensatz zu unseren Breiten ist in den Tropen kaum ein Jahreszeitenklima zu verspüren. Durch die nahezu konstante Tageslänge von 11 bis 13 Stunden sind jahreszeitlich bedingte Temperaturschwankungen nur wenig spürbar. Diese werden vielmehr durch den Tagesgang hervorgerufen, und daher spricht man in der Karibik wie überall in den Tropen von einem Tageszeitenklima.

Der Sonnenstand bestimmt auch in wesentlichem Maße regenreiche und regenarme Perioden, die primär an den Sonnenhöchststand gekoppelt sind. Der Zenit ist im karibischen Raum etwa zwischen Mai und Juli erreicht. Dann setzt die Zeit der stärksten Erwärmung ein, und die äquatoriale Tiefdruckrinne verlagert sich nordwärts. Sie ist Ausgangspunkt der tropischen Luftzirkulation. Die mit Feuchtigkeit angereicherte Luft gewinnt bei zunehmender Erwärmung an Auftrieb und hinterläßt eine Zone niedrigen Drucks. Beim Aufstieg erfolgt eine Abkühlung, und die gespeicherte Luftfeuchtigkeit regnet in heftigen Schauern ab. Das obige Schema zeigt, wie die abgekühlte Luft nach beiden Seiten des Äquators ausweicht und wieder absinkt. So kommt es zur Bildung von Hochdruckzonen beiderseits des Äquators mit sehr beständigen Winden. Aus der ablenkenden Kraft der Erdrotation erklärt sich die Richtung der Passate. (Nordostpassate nördlich des Äquators, auf der Südhalbkugel Südostpassate.) Da die abgekühlte Luft viel Feuchtigkeit verloren hat und das Defizit bei Wiedererwärmung durch erneute Feuchtigkeitsaufnahme ausgeglichen wird, sind die Passatregionen, wie die großen Wüstenregionen beiderseits des Äquators zeigen, oft extrem niederschlagsarm.

Die äquatorialen Tiefdruckgebiete und der Nordostpassat sind dominierende Klimafaktoren im karibischen Raum. Daher ist zu verstehen, daß die Regenzeit ihren Höhepunkt in den Monaten August bis Oktober erreicht und sich um so deutlicher von der Trockenzeit abgrenzt, je mehr man sich dem nördlichen Wendekreis nähert. Dieses Schema wird aber im karibischen Raum durch die benachbarten Landmassen, gebirgige Inseln und Meeresströmungen regional stark variiert. Vor allem Gebirge bilden sehr differenzierte Klimagebiete. Schon in 1000 m Höhe sinken die Temperaturen um etwa 6° C und betragen auf Hispaniola in 3000 m Höhe nur noch durchschnittlich 10° C; sogar Nachtfröste werden hier gelegentlich beobachtet. Erheblichen Einfluß auf die Niederschläge hat auch die Stauwirkung vieler Gebirge, was sich sehr deutlich auf Hispaniola und den Kleinen Antillen zeigt.

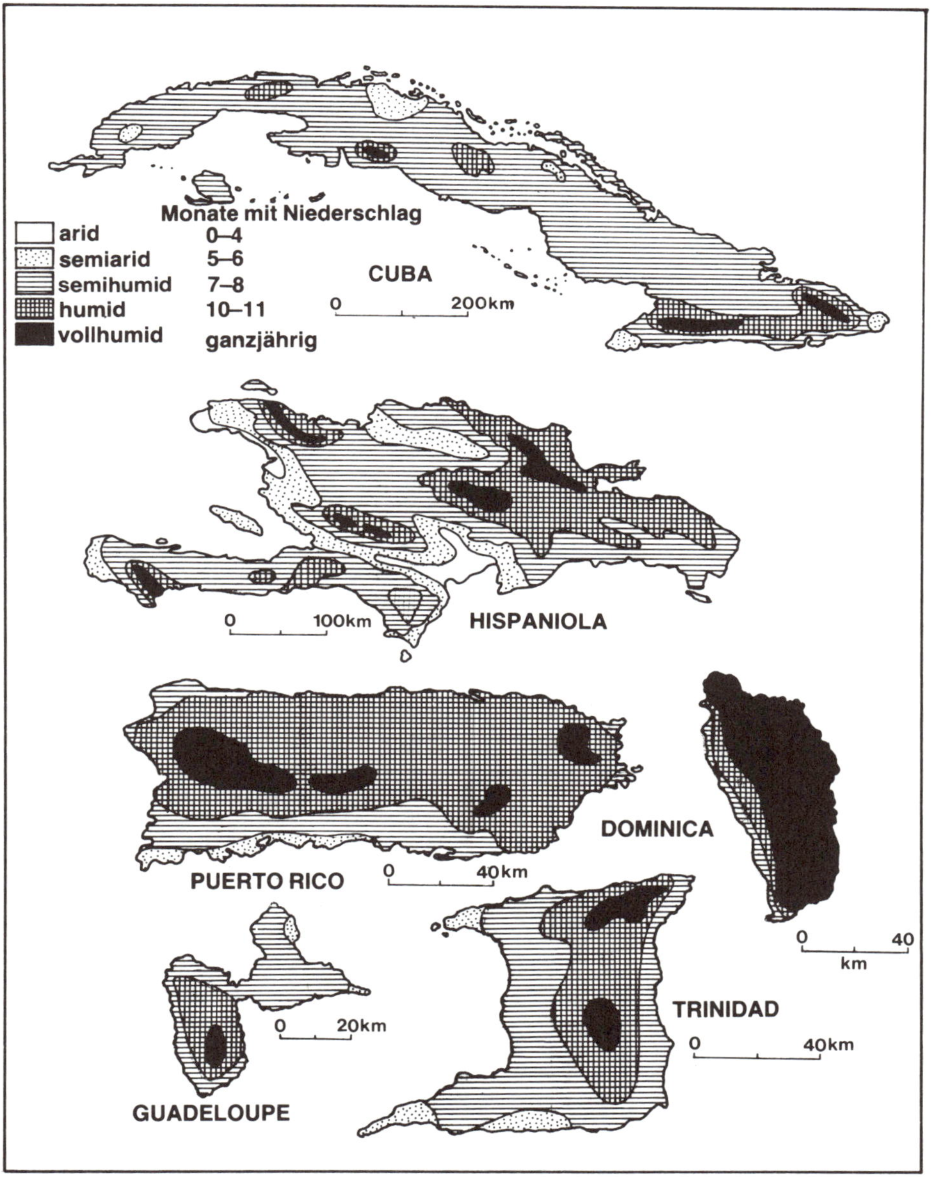

Verteilung der Niederschläge

Die Vielfalt klimatischer Gebiete auf den Antillen macht eine kurze regionale Beschreibung notwendig. Da die **Großen Antillen** alle übrigen Inseln an Fläche bei weitem übertreffen, weisen sie ein breites Spektrum nahezu aller tropischen Klimate auf: von wüstenhaften Landstrichen im Westen Hispaniolas oder auf den Inseln unter dem Wind, über tropische Regenwaldgebiete der Kleinen Antillen bis zu kühl-gemäßigten Hochgebirgsregionen wiederum auf Hispaniola. Die Karten über die monatliche Verteilung der Niederschläge auf S. 33 heben den klimatischen Regionalcharakter deutlich hervor. In Windschattenregionen des Nordostpassats – besonders auf den Leeseiten großer Gebirge – bilden sich manchmal weiträumige Trockengebiete wie im Westen und Süden Hispaniolas, im Süden Cubas oder Jamaicas: Die jährlichen Niederschlagsmengen unterschreiten hier hin und wieder 300 mm im Jahr. Mit zunehmender Höhe oder im direkten Passatbereich steigt die Niederschlagsdichte rasch an, und es kann das Zehnfache an Regen niedergehen. Aber auch in diesen Gebieten sind Dauerregen selten. Meist sind es nur kurze, kräftige Schauer, so daß ein verregneter Urlaub in der Karibik kaum zu befürchten ist. Nur bei Kaltlufteinbrüchen im Winter aus dem Norden oder noch mehr bei Hurricans sind Regenfälle katastrophalen Ausmaßes meteorologische Begleiteffekte.

Die Karibik im Grenzbereich der Tropen gehört zur Zone der tropischen Wirbelstürme, die sich überwiegend auf Meeren östlich der großen Kontinente bilden. Das Wort »Hurri-

Conquistadoren und Indianer flüchten vor einem Hurrican

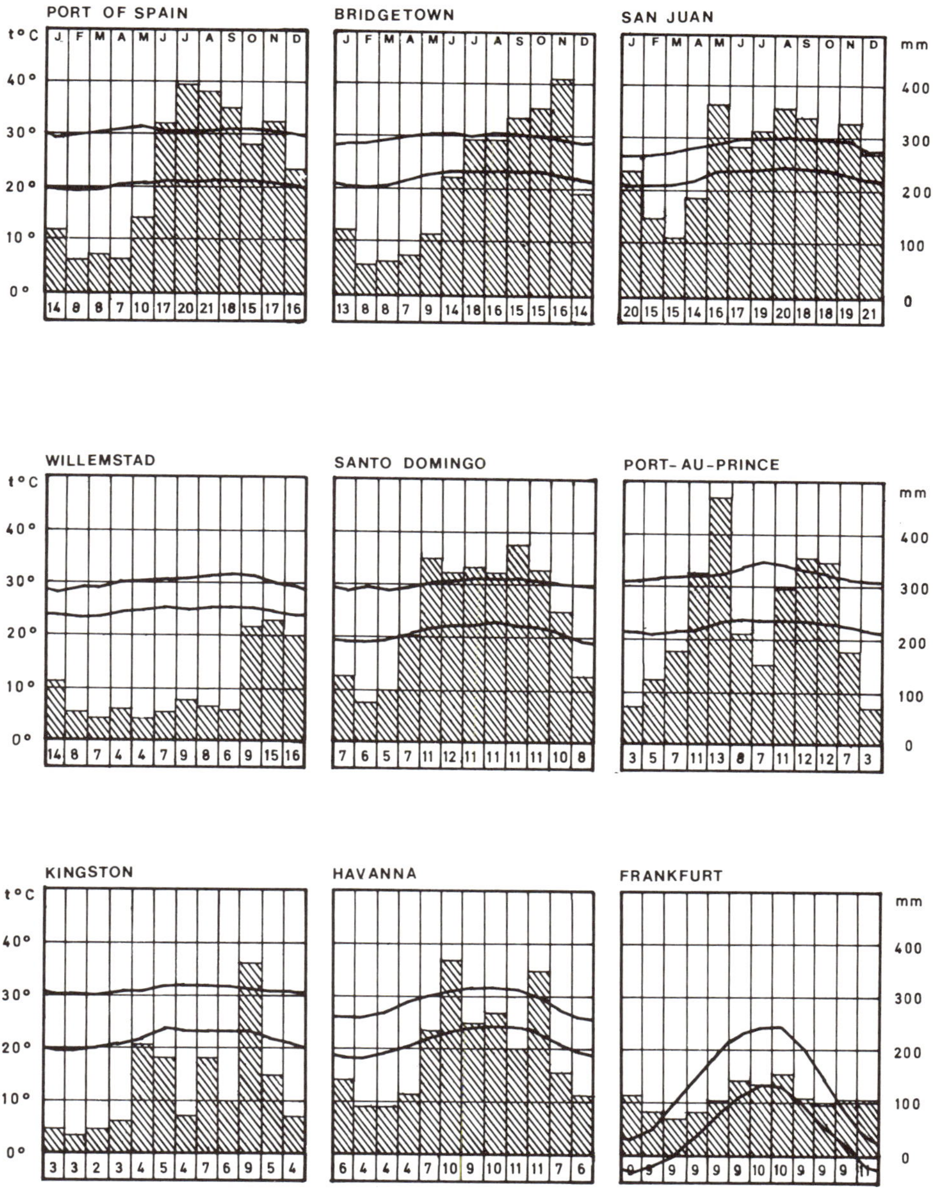

Mittlere Monatstemperaturen und monatliche Niederschlagsmengen (in der untersten Leiste ist jeweils die Zahl der Regentage angegeben)

can«, d.h. böser Geist, ist eine der wenigen aus der Arawaksprache stammenden Bezeichnungen, die sich erhalten haben. Die »Sturmdämonen«, deren verheerende Wirkung kaum von der anderer Naturgewalten erreicht wird, haben die Geschichte Westindiens bis in die Gegenwart begleitet. (Nur Trinidad, Tobago und die Inseln unter dem Wind liegen außerhalb der Hurrican-Zugbahnen.) Einer der schlimmsten Hurricans suchte 1930 Santo Domingo heim, er forderte über 10000 Todesopfer. Gleich zweimal wurde 1979 die Insel Dominica von den Hurricans »David« und »Frederik« verwüstet. Die Zahl der Todesopfer ging in die Hunderte. Ebenso verheerend wie die direkte Sturmeinwirkung sind die Begleiteffekte: Flutwellen und schwere Wolkenbrüche. 1909 brachte ein Hurrican auf Jamaica fast 3,5 m Regenhöhe innerhalb einer Woche! Obwohl die Entstehung tropischer Wirbelstürme noch nicht restlos geklärt ist, weiß man aufgrund von US-Forschungen – die USA sind ja im Süden mitbetroffen – im karibischen Raum besser Bescheid als in anderen Gebieten. Dies ist in erster Linie einem hervorragend organisierten Warndienst zu verdanken, der mit Flug- und Satellitenaufklärung arbeitet.

Wesentliche Voraussetzungen für die Bildung von Hurricans ist eine großflächige Erwärmung der Meere auf 27°C. Zu einer solchen Erwärmung kommt es im karibischen Raum nur in den Monaten August bis Oktober. Die mit Feuchtigkeit gesättigte, stark erwärmte Luft steigt nach oben, nachfließende kältere Luft erwärmt sich ebenfalls, und so wird dieser Kreislauf immer mehr »aufgeheizt«. Je höher die Luft aufsteigt, um so stärker beginnt sie zu kondensieren. Es bilden sich bis 15 km hohe Quellwolken, aus denen heftige Gewitterschauer niedergehen. Tritt nun noch die ablenkende Kraft der Erdrotation hinzu (die etwa ab 5° beiderseits des Äquators zur Wirkung kommt), entsteht ein Wirbeleffekt, der die

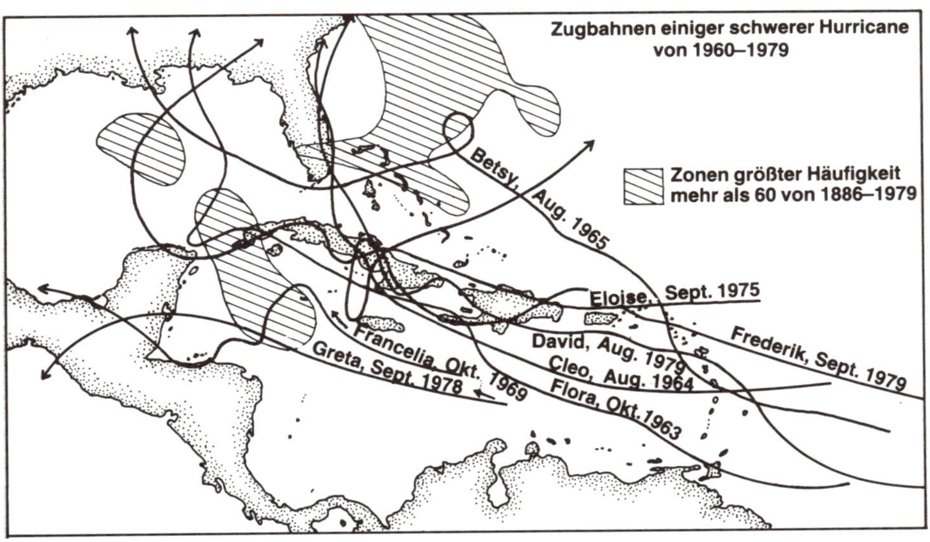

geballten Luftmassen um die eigene Achse zum Drehen bringt. Sie formieren sich zu einem rotierenden Wolkenrad mit manchmal 500 km Durchmesser, dessen Achsenloch fast windstill ist. Dort hat man schon Luftdruckminima von 950 mb gemessen. Mit Wanderungsgeschwindigkeiten zwischen 20 und 50 km/h bewegt sich der Hurrican meist auf einer parabelförmigen Bahn von Südosten über das karibische Meer zum Südteil der USA und zurück zum Atlantik, wo er oft in einem nordatlantischen Tiefdruckgebiet endet. Bei Rotationsgeschwindigkeiten bis zu 300 km/h im entgegengesetzten Uhrzeigersinn werden pro Stunde Energien frei, die denen von 1000 Atombomben des Hiroshima-Typs entsprechen.

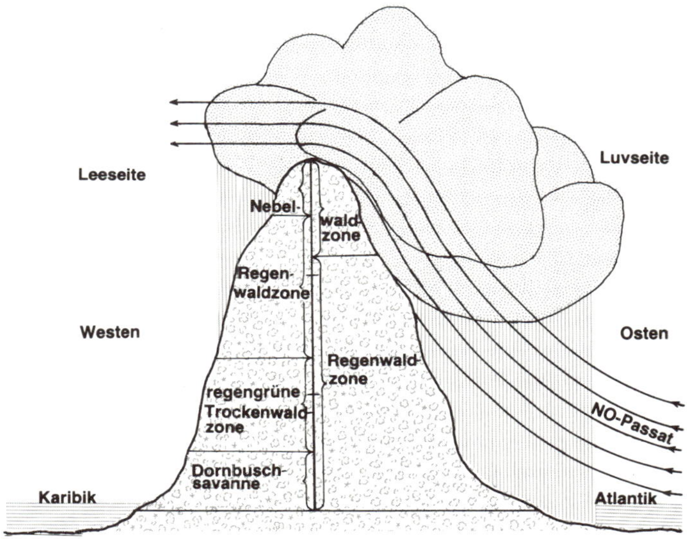

Querprofil einer Insel der Kleinen Antillen mit unterschiedlicher Niederschlagsverteilung

Columbus mag wohl als erster einen Hurrican beschrieben haben, wie folgender Bericht von seiner vierten und letzten Reise 1503 belegt:
»Der Sturm wuchs und erschöpfte mich derart, daß ich nicht wußte, wie ich mich aufrecht halten sollte. Niemals zuvor erblickten die Augen so hohe Wellen, so zornig und so bedeckt mit Schaum ... Die ganze Zeit über fiel Wasser vom Himmel. Ich sage nicht, daß es regnete, weil es wie eine neue Sintflut war. Die Leute waren so zerschlagen, daß sie sich nach dem Tode sehnten, damit ihr furchtbares Leiden ein Ende habe.«

Mehr noch als die Großen Antillen stehen die **Kleinen Antillen** unter maritimem Einfluß. Ihr Abstand vom amerikanischen Kontinent ist größer (eine Ausnahme stellen die südlichen Inseln unter dem Wind und Trinidad dar), und sie bilden keine ausgedehnten Landflächen wie Cuba oder Hispaniola. Demzufolge übt der Nordostpassat einen noch größeren Einfluß auf das Klima dieser Inseln aus. Über weite Strecken des offenen Ozeans können die Luftmassen sehr viel Feuchtigkeit aufnehmen, bevor sie sich, durch den Nordostpassat getrieben, an den Osthängen der gebirgigen Inseln abregnen. Dieser Staueffekt mit kräftigen Steigungsregen bildet sich am stärksten an den Osthängen von Guadeloupe (Basse Terre), Dominica, Martinique, St. Lucia, St. Vincent und Grenada aus. Auf Dominica hat man Regenmengen von über 6000 mm im Jahresdurchschnitt gemessen. Deutlich weist die Niederschlagskarte dieser Insel eine starke Abnahme zur karibischen Seite hin aus. Die flacheren Inseln im Norden (Virgin Islands, Sint Maarten, Barbuda, Guadeloupe – Grande Terre etc.) zeigen abnehmende Tendenzen in der jährlichen Niederschlagsverteilung und -menge. Dort sind auch die Trocken- und Regenzeiten klarer voneinander geschieden. Barbados besitzt mit seinen ausgewogenen Temperatur-, Niederschlags- und Luftfeuchtigkeitsverhältnissen das gesündeste Klima der Westindischen Inseln. Auf Trinidad läßt der Passateinfluß deutlich nach, so daß das tropische Regenwaldklima des benachbarten Südamerika in längeren Perioden der Windstille spürbar wird. Auf allen anderen Inseln der Kleinen Antillen wirkt das Klima durch die stetigen Passatwinde angenehmer, als es der tropischen Lage entspricht. Meer und Wind verhindern auch Temperaturextreme. Die absoluten Tagesmaxima überschreiten in Meereshöhe ganz selten 33° C, und bei Nacht liegen die Minima nur gelegentlich unter 15° C.

Sehr deutlich unterscheiden sich die **Inseln unter dem Wind** Aruba, Curaçao und Bonaire klimatisch von den übrigen Antillen. Das Druckgefälle zwischen einem ständigen Hitzetief über dem benachbarten Südamerika und hohem Luftdruck über dem karibischen Meer führt zu einer Verstärkung des Nordostpassats. Andererseits haben die Luftmassen auf ihrem Weg schon viel an Feuchtigkeit eingebüßt, so daß die Niederschlagsmengen nur noch sehr gering sind. Auch Steigungsregen können sich nicht bilden, weil hohe Gebirge fehlen. Der wasserdurchlässige Kalkboden trägt dazu bei, daß auf diesen Inseln nicht einmal Landwirtschaft betrieben werden kann.

Lebensräume und Vegetation

»Die Sonne vergoldete ein Bild, das ich kaum zu beschreiben vermag: hohe Berge, welche mich an die Siziliens erinnern, fruchtbare Täler, Wiesen voll bunter Blumen, grüne Wälder, Insekten, die herrliche Flügeldecken entfalten, Vögel, die in allen Farben schillern. Ein breiter Strom, zu beiden Seiten von schattigen, früchtetragenden Bäumen gesäumt, lud uns geradezu ein, die Insel zu erkunden ... Ich gestehe, beim Anblick dieser blühenden Gärten und grünen Wälder so innige Freude empfunden zu haben, daß ich nicht fähig war, mich davon zu lösen und meinen Weg fortzusetzen. Diese Insel ist wohl die schönste, die je ein Menschenauge gesehen ...«

So schildert Columbus, der erste Westindien-Fahrer, seinen Eindruck von der Insel Cuba. Auch heute noch ist es u. a. die westindische Landschaft mit ihrer tropischen Vegeta-

Vegetationszonen auf den Westindischen Inseln

Vegetationszonen mittlere Jahrestemperaturen		Natürliche Pflanzengemeinschaften mit typischen Arten	Kulturpflanzen
darüber Tierra Fría 16–20°C	*Montaner Nebelwald*	*Bäume:* Häufige Arten der Familien Sapotaceae, Lauraceae, Coniferae (Pinus caribaea), Myrtaceae, Melastomaceae *Sträucher:* Bergbambus (Chusquea), Baumfarne (Cyathea, Hemitelia), Myrtaceae, Ericaceae *Epiphyten:* Bromelien, Tillandsien, Orchideen, Farne, Mose, Flechten außerdem: Shagnum (Torfmoos), Lobeliaceae	*Nutzpflanzen:* Kartoffeln, Mais, Soja, Hirse, Bergreis, Citrusfrüchte
bis 1 500–2 300 m Tierra Templada 20–24°C	*Immergrüner Berg- und Nebelwald*	*Bäume:* Häufige Arten der Familien Sapotaceae, Myrtaceae, Lauraceae, Moraceae *Schlinggewächse:* Häufige Arten der Bignoniaceae, Sapindaceae, Vitaceae, Aracease (Philodendron), Leguminosae, Moraceae *Sträucher:* Baumfarne, Zwerg- und Stachelpalme, Heliconien, Arten der Familien Rubiaceae, Piperaceae, Leguminosae *Epiphyten:* Wie Tierra Fría *Boden:* Farne, Laub- und Lebermoose, Zwergpalmen, Aronstabgewächse	*Nutzpflanzen:* Kaffee, Citrusfrüchte, Bananen, Yamswurz, Mais, Tabak, Teakholz *Zierpflanzen:* Bougainvillie, Oleander, Hibiskus, Weihnachtsstern
0 bis 700–1 000 m Tierra Caliente 24–28°C	*Feuchtwarmer Regenwald*	*Bäume:* Häufige Arten der Familien Bignoniaceae, Burseraceae, Sapotaceae, Bomabacaceae, Anacardiaceae, Moraceae, Leguminosae, Palmen *Sträucher:* Arten der Familien Leguminosae, Piperaceae, Rubiaceae, Zwerg- und Stachelpalmen, Arten der Cecropia, Heliconiengewächse *Schlinggewächse:* Wie Tierra Templada, nur häufiger *Epiphyten:* Wie Tierra Fría *Boden:* Wie Tierra Templada	*Nutzpflanzen:* Brotfruchtbaum, Reis, Maniok, Zuckerrohr, Papaya, Kakao, Citrusfrüchte, Anonenfrüchte, (Guanabana, Cheremoya), Bananen, Guayava, Ananas, Avocado, Maracuya, Gewürzpflanzen (Muskat, Vanille), Kokospalme, Sisal, Tabak *Zierpflanzen:* Wie Tierra Templada, außerdem Allamandastrauch, Afrikan. Tulpenbaum, Flamboyantbaum, Baum der Reisenden, Königspalme, Korallenstrauch, Heliconien, Frangipanibaum
	Trockenwald und Dornbuschsavanne	*Bäume und Sträucher* der Familien Caesalpinaceae, Mimosaceae, Bombacaceae, Erythroxylaceae, Apocynaceae (Frangipanistrauch) *Sukkulenten* der Cactaceae (Cereus-Kakteen), Euphorbiaceae und Amaryllidaceae (Agaven) *Epiphyten* der Bromeliengewächse (Tillandsien)	
	Strandregion	Kokospalmen, Meermandelbäume, Coccolobasträucher, Casuarinenbäume, Mangroven, Meerwinden, Meerwicken	

tion, die den Besucher beeindruckt. Wie verändernd die Vegetation wirken kann, sieht man an den Karstlandschaften Jamaicas, Hispaniolas und Cubas, wo sie maßgeblich an der chemischen Verwitterung beteiligt ist.

In den Tropen entfaltet sich das Pflanzenleben am üppigsten. Kein anderer Lebensraum auf unserer Erde bietet so optimale Umweltbedingungen, nirgendwo anders existieren nur annähernd so viele Pflanzen- und Tierarten wie in den Tropen. Die ca. 2300 Pflanzenarten Mitteleuropas verblassen gegenüber den ca. 8000 allein auf Cuba! Und trotzdem stellt diese Zahl wiederum nur einen Bruchteil von ca. 60000 höheren Pflanzenarten dar, die im gesamten neotropischen Florenbereich, d. h. im tropischen Mittel- und Südamerika, vorkommen. Aus pflanzengeographischer Sicht bildet Westindien durch seine isolierte Insellage einen eigenen Bereich innerhalb der Neotropis.

Die verschiedenen Kombinationen geographischer und klimatischer Faktoren, besonders höhenbedingte Temperaturveränderungen sowie unterschiedliche Niederschlagsperioden, üben dabei starken Einfluß auf den Pflanzenwuchs aus. Bei der Beschreibung der einzelnen Lebensräume muß man zunächst von einer vertikalen Zonierung ausgehen; hier hat sich die Beibehaltung der spanischen Fachausdrücke eingebürgert:

Zone	**Höhe in m**	**Temperatur ° C**
Tierra caliente (heiße Zone)	0–1000	24–30 und darüber
Tierra templada (gemäßigte Zone)	1000–2300	20–24
Tierra fría (kalte Zone)	darüber	16–20

Jede dieser Höhenstufen bildet charakteristische Pflanzengemeinschaften in allen Übergangsformen aus. Alle drei Zonen sind nur auf Hispaniola, Jamaica und Cuba vertreten, während flache Inseln wie Barbuda oder die ABC-Inseln (Aruba, Bonaire, Curaçao) allein das tropische Flachlandklima der Tierra caliente aufweisen.

Die größten Unterschiede bei der jährlichen Niederschlagsverteilung und -menge findet man in der Tierra caliente. Dem entsprechen Wandlungen in der Vegetation, wie sie folgender Überblick vermittelt:

Waldtyp	Monate mit Regen	Monate ohne Regen	Niederschlagsmengen, mm/Jahr
Immergrüner Regenwald	19–12	0–2	mehr als 2000
Laubabwerfender Wald	9–5	3–7	2000–800
Dorn- und Sukkulentenwald	4 und weniger	8 und mehr	weniger als 800

Mit diesem Schema lassen sich natürlich nicht Strandregionen, Mangrovenwälder und Sumpfgebiete erfassen, die auf einigen Inseln vorherrschen.

Dort, wo ganzjährige Niederschläge mit Mengen über 2000 mm, gleichmäßig warme Temperaturen und hohe Luftfeuchtigkeiten zu verzeichnen sind, treffen die günstigsten Lebensbedingungen zusammen. Hier gedeihen *immergrüne Regenwälder,* in denen sich Flora und Fauna mit einer Üppigkeit wie nirgend sonst auf dem Lande entfalten. Man findet sie vor allem dort, wo sich feuchtigkeitsgeladene Luftmassen ohne größere jahreszeitliche Unterbrechungen abregnen. Daher ist die Mehrzahl der westindischen Regenwälder auf den Luvseiten der Inseln im unmittelbaren Passateinfluß konzentriert. Große Regenwaldbestände befinden sich auf dem südlichen Cuba, auf Jamaica im Nord- und Ostteil der Insel, ebenso auf Puerto Rico. Auch Hispaniola ist im Osten, im Zentrum und im Insel-Westteil mit dichten Regenwäldern bedeckt. Noch stärker bewaldet sind die Inseln über dem Wind südlich von Antigua. In diesen Waldregionen vereint sich die größte Artenfülle an Pflanzen und Tieren.

Noch mehr als in unseren Wäldern ist dabei eine vertikale Gliederung in verschiedene Stockwerke zu beobachten. Durch den ständigen Verdrängungswettbewerb der aufstrebenden Bäume ist die Walddichte so groß, daß nur wenige Prozent des Sonnenlichts bis zum Boden durchdringen. Dementsprechend gering ist dort die Vegetation. Das Vegetationsparterre setzt sich zusammen aus Farnen, der uns bekannten Silvesterpflanze Selaginella (Moosfarn), aus Zwergpalmen *(Bactris sp.),* Heliconien und Anthurien mit ihren meist roten Blütenständen. Das mittlere Stockwerk zwischen ca. 5 und 20 m wird von Baumfarnen *(Cyathea sp.)* Euterpe-Palmen *(Euterpe globosa),* Ameisenbäumen *(Cecropia sp.)* mit ihren großen gefingerten Blättern und vielen anderen Arten eingenommen. Lianen der Familien Bignoniaceae, Convolvulaceae, Araceae (Philodendron) und Vitaceae bilden als Kletter- und Schlingpflanzen das so oft beschriebene undurchdringliche Urwalddickicht. Zu dieser Pflanzengruppe gehören auch die Würgefeigen *(Ficus sp.),* die durch ein immer enger werdendes Schlinggeflecht ihren Wirtsbaum allmählich zum Absterben bringen und selbst zum Baum werden. Das mittlere und obere Stockwerk bietet auch Lebensraum für Epiphyten:

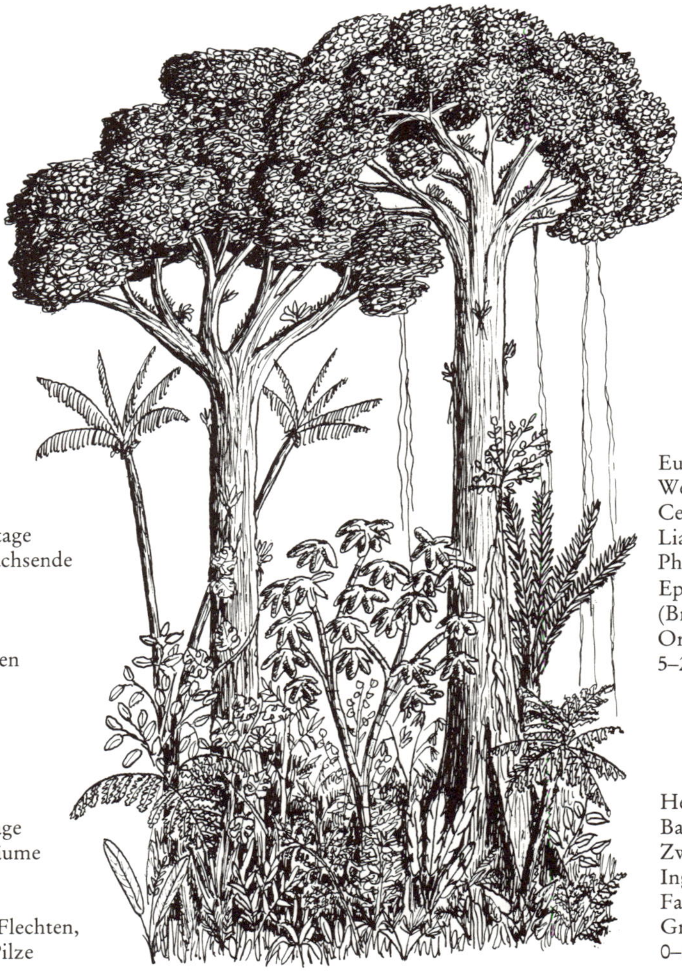

Immergrüner Regenwald

Als aufsitzende Pflanzen (ohne Parasit zu sein!) finden sie dort optimale Lebensverhältnisse. Sie fangen das Regenwasser entweder in Blattrichtern auf (Bromelien, Farne) oder speichern es in Stengelknollen (Orchideen). Alle Bäume, die das mittlere Stockwerk durchstoßen, bilden die obere Etage. Baumriesen von 50 m und mehr sind keine Seltenheit. Zu ihnen gehören Mahagoni-Bäume *(Swietenia mahagoni)*, Drachenflügelbäume *(Pterocarpus officinalis)*, Brettwurzelbäume *(Slonea sp.)* und Kapok-Bäume der Gattung Ceiba. Die üppige Lebensentfaltung der tropischen Regenwälder täuscht aber darüber hinweg, daß ihr Boden extrem nährstoffarm ist. Der Boden reichert sich nur sehr wenig mit Nährstoffen an, weil das Wachstum durch keine Ruheperioden unterbrochen wird.

Überall, wo sich nach Brandrodungen und Bodenerosionen der Regenwald nicht regenerieren konnte, wird er von Sekundärwald ersetzt, der viel artenärmer ist und dem die obere Baumetage fehlt. Oft bilden hier die schnellwüchsigen Ameisenbäume *(Cecropia sp.)* größere Bestände.

Der *laubabwerfende Wald* hat sich längeren Trockenperioden angepaßt. Durch Abwerfen des Laubes wird die Verdunstungsfläche stark verkleinert. Zu Baumarten dieses Waldtyps gehören die Arten der Gattung Bursera, die Ceiba *(Ceiba pentandra)* mit ihrem oft mächtig angeschwollenen Stamm als zusätzlichem Wasserreservoir, der Camajón-Baum *(Sterculia apetata)*, der Sanddosenbaum *(Hura crepitans)* und auf Cuba die Königspalme *(Roystonea regia)* (Farbt. 8). Da Lianengewächse fast ganz fehlen, wirken diese Wälder sehr licht. Man findet den laubabwerdenden Waldtyp in großen Teilen des zentralen Cuba, im Süden und Westen von Hispaniola, an der Südküste von Puerto Rico und auf den nördlichen Inseln der Kleinen Antillen einschließlich der Grande terre von Guadeloupe. Die großen Kiefernbestände der Arten *Pinus caribaea* und *Pinus occidentalis* auf Cuba und Hispaniola bilden einen Waldtyp für sich, der ebenfalls längeren Trockenperioden angepaßt ist, sich aber bis in größere Höhen hinaufzieht. Beide Kiefernarten werden gern für Wiederaufforstungen in tropischen Bergregionen verwendet.

Auf noch längere Trockenperioden ist der *Dorn-* und *Sukkulentenwald* eingestellt. Von Wald kann eigentlich nicht mehr die Rede sein. Büsche von kaum mehr als 5 m Höhe und Säulenkakteen charakterisieren diesen Typ. Die Bodenvegetation wird nur von wenigen Arten gebildet; dazu gehört das kriechende Gewächs *Tribulus cistoides*, das in der Form und mit seinen gelben Blüten unserem Gänsefingerkraut ähnelt. Unmittelbar nach Beginn der Regenzeit bildet es oft gelbe Blütenteppiche. Ein großer Teil der Straucharten setzt sich aus Akaziengewächsen zusammen, die oft mit spitzen Stacheln besetzt sind. Zu ihnen gehört der Divi-Divi-Baum *(Caesalpina coriaria)* (Farbt. 7) mit seinem vom Wind geformten Wuchs, die Arten *Acacia farnesiana, Cassia fructicosa* und *Haematoxylon campechianum.* Zwei andere Straucharten müssen noch erwähnt werden: der wild wachsende Frangipani-Baum *(Plumeria alba)* (Farbt. 13) und der aus Afrika eingeschleppte Sodomsapfel *(Calotropis procera).* Baumkakteen der Gattungen Cereus und Lemairocereus überragen mit Höhen bis zu 15 m oft die Strauchvegetation, einige von ihnen erreichen ein Alter von mehreren hundert Jahren! Agaven der Arten *Agave veta* und *Agave vivipera* bilden in Gesellschaft mit dem Kugelkaktus *(Melocactus bahiensis)* und Opuntien-Kakteen die Sukkulentenflora des

Bodens. Dorn- und Sukkulentenwälder sind oft das Endstadium brandgerodeter Regenwälder.

Am wenigsten haben bisher die *Nebelwälder* unter dem Einfluß des Menschen gelitten. Ihre Lage in schroffen Gebirgsregionen macht sie nur schwer zugänglich. Nebelwälder breiten sich etwa ab 2000 m Höhe aus, in der Region, wo sich Wolken bilden und für ständig hohe Luftfeuchtigkeit sorgen. Die Vegetation steht in ihrer üppigen Entfaltung kaum der des tropischen Regenwalds nach. Da hier zur Insellage noch eine höhenbedingte Isolierung hinzukommt, nimmt die Zahl der endemischen, d. h. regional-spezifischen Arten, stark zu. Während es im Dorn- und Sukkulentenwald nur 12 % sind, steigt die Zahl der endomischen Arten des Nebelwaldes auf mehr als 50 % an. Der Hochwald setzt sich meist aus Arten der Familien Sapotaceae, Lauraceae, Myrtaceae, Melastomaceae und Coniferae zusammen. Noch stärker fällt der Epiphytenbewuchs auf, der wiederum von zahlreichen Bromelienarten, Orchideen und Farnen gebildet wird. Dazu gehört das Bromeliengewächs *Tillandsia usneoides,* das unserer Bartflechte ähnelt und Namengeber für die Insel Barbados sein soll. Dicke Polster von Moosen und Flechten bedecken verrottendes Holz umgestürzter Bäume. Die Strauchvegetation wird von Dickichten des Bergbambus *(Chusquea sp.),* Baumfarnen, Heidekraut und Myrthengewächsen gebildet. Mit Farnen vergesellschaftet sind Lobelienarten oft an waldfreien Stellen anzutreffen. Bei zunehmender Höhe und Niederschlagsmenge entstehen Hochmoore, die, ähnlich wie bei uns, von dicken Torfmoospolstern bedeckt sind.

Sumpfgebiete in den heißen Zonen unterscheiden sich nur wenig von denen der gemäßigten Zonen, nur daß noch mehr Schwimmpflanzen die Wasseroberfläche bedecken. Dichte Schilfbestände durchsetzen die Sümpfe, und auf den Tümpeln breitet sich der Wassersalat *(Pistia stratiotes)* und die aus Südamerika eingeschleppte Wasserhyazinthe *(Eichhornia crassipes)* aus.

An *Straßen-* und *Wegrändern* begegnet man immer wieder dem rosa blühenden Mexikanischen Knöterich *(Antigonon leptopus)* (Farbt. 12), der sich oft zusammen mit der efeublättrigen Winde *(Ipomoea learii)* an Hecken und Zäunen emporrankt. Das ursprünglich nur auf Madagaskar beheimatete Tropische Immergrün *(Catharanthus roseus)* hat sich als verwilderte Zierpflanze über die gesamten Tropen ausgebreitet und ist mit seinen violetten oder weißen Blüten auch aus Westindien nicht wegzudenken. Ebenso häufig findet man das Sterngras *(Rhynchospora nervosa)* und Vierstrahlengras *(Eleusine indica),* die sich durch ihren auffälligen Wuchs leicht von anderen Gräsern unterscheiden lassen. In Gebieten mit hoher Luftfeuchtigkeit siedeln sich Arten der Gattung Tillandsia auf Telefondrähten und elektrischen Leitungen an. Ihre hochgradige Anpassung macht sie zu pflanzlichen Kulturfolgern.

Fast unmöglich ist es, auch nur eine lückenhafte Darstellung der Artenvielfalt westindischer *Zierpflanzen* zu geben. Viele haben die Flora anderer tropischer Kontinente bereichert. Dazu gehören der Frangipani-Baum *(Plumeria alba)* (Farbt. 13 u. 16), die Poinciane *(Caesalpina pulcherrima),* Orchideen der Gattung Oncidium (Farbt. 18), die zu den Bananengewächsen gehörenden Heliconien (Farbt. 15) und die Königin der Nacht *(Hylocereus undatus).* Andere tropische Zierpflanzen wurden aus der Alten Welt importiert wie der

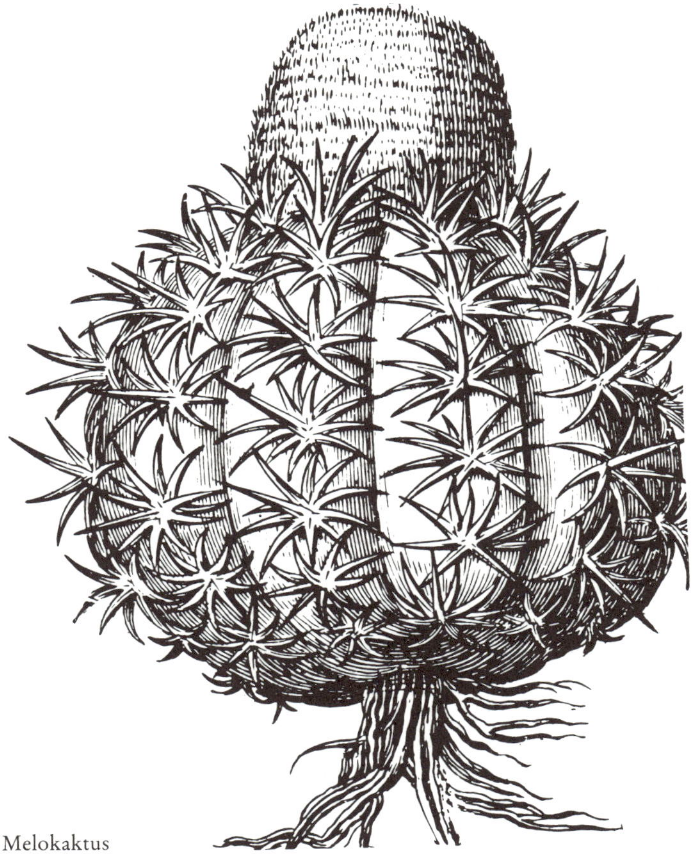

Melokaktus

Flammenbaum *(Delonix regia)*, der Afrikanische Tulpenbaum *(Spathodea campanulata)*, der Oleander *(Nerium oleander)*, der Hibiskus *(Hibiscus rosa-sinensis)* und der Ixoren-Strauch *(Ixora coccinea)* (Farbt. 19). Aus Südamerika stammen dagegen die Bougainvillie *(Bougainvillea spectabilis)* (Farbt. 14), der Allamada-Strauch *(Allamanda cathartica)* und viele Anthurien-Arten. Kaum eine Pflanzengruppe aber charakterisiert die Tropen so sehr wie die Palmen mit ihren verschiedenen Arten. Eine der verbreitetsten davon ist die aus Cuba stammende Königspalme *(Roystonea regia)* (Farbt. 8) mit ihrem in der Mitte verdickten Stamm. In dichten Büschen wächst die Rotstielpalme *(Cyrtostachys renda)*, vereinzelt dagegen die zierliche Betelnußpalme *(Areca catucho)*. Der zu den Bananengewächsen gehörende Baum der Reisenden *(Ravenala madagascariensis)* ist durch seine fächerförmige Blattanordnung eines der attraktivsten Tropengewächse.

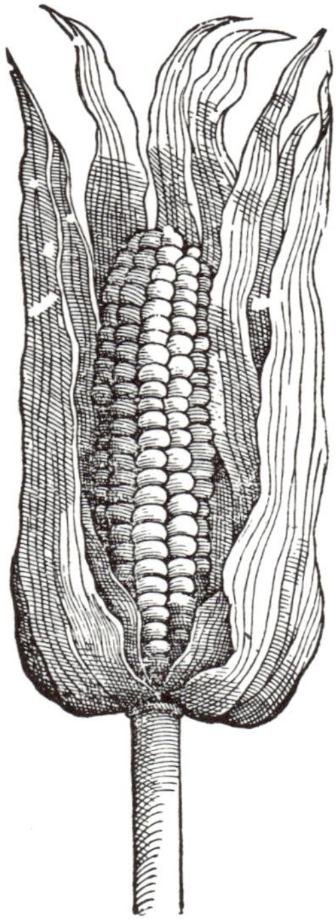

Maiskolben

◁ Guayava

Nicht weniger abwechslungsreich erscheint die Gruppe der *Nutzpflanzen.* Viele Arten wurden schon vor der Entdeckung Amerikas von den westindischen Urbewohnern angebaut, darunter der Maniok *(Manihot esculenta),* die Ananas *(Ananas comosus),* die Guayava *(Psidium guayava),* zahlreiche Obstarten der Annonen-Gewächse wie der Sauersack *(Annona muricata),* die Cashew-Nuß *(Anacardium occidentale),* viele Paprika- und Peperoni-Arten und schließlich der Tabak *(Nicotiana tabacum).* Eingeführt aus der Alten Welt sind dagegen alle Bananenarten, Citrusgewächse, Zuckerrohr, die Muskatnuß, Kaffee und der sagenumwobene Brotfruchtbaum (Farbt. 7). Mit ihm verbindet sich die vielfach verfilmte Meuterei auf der »Bounty« im Jahre 1789. Zur besseren Ernährung der schwarzen Plantagensklaven auf den Kleinen Antillen sollten Brotfruchtpflanzen von Tahiti eingeführt werden. Mit dieser Aufgabe wurde Kapitän Bligh betraut. Da seine Sorge weniger der Besatzung als den Brotfruchtsetzlingen galt, kam es zur Meuterei. Er wurde mit 19 weiteren Besatzungsmitgliedern ausgesetzt und erreichte nach einer abenteuerlichen Irrfahrt über eine Strecke von mehr als 4000 Seemeilen Batavia (heute Jakarta) auf Java. Nachkommen der um den ganzen Erdball gejagten Meuterer leben heute auf der Pitcairn- und Norfolkinsel im südlichen Pazifik.

Insulare Tierwelt – Isolation und Evolution

Wie die große Zahl endemischer Tierarten beweist, hat sich auf den Westindischen Inseln eine eigenständige Landfauna entwickelt. Man muß dies im ursächlichen Zusammenhang mit der natürlichen Auslese sehen, die sich auf Inseln, bedingt durch die isolierte Lage und eine komplizierte geologische Entwicklungsgeschichte, meist stärker auswirkt als auf dem Festland. Als isolierender Faktor kommen in der Karibik auch die starken Meeresströmungen in der Florida- und Yucatán-Straße sowie zwischen Trinidad und Grenada in Betracht. Sie verhinderten beispielsweise die Einwanderung von Großsäugetieren.

So hat sich auf den einzelnen Inseln im Laufe der Zeit ein spezifisches biologisches Gleichgewicht gebildet, das um so verletzlicher ist, je kleiner die Lebensräume sind. Ähnliche Beobachtungen auf den Galapagos-Inseln haben Darwin Impulse zu seiner Evolutionstheorie gegeben. Im Gegensatz zu den Galapagos-Inseln umfaßt der Westindische Archipel eine sehr viel größere Fläche und ist in seiner Geographie uneinheitlicher. Grob betrachtet kann man zwei Inselgruppen unterscheiden: die dichter an den Kontinenten gelegenen und flächenmäßig größeren Kontinentalinseln wie Cuba, Hispaniola, Trinidad und die dem Atlantik zugewandten »ozeanischen« Inseln, zu denen der gesamte Bogen der Kleinen Antillen gehört. Die Einwanderung erfolgte entweder aktiv durch Fliegen (Vögel, Fledermäuse, Insekten) oder passiv durch Fliegen per Winddrift oder mit Vögeln als Vehikel (Gliedertiere, Süßwasserfische) oder aber passiv durch Drift auf dem Wasser (Säugetiere, Reptilien, Amphibien, Gliedertiere) oder aktiv durch Schwimmen (Alligatoren, Seekühe).

Auch heute noch lassen sich einwandernde Arten registrieren. Dazu gehört der afrikanische Kuhreiher *(Bubulcus ibis)*, der 1948 erstmals im westindischen Raum beobachtet wurde. Daß die Einwanderung von Tieren schon über sehr lange Zeiträume erfolgte, kann man an der Auffächerung von Gattungen in einer Vielzahl von einzelnen Arten sehen. Oft haben sich Arten gebildet, die jeweils nur auf bestimmten Inseln vorkommen. Als Beispiele einer solchen Auffächerung seien Todi-Vögel, Amazonen-Papageien und Anolis-Eidechsen

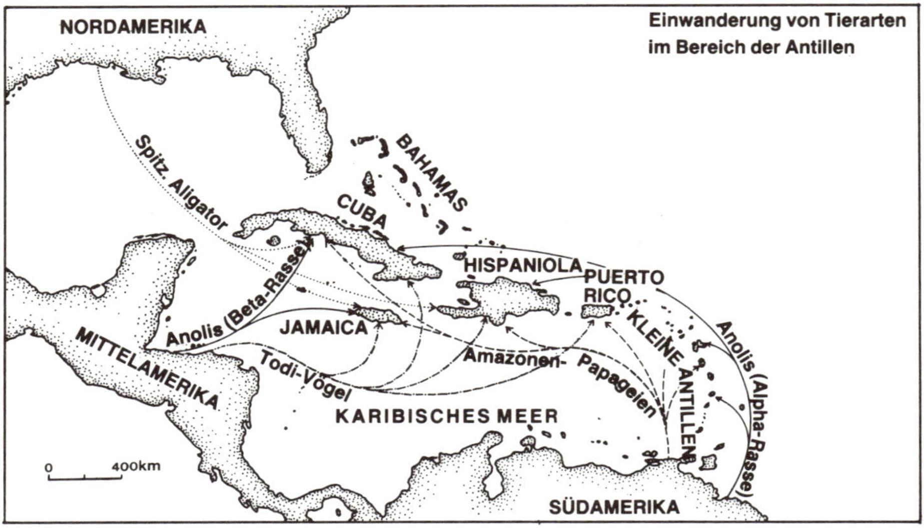

genannt. Die Todis, eine Kleinvogelfamilie, die den Eisvögeln sehr nahe steht, müssen sich von ihrem Ursprungsgebiet Mittelamerika auf die Großen Antillen ausgebreitet haben. Dort finden wir auf Cuba, Hispaniola, Jamaica und Puerto Rico jeweils eigene Arten. Ähnlich – nur in entgegengesetzter Richtung – eroberten von Südamerika aus die Amazonen-Papageien eine Insel nach der anderen und bildeten dabei ebenfalls neue Arten, von denen einige, wie die Dominica-Amazone, vom Aussterben bedroht sind.

Die zierlichen Anolis-Eidechsen wird man wohl kaum übersehen, wenn man die Westindischen Inseln besucht. Überall – auch in Großstadtparks – sieht man die meist grünen, sehr schlanken Kleinechsen an den Baumstämmen entlanghuschen. Oft bläst das Männchen seinen auffallend gefärbten Kehlsack auf. Auch sie sind Einwanderer, wie man aus der Rassenbildung einiger Arten schließen kann. Während die »Alpha«-Rasse, von Südamerika kommend, sich über den östlichen Antillen-Bogen bis nach Cuba ausbreitete, nahm die »Beta«-Rasse von Mittelamerika aus ihren Weg über Jamaica nach Cuba; auf Cuba selbst findet man dennoch beide Rassen.

Diese drei Beispiele zeigen, wie sich eingewanderte Tierarten auf ökologischem Neuland erfolgreich durchsetzen konnten. Sie nahmen unbesetzte Lebensräume ein, die man in der Fachsprache »ökologische Nischen« nennt. Das Angebot an solchen Nischen ist dank optimaler Lebensbedingungen in den Tropen kaum zu überblicken. Die Besetzung von Lebensräumen durch miteinander nah verwandte Arten kann so weit gehen, daß einzelne Stockwerke artgebunden vereinnahmt werden, wie es bei den Anolis-Eidechsen zu beobachten ist. In den Regenwäldern von Puerto Rico haben Zoologen aus den USA nachweisen können, daß die braune Art *Anolis gundlachi* auf Baumstämmen nicht höher als 1,5 m lebt,

2 Zuckerrohrfeld auf Guadeloupe

◁ 1 St. Kitts, Black Rocks (Lavagestein)

3 Affenbrotbaum im Queen's Park von Bridgetown, Barbados

4 Kokospalme mit Früchten

5 Kapokbaum ohne Laub während der Trockenzeit

8 Kokospalmenplantage im Südosten Cubas ▷

6 Baumfarm auf St. Lucia

7 Fruchtstand eines Brotfruchtbaumes

9 Schwefelquellen auf St. Lucia (Sulphur Springs)

10 Eingang zu einem Ameisenbau mit Schutzwall

11 Runaway Caves auf Jamaica

13 Erodiertes Kalkgestein bei der Citadelle La Ferrière, Haiti ▷

12 Fossile Korallen auf Tobago

14 Straßenkapelle in Willemstad, Curaçao

15 Haitianierin auf dem Weg zum Markt

16 Floating Market in Willemstad, Curaçao

17 Wohnviertel in Castries, St. Lucia

18 Fischerboot vor Cojimar, Cuba

19 Fischer mit Strandnetz in der Bucht von Soufrière, St. Lucia

20 Einbaum mit Segel vor Cap Haïtien, Haiti

21 Fischer mit Strandnetz in der Bucht vor Soufrière, St. Lucia

22 Parque Ceremonial bei Utuado, Puerto Rico

23 Steinzeichnungen der Kariben-Indianer auf St. Kitts

24 Stele der Taino-Indianer im Parque Ceremonial bei Utuado, Puerto Rico

25 Abgrenzung eines Spielfeldes im Parque Ceremonial bei Utuado, Puerto Rico

26 Parque Ceremonial bei Utuado, Puerto Rico

27 Beginnende Karstbildung bei Devil's Bridge, Antigua ▷

während die gelbbraun gefärbte *Anolis krugi* ihren Lebensbereich in der unteren Strauch- bzw. Baum- und Strauchzone besitzt und die intensiv grüne Art *Anolis evermanni* ihr Reich ganz oben in den Baumgipfeln erobert hat. Die unterschiedlichen Körperfarben geben dabei einen interessanten Hinweis auf die Anpassung an den jeweiligen Lebensbereich.

Die einzelnen Lebensräume, durch Landschaft, Klima und Vegetation definiert, sind durch besondere Tiergemeinschaften charakterisiert. Der *Karibische Regen- und Nebelwald* bietet besonders günstige Existenzmöglichkeiten, führt aber zu einem starken Konkurrenzdruck unter den Arten. Laubheuschrecken in raffinierten Tarnfarben, Schmetterlinge, die mit ihrer Körperform Spinnen und Wespen nachahmen, Frösche und Raupen mit grellen Warnfarben, die ihre Giftigkeit signalisieren, sind nur wenige Beispiele, wie jede Art für sich ihr Dasein behauptet. Weniger als ihr Gesang kennzeichnet viele Vogelarten die Farbenpracht des Gefieders. Gerade deswegen verlieren sie sich rasch in ihrer kontrastreichen Umgebung, ob es die Tangaren, Oriolen, Todis, Kolibris oder meist grün gefärbten Papagei-Arten sind. Viel häufiger als in unseren Breiten ist der vielstimmige Gesang von Zikaden, Grillen und Fröschen zu hören, der erst nach Einbruch der Dunkelheit seine volle Lautstärke erreicht. Nutznießer des Regenwaldes sind vor allem Insekten. Blattschneiderameisen *(Acromyrmex octospinosus)* können binnen einer Nacht einen ganzen Baum entlauben, während die verborgene Lebensweise der Termiten *(Nasutitermes sp.)* im Holz toter Bäume dem Auge ganz entgeht. Nur die meist schwarzen Nestbauten oben in den Bäumen lassen auf ihr Vorkommen schließen. Ebenfalls vom toten Holz leben die Larven des Herkuleskäfers *(Dynastes hercules)*, der mit 12–17 cm Körpergröße ein wahrer Gigant unter den Insekten ist. Ähnlich groß ist der Cuba-Laubfrosch *(Hyla septentrionalis)*, er wird von keiner anderen Art seiner Familie übertroffen. Mehr als 20 cm, die langen Sprungbeine nicht mitgemessen, erreicht das sogenannte Mountain Chicken *(Leptodactylus sp.)*. Diese aus Südamerika auf die Insel Dominica eingeführte Großfroschart gilt dort als Delikatesse. Säugetiere sind auch in den Regenwäldern nur mit wenigen Arten vertreten. Meist handelt es sich um entwicklungsgeschichtlich sehr alte Arten aus dem Alttertiär, wie die zu den Insektenfressern gehörenden Schlitzrüssler mit je einer Art auf Cuba *(Solenodon cubanus)* und auf Hispaniola *(Solenodon paradoxus)*. Die den Insektenfressern sehr nahestehenden Fledermäuse sind auf den meisten Inseln mit Abstand die artenreichste Säugetiergruppe. Ferkelratten, Baumratten und Agutis gehören zu den wenigen westindischen Nagetierarten. Durch die enge Nachbarschaft der Insel Trinidad zu Südamerika ist dort die Regenwaldfauna viel artenreicher. Brüllaffen, Faultiere, Jaguare, Boas, verschiedene Vogel-, Amphibien- und Reptilienarten, darunter einige Giftschlangenarten, sind Einwanderer vom benachbarten Kontinent.

Neben dem Regenwald bieten *Sumpf- und Feuchtgebiete* die günstigsten Umweltbedingungen für eine reiche Fauna. Stelzvögel wie Reiher, Ibisse und Flamingos haben dort ihre Brutkolonien. Als besonders schöne Arten müssen der Weiße Ibis *(Eudocimus albus)*, der Rosa Löffler *(Ajaia ajaja)* und der Rosa Flamingo *(Phoenicopterus ruber)* hervorgehoben werden; letztere Art lebt in großen Brutkolonien auf den Bahamas und auf Bonaire. In den Wassergebieten kommen die größten Tierarten Westindiens vor: die beiden bis zu 4 m langen Alligatoren-Arten *Crocodylus rhombifer* und *Crocodylus acutus*, die auf Cuba bzw. den Großen Antillen leben, heute aber nur noch sehr selten zu sehen sind. Zu den Riesen unter den Wasserinsekten gehört die flugfähige Wasserwanze *Belostoma boscii* mit 10 cm und mehr Körperlänge. Man findet sie hin und wieder auf großen Glasflächen, wo sie, ein reflektierendes Gewässer vermutend, notgelandet ist. Ihr Stich mit dem Saugrüssel kann äußerst schmerzhaft sein. Auf freistehenden Ästen kann man die unseren Eisvögeln nah verwandten Königsfischerarten *Ceryle torquata* und *Ceryle alcyon* auf der Lauer beobachten.

Wesentlich artenärmer ist die Fauna in den *Trockengebieten*. Mehrmonatige Trockenzeiten schränken die Lebensmöglichkeiten stark ein. Nur wenige Arten, wie etwa Landschnekken, können sie in einer Trockenstarre überdauern. Besser angepaßt sind viele Gliedertierarten, zu denen die Heuschrecken, Hundertfüßler und Skorpione gehören. Im Gezweig der Dornbüsche hängen oft faustgroße Nester der Wespenart *Polistes tricolor*, deren Stiche übrigens nicht sehr schmerzhaft sind. Häufig anzutreffende Vogelarten sind der Schwarzschnabel-Ani *(Crotophaga ani)*, der Gabeltyrann *(Muscivora tyrannus)* sowie Sperlingspapageien *(Aratinga sp.)*. Immer seltener wird der als Delikatesse geschätzte große Grüne Leguan *(Iguana iguana)*, häufig dagegen ist die zierliche Streifenechse *(Chemidoborus lemnicastus)*.

Sogenannte »Kulturfolger« unter den Tieren findet man auch in westindischen Siedlungsgebieten überall dort, wo Menschen leben, auch in der Großstadt. Die natürlichsten Lebensbedingungen bieten ländliche Ansiedlungen und Parkanlagen. An Palmwedeln bauen sich die auf Hispaniola lebenden Webervögel *(Ploceus cucullatus)* lang herunterhängende beutelförmige Nester. Überall verbreitet ist inzwischen unser Hausspatz. Sein Lärm wird bei weitem übertroffen von dem des allgegenwärtigen Grackle *(Quiscalus lugubris)*, der einer Schwarzdrossel gleicht, nur etwas schlanker ist und gelbe Augen hat. Sein Gesang vereinigt sämtliche nur denkbaren Dissonanzen, und an Dreistigkeit übertrifft er alle anderen Vogelarten. Selbst mitten in den Großstädten läßt sich der Gesang des farbenprächtigen Bananenfinken *(Coereba flaveola)* (Farbt. 20) vernehmen. Den Lebensraum teilen sich die genannten Vogelarten oft mit der spatzengroßen Zwergtaube *(Columbina passerina)*, die fast ausschließlich am Boden lebt. Die auf den Großen Antillen verbreitete Nördliche Spottdrossel *(Mimus polyglottos)* hat ihren Lebensraum ebenfalls bis mitten in die Großstädte ausgedehnt. In Villengegenden begegnet man oft Kolibris, Tangaren und Todi-Vögeln. Frangipani-Bäume bieten den großen, auffällig gefärbten Raupen des Frangipani-Schwärmers *(Pseudosphinx tetrio)* (Farbt. 16) Nahrung. Ihre schwarz-gelb kontrastierenden Farben signalisieren, daß sie das Gift ihrer Futterpflanze in sich bergen. Auf Blumenrabatten ist oft der 10 cm große braunschwarz gefärbte Monarch-Falter *(Danaus plexipus)* zu sehen. Er wurde berühmt durch seine weiten Wanderungen über den Ozean bis nach Europa und Afrika! In Städten mit viel Regen und hoher Luftfeuchtigkeit, wie San Juan, leben zahlreiche Anolis-Eidechsen, und der abendliche Gesang von Laubfröschen ist fast überall zu hören.

In den Häusern wird man häufiger Bekanntschaft mit meist unbeliebten Mitbewohnern machen. Die honiggelbe, kaum 1½ mm große, aus Afrika eingeschleppte Pharao-Ameise

Großer Grüner Leguan

(Monomorium pharaonis) und die schwarze Argentinische Ameise *(Iridomyrmex humilis)* gehören zu den großen häuslichen Plagen. Die viel besungene Cucaracha oder Kakerlake *(Periplaneta americana)* hat in Westindien ihre Heimat und verbreitete sich inzwischen über die gesamte tropische Welt. Auch die Gäste in den komfortabelsten Hotels sind nicht sicher vor ihr.

Wie sensibel die Inselfauna auf den Einfluß des Menschen durch Jagd, Tierexport, Zerstörung der Lebensräume und durch eingeschleppte Tierarten reagiert, zeigt die große Zahl ausgestorbener Arten. 1885 wurde auf Cuba zum letztenmal der farbenprächtige Großpapagei *Ara tricolor* gesehen; ausgerottet wurde auf Guadeloupe der Keilschwanzsittich, ebenso mehrere Amazonen-Arten, andere stehen kurz vor dem Aussterben, so auf Dominica. Eine große Rarität ist der Elfenbeinschnabelspecht *(Camphilus principalis)*, von ihm existieren nur noch wenige Paare im Nordosten Cubas, die unter strengstem Naturschutz stehen. Schlitzrüssler, Agutis und Ferkelratten werden mehr und mehr durch eingeführte Katzen, Mungos und Hunde dezimiert. Den Mungo – eine indische Schleichkatzenart – führte man 1870 zur Rattenbekämpfung zunächst auf Jamaica ein. Auf Martinique und St. Lucia wurde diese Art dann zur Dezimierung der überhandnehmenden hochgiftigen Lanzenottern *Bothrops caribeus* und *Bothrops lanceolatus* importiert. Diese sollen wiederum zuvor aus Südamerika eingeführt worden sein, um die Sklaven von der Flucht abzuschrecken. Heute sind Mungos nicht nur eine Gefahr für Kleinsäugetiere und Bodenbrüter, sondern werden auch zunehmend eine Plage für Geflügelfarmen. In der Landwirtschaft hat sich die aus Afrika eingeschleppte Achatschnecke *(Achatina fulica)* in manchen Gebieten zu einem großen Schädling entwickelt. Immer mehr ist abzusehen, daß die ursprüngliche Fauna durch die räumliche Enge der Inseln und den stetig wachsenden Bevölkerungsdruck zum Aussterben verurteilt ist.

Das Karibische Meer

Auch wenn man für das Karibische Meer hin und wieder die Bezeichnung »Amerikanisches Mittelmeer« hört, ist die begriffliche Anlehnung an das Europäische Mittelmeer eher politisch und kulturgeschichtlich gemeint. Als Randmeer mit direkten Verbindungen zum benachbarten Altantischen Ozean unterscheidet es sich grundlegend vom intrakontinentalen Mittelmeer Europas. Da das Karibische Meer außerdem um ca. 20 Breitengrade weiter südlich liegt, ist das Klima in allen Regionen tropisch. Das Karibische Meer bedeckt eine Fläche von etwa 2,75 Millionen qkm und erstreckt sich von der Yucatán-Straße im Nordwesten bis nach Trinidad im Südosten über eine Distanz von annähernd 3000 km. Im Vergleich zu anderen Randmeeren ist es mit einer durchschnittlichen Wasserbedeckung von 2491 m außergewöhnlich tief. Im Cayman-Graben wurde die tiefste Stelle von 7680 m ausgelotet. Wie schon zu Beginn dieses Kapitels erwähnt, spiegelt die Beckenstruktur des Meeresbodens die turbulente geologische Entwicklungsgeschichte wider. Es handelt sich um ein System von fünf Becken, das durch folgende Schwellen gebildet wird: im Nordwesten die Cayman- und Nicaragua-Schwelle, im zentralen Teil die von Hispaniola nach Kolumbien verlaufende Beata-Schwelle, und im Osten trennt der Aves-Rücken das Grenada-Becken ab. Größere Kontinentalschelfgebiete haben sich vor Cuba sowie zwischen Nicaragua und Jamaica gebildet.

Obwohl das Karibische Meer ein tropisches Gewässer ist, sinken die Temperaturen mit zunehmender Wassertiefe auf winterliche Kältegrade – in 2000 m mißt man nur noch etwa 4° C! Die Oberflächentemperaturen des Wassers unterliegen viel geringeren Schwankungen als die der Luft. Sie bewegen sich zwischen 28° C in den wärmsten Monaten und 23° C während der kälteren Jahreszeit im Norden. Der durchschnittliche Salzgehalt liegt etwa bei 35,5 Promille und unterscheidet sich damit nur wenig von dem der Weltmeere. Regionale Änderungen treten nur dort auf, wo größere Mengen von Süßwasser aus Flüssen ins Meer strömen. Gezeitenunterschiede werden im Karibischen Meer kaum wirksam, der Tidenhub beläuft sich auf höchstens 40 cm. Um so stärker bilden sich dagegen Meeresströmungen aus, die nahezu den gesamten karibischen Bereich erfassen und in komplizierten Überlagerungen auch in größeren Meerestiefen nachweisbar sind. Die Hauptrichtung wird durch den Nordäquatorialstrom bestimmt. Getrieben von den Passatwinden werden die aufgeheizten Wassermassen durch die Meerengen im Südbereich der Kleinen Antillen gedrückt. Im Karibischen Meer entsteht eine Stauwirkung, die erst nach der Passage durch die enge Yucatán-Straße in den Golf von Mexico nachläßt. Aus diesem Grund treten dort ungewöhnlich hohe Strömungsgeschwindigkeiten von 5 km/h auf. In der Florida-Straße kommt es zu einem noch größeren Staueffekt, der sich mit 7–8 km/h als Golfstrom entlädt. Dieser bekannteste aller großen Meeresströme beeinflußt mit seiner Warmwasserfracht das Klima Westeuropas bis hoch in den Norden weit über den Polarkreis hinaus. Im Durchschnitt läßt er die Temperatur um 4° C höher steigen, als es unserer geographischen Breite entspricht. Der winterliche Nordostpassat, der vor den Küsten Venezuelas und Kolumbiens seine größte

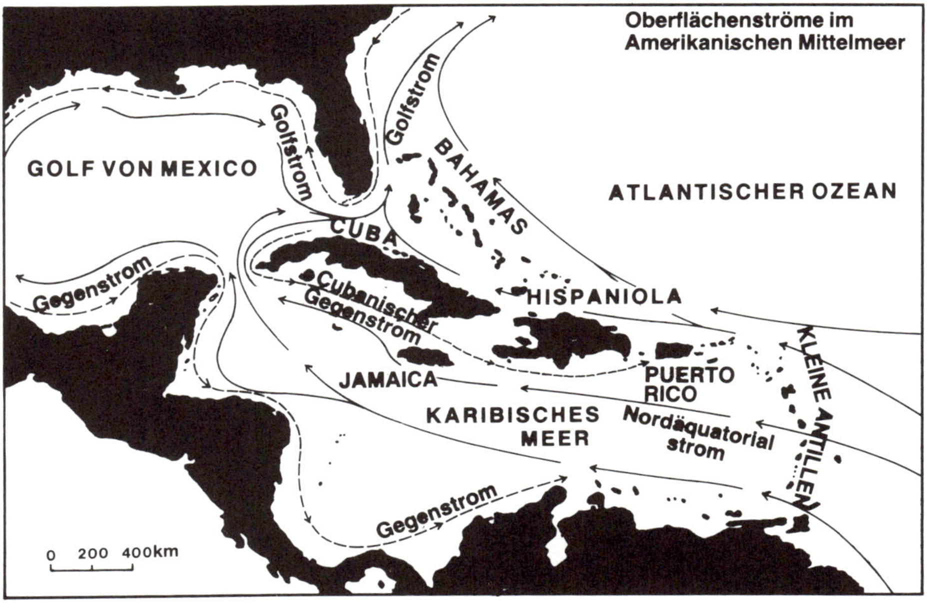

Stärke erreicht, bewirkt in den Monaten Dezember bis März eine Umschichtung der Wassermassen, wobei kaltes Tiefenwasser an die Oberfläche gelangt und die Wassertemperaturen um mehrere Grad sinken.

Das extrem klare Wasser des Karibischen Meeres ist nach wie vor einer der Hauptgründe für den immer noch wachsenden Tourismus. Diese Klarheit ist zugleich sichtbarer Beweis für die Nährstoffarmut des Wassers. Bis auf den Magdalenen-Strom fehlen große Flußmündungen als Zubringer solcher Nährstoffe, die das Wasser trüben könnten. Periodische Auftriebsgebiete sind nur die Küstenregionen vor Venezuela und Kolumbien, die zu größerer biologischer Produktion anregen.

Neben dem klaren Wasser sind die weiten Strände der Karibik touristische Hauptattraktion. Sie verdienen aber nicht nur unter dem Gesichtspunkt der Entspannung Interesse, sondern auch als Lebensraum einiger recht interessanter Tier- und Pflanzenarten. Da die Artenzahl verhältnismäßig gering ist, überblickt man rasch die vorhandenen Lebensgemeinschaften. Die Toleranz gegenüber Salz ist Hauptvoraussetzung für die Existenz aller Pflanzen und der meisten Tiere in der Strandregion. Dies gilt auch für die Kokospalme *(Cocos nucifera)* (Abb. 5 u. 8), die im Dreiklang mit weißem Sand und blauer See zum Idealbild einer tropischen Küste gehört. Kaum eine andere Tropenpflanze läßt sich so vielseitig nutzen wie diese Palmenart. Daß die Nüsse zu den wichtigsten Lieferanten pflanzlicher Fette zählen, ist bekannt. Etwa 30–50 der mehrere Kilo schweren Nüsse trägt die schlanke, manchmal 25 m hohe Palme jährlich. Interessant ist die Anatomie der Kokosnuß: Mehr als

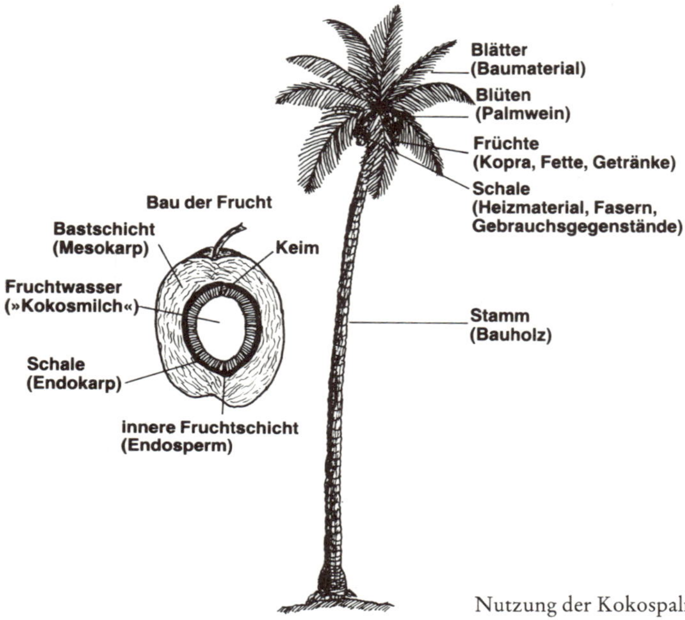

Nutzung der Kokospalme und Aufbau der Frucht

die Hälfte des Volumens nimmt die bis 15 cm dicke äußere Bastschicht ein; sie macht die Frucht auch schwimmfähig. Dank ihrer langen Keimfähigkeit von mehr als einem Jahr und ihrer Salztoleranz gehört die Kokosnuß zu den »Erstsiedlern« neu entstandener Inseln. Aus der Bastschicht werden Fasern für Matten und Seile gewonnen; darüber hinaus kann sie, wie auch die harte Schale, als Brennmaterial verwendet werden. Je nach Reifezustand verdickt sich die an der Innenseite der Schale gelagerte stark fetthaltige Fruchtschicht. Der innere Hohlraum ist mit einer erfrischenden, schwach süßen und wasserklaren Fruchtflüssigkeit gefüllt. Aus unreifen Kokosnüssen getrunken, gilt die Kokosmilch als das natürlichste Erfrischungsgetränk der Tropen. Das feste, leicht faserige Fruchtfleisch wird zerkleinert und getrocknet, danach kommt es als Kopra in den Handel, um daraus Pflanzenfett zu gewinnen. Als wichtiger Bestandteil der Margarine ist dieses Kokosnußprodukt aus keiner unserer Küchen wegzudenken. Die Stämme finden Verwendung als Bauholz für einfache Hütten, die mit zusammengeflochtenen Palmwedeln abgedeckt werden.

Neben der Kokospalme ist die Kasuarine *(Casuarina equisetifolia)* häufigste Baumart an karibischen Stränden. In ihrem Wuchs ähnelt sie Nadelbäumen, obwohl keinerlei verwandtschaftliche Beziehungen vorhanden sind. Ursprünglich hatte sie ihre Heimat im indopazifischen Bereich, wurde dann im letzten Jahrhundert wegen ihres schnellen Wuchses und des sehr harten Holzes nach Westindien eingeführt. Oft trifft man in Gemeinschaft mit Kokospalmen und Kasuarinen eine dritte Baumart an, den Meermandelbaum *(Terminalia catappa)*

(Abb. 23). Auch er ist ein Fremdling aus dem indopazifischen Raum, seine großen Blätter bilden ein dichtes, schattenspendendes Laubdach. Die Früchte ähneln übrigens nur in ihrem Aussehen, nicht aber vom Geschmack her Mandeln. Ganz dicht am Ufer, manchmal bis in die Brandungszone hinein, wächst die strauchförmige Meerestraube (Coccoloba uvifera) (Abb. 26) mit ihren großen, fast runden Blättern. Die traubenförmigen Fruchtstände gaben dieser Art ihren Namen. Ein anderer Strauch mit apfelförmigen Früchten sollte nicht zum erfrischenden Genuß verlocken, es sind die des hochgiftigen Wolfsmilchgewächses *Hippomane manicella.* Strandwicke *(Canavalia maritima)* (Abb. 22) und Strandwinde *(Ipomoea pes-caprae)* (Abb. 25) breiten sich als kriechende Gewächse oft über weite Sandflächen aus. Eine Grasart der Gattung Cenchrus bildet klettenartige Samen, die gelegentlich an der Haut haften bleiben und zu unangenehmen Reizungen führen können.

Seekühe (Manatis)

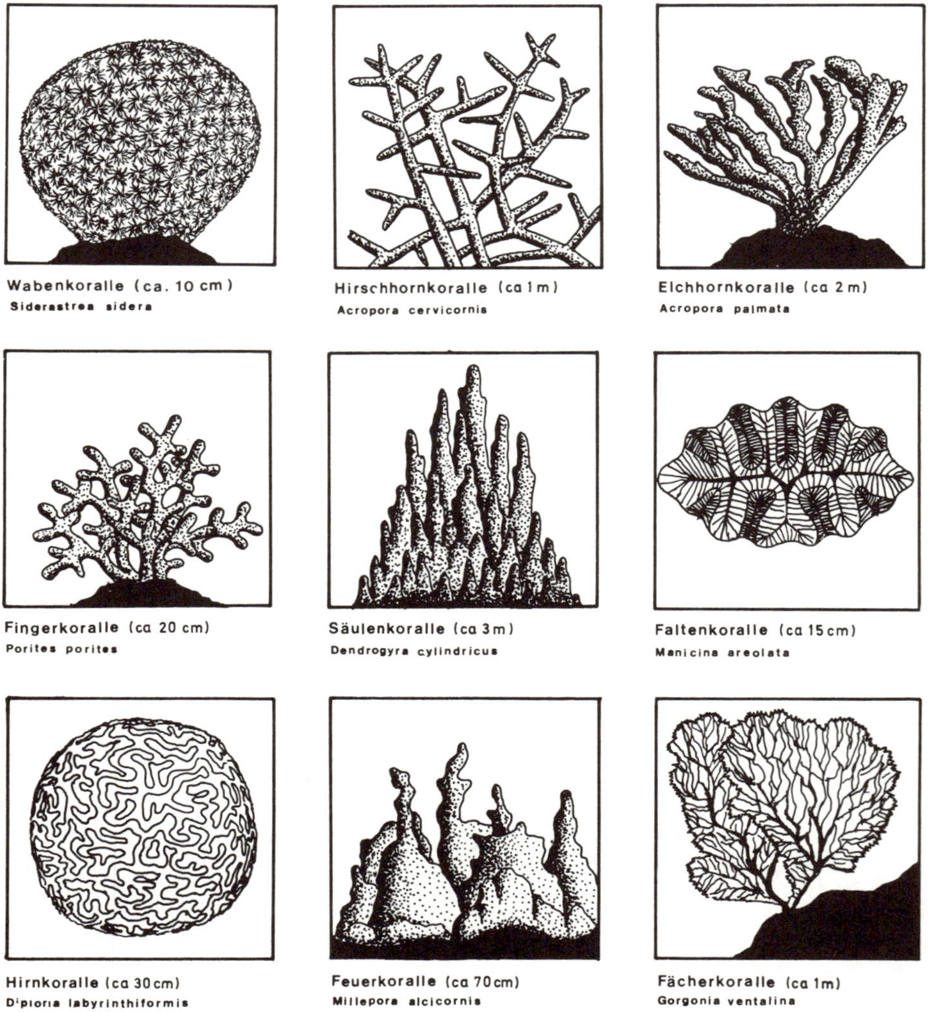

Häufige Korallenarten im Karibischen Meer

Tiere findet man erwartungsgemäß nur wenige am Strand. Der schon erwähnte schwarze Grackle macht sich überall durch seinen lauten unmelodischen Gesang bemerkbar. Das raschelnde Geräusch von fliehenden Eidechsen wird kaum jemandem entgehen. Nach Einbruch der Dunkelheit kommen die bis 15 cm großen Meereskröten *(Bufo marinus)* aus ihren Verstecken, um auf Jagd zu gehen. Am Strand selbst sieht man sehr oft die kleinen Reiterkrabben der Gattung Ocypode blitzschnell in ihre Löcher flüchten, sobald sie die leiseste Erschütterung wahrnehmen. Großes Glück gehört heute dazu, Meeresschildkröten bei der nächtlichen Eiablage zu beobachten. Meist ist es die Grüne Seeschildkröte *(Chelonia mydas)*, die zu bestimmten Jahreszeiten an den Strand kommt und ihre pingpongballgroßen Eier in selbstgegrabene Mulden legt.

Einer der interessantesten Lebensräume überhaupt ist der Mangrovensumpf. Er bildet sich meist in Schlickgebieten von Flußmündungen und auf Wattflächen. Mangrove ist ein Oberbegriff für strauch- bis baumgroße Pflanzenarten (Abb. 24) mit Stelzwurzeln, die der Verankerung im Schlamm dienen. Während die Rote Mangrove *(Rhizophora mangle)* direkt im Wasser wächst, siedelt sich die Schwarze Mangrove *(Avicennia germinans)* mehr im Uferbereich an. Die Weiße Mangrove *(Laguncularia racemosa)* schließt sich landeinwärts an und bildet oft regelrechte Waldsäume. Weil das Sauerstoffangebot im Boden sehr gering ist, entwickeln alle drei Mangrovenarten zahllose Atemwurzeln, die wie Bleistifte aus dem Schlick ragen. Trotz des Nahrungsreichtums ist die Zahl der Tierarten ziemlich klein. Der

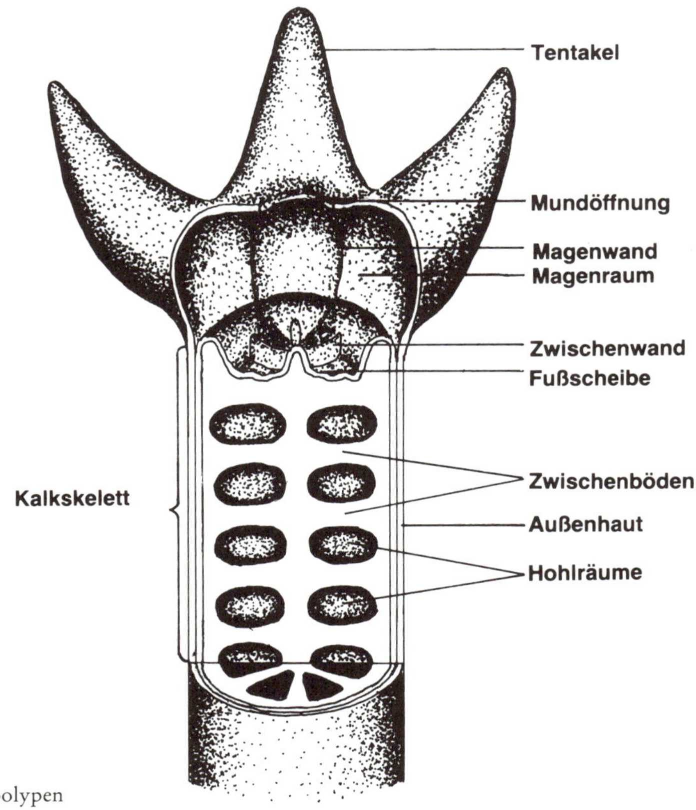

Bauplan eines Korallenpolypen

oft wechselnde Salzgehalt, die Sauerstoffarmut und schwankende Wasserstände bewirken eine große Auslese unter den Arten. Der zuweilen salzüberkrustete Schlick ist Lebensraum der Uca-Winkerkrabben. Mehr schon im Bereich der Weißen Mangrove lebt die Blaue Krabbe *(Cardisoma guanhami)* und zwar in tiefen selbstgegrabenen Löchern. Baumschnekken der Gattung *Littorina* halten sich im Geäst der Mangroven auf, und im Bereich der Wasserlinie sitzen an den Stelzwurzeln Austern der Art *Crassostrea rhizophorae.* Der Mangrovendschungel ist auch Nistplatz zahlreicher Wasservogelarten. Dazu gehören der Braune Pelikan *(Pelicanus occidentalis)* und der Große Fregattvogel *(Fregata magnificens),* die im niederen Geäst nisten. Mit seinem gabelförmigen Schwanz und einer Spannweite von fast 2,5 m ist der Fregattvogel eine der auffälligsten Seevogelarten überhaupt. Er kann allerdings nicht schwimmen und ist darauf angewiesen, anderen Seevögeln die Beute abzujagen. Im Brackwasser leben wichtige Nutzfischarten wie der Robalo *(Centropomus undecimalis)* und der Mojarra *(Gerres cinereus)* sowie die bis 10 cm große, hübsch gebänderte Braune Kronenschnecke *(Volema melongena).* Auch die inzwischen sehr selten gewordene Seekuh-Art *Trichechus manatus,* eine entfernte Verwandte der Rüsseltiere, lebt in den Mangrovensümpfen. Sie wird bis zu 4 m lang und kann ein Gewicht von fast 10 Zentnern erreichen. Zur Nahrungssuche dringen Seekühe weit in Süßgewässer vor, wo sie Schilf und Wasserhyazinthen abweiden.

Kein anderer Lebensraum der Meere entspricht in seinem Artenreichtum dem eines *tropischen Korallenriffs.* Die Vielfalt seiner biologischen Wechselbeziehungen und den daraus resultierenden Anpassungsfähigkeiten läßt einen Vergleich mit dem tropischen Regenwald zu. Erbauer der sich manchmal über Hunderte von Kilometern erstreckenden Riffe sind kleine, primitive Lebewesen – die Steinkorallen-Polypen (Abb.28). Als größte Baumeister unter den Tieren haben sie in Jahrmillionen ganze Gebirge, wie etwa die Kalkalpen, geschaffen. Auch Schelfgebiete und Inseln, wie beispielsweise die Bahamas, oder Atolle über abgesunkenen Vulkanen, sind ihr Werk.

Stammesgeschichtlich zählen die Korallen als Hohltiere oder Coelenteraten zu den ältesten tierischen Lebensformen. Die meisten Arten gehören zur Gruppe der *Scleractinia,* die eine Ordnung innerhalb der Unterklasse der *Hexacorallia* bilden. Der einzelne Korallenpolyp erreicht selten mehr als 1 cm Durchmesser. Er besteht aus einer Fußscheibe und einer zylindrischen Außenwand, deren Innenseite durch sechs oder zwölf Zwischenwände vergrößert wird, die aus Kalk sind und von der Basis gebildet werden. So sitzt der Polyp auf einem scharfkantigen Septenstern. Durch fortlaufende Kalkablagerung wächst der Korallenkelch, und es werden in regelmäßigen Abständen Querböden gezogen. Auf diese Weise verlängert sich der Kalksockel unter dem Polypen, der immer weiter nach oben geschoben wird, stetig. Mit Knospungen, d. h. ungeschlechtlicher Vermehrung, wird der Prozeß der Kalkproduktion beschleunigt, die Riffe wachsen. Der bisherige Rekord wurde bei der Hirschhornkoralle *Acropora cervicornis* mit 26 cm/Jahr gemessen, sonst beträgt der durchschnittliche Zuwachs ca. 1 cm/Jahr.

Warum sind riffbildende Korallen fast ausschließlich in tropischen Gewässern verbreitet und dort nur in bestimmten Gebieten? Es sind vor allem physiologische Gründe, die eine

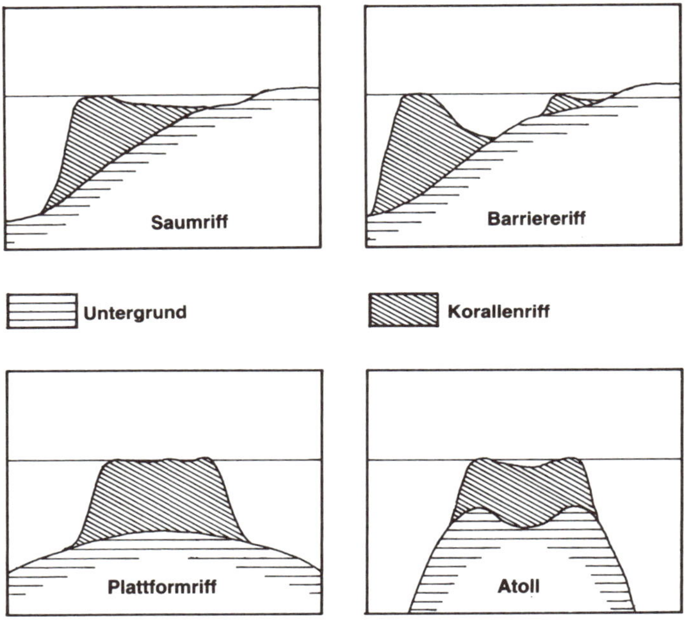

Verschiedene Bildungen von Korallenriffen

Verbreitung außerhalb der 20° C – Isotherme nicht zulassen. Die Kalkbildung ist als chemische Reaktion temperaturabhängig; bei den Korallen muß das umgebende Wasser zwischen 20 und 30° C warm sein. Als zweiter einschränkender Faktor ist die Symbiose mit einzelligen Grünalgen – Zooxanthellen genannt – zu erwähnen. Sie leben in den oberen Zellschichten fast aller riffbildenden Korallen und können bis zu 1 Million pro qcm zählen. Zwischen Alge und tierischer Zelle kommt es zu einem weitaus wirkungsvolleren Nährstoffaustausch als über die vielen Stufen der Nahrungskette. Assimilationsprodukte wie Zucker und verschiedene Aminosäuren werden vom Polypen übernommen, ohne daß die Alge selbst verdaut wird. Aber auch die Algen profitieren von der Symbiose: Sie ernähren sich von den phosphat- und stickstoffhaltigen Stoffwechselprodukten der Wirtszelle und leben darin wie in einem mit Kohlendioxid angereicherten Treibhaus. Da Zooxanthellen als einzellige Pflanzen eine Photosynthese ausüben, sind sie an das Sonnenlicht gebunden. Es werden daher lebende Korallenstöcke nur bei sehr klarem Wasser in höchstens 60 m Tiefe angetroffen. Erst die Zooxanthellen ermöglichen es den Korallen Kalk zu bilden. Als einzellige Pflanzen verbrauchen sie bei der Photosynthese Kohlendioxid, das sie dem Wasser entziehen. Es entsteht weniger Kohlensäure, und es fällt mehr Kalk aus als gelöst wird. Man hat errechnet, daß die Korallen zehnmal mehr Kalk bilden, wenn sie in Symbiose mit Zooxanthellen leben.

Trotz vielfältiger Erscheinungsformen erfolgt der Aufbau der Riffe nach ganz bestimmten Gesetzmäßigkeiten, die sich von der bereits besprochenen Biologie sowie der Struktur des

Meeresgrundes ableiten. Nach Entstehung und Distanz vom Land werden Saumriff, Barriereriff, Plattformriff und Atoll unterschieden.

Der im Karibischen Meer am meisten verbreitete Rifftyp ist das Saumriff, das – wie der Name schon sagt – der Küste unmittelbar vorgelagert ist und diese säumt. Es wächst in Richtung auf das Meer hin dicht unter der Wasseroberfläche. Mit der Zeit erodiert der landseitige Teil der Riffoberfläche und bildet eine sandige Lagune mit Seegraswiesen; damit ist ein Lagunensaumriff entstanden. Besonders schön ausgeprägt ist dieser Rifftyp vor der Insel Grand Cayman, der Ostküste von Jamaica, der Nordküste von Cuba, vor Barbados und Tobago.

Das Barriereriff ist in seiner Struktur dem Lagunensaumriff sehr ähnlich, doch bewegt es sich in ganz anderen Größenordnungen. Als Unterschied zum vorigen Rifftyp hat sich das Riffundament von Anfang an vor der Küste befunden. So sind Senkung und Hebung des Meeresspiegels für die Riff- und Lagunenbildung verantwortlich. Barriereriffe trifft man fast ausschließlich nur im indopazifischen Raum an. Im Karibischen Meer findet sich ein vergleichsweise schwach ausgebildetes Riff dieses Typs vor der Küste von Belize.

Das Plattformriff ist im Gegensatz zu den beiden vorigen Rifftypen bei seiner Entstehung nicht an Land über der Meeresoberfläche gebunden. Es kann sich überall dort bilden, wo sich der Meeresgrund dem Wasserspiegel so weit nähert, daß ein Wachstum von riffbildenden Korallen möglich wird. Dieser Rifftyp kommt in abgewandelter Form als Bankriff vor Florida und der Nordküste von Cuba vor. Der eindrucksvollste Rifftyp, das Atoll, existiert im Karibischen Meer nicht.

Verglichen mit Korallenregionen des Indopazifik ist das Karibische Meer als Zentrum der atlantischen Riffregion ausgesprochen artenarm, wie folgende Aufstellung zeigt:

Arten	**Zahl der vorkommenden Arten**	
	atlant. Region	**indopazif. Region**
Steinkorallen ca.	84	500
Mollusken mit Schale ca.	1200	5000
Fische ca.	600	2200
Gesamtfläche der Riffe ca.	25000 qkm	125000 qkm

Daß die Gesamtfläche der Riffe nur etwa ⅕ so groß ist wie die des indopazifischen Raumes, ist lediglich ein Grund für die relative Artenarmut. Auch erdgeschichtliche Veränderungen, besonders während des Tertiär, die mit häufigen Schwankungen des Meeresspiegels verbunden waren, wirkten sich im karibischen Raum viel stärker aus.

Wie sieht nun das Leben in einem Korallenriff aus? Besonders gut läßt sich dies an einem Saumriff erklären, dem im Karibischen Meer am weitesten verbreiteten Rifftyp. Die Zonierung erkennt man schon beim Beginn eines Tauchgangs vom Strand her. Der fast weiße,

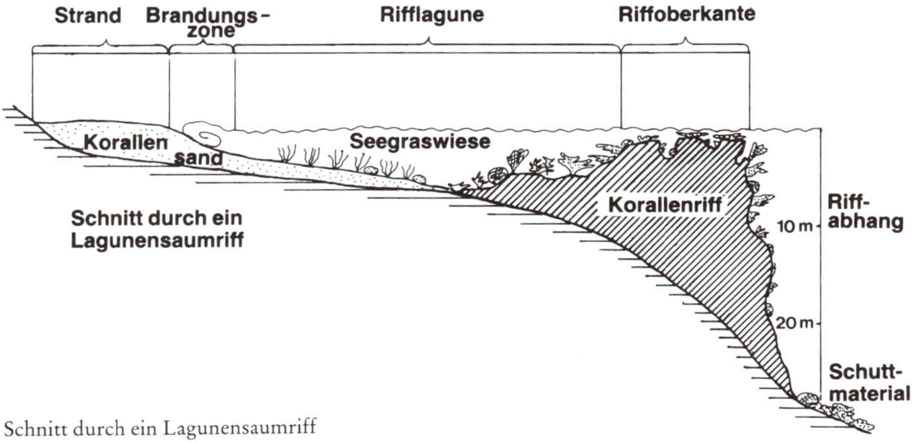

Schnitt durch ein Lagunensaumriff

etwas grobe Sand besteht, wie größere Bruchstücke gut erkennen lassen, aus Korallenmaterial, das von der Uferbrandung zermahlen wurde. Manchmal wird der Strand auch durch gehobene Riffplatten, sogenanntem Beachrock, ersetzt, die von Käferschnecken *(Chiton tuberculatus)*, Neritaschnecken *(Nerita textilis)* und Purpurschnecken *(Purpura patula)* besiedelt sind. Zwischen den Felsblöcken im Gischt der Brandung läuft die rote Felskrabbe *(Grapsis grapsis)* auf Nahrungssuche. Dahinter schließt sich die Rifflagune mit sehr unterschiedlicher Ausdehnung (bis zu mehreren Kilometern) an. Die äußere Begrenzung wird fast immer durch Brandungsstreifen auf der Riffaußenkante angezeigt. Bis zur Riffinnenkante senkt sich der Meeresgrund nur allmählich auf ca. 5 m. Der Boden unterscheidet sich zunächst nur wenig vom Strand und ist außerhalb der Brandungszone mit einem Seegrasrasen bedeckt; meist ist es Gras der Art *Thalassia testudinum.* Dazwischen grasen bis 60 cm große Flügelschnecken *(Strombus gigas)* mit weiten rosa Schalenöffnungen und fast ebensogroßen Schnecken der Art *Cassis tuberosa.* Vorsicht ist bei den vielen langstacheligen Seeigeln *Diadema antillarum* geboten. Hin und wieder stößt man auf rollende Korallen, die als Bruchstücke der Arten *Porites porites* und *Siderastrea sidera* weiterleben. Im Seegras eingebettet, werden die Faltenkorallen *(Manicina areolata)* und die Fingerkoralle *(Porites porites)* leicht übersehen. Je mehr man sich der Riffinnenkante nähert, um so häufiger trifft man auf einzelne Horste der Hirschhornkoralle *(Acropora cervicornis)* und der Elchhornkoralle *(Acropora palmata).* Im tieferen und wenig bewegten Wasser wachsen meterlange, feingliedrige Triebe der Sargassum-Alge, die sich durch den Auftrieb von zahllosen Blasen im Wasser aufrecht halten. Auch die Zahl der Fischarten und ihre Farbenpracht nimmt zu, je dichter man an die Riffinnenkante kommt. Besonders häufig ist der Sergantfisch *(Abudefduf saxatilis)*, Schnapper der Gattung *Lutjanus,* Grunzerfische der Gattung *Haemulon,* Doktorfische *(Acanthurus chirurgus)*, Porkfische *(Anisotremus virginicus)* und Jackfische *(Seriola dumerili, Caranx bartholomaei).*

Die Riffinnenkante ist durch ein Gewirr von Hirschhorn- und Elchhornkorallen charakterisiert, durchsetzt von fächerförmigen Gorgonien *(Gorgonia ventalina),* auf denen die hübsch gemusterte Schnecke *Cyphoma gibbosum* weidet. Nicht berühren sollte man die braungelbe Feuerkoralle *(Millepora alcicornis),* die durch ihren kulissenartigen Wuchs auffällt. Zwischen dem Korallendickicht wimmelt es nur so von Fischen in allen erdenklichen Farben. Zu den schönsten Arten gehören die Engelsfische *(Pomacanthus paru, Holacanthus ciliaris),* Papageienfische *(Scarus vetula)* und der Blaukopf *(Thalassoma bifasciatum).* Arten der Gattung *Chaetodon* fallen durch ihr falsches Auge auf der Schwanzwurzel auf, und geradezu bizarre Formen haben der Trompetenfisch *(Aulostomus maculatus)* sowie der Kofferfisch *(Lactophrys bicaudalis).*

Die direkt unter der Meeresoberfläche liegende Riffoberkante ist von zahlreichen Kanälen, Grotten, Nischen und Höhlen durchsetzt. Neben den bereits erwähnten Fischarten finden sich hier nun auch häufiger Muränen, die als Höhlenbewohner gute Unterschlupfmöglichkeiten finden. Die kugelförmige Hirnkoralle *(Diploria labyrinthiformis)* hat in dieser Riffregion ihr größtes Verbreitungsgebiet. Das Korallenlabyrinth bietet einer Unzahl von wirbellosen Meerestieren Lebensraum. Neben vielen Schneckenarten der Gattung *Murex, Oliva, Cypraea* etc. fallen besonders Würmer *(Sabellarien)* und Blumentiere *(Actiniaria)* durch ihre farbigen Tentakelkränze auf.

Für den Gerätetaucher wird zweifellos die Riffaußenkante am interessantesten sein, die in der Regel steil bis in lichtlose Meerestiefen abfällt. Mit zunehmender Wassertiefe wird immer mehr Licht ausgefiltert, vor allem die langwelligen Strahlen, und ein tristes Blauvio-

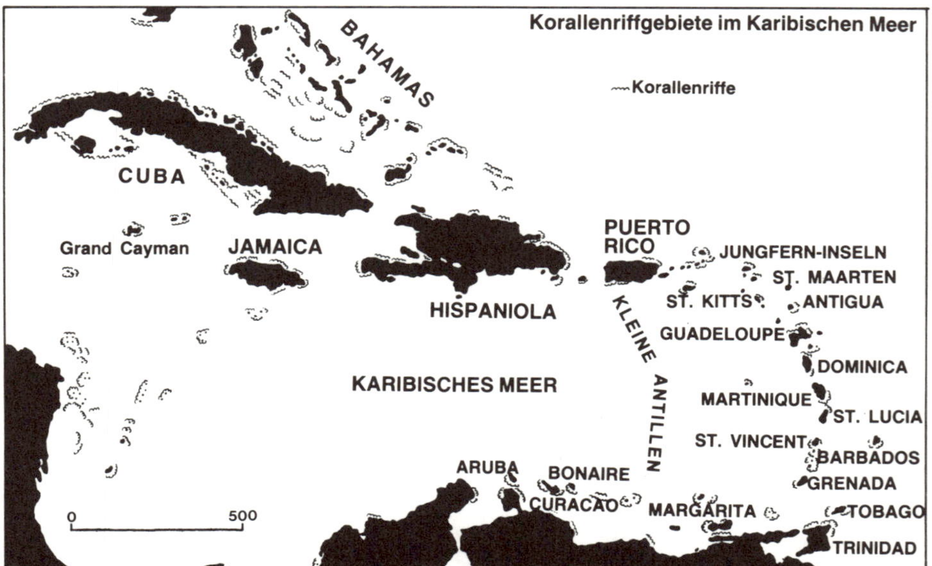

lett verdrängt die übrigen Farben. Erst künstliches Licht erschließt wieder die wahre Farbenpracht. An der Riffaußenkante beherrscht eine vertikale Zonierung die Aufteilung der Lebensräume. Bis etwa 10 m Wassertiefe bestimmen die schon besprochenen Korallenarten das Bild, das noch um die 2–4 m hohen Säulenkorallen *(Dendrogyra cylindrus)* bereichert wird. Zu den bereits genannten Fischen kommen jetzt noch pelagische, also im offenen Meer lebende Arten hinzu, so etwa verschiedene Stachelmakrelen *(Carangidae)* und Makrelen *(Scombridae)*, zu denen als beliebter Angelfisch die Königsmakrele *(Scomberomorus regalis)* gehört, sowie kleinere Thunfischarten (Bonito). In diesem Bereich wird auch das Risiko größer, auf gefährliche Raubfische zu treffen. Dazu gehören der Tigerhai *(Geleocerdo cuvier)*, der Citronen- oder Makohai *(Negaprion brevirostris)* und der große Hammerhai *(Sphyrna mokarran)*. Gefürchtet ist auch der hechtförmige Große Barrakuda *(Sphyraena barracuda)*, von dem Attacken auf Menschen verbürgt sind. Mit zunehmender Tiefe dominieren Schwämme in verschiedenster Form, eine der größten Arten ist der 2 m hoch wachsende Kelchschwamm *(Callyspongia vaginalis)*. Auch die zarten Federkorallen *(Hydroidea)* treten stärker in Erscheinung. In den zerklüfteten Wänden finden Langusten *(Palinurus sp.)* und Kraken *(Octopus sp.)* genügend Versteckmöglichkeiten. Etwa ab 30 m Tiefe beginnt das Verbreitungsgebiet der Schwarzen Edelkoralle *(Corallium sp.)*, die als beliebter Rohstoff für Schmuck leider immer mehr ausgerottet wird. Stark dezimiert sind inzwischen auch die Bestände von Zackenbarschen, zu denen als größte Art der 2–3 m lange Judenfisch *(Epinephelus itajara)* gehört.

Jenseits des Riffabhangs beginnt das offene Meer. Im sichtbaren Wasserbereich fehlt jetzt der Boden als vertraute Dimension. Alle vorkommenden Tierarten müssen ihr Leben im freien Wasser führen. Dies setzt voraus, daß sie gute Schwimmer sind oder Organe zum passiven Schwimmen besitzen. Zur ersten Gruppe gehören schnell schwimmende Fischarten wie der Rote Thun *(Thunnus thynnus)*, der Blaue Marlin *(Makaira nigricans)* – von Ernest Hemingway in seinem Buch »Der alte Mann und das Meer« literarisch verewigt –, der den Heringen verwandte Tarpon *(Megalops atlanticus)* und fliegende Fische *(Exocoetus volitans)*. Ein typischer passiver Schwimmer ist die Segelqualle *(Physalia physalis)*, deren manchmal 10 m lange, mit Millionen von Nesselzellen besetzte Fangarme lebensgefährliche Verbrennungen verursachen können.

Die Vielfalt der Lebenserscheinungen im tropischen Korallenriff läßt auf lange Entwicklungsperioden schließen; nur sie bringen derartig komplexe Ökosysteme hervor. Ähnlich wie der tropische Regenwald bietet das Korallenriff dank optimaler Umweltbedingungen ein breites Spektrum von Lebens- und Anpassungserscheinungen. Zwischenartliche Konkurrenzen lassen es kaum zu, daß wenige Arten den Lebensraum allein beherrschen. Solche in sich ausgewogenen Ökosysteme reagieren überaus empfindlich auf umweltverändernde Einflüsse. Einleitungen ungereinigter Abwässer von Ölraffinerien, aus Ballungsgebieten und Touristenzentren, der Bau neuer Häfen, Schiffahrt, Unterwasserjagd und das Sammeln von Trophäen sind ernsthafte Gefahren für die Existenz von Korallenriffen. Schon geringe Trübungen durch Wasserverschmutzung bringen die licht- und sauerstoffhungrigen Korallenpolypen zum Absterben. Inzwischen wächst die Erkenntnis, wie notwendig intakte

Korallenriffe für den devisenbringenden Tourismus sind. Initiativen für die Schaffung von Unterwasser-Naturschutzgebieten wurden schon ergriffen. Den Anfang machte das US National Park Service, als es Korallenriffe vor den US-Virgin Islands St. Croix und St. John zu Unterwasserparks erklärte. Auch Cuba hat mittlerweile große Riffgebiete, u. a. vor der Isla Juventud, unter Naturschutz gestellt.

Seemann mit Jakobstab

Der Karibische Kulturraum

Verglichen mit anderen Kulturzonen steht der karibische Raum sicherlich im Schatten – es existieren keine archäologischen Monumente, wie wir sie aus der europäischen Antike oder von den mesoamerikanischen Hochkulturen kennen, und auch die Jahrhunderte nach der Entdeckung hinterließen keine Kunstwerke von Weltrang. In der Architektur etwa begegnen wir oft Wiederholungen bedeutender Bauwerke der kolonialen Mutterländer, anfangs durchweg in den Maßen reduziert. Die Kathedrale von Santo Domingo ist ein (Farbt. 51 u. 53, Abb. 40, 43, 44, 45 u. 50) gutes Beispiel dafür, sie weist in ihrer räumlichen Gliederung und in ihrem Baustil Gemeinsamkeiten mit der spätgotischen Kathedrale in Sevilla auf, ohne diese in der Wirkung zu erreichen.

Gleiches gilt für die Literatur, bildende Kunst und Musik der ersten Jahrhunderte nach der Entdeckung; so gut wie nie ragen die Leistungen über die regionalen Grenzen hinaus. Der kulturelle Transfer vollzog sich bis in unser Jahrhundert sozusagen eingleisig von den europäischen Eroberern hin zu ihren westindischen Kolonien, deren kulturelle Unterlegenheit umso verständlicher wird, wenn man an die Millionen Negersklaven denkt, die auf die Inseln verschleppt wurden und zunächst allein von ihren materiellen Voraussetzungen her daran gehindert waren, eine eigenständige Kunst zu entwickeln. Mit der Dauer der kolonialen Bevormundung wuchs allmählich der Wunsch nach Unabhängigkeit, entwickelte sich das Bewußtsein der eigenen schöpferischen Fähigkeiten. Dies trifft sowohl für die Kreolen, die weiße Oberschicht, als auch für die ausgebeuteten Negersklaven zu. Letztere gewannen wieder eine ethnische Identität, indem sie an die Traditionen ihrer Vorväter anknüpften. Mit dieser »Selbstfindung« stärkte sich auch der Wille zur Befreiung von europäischer Unterdrückung und Sklaverei mit dem politischen Ziel der Unabhängigkeit. Haiti machte 1804 damit den Anfang, doch dauerte es noch bis weit in unser Jahrhundert hinein, ehe die Westindischen Inseln es zu staatlicher Selbständigkeit brachten. Musikfolklore, Malerei und Literatur der Westinder wurden zu einem nicht mehr wegzudenkenden Bestandteil des internationalen Kulturguts.

Die Inselgeographie, die Rassenvielfalt und der koloniale Ursprung ließen einen Kulturraum entstehen, dessen komplizierte Struktur schwer zu überschauen ist. Allen Inseln ist gemeinsam, daß sie nach der Ausrottung der indianischen Urbewohner – wenn man von den wenigen Hundert Kariben-Indianern auf Dominica absieht – kulturell völlig neu anfangen mußten. Die Hoffnung der Kolonisten, unermeßliche Goldschätze zu finden, ging nie in

Erfüllung. Mit Hilfe der versklavten Urbevölkerung erschloß man das neu entdeckte Inselreich – zunächst ein bloßes Ausbeutungsobjekt. Vorrangig galt es, den erworbenen Besitz zu sichern. Die Auslöschung der Urbewohner vollzog sich binnen weniger Jahrzehnte; von hier drohte keine Gefahr mehr. Die spanischen Eroberer sollten aber in den nachfolgenden Jahrhunderten dennoch nicht zur Ruhe kommen. Piraten aus England und Frankreich zwangen sie in zunehmendem Maße zu kostspieligen Verteidigungsanstrengungen. Als die Heimatländer der Piraten begannen, den Kampf um das koloniale Besitztum aufzunehmen, wurden die Spanier noch stärker in die Defensive gezwungen. So sind es weniger Kirchen und Paläste, sondern gewaltige Festungsanlagen, die das Stadtbild von San Juan, Havanna, Santo Domingo oder Cartagena bestimmen. Hinter ihren Mauern regte sich nur langsam kulturelles Leben. Santo Domingo als Hauptstadt des neu gegründeten Vizekönigreichs wurde auch zum geistigen Zentrum der Neuen Welt. 1538 entstand hier die erste und älteste noch existierende Universität Amerikas.

Stempel der Kariben-Indianer, der zur Körperbemalung diente

Die koloniale Expansion führte zur Bildung neuer Vizekönigreiche, die einen gewissen autonomen Status erhielten. Weiße Einwanderer oder deren als Kreolen bezeichnete Nachkommen bildeten die Führungsschicht. Die geistige Führung lag aber noch lange bei der Kirche, die die gewalttätigen Akte des Kolonialismus zu rechtfertigen wußte. Ganz unter dem Einfluß Spaniens entstand ein neuer Kulturraum, der heute – definiert durch die spanische Sprache – Cuba, die Osthälfte der Insel Hispaniola und Puerto Rico umfaßt. Die Verbindung zum spanischsprachigen Lateinamerika ist in diesem Raum bis in die Gegenwart stärker ausgeprägt als die zu den Nachbarinseln.

Auf Jamaica, in Haiti und auf den Kleinen Antillen nahm die Bildung neuer Kulturen einen anderen Verlauf. Hier waren es fast ausschließlich Negersklaven, die, anknüpfend an Traditionen ihrer afrikanischen Heimat, ihre heutigen kulturellen Ausdrucksformen fanden. Bis in unsere Tage besteht die scharfe Trennung zwischen dem spanischsprachigen Raum und den übrigen Sprachregionen. In der karibischen Musikfolklore findet der kulturelle Gegensatz seinen wohl stärksten Ausdruck.

Architektur

Der zeitliche Wandel künstlerischer Ausdrucksformen wird besonders deutlich sichtbar in der Architektur. Waren es vor 400 Jahren Festungs- und Kirchenbauten, die den Städten ihr Gepräge gaben, sind es heute monumentale Verwaltungsgebäude und Hotelkomplexe, die in ihrer kühlen Zweckarchitektur die Stadtsilhouetten beherrschen. Die zeitliche Brücke spannt sich über fast 500 Jahre, beginnend mit der Gründung von La Navidad im Jahre 1492. Als Palisadendorf angelegt, mußte diese erste europäische Ortsgründung, bedingt durch Indianerüberfälle, nach wenigen Monaten wieder aufgegeben werden. Die neue Hauptstadt mit dem späteren Namen Santo Domingo wurde daher an der Südküste gegründet. Sowohl sakrale als auch profane Bauten aus den Pionierjahren haben die Jahrhunderte bis zum heutigen Tag überdauert. Noch ganz im Stil der Spätgotik erbaut, hat die festungsartige Kathedrale von Santo Domingo als älteste erhaltene Kirche der Neuen Welt ihre Architektur nahezu unverändert bewahrt. Im gleichen Stil wie sie entstanden weitere Pfarr- und Klosterkirchen.

Der Fortgang der amerikanischen Eroberungen spiegelt sich im Bau immer neuer Kirchen wider. Auf annähernd 70000 wuchs ihre Zahl zwischen beiden Wendekreisen an. Nur der Islam kann – wenn wir an die Moscheen zwischen Atlasgebirge und Himalaya denken – auf vergleichbare Bauleistungen verweisen. Keine Stadtgründung durfte ohne Priester und Kirche erfolgen. Stets thronte die Kirche im Mittelpunkt der streng geometrisch angelegten Stadt. Die frühen Kirchenbauten hatten als Festungen gegen Angriffe der indianischen Urbevölkerung häufig durchaus eine profane Zusatzfunktion. Manchmal wurden sie als Symbol der triumphierenden Kirche über heiligen Stätten der »heidnischen« Vorgänger errichtet. Es entwickelte sich ein architektonisches Spektrum von schlichten Dorfkirchen über Wehr- und Klosterkirchen bis zu großen Bischofsdomen.

Die Profanarchitektur umfaßt mächtige Festungsanlagen der Haupt- und Handelsstädte, Paläste und Bürgerhäuser. Ähnlich wie bei den Kirchen wurden die Baustile bis weit ins letzte Jahrhundert vom spanischen Mutterland beeinflußt, wobei sich folgender Ablauf beobachten läßt: Anfangs stand die Baukunst der Neuen Welt im Zeichen der in Europa bereits ausklingenden Spätgotik. Über die Antillen drang sie aber noch bis nach Mexico vor; die Kirche des Dominikanerklosters Yannutitlán, 1541–1575 erbaut, darf als wohl letztes spätgotisches Bauwerk Amerikas gelten. Die wenigen original erhaltenen spätgotischen Bauten – in Santo Domingo die schon genannte Kathedrale, die Kirche des Dominikanerklosters (Abb. 56) und La Merced; in San Juan die Kirche San José (Farbt. 52) – sind in ihrer Architektur recht einheitlich, äußerlich fast schmucklos, mit kleinen Fenstern. Ein Stilwandel erfolgte mit der Renaissance und dem nachfolgenden Barock; im Zuge größerer architektonischer Liberalität kamen nun auch Sonderformen zum Tragen. Der andalusische Manierismus mit seinen widersprüchlichen Stilelementen drückt sich in vielen Westfassaden der Kirchen durch Doppelsäulen aus. Die »klassische« Säulenanordnung – unten dorisch, in der Mitte korinthisch, das Tympanon ionisch – löste sich in die flächenhaften Verzierungen des

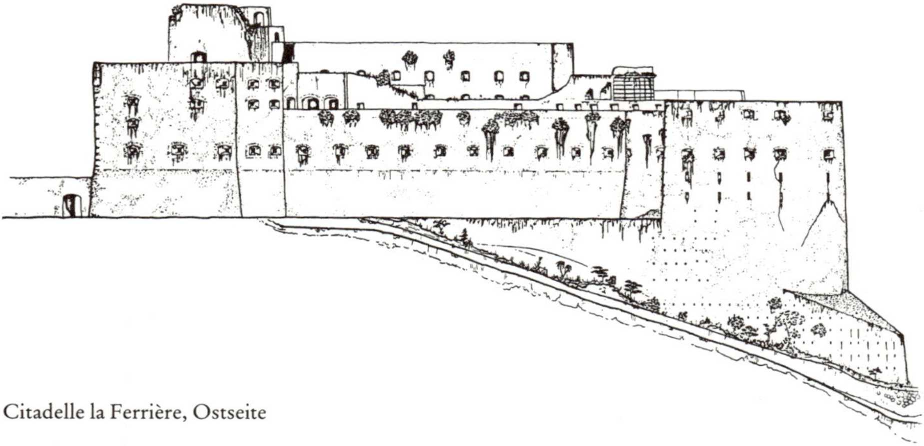

Citadelle la Ferrière, Ostseite

Mudéjar- und Plateresco-Stils auf. Weniger in Westindien als in Mexico und Peru erfährt die Fassadenarchitektur eine derartige ornamentale Zergliederung, daß sie einem steinernen Abbild des Hauptaltars im Kircheninnern gleich kommt. Bei den westindischen Kirchen spanischer Prägung bleibt der Mudéjar- und Plateresco-Stil mehr auf den Innenraum beschränkt. In Anlehnung an maurische Bautraditionen drückt sich dabei der Mudéjar-Stil in reich gegliederten hölzernen Kassettendecken aus; im Plateresco-Stil werden dagegen sehr oft Altäre, Epitaphe und andere Kircheneinrichtungen gestaltet, deren fast filigranhafte Ornamentik die Kunst des Plateresco, des Silberschmieds, ins Monumentale übersetzt. Der Churriguerismus, die höchste Steigerung des spanischen Barock, kommt erst im 17. Jahrhundert zur vollen Blüte, als Westindien seine politische und wirtschaftliche Bedeutung schon längst an Mexico und das übrige Lateinamerika abgetreten hat. Kirchenbauten mit der überladenen Pracht, die wir im mexicanischen Taxco, Tepozotlán oder Ocotlán finden, hat es auf den Westindischen Inseln nie gegeben. Auch der nachfolgende Barock-Stil beschränkt sich in Westindien fast ausnahmslos auf die Innenarchitektur und das Mobiliar.

Seit der zweiten Hälfte des 19. Jahrhunderts sind es klassizistische Bauwerke, die das Stadtbild der großen Metropolen wesentlich bestimmen. Durch den sprunghaften Bevölkerungszuwachs der Großstädte können die Altstadtkerne den steigenden Wohnungsbedarf nicht mehr decken. Neue Vororte entstehen außerhalb der funktionslos gewordenen Festungsanlagen in vielfältigen Mischstilen. Besonders Havanna besitzt eine Vielzahl von Gebäuden mit zum Teil abenteuerlichen Kombinationen gotischer, islamischer und barocker Stilelemente. Mit riesigen Repräsentations-, Hotel- und Regierungsgebäuden endet die Periode der Nachschöpfung historischer Vorbilder in den dreißiger Jahren. Letzte Beispiele des Historismus sind die Nachbildungen des Washingtoner Kapitols in Havanna, San Juan und Santo Domingo, die die Diktatoren errichten ließen. Abrupt löst nun Zweckarchitektur auch im karibischen Raum alle bisherigen Baustile ab. Die funktionelle Gestaltung, z. B. von Hochhäusern, erfordert ganz neue Werkstoffe. Bodenständiges Baumaterial wie Korallenkalk, Ziegel, Lehm und Holz werden durch Stahl, Beton und Kunststoff verdrängt. Mit Hilfe der schnellen und kostensparenden Bauweise wird es nun möglich, der starken Bevölkerungszunahme und dem beginnenden Massentourismus gerecht zu werden. Trotzdem bleiben zumindest die historischen Stadtkerne von Havanna, Santo Domingo und San Juan vom modernen Bauboom verschont. In San Juan und Santo Domingo führen Maßnahmen des Denkmalschutzes zu hervorragenden Restaurierungen der Altstadtkerne. Dagegen ist Havannas Altstadt nach der cubanischen Revolution weitgehend dem Verfall preisgegeben worden. Inzwischen sind aber auch hier neben punktuellen Restaurierungsprojekten großflächige Sanierungen unter Erhaltung der historischen Bausubstanz, finanziert mit Hilfe der UNESCO, vorgesehen.

Erst die moderne Architektur schaffte zwischen den beiden westindischen Kulturbereichen, dem spanischen und dem nicht-spanischen, eine Verbindung – allerdings im Zeichen weltweiter architektonischer Vereinheitlichung, deren materialbedingte Uniformität auch im karibischen Raum keine regionalen Baustile mehr aufkommen läßt.

Je weiter man zurückblickt, desto abwechslungsreicher zeigt sich die Bauweise auch im nicht-spanischen Kulturraum. Es sind wieder die Kolonialländer, die mit ihren Stilvorgaben der Architektur englische, französische, niederländische und dänische Züge geben. Im

Casino Español in Cárdenas, Cuba

Gegensatz zu den spanischen Kolonien wurden die eroberten Inseln rasch zu reinen landwirtschaftlichen Nutzgebieten. Nie kam es daher zu Santo Domingo, Havanna oder San Juan vergleichbaren Stadtgründungen. Die alte Inselhauptstadt Port Royal auf Jamaica ging 1692 bei einem Seebeben fast restlos unter. Ihre Nachfolgerin Kingston entstand im Stil des englischen Klassizismus, doch haben sich keine bedeutenden Bauwerke dieser Epoche erhalten. St. George's auf Grenada und Willemstad auf Curaçao überdauerten als einzige Städte die letzten 200 Jahre nahezu unverändert. Auch Christiansted, Charlotte Amalie (Virgin Islands) und Spanish Town (Jamaica) besitzen z. T. noch gut erhaltene bzw. restaurierte Zentren, in denen sich die Baustile der jeweiligen Kolonialmächte dokumentieren lassen. In Willemstad sind es überwiegend Bürgerhäuser im Stil der niederländischen Renaissance und des Barock, die der Altstadt ihren musealen Charakter geben. Strengere Formen im Stil des

Siedlung eines Kleinbauern,
rechts das Vorratshaus, Haiti

englischen Klassizismus und der Neugotik tragen die Bauten in St. George's und Spanish Town. Christiansted und Charlotte Amalie sind in ihrer Stadtarchitektur fast mit dänischen Kleinstädten zu verwechseln. Der dänische Klassizismus kommt in vielen Gebäuden unverfälscht zum Ausdruck. Ganz im Stil der französischen Architektur des ausgehenden 19. Jahrhunderts stellen sich die mehrfach durch Feuer, Erdbeben und Hurricans zerstörten Innenstädte von Fort-de-France, Pointe-à-Pitre und Port-au-Prince dar.

Viel häufiger als in den ehemaligen spanischen Inselbesitzungen entstanden im nichtspanischen Raum Großfarmen mit repräsentativen Herrenhäusern und Wirtschaftsgebäuden. Die Vorbilder standen wieder meist in den jeweiligen Heimatstaaten. Oft haben sich die Baustile der letzten 200 Jahre auf dem Land reiner erhalten als in den immer wieder von Zerstörungen heimgesuchten Städten. Zeugnisse einer vorindustriellen Architektur sind die konischen Stümpfe früherer Windmühlen, außerdem Wassermühlen (Farbt. 29), Aquädukte und Kalkbrennereien. Die ständigen Auseinandersetzungen unter den Kolonialmächten spiegeln sich in den z. T. noch heute gut erhaltenen gigantischen Festungsbauwerken von Brimstone Hill, St. Kitts (Abb. 92, 93 u. 97), Citadelle La Ferrière, Haiti (Farbt. 30 u. 31) und Fort-de-France, Martinique, wider. Als Baumaterial dienten, ähnlich wie bei den Spaniern, Steine aus Korallenkalk (Abb. 98) und Ziegel; letztere kamen oft als Ballastladung mit den Schiffen aus Europa.

Wenig Beachtung finden allgemein die Wohnstätten der Landbevölkerung. Dies ist deshalb bedauerlich, weil die Hütten in vielem die Bautradition der Negersklaven und der längst ausgerotteten Indianer erkennen lassen. Die europäischen Einwanderer machten sich diese traditionelle Bauweise zunutze, wenn sie ihre eigenen Häuser mit schattigen Balkonumgängen und luftigen Veranden versahen.

Bildende Kunst

Fast ausschließlich regionale Bedeutung hatte bis vor wenigen Jahren die bildende Kunst. Werke der Malerei und Plastik sind außerhalb von Westindien kaum bekannt geworden. Dennoch zeigen einige Museen erstaunlich große Sammlungen von Arbeiten einheimischer Künstler. Enger war die Bindung an spanische Vorbilder, und oft wurden ganze Schiffsladungen von Kunstwerken aus den Heimatländern importiert. Bis ins letzte Jahrhundert stand die bildende Kunst weitgehend unter sakralem Einfluß. Erst im Zeitalter der Romantik begann die karibische Malerei nach eigenen Ausdrucksformen zu suchen und sich auf regionale Themen zu beziehen. In den vierziger Jahren unseres Jahrhunderts entwickelte sich dann, anfangs ganz unbemerkt, eine Kunst, die als »haitianische naive Malerei« weltweite Bedeutung gewann. Ihr Ursprung als Volkskunst ist unverkennbar. Leider verflachte die haitianische Kunst in dem Maße, wie die Nachfrage durch den Tourismus stieg – von einer Laienkunst kann inzwischen kaum mehr die Rede sein. Gleiches gilt allgemein für die

Teufel, gearbeitet aus dem Blech einer Öltonne, Murat Brièrre, Haiti

Volkskunst, die sich durch den touristischen Massenbedarf immer stärker von ihren Quellen und ursprünglichen Ideen entfernte. Charakteristische Herkunfts- und Gebrauchsmerkmale werden heute oft im Sinne vergeblicher Authentizität vorgetäuscht. Originale Volkskunst wird man daher weniger in Souvenirläden oder bei den zahllosen fliegenden Händlern erwerben, sondern auf den Märkten der Einheimischen am besten weitab von Großstädten und Hotelstränden.

Musik

Im Gegensatz zu anderen Künsten hat – wie schon erwähnt – die karibische Musikfolklore weltweite Verbreitung gefunden. Unsere moderne Unterhaltungsmusik einschließlich des Jazz wäre ohne Einflüsse karibischer Tanzrhythmen wie Rumba, Reggae oder Salsa kaum denkbar. Die Wurzeln der karibischen Musikfolklore muß man ebenfalls in den kolonialen Herkunftsländern und afrikanischen Heimatgebieten der Negersklaven suchen. Aus der Vermischung gegensätzlicher Musiktraditionen ging eine unvergleichliche Vielfalt neuer Ausdrucksformen hervor. Allen gemeinsam ist starke Expressivität, die sich in einer betonten tanz- bzw. bewegungsorientierten Rhythmik äußert. Zunächst versuchten die Kolonialländer, voran Spanien, der Urbevölkerung und später den Sklaven auch ihr musikalisches Kulturgut aufzuoktroyieren. Umgekehrt setzte aber mit dem Sklavenhandel nach Westindien eine Transkulturation eigener, vor allem afrikanischer Musiktraditionen ein, die trotz größter Unterdrückung von Generation zu Generation fortlebten. Nur so ist auch die Bildung sogenannter Synkretismen zu verstehen, die Verschmelzung überkommener magischer Religionen mit dem Christentum. Gesänge und Tänze waren im Zeitalter der kolonialen Repression meist die einzige Möglichkeit der Religionsausübung. Diese verleihen den heute noch existierenden Kulten (Vodou, Santería, Chango etc.) ihre starke Emotionalität.

Wie in der Kolonialarchitektur kann man auch in der Musik die Bildung deutlich voneinander abgegrenzter Regionen, einer iberohispanischen und einer afroeuropäischen, beobachten. Zunächst waren es wieder die Spanier, die als erste europäisches Musikgut in der Neuen Welt verbreiteten. Ihre Tänze, wie Zapateado, Fandango, Son oder Bolero, klingen noch heute in der Musikfolklore durch. Aus ihnen gingen wiederum weit verbreitete Gesellschaftstänze hervor, z. B. der Tango, Chachacha, Rumba und die Salsa. Bei uns weniger bekannte Tänze von meist nur lokaler Bedeutung sind Merengue, Guajira oder Punto. Obwohl nicht in dem Maße wie im afroeuropäischen Raum der Karibik fand die Musik der Negersklaven auch auf den spanischen Inseln ihren Niederschlag, besonders in Tänzen und Zeremonien von Mischreligionen. Von jener weltweiten Kommerzialisierung, wie wir sie beispielsweise beim Calypso oder Reggae sehen, wurde die iberoamerikanische Musikfolklore in geringerem Maße erfaßt. Allmählich beginnt aber auch die Salsa-Musik über die Grenzen der Karibik hinaus populär zu werden.

Größere Schwierigkeiten bereitet es, über die afroeuropäische Musikfolklore zu sprechen. Allein fünf europäische Länder (England, Frankreich, die Niederlande, Dänemark und Schweden) hinterließen in Tänzen und Liedern mehr oder weniger deutlich ihr spezifisches Musikgut. Oft klingen noch Takte älterer Tänze an, wie von Quadrillen, Kontertänzen, Mazurken oder schottischen Reels. Fester verankert sind afrikanische Musiktraditionen, die sich auf den Westindischen Inseln in Einzelfällen über die Jahrhunderte authentischer erhalten haben als in ihren Heimatländern. Sogar die regionalen Unterschiede übertrugen sich von den westafrikanischen Herkunftsländern auf Westindien und sind bis zum heutigen Tage spürbar. Noch immer zeigt etwa Haiti unverkennbare Bindungen an das heutige Benin, wo Frankreich früher seinen Bedarf an Arbeitssklaven deckte. Ähnlich lassen sich bestimmte musikfolkloristische Eigenheiten auf den ehemals britischen Antillen bis nach Ghana zurückverfolgen.

Medizinmann (Behique) der Taino-Indianer beim Flötenspiel

Gerade im letzten Jahrzehnt ist der afrokaribische Einfluß auf die US-amerikanische und westeuropäische Unterhaltungsmusik und die Modetänze unübersehbar geworden. Calypso, Chachacha und Reggae gehören wie selbstverständlich zum Repertoire des modernen Gesellschaftstanzes, ohne daß sich die Tanzenden immer über die Herkunft der sie bewegenden Rhythmen bewußt sind. Kaum weniger abwechslungsreich ist die Palette der Musikinstrumente, fast jede Musikkultur trug ihren Teil dazu bei. Von den Tainos, den untergegangenen Ureinwohnern, stammen Rumbarasseln und Schlitztrommeln. Afrikanischen und präkolumbischen Ursprungs sind Claves (Schlagstöcke) und Güiros (Schraper). Fast unverändert gingen westafrikanische Standtrommeln, mit Fell bezogen und mit offenem Boden, in die afrokaribische Musikkultur ein. Saiteninstrumente wie Gitarren, Geigen und Mandolinen kamen aus Europa, ebenso das auf Hispaniola sehr beliebte Schifferklavier. Immer mehr setzten sich unterdessen Instrumente moderner Tanzorchester durch, womit die klangliche Authentizität vielfach verlorengeht. Hervorzuheben sind noch die erst nach dem Zweiten Weltkrieg auf Trinidad (Farbt. 62) entstandenen Steelbands. Ihre Stahltrommeln, gefertigt aus alten Ölfässern, gehören zu den jüngsten Schöpfungen der Musikkultur überhaupt und sind bis heute echte Volksmusikinstrumente geblieben.

Kulte und Gebräuche

Wie überall auf der Welt verbinden sich auch in Westindien Kulte und Gebräuche auf verschiedenste Weise mit der Musik. Im Zusammenklang mit Bewegung und Tanz verstärkt sie den emotionalen Gehalt kultischer Handlungen oft bis zur Ekstase. Nirgendwo sonst auf der Welt bildeten sich Mischreligionen von so unterschiedlicher Herkunft heraus wie in der Karibik. Das Christentum kam aus Europa, andere Religionen, vom Ashantikult bis zum Hinduismus, aus Afrika und Asien. Von den Religionen der Urbevölkerung hat sich dagegen nichts mehr erhalten; auch die wenigen Kariben-Indianer auf Dominica verloren jegliche Bindung zum Glauben ihrer Vorfahren. Magie, Spiritismus und Schamanismus blieben trotz erzwungener Anpassung an das Christentum Hauptinhalte synkretischer Religionen. Diese Religionsform ist fast ausschließlich unter der schwarzen Bevölkerung afrikanischer Abstammung verbreitet, die überwiegend in Haiti, auf Jamaica und auf den Kleinen Antillen lebt. Als bekannteste Kulte sind der Vodou in Haiti, der Chango auf Trinidad und Grenada sowie der Rasta auf Jamaica zu nennen. Immer mehr zu touristischen Show-Attraktionen degradiert, verlieren einige von ihnen, wie z. B. der Vodou, allmählich an religiösem Gehalt. Im Zusammenhang mit dem Reggae machte in den letzten Jahren der Rasta-Kult (Farbt. 60) auch bei uns in Europa von sich reden und integrierte sich in verschiedene Subkulturen.

Religiöse Anlässe werden überall in der Karibik in Verbindung mit folkloristischen Darbietungen gefeiert. Höhepunkt aller Festveranstaltungen ist der Karneval; die Karnevalsveranstaltungen auf Trinidad (Farbt. 63, 64 u. 65) sind kaum weniger bekannt als die von Rio.

Taino-Indianer beim Areyto-Fest

Ebenso ausgelassen wird das Weihnachtsfest gefeiert, ganz im Sinne des freudigen Geburtsereignisses. Ernsten, fast mystisch-dunklen Charakter haben auf Puerto Rico und in der Dominikanischen Republik die Karfreitagsprozessionen, in deren Verlauf oft die Szenen der Passionsgeschichte bis zur Kreuzigung nachgespielt werden. Das Ende der Zafra, der Zukkerrohrernte, wird auf Cuba im Juli noch intensiver gefeiert als bei uns das Erntedankfest. Ein bedeutender Festtag ist auch der 12. Oktober, der Tag der Entdeckung Amerikas. Als »Tag der Rassen« manifestiert er trotz politischer und rassischer Gegensätze die Zusammengehörigkeit der Völker und Staaten auf dem amerikanischen Doppelkontinent. Mehr auf dem Land als in der Stadt werden Feste der Tages- und Ortsheiligen gefeiert; oft haben sie weit mehr als die großen, »offiziellen« Anlässe ihren ursprünglichen Charakter gewahrt. Bei Hahnenkämpfen, die überall in Westindien veranstaltet werden, gehen Fest- und Sportveranstaltungen ineinander über. In den Stierkämpfen auf Cuba und in der Dominikanischen Republik wirken natürlich spanisch-iberische Traditionen nach.

Sprache und Literatur

Auch die sprachliche Vielfalt Westindiens ist das Ergebnis der wechselvollen Kolonialgeschichte. Die Spanier, Engländer, Franzosen, Niederländer, Dänen, Portugiesen und Schweden hinterließen als Kolonialmächte ihr jeweiliges Spracherbe. Durch Annektionen und Rückeroberungen sorgten sie darüber hinaus für die Vermischung ihrer Sprachen –

allein der Besitz von St. Lucia wechselte mehr als ein dutzendmal zwischen England und Frankreich. Außer einigen Sprachresten der Urbevölkerung flossen Worte und Begriffe der Negersklaven in die regionalen Umgangssprachen. Offizielle Sprachen sind aber immer noch, je nach Insel, Spanisch, Englisch, Französisch und – bis vor kurzem – Niederländisch. Daneben haben sich zahlreiche regionale Umgangssprachen gebildet; Patois, Créole und Papiamento sind die bekanntesten.

Land/Insel	Amtssprache	Umgangssprache
Cuba	Spanisch	Spanisch,
Dominikanische	»	verschiedene
Republik		Dialekte
Puerto Rico	»	»
Jamaica	Englisch	Englisch, Patois,
Grand Cayman	»	verschiedene
Virgin Islands	»	Dialekte
St. Kitts	»	»
Nevis	»	»
Antigua	»	»
Barbuda	»	»
Dominica	»	Patois
St. Lucia	»	(Englisch, Französisch,
St. Vincent	»	afrikanische Sprachen)
Grenada	»	»
Trinidad, Tobago	»	»
Haiti	Französisch	Créole (Französisch,
Guadeloupe	»	afrikanische Sprachen)
Martinique	»	»
St. Barthélemy	»	»
Sint Maarten (frz. Teil)	»	»
Curaçao	Papiamento,	Papiamento
Aruba	(früher Niederländisch)	(Niederländisch, Portugie-
Bonaire	»	sisch, Spanisch, Englisch,
Sint Maarten (niederl. Teil)	»	Deutsch)
Sint Eustatius	»	»
Saba	»	»

Der sprachliche Pluralismus ist ein Indiz für die rassische Toleranz, die auf allen Inseln spätestens seit dem Ende der europäischen Kolonialherrschaft besteht.

Die karibische Literatur führte während der jahrhundertelangen kolonialen Unterdrükkung ein Schattendasein. Eigenständige Werke entstanden zunächst ganz im Verborgenen, insbesondere während der Freiheitsbewegungen. Namen wie der des cubanischen Dichters und Freiheitshelden José Martí (1853–1895), des Haitianers Toussaint L'Overture (1782–1854) oder des Puertoricaners Luis Muñoz Rivera (1859–1916) sind untrennbar mit den Unabhängigkeitsbewegungen der zurückliegenden 150 Jahre verbunden. Die Genannten setzten sich überwiegend mit Themen der kolonialen Unterdrückung, Rassendiskriminierung oder sozialen Ungerechtigkeit auseinander, sie waren die geistigen Wegbereiter der Freiheitsbestrebungen.

Über ihre Grenzen bekannt wurde die karibische Literatur erst in den zurückliegenden fünf Jahrzehnten. Um so rascher folgte der Aufstieg, und heute nimmt Westindien eine angesehene Stellung in der Gegenwartsliteratur ein. Immer größeren Raum gewinnt der sogenannte Indigenismus, die Rückorientierung auf eigene Kulturwerte und Traditionen. Der inzwischen verstorbene Cubaner Alejo Carpentier ist einer der bekanntesten Vertreter dieser Richtung. Die haitianische Literaturszene neigt sehr stark zum Magischen Realismus und Surrealismus. Themen des Alltags, des Glaubens und der Politik werden gern ins Phantastische umgesetzt, wie es der haitianischen Volksreligiosität und Kulturtradition entspricht. Eng verbunden mit dieser Tendenz sind die Namen Jaques Stéphen Alexis und René Depestre; ihre Werke – teils Prosa und Lyrik – sind u. a. auch ins Deutsche übersetzt worden.

Auf die Kulturgeschichte und das kulturelle Schaffen wird in den Kapiteln, die den einzelnen Inselstaaten gewidmet sind, ausführlicher eingegangen.

Geschichtliche Hintergründe

Die Ureinwohner

Wenn Columbus auch nicht mehr als Entdecker der Neuen Welt gelten kann – das waren vor ihm die Wikinger – so war er es doch, der beim Betreten der Bahama-Insel Guanahani am 12. Oktober 1492 erstmals nachweislich Kontakt mit Eingeborenen aufnahm. Die noch heute gebräuchliche Sammelbezeichnung »Indianer« für alle Nachkommen der Ureinwohner offenbart den historischen Irrtum Coumbus': er glaubte bekanntlich, Indien erreicht zu haben. Die Geschichte der westindischen Indianer liegt im tieferen Dunkel als die der Ureinwohner des Doppelkontinents. Über das Inselvolk fegte die Conquista zuerst hinweg, hier nahm der koloniale Holocaust seinen Anfang, der alle hochentwickelten altamerikanischen Indianerkulturen von der Pueblo-Zivilisation im Südwesten der USA bis zum Inkareich in Peru und Bolivien in den Untergang riß.

Die Vernichtung der Urbevölkerung binnen weniger als einem Jahrhundert erschwert die Erforschung ihrer ethnischen Eigenart, Kultur und Lebensweise. Heute existiert nur noch eine kleine Gruppe von Kariben-Indianern, und nur sehr wenige schriftliche oder sprachliche Überlieferungen sind uns erhalten geblieben. Eine kulturelle Kontinuität, ein Fortdauern von Traditionen, wie wir sie bei den Nachkommen der Maya oder Inka erkennen, wird man in Westindien nicht mehr finden. So sind wir heute auf die wenigen Zeugnisse der spanischen Chronisten, auf archäologische Hinterlassenschaften und integrierte Sprachreste angewiesen, wenn wir uns eine Vorstellung von Leben und Kultur der westindischen Urbewohner verschaffen wollen. Zwar schufen sie keine spektakulären Bauwerke wie Pyramiden und Tempel, entwickelten keine ausgeklügelte Astronomie wie ihre mittelamerikanischen Nachbarkulturen, und auch ihre Schriftsprache kam nicht über die Anfänge einer Bildersymbolik hinaus. Doch vermitteln Funde – kunstvolle Tongefäße, Steinwerkzeuge und Kultgegenstände – immerhin einen Begriff vom hohen Niveau ihrer eigenständigen Kultur. Dies trifft fast noch mehr für die Landwirtschaft zu; so bekannte Nutzpflanzen wie Maniok, Ananas, Guayava und Tabak sind ein Vermächtnis der westindischen Urbevölkerung.

Daß die Indianer irgendwann einmal vom Festland eingewandert sein dürften, kann man aus vielen parallelen Beispielen anderer Archipele schließen. Immer mehr verdichtet sich die Vermutung, daß das nördliche Südamerika Ausgangsgebiet für die Besiedlung der Westindischen Inseln gewesen sein muß. Dafür sprechen ethnische Gemeinsamkeiten zwischen bestimmten Kulturen. Auch der zwischen Südamerika und Westindien übergreifende Anbau von Kulturpflanzen wie Maniok, Ananas und des Anatto-Strauches ist ein weiteres

Taino-Indianer im Einbaum

Indiz dafür. Von Mittel- und Nordamerika sind dagegen nur sehr geringe Einflüsse zu verzeichnen. Wahrscheinlich bildeten die starken Meeresströmungen in der Meerenge zwischen Yucatán und Cuba sowie in der Florida-Straße nahezu unüberwindliche Hindernisse für eine Besiedlung vom Westen und Norden her.

Zu welchem Zeitpunkt die Einwanderung genau begann, ist noch nicht ganz geklärt. Mit Sicherheit erfolgte sie aber, wie archäologische Funde und die Stammesvielfalt bezeugen, in mehreren Wellen. Die ältesten uns bekannten Spuren datieren etwa auf 5000 v. Chr. (Barrera, Mordan [Abb. 31] – Dominikanische Republik) und gehören in die sogenannte paläoindianische Periode. Feldbau war in dieser Zeit noch unbekannt; die gefundenen Gebrauchsgegenstände beschränken sich auf primitive Knochen- und Steinwerkzeuge und bezeugen, daß jene ersten Westindier Jäger und Sammler waren. Auch Funde aus der mesoindianischen Phase lassen kaum Entwicklungsfortschritte erkennen, allerdings verläuft die zeitliche Grenze zur neoindianischen Periode sehr unterschiedlich. Während auf großen Teilen Cubas zur Zeit der Entdeckung durch Columbus die Entwicklung auf dem Niveau der mesoindianischen Epoche stagnierte, bildeten sich auf Puerto Rico und Trinidad schon um die Zeitenwende neoindianische Kulturen heraus. Sie unterschieden sich grundlegend von den vorangegangenen Kulturstufen durch den Übergang zur Landwirtschaft, die Anlage fester Siedlungen und Zeremonienstätten sowie die Entwicklung einer kunstvollen Töpferei.

Recht genau ist heute die Verbreitung der einzelnen Stammes- und Kulturgruppen zur Zeit der europäischen Entdeckung Amerikas bekannt. Man unterscheidet folgende Gruppen:

Lucayo	Bahamas
Cubanische Ciboney	westliches Cuba (ursprünglich fast alle Antillen)
Haitianische Ciboney	südwestliches Hispaniola
Subtaino	zentrales und südliches Cuba, Jamaica (Puerto Rico, Hispaniola, Bahamas)
Taino	Hispaniola, Puerto Rico, östliches Cuba, Virgin Islands
Ciguayo	Hispaniola: Halbinsel Samaná und Umgebung
Igneri	Trinidad (Virgin Islands, Puerto Rico, Hispaniola)
Kariben	Kleine Antillen zwischen Virgin Islands und Trinidad

(Regionale Angaben in Klammer: Nachweise aus der Zeit vor der Entdeckung Amerikas. Lucayo, Subtaino, Taino, Ciguayo und Igneri gehörten zur Gruppe der Arawak-Indianer.)

Die Ciboney

Nach dem heutigen Wissensstand kann man davon ausgehen, daß die Ciboney direkte Nachfolger der Erstbesiedler des westindischen Raumes waren. Frühe Spuren dieser Kulturgruppe, auf etwa 2000 v. Chr. zu datieren, haben Ausgrabungen in Guanahacabibes (Cuba) und Mordan (Dominikanische Republik) erbracht. Zeitlich übereinstimmende Grabungsfunde ergaben sich im venezolanischen Manicuare, sie tragen alle Wesenszüge der präkeramischen Kulturen auf den Westindischen Inseln. Noch frühere Funde aus der Zeit um 2300 v. Chr., ebenfalls an der venezolanischen Karibikküste (in Cubagua) gemacht, lassen vermuten, daß die ältesten präkeramischen Kulturen dort ihren zentralen Ursprung haben. Große Ansammlungen von Muschelschalen und Fischresten mit eingestreuten Stein- und Knochenwerkzeugen sowie primitiver Schmuck sind charakteristisch für die meisten Funde aus dieser Ära. Sie weisen eine gewisse Verwandtschaft zu den Køkkenmøddinger-Kulturen auf, die etwa zur gleichen Zeit in Nordeuropa verbreitet waren.

Die Ciboney erreichten nach und nach – wohl mit Balsabooten und Kanus – fast alle größeren Westindischen Inseln. Sie kamen jedoch nicht über die mesoindianische Entwicklungsstufe hinaus und blieben ein Volk der Fischer und Sammler. Feldbau war ihnen unbekannt, ebenso die Herstellung von Keramik, und Hinweise auf irgendwelche Kultstätten fehlen bisher ganz. Meist bewohnten sie Höhlen oder bauten Gemeinschaftshäuser, letztere auf Ansammlungen von Muschelschalen. Als Grabbeigaben finden sich häufig Steinkugeln und kleine Steindolche. Größere Funde sind bisher in El Coroso (Puerto Rico), Cueva de

29, 30 Kultfiguren der Taino-Indianer im Museo del Hombre Dominicano, Santo Domingo, Dom. Republik
◁ 28 Ruinen von San Nicolás de Bari, der ältesten Kirche Amerikas, in Santo Domingo, Dom. Republik
31 Artefakte der Mordan-Kultur im Museo del Hombre Dominicano, Santo Domingo, Dom. Republik

32 Pulverschale der Taino-Indianer aus Knochen im Museo del Hombre Dominicano, Santo Domingo, Dom. Republik

33 Trigonolith der Taino-Indianer im Museo del Hombre Dominicano, Santo Domingo, Dom. Republik

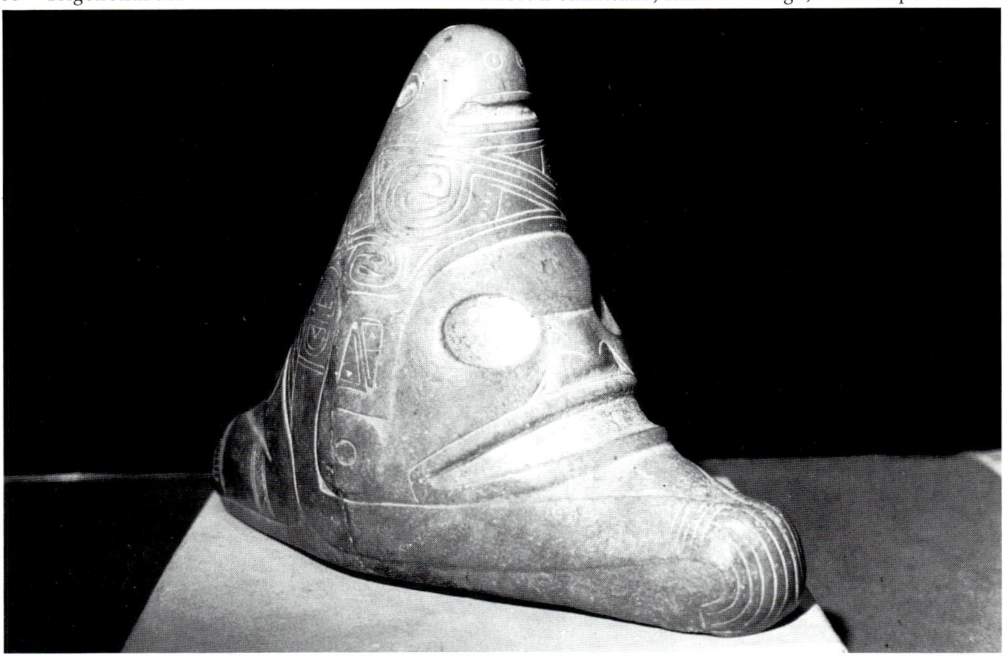

35 Santa Bárbara in Santo Domingo, Dom. Republik
◁ 34 San Francisco de Paula in Havanna, Cuba
36 Westseite von Santa Bárbara in Santo Domingo, Dom. Republik

37 Chapelle Royale in Milot, Haiti

38 Ruine von San Francisco in Santo Domingo, Dom. Republik

39 Hauptportal von San Francisco in Santo Domingo, Dom. Republik

41 Glockenturm der Kathedrale von Santo Domingo, Dom. Republik

40 Nordportal der Kathedrale von Santo Domingo im Stil der isabellinischen Spätgotik

42 Pfeiler mit Gewölbeansatz in der Ruine von San Nicolás de Bari, Santo Domingo

43 Chor der Kathedrale von Santo Domingo, Dom. Republik

44 Spätgotisches Fenster an der Kathedrale von Santo Domingo, Dom. Republik

45 Spätgotisches Fenster an der Kathedrale von Santo Domingo, Dom. Republik

46 Ruine von San Francisco in Santo Domingo, Dom. Republik

47 Eingang zum ehemaligen Kloster von San Francisco in Santo Domingo, Dom. Republik

48 Grab des Columbus in der Kathedrale von Santo Domingo, Dom. Republik

49 Hauptschiff der Kathedrale von Santiago, Cuba

50 Hauptschiff der Kathedrale von Santo Domingo, Dom. Republik

51 Mikve Israel Synagoge in Willemstad, Curaçao

52 St. George's Church in Basseterre, St. Kitts

53 Kathedrale in Pointe-à-Pitre, Guadeloupe

54 Coke Church in Kingston, Jamaica

56 Westfassade der Kirche des Dominikanerklosters in Santo Domingo, Dom. Republik ▷

55 St. Andrew Church in Kingston, Jamaica

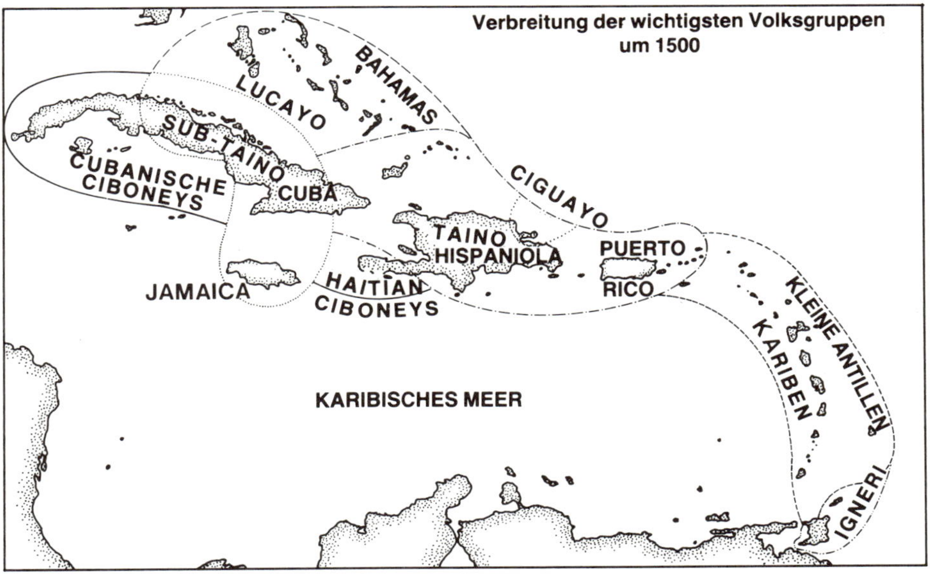

Ferrocaril (Dominikanische Republik), Couri und Cabaret (Haiti), Guayabo Blanco und Cayo Redondo (Cuba) gemacht worden; sie gaben den einzelnen Stilen dieser Kultur ihren Namen.

Die Arawak-Gruppen

Mit dem Auftauchen der ersten Arawak-Gruppen auf den Westindischen Inseln – etwa um die Zeitenwende – setzte die allmähliche Zurückdrängung der Ciboney vom Süden her über den Antillenbogen bis zu den Großen Antillen ein. Die Arawak-Indianer waren den Ciboney kulturell und in der Kriegsführung überlegen. Zur Zeit der spanischen Entdeckung gab es nur noch einige Restgruppen der Ciboney auf dem westlichen Cuba und dem südwestlichen Hispaniola, die dann ebenfalls restlos untergingen.

Allein die von den südamerikanischen Arawak-Indianern abstammenden sprachverwandten Gruppen der *Igneri, Ciguayo, Lucayo, Subtaino* und *Taino* erreichten die neoindianische Kulturstufe. Man muß diese Gruppen übrigens mehr unter kulturellen Aspekten sehen, da eine ethnische Klassifikation wegen der Ausrottung der vorkolumbischen Inselbewohner vor mehr als 300 Jahren nur noch schwer möglich ist. Allen Gruppen gemeinsam war eine in zahlreichen Stilrichtungen sich entfaltende Keramikkultur. Ungefähr um die Zeitenwende drängten die ersten Arawak über die venezolanische Halbinsel Paria zu den Kleinen Antillen vor. Sie bildeten die Gruppe der Insel-Arawak, die sich allmählich in zahlreiche Regional-

Chronologie der indianischen Kulturen auf den Westindischen Inseln

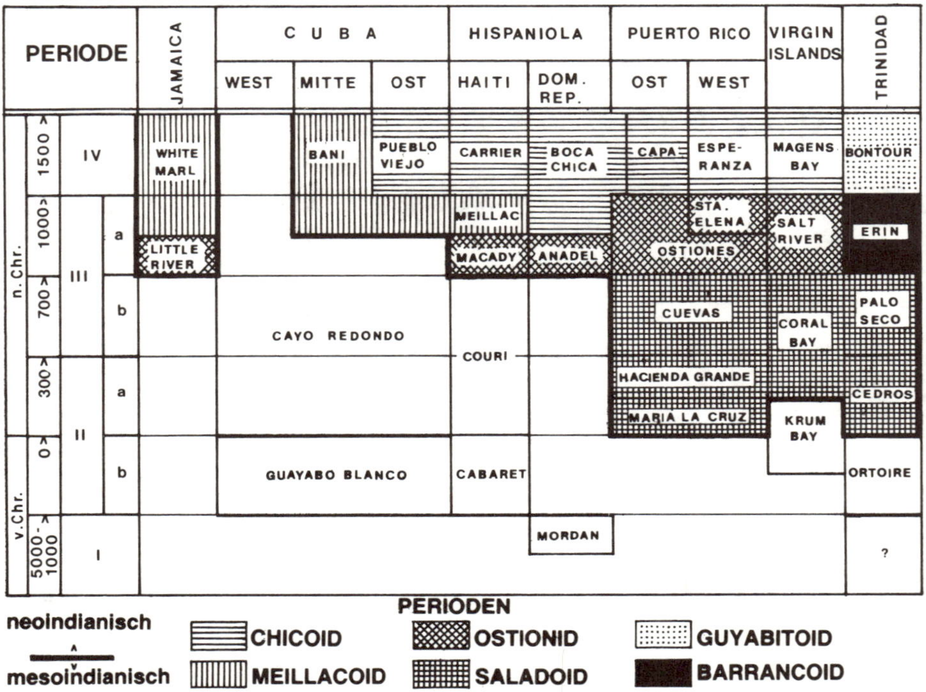

stämme und Kulturen auffächerte. Schon wenig später wurde von den *Igneri* die älteste insulare Keramikkultur geschaffen, die man als Fortsetzung des an der venezolanischen Küste beheimateten Saladoid-Stils sehen kann. Die Igneri waren es auch, die zum erstenmal Feldbau betrieben und den archaischen Ciboney das Territorium streitig machten. Mit der Zeit entwickelten sich regionale Kulturformen, die ihren Ausdruck im Barrancoid- und Guayabitoid-Stil (Trinidad) sowie im Ostionoid-Stil (Virgin Islands, Puerto Rico, Hispaniola, Jamaica) fanden. Der Meillacoid-Stil löste etwa um 800 n. Chr. auf dem westlichen Hispaniola den Ostionoid-Stil ab und griff auf das östliche und mittlere Cuba über. Zum Zeitpunkt der Entdeckung war die Igneri-Kultur auf ihr Kerngebiet Trinidad und Tobago zurückgedrängt worden. Als archäologische Fundstätten der Igneri sind zu nennen: Early Erin Bay und Palo Seco (Trinidad), Coral Bay (Virgin Islands), Cuevas und Hacienda Grande (Puerto Rico).

Ohne Zweifel standen die *Taino* auf der fortgeschrittensten Entwicklungsstufe aller präkolumbischen Kulturen im westindischen Raum. Ähnlich wie die mesoamerikanischen

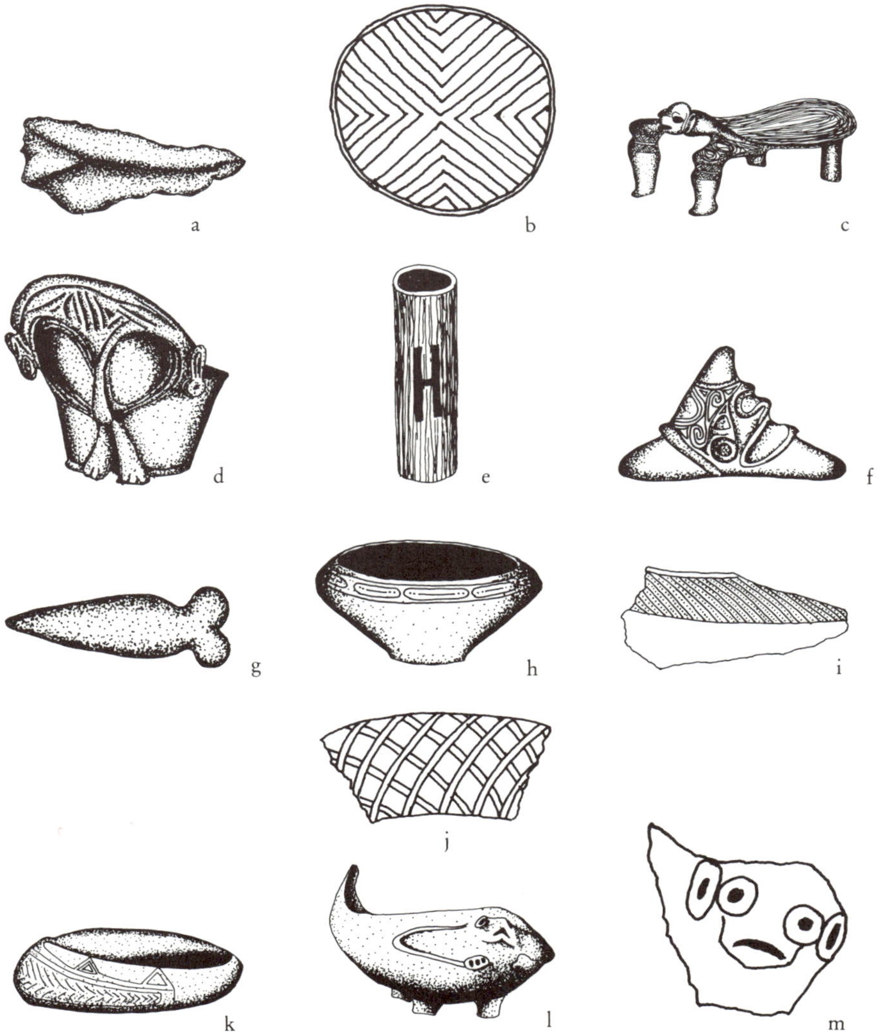

Präkolumbische Kulturen der Westindischen Inseln, Kult- und Gebrauchsgegenstände
a) Paläoindianischer Steinkeil b) Keramikstempel im Chicoid-Stil c) Duho-Sitz der Taino-Indianer aus Holz d) Keramikgefäß mit Eulenfigur im Chicoidstil e) Schlitztrommel der Taino-Indianer aus Holz f) Trigonolith der Taino-Indianer aus Stein, Darstellung des Maniok-Gottes Yocahu g) Paläoindianischer Steindolch h) Keramikgefäß im Chicoid-Stil i) Ornament im Meillacoid-Stil j) Ornament auf Scherben im Meillacoid-Stil k) Hüftring der Taino-Indianer l) Keramikgefäß im Ostionoid-Stil m) Ornament auf Scherben im Meillacoid-Stil

Hochkulturen brachten sie es in der erstaunlich kurzen Zeit von weniger als 300 Jahren zu einem hohen kulturellen und sozialen Niveau. Gerade zur Zeit der Entdeckung erreichte die Taino-Kultur ihren Höhepunkt, so daß uns aus Chroniken, Augenzeugenberichten und anderen schriftlichen Quellen der spanischen Eroberer die meisten Informationen gerade über diese Kulturen geblieben sind. Umfangreiche Ausgrabungsfunde und noch gut erhaltene Zeremonienstätten vervollständigen unsere heutigen Kenntnisse über die Taino. Zunächst waren es die *Subtaino,* die sich auf den Großen Antillen ausbreiteten. Sie sprachen bereits die Sprache der Taino. Ihre Keramik (Abb. 29, 30, 32 u. 33) wies anfangs Stilmerkmale der saladoiden-barrancoiden Periode und später solche der ostionoiden Periode auf. Als Vorläufer der Taino legten sie schon im 7. Jahrhundert n. Chr. auf Puerto Rico und wenig später auf Hispaniola und Jamaica die Basis der späteren Hochentwicklung. Ballspiele und religiöse Zeremonien konnten zum erstenmal bei ihnen nachgewiesen werden. Zwischen dem 8. und 10. Jahrhundert wurden die Subtaino allmählich durch die fortgeschrittenere tainische Kultur zurückgedrängt. Zur gleichen Zeit entwickelte sich auf dem westlichen Hispaniola, auf Jamaica sowie auf dem östlichen und zentralen Cuba eine eigene subtainische Stilform, der sogenannte Meillacoid-Stil, der sich bis zur spanischen Entdeckung hielt. Fundstätten subtainischer Kultur kennt man auf Hispaniola (Meillac, Macady, Anadel), Cuba (Baní), Jamaica (White Marl) und Puerto Rico (Ostiones Temprano).

Ausgehend vom Ostteil Hispaniolas und nach dem dortigen Fundort benannt, breitete sich der für die Taino-Kultur charakteristische Chicoid-Keramikstil (benannt nach dem Fundort Boca Chica) über die gesamte Insel aus und weiter bis nach Puerto Rico, zu den Virgin Islands und ins östliche Cuba. In Formengebung und ornamentalem Schmuck über-

Skulptur der Taino-Indianer aus schwarzem Andesit

trifft er alle bisherigen keramischen Stilrichtungen. Außer Keramikarbeiten – von einfachen Gebrauchsgefäßen bis zu Figurenvasen mit großer Ausdruckskraft – wurden formvollendete Arbeiten aus Stein, Holz und Knochen, etwa steinerne Schwerter, Hüftringe und Dreiecksfiguren (Trigonolithen), hölzerne Zeremoniensitze (Duho), Amulette und schön verzierte Mahlsteine gefunden. Gold war das einzige bekannte Metall und fand nur sehr sparsam Verwendung, etwa für Einlegearbeiten bei Masken oder als Schmuck in Gestalt von Nasen- und Ohrringen. Weitere künstlerische Ausdrucksformen sind Petroglyphen, Zeichnungen an Fels- und Höhlenwänden sowie auf Einfassungssteinen der Zeremonienplätze. Meist handelt es sich um abstrahierte Darstellungen von Menschen und zoomorphe Symbole, deren tieferer Sinn bislang nicht befriedigend gedeutet werden konnte. Höhlenzeichnungen wurden auf Hispaniola in den Cuevas del Jagual, San Pedro de Macorís und Chacuey sowie auf Puerto Rico in Jayuya und Utuado entdeckt.

Die auffälligsten Hinterlassenschaften sind aber die Zeremonialstätten, in deren Anlage Ballplätze den größten Raum einnahmen. Einer der am besten erschlossenen befindet sich auf Puerto Rico unweit von Utuado, er umfaßt die Fläche von mehreren Fußballplätzen.

Aus den bisherigen Funden ließe sich eine umfangreiche Liste von Gebrauchs- und Schmuckgegenständen erstellen. Nachfolgend nur eine kleine Auswahl:

Ton von einfachen Gebrauchsgefäßen (Schalen, Töpfe, Krüge) bis zu Figurengefäßen mit anthropomorphen und zoomorphen Motiven; Idole, Schmuckanhänger, Kettenglieder, Stempel, Inhalationsrohre und -gefäße;

Stein Keile, Äxte, Hämmer, Zeremonienschwerter, Sitze, Mörser, Mahlsteine, Hüftringe, Anhänger, Kettenglieder, figürliche Dreieckssteine (Trigonolithen), Fingerringe, Idole;

Holz Boote, Musikinstrumente, Sitze, Zeremonienstäbe, Idole, Mörser, Vorratsgefäße;

Knochen Spatel, Schaber, Anhänger, Kettenglieder, Nadeln, Figuren;

Molluskenschalen Figurinen, Kettenglieder, Schaber;

Gold Nasen- und Ohrringe, Füllmaterial für Einlegearbeiten.

An dieser Stelle soll noch ein kurzer Einblick in das soziale und kultische Leben der Taino gegeben werden. Aus spanischen Chroniken wissen wir einiges über das Aussehen dieser Indianer. Sie waren danach von kurzer, kräftiger Statur mit bronzener Hautfarbe und trugen langes, gepflegtes Haar. Oft deformierten sie ihre Köpfe zu gestreckten Hinterhäuptern, wie wir es z. B. auch von den Maya kennen. Ihre Körper bemalten sie zu festlichen Anlässen u. a. mit der rötlichen Farbe des Anatto-Strauches *(Bixa orellana)*. Oft versahen sie ihre Haut auch mit Ornamenten, die sie mit tönernen Stempeln aufprägten. Als Schmuck trugen sie Amulette, Halsketten, Gürtel sowie Armreifen aus Stein, Ton und Knochen. Schmuck-

Kazike der Taino-Indianer

Wohnhaus der Taino-Indianer

stücke aus Gold wurden dagegen selten angelegt. Kleidung trug man fast keine: Sie lebten »wie ihre Mütter sie gebaren« (Columbus). Nur verheiratete Frauen zogen ein schürzenähnliches Kleidungsstück an, das »Nagua« genannt wurde.

Wirtschaftliche Basis der Taino-Gesellschaft war ein hochentwickelter Feldbau. Da größere Haustiere unbekannt waren, mußte der Fleischbedarf durch Jagd und Fischerei gedeckt werden. Man konzentrierte sich dabei auf Seekühe, Leguane, kleines Niederwild, Fische und Meeresschnecken. Anbauflächen wurden durch Brandrodung gewonnen und mit Mais, Maniok, Ananas und Baumwolle bepflanzt. In trockenen Gegenden legten die Taino kleine, künstlich bewässerte Vertiefungen an, um darin Nutzpflanzen anzubauen. Die Form ihrer Behausungen hat sich bis heute auf dem Lande erhalten, häufig sogar die Siedlungsform (kleine Haufendörfer). Zwischen den mit Rohr gedeckten rechteckigen Hütten befand sich der runde Bohío als Sitz des Kaziken mit seinen Frauen und als Stätte für Zeremonien. Zum wichtigsten Hausrat gehörten der Mahlstein und die Maniokpresse, letztere wird noch heute im Amazonasgebiet verwendet. Sie besteht aus einem geflochtenen Rohr, das sich durch Ziehen verengt und dabei den blausäurehaltigen Saft des eingefüllten Maniokbreis auspreßt. Geschlafen wurde in Hängematten, von den Taino »Hamaca« genannt – ein Begriff, der unverändert von den Spaniern übernommen wurde und sich in abgewandelter Form als »hammock« im Englischen eingebürgert hat.

Das soziale Leben war durch ein Klassensystem gekennzeichnet. Die oberste Klasse wurde von den »Nitaino« gebildet, sie besaßen die ökonomische und politische Macht.

Danach folgte die Klasse der freien Stammesmitglieder. Die Sklaven – »Naboria« genannt – mußten den Nitaino dienen. Als privilegierte Führungsschicht standen die Nitaino in enger oder sogar verwandtschaftlicher Beziehung zum Kaziken und trugen seine Entscheidungen mit. Der größte Teil der Bevölkerung lebte von eigenen Erzeugnissen, die untereinander aufgeteilt wurden. Haus- und Feldarbeiten fielen den Frauen und Kindern zu, während die Männer auf die Jagd gingen und Fischerei trieben. Von Hispaniola wissen wir, daß die Insel in fünf Provinzen oder Cacigazgos gegliedert war: Macua, Jaragua, Marien, Higüey und Maguana; jede dieser Provinzen wurde von einem Kaziken beherrscht.

Starken Einfluß übte die Religion auf das soziale und kulturelle Leben aus. Man glaubte an gute und böse Geister sowie – worauf persönliche Grabbeigaben hindeuten – an ein Weiterleben nach dem Tod. Einer der guten Götter war »Yocahu«, der Gott des Maniok, der wichtigsten Nahrungspflanze. In die Schar der bösen Götter reihte sich der Gott »Huracán« ein, der sich bis heute als Begriff für die zerstörenden tropischen Wirbelstürme erhalten hat. Einer der wichtigsten Riten war der Cohoba-Kult mit stark schamanenhaften Zügen, der vom Kaziken und einem »Buitio« genannten Medizinmann vollzogen wurde. Mit Inhalationsrohren atmeten sie den Rauch der Pflanze *Pipdenia peregrina* ein, der Halluzinationen erzeugt. Das Areyto-Fest wurde von der gesamten Dorfgemeinschaft auf einem zentralen Platz, dem Batey, gefeiert. Man tanzte und sang gemeinsam, und der Kazike trug Legenden und Sagen aus der Vergangenheit vor. Auch heute dienen noch einige der alten Musikinstrumente (wie beispielsweise die als »Maracas« bezeichneten Rasseln) in der karibischen Musikfolklore zur rhythmischen Begleitung von Tanz und Gesang. Als drittes gesellschaftliches Ereignis ist noch das Ballspiel mit überwiegend sportlichem Charakter zu erwähnen, das oft auf eigens dafür angelegten Plätzen ausgetragen wurde. Ein Hartgummiball mußte von zwei gegnerischen Mannschaften mit dem ganzen Körper, aber ohne Zuhilfenahme der Hände und Füße weiterbefördert werden. Diejenige, die den Ball zu Boden fallen ließ, verlor das Spiel. Extra für die Ballspiele wurden schön verzierte steinerne Hüftringe getragen, die

Hängematte der Taino-Indianer

Taino-Indianerinnen beim Zubereiten der Speise

Taino-Indianer beim Bau eines Einbaums

später bei Ausgrabungen meist im Bereich der Ballspielplätze gefunden wurden. Einige Archäologen schließen auf Verbindungen zu mesoamerikanischen Kulturen, wo ähnliche Ballspiele stattfanden.

Die Sprache der Taino ist heute nur noch in einigen wenigen Worten und Begriffen lebendig, die sich besonders im Spanischen niedergeschlagen haben. Aber auch für uns geläufige Wörter finden hier ihren Ursprung, wie folgende Beispiele zeigen: Kanu (Canoa), Barbecue (Barbacoa), Tabak (Tabaco), Hurrican (Huracán).

Weniger durch Kriege als durch Infiltration brachten die Taino geringer entwickelte ethnische Gruppen in ihre Abhängigkeit, zu denen vor allem die Ciboney auf dem östlichen Cuba gehörten. Sie wurden oft zu Sklaven, den schon erwähnten Naboria, degradiert. Mit großen und seetüchtigen Einbäumen, die oft mehrere Dutzend Menschen faßten, wurde der Machtbereich von Insel zu Insel bis nach Cuba im Westen und den Virgin Islands im Osten ausgedehnt. Dementsprechend weit erstreckt sich das Gebiet der Taino-Fundstätten: Pueblo Viejo (Cuba), Carrier (Haiti), Anadel, Macao, Corrales, Boca Chica (Dominikanische Republik), Utuado, Capá (Puerto Rico), Magens Bay, Salt Rivers (Virgin Islands).

Die Gruppe der *Ciguayo,* verbreitet auf Hispaniola im Bereich der Halbinsel Samaná, unterschied sich sprachlich und kulturell von den Taino, doch führte ihr Enklavendasein allmählich zur Integration in die Kulturen des mächtigen Nachbarn.

Erwähnung finden müssen auch die *Lucayo,* obwohl sie als ursprüngliche Besiedler der Bahamas nicht mehr direkt zur Antillenregion gehören. Sie waren es, denen Columbus am 12. Oktober 1492, dem Tag der Entdeckung, begegnete. Ethnisch und kulturell standen sie zwischen den Subtaino und Taino. Ihre Keramik vereint Elemente des ostionoiden und chicoiden Stils. Wahrscheinlich ereilte die Lucayo als erste das Schicksal der ethnischen Vernichtung.

Die Kariben

Die Vorgeschichte der Kariben-Indianer ist noch rätselhafter die der anderen Indianergruppen. Sie standen auch zur Zeit der Entdeckung noch auf einem niedrigen Kulturniveau, das etwa der Stufe der Mesoindianer entsprach. So geben die wenigen archäologischen Funde nur lückenhafte Aufschlüsse über ihre Geschichte. Ihren Ursprung vermutet man heute an den Küsten Surinams und Guyanas. Ungefähr im 13. Jahrhundert n. Chr. begannen sie mit ihren außerordentlich seetüchtigen Einbäumen auf die Kleinen Antillen vorzudringen. Bei ihren blitzartigen Überfällen versklavten sie die männliche Bevölkerung und verheirateten sich mit den Ehefrauen der Besiegten. Daß sie Kannibalen waren, ist in vielen Berichten belegt, und in der Bezeichnung »Kannibale« selbst verbirgt sich ihr Stammesname. Aus Berichten über die Entdeckungsreisen Columbus' geht hervor, daß die Kariben-Indianer die Kleinen Antillen bis zu den Virgin Islands eingenommen hatten; nur Trinidad war noch zum größten Teil im Besitz der Igneri. Was uns an aussagekräftigen archäologischen Funden

Columbus empfängt einen Kaziken der Taino-Indianer

fehlt, ersetzen zahlreiche Berichte der spanischen, englischen und französischen Eroberer. Noch etwa 250 Jahre konnten sich die Kariben-Indianer auf einigen Inseln erfolgreich verteidigen, als die anderen Indianer Westindiens schon längst ausgerottet waren. Deshalb können wir uns heute ein gutes Bild über ihre Lebensweise und Kulte machen.

Die Dörfer lagen in der Regel auf der Leeseite der Inseln an strategisch günstigen Positionen, besonders an Flüssen in unmittelbarer Nähe zu Steilhängen. Im Dorfzentrum befand sich ein ovales, ca. 20–30 m langes Männerhaus. Die Frauen lebten getrennt in kleinen runden Hütten, die sich um das Männerhaus gruppierten. Einige Chronisten berichten, daß von den Männern und Frauen sogar unterschiedliche Sprachen gesprochen wurden, möglicherweise auch eine Folge der oben erwähnten Zwangsheiraten. Es wurde immer noch Wanderfeldbau durch Brandrodung betrieben. Maniok, Mais, Bohnen, Ananas, Paprika und Tabak waren auch bei den Kariben-Indianern die wichtigsten Kulturpflanzen. Ihre Religionen waren durch Schamanen- und Seelenkulte gekennzeichnet. Durch das Verbrennen der Verstorbenen sollten sich die Seelen mit denen ihrer Ahnen vereinen. Andererseits glaubte man, daß durch die Einäscherung das Böse aus den Seelen entweiche. Bei kultischen

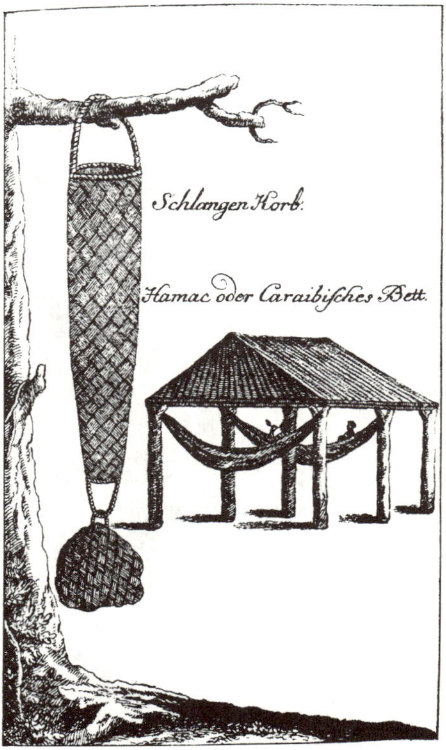

Maniokpresse und Hängematten der Kariben-Indianer

Handlungen spielte die Körperbemalung eine große Rolle. Ob Schädeldeformierungen, die auch bei den Maya üblich waren, mehr einem Schönheitsideal oder rituellen Zwängen entsprangen, läßt sich bis heute nicht befriedigend beantworten. Der Kannibalismus beruhte sicher auf dem Gedanken, die guten Eigenschaften des Getöteten in sich selber aufzunehmen. Es waren daher fast ausschließlich Krieger des unterlegenen Gegners, von deren Einverleibung sich die Sieger die Übertragung der kämpferischen Tugenden erhofften. Die Erfolge ihrer Kriegszüge sind aus der taktischen und waffentechnischen Überlegenheit zu verstehen. Die große Beweglichkeit der nur periodisch seßhaften Kariben und ihre an Geschwindigkeit überlegenen Einbäume verhalfen zur raschen Eroberung immer neuer Inseln. Gefürchtet waren ihre Waffen, die aus Pfeilen, Wurfgeschossen und Butus – scharfkantigen Holzkeulen – bestanden. Sie halfen den Kariben-Indianern auch, den europäischen Eroberern über Jahrhunderte zu widerstehen.

Anfang dieses Jahrhunderts gab es nur noch wenige hundert reinblütige Kariben-Indianer auf Dominica und St. Vincent. Erst 1903 wurde durch den Erlaß der britischen Königin Victoria im Nordosten der Insel Dominica, in der Nähe des Dorfes Salibia, ein Indianerreservat geschaffen. Zwar war damit ein physisches Überleben der Indianer gesichert, ihre kulturelle Eigenart und auch ihre Sprache waren aber längst unwiederbringlich verloren. Heute leben in dem ca. 1800 ha großen, steil zum Meer abfallenden Urwaldgebiet etwa 1000 Menschen, die eine weitgehende Autonomie genießen (Farbt. 58). Der überwiegende Teil der Bevölkerung besteht jedoch aus Mischlingen, und nur noch ca. 150–200 Personen können nach vorsichtiger Schätzung als reinblütige Nachfahren der Kariben-Indianer betrachtet werden. Ihnen allen steht ein König vor, der als Zeichen seiner Würde einen als Szepter dienenden Edelholzstab mit Silberknauf und eine gestickte Schärpe besitzt. Die Bewohner sind weitgehend wirtschaftlich autark, indem sie sich durch Wanderfeldbau und Fischerei selbst versorgen. Ähnlich wie ihre Vorfahren fertigen sie die Einbäume aus den Stämmen des Saphubaumes *(Dacryodes hexandra)* an und erhöhen die Bordwände durch aufgesetzte Seitenbretter. Ihre kunstvollen Flechtarbeiten, darunter Körbe, die in ihrer Sprache »Pagaras« genannt werden, verkaufen die Indianer auf den benachbarten Dorfmärkten.

Die reinblütigen Kariben-Indianer auf St. Vincent wurden nicht nur durch die Verfolgungen der europäischen Kolonialmächte dezimiert, sondern auch infolge der katastrophalen Ausbrüche des Soufrière-Vulkans in den Jahren 1902 und 1912. Der Ausbruch von 1902 hat die wenigen noch an den unzugänglichen Hängen lebenden Indianer bis auf eine Familie vernichtet, deren letzter Angehöriger 1920 verstorben sein soll.

Nachkommen der Kariben-Indianer leben heute auch in den sumpfigen Küstenniederungen des Grenzgebietes von Belize, Honduras und Guatemala. Ihre Geschichte läßt sich bis 1635 zurückverfolgen, als zwei spanische Schiffe mit Negersklaven an Bord vor St. Vincent Schiffbruch erlitten. Ein Teil der Sklaven konnte sich auf die Insel retten und fand Aufnahme bei den Indianern, mit denen sie sich allmählich vermischten. Nach einem fehlgeschlagenen Aufstand deportierten die Engländer im Jahre 1795 etwa 5000 der Überlebenden auf die Insel Roatan im Golf von Honduras. Dort vermischten sie sich abermals mit Negersklaven und bildeten eine neue Ethnie, die »Garifuna«.

Seit der Gründung eines Kulturbundes (1983) findet unter den in Belize lebenden Garifuna eine verstärkte Rückbesinnung auf ihre Vergangenheit statt. Sie gedenken jedes Jahr am 19. November ihrer Zwangsumsiedlung von 1795. Auf Barbados veranstalteten 1981 die Garifuna und Kariben-Indianer von Dominica zum erstenmal ein Festival mit dem Namen »Carifesta«. Dort stellte man mit Überraschung fest, daß sich bei den Garifuna mehr sprachliche Gemeinsamkeiten gegenüber ihren Vorfahren erhalten haben als bei den reinblütigeren Stammesverwandten auf Dominica, die fast nur noch Créole sprechen.

Eine weitere Ethnie aus Nachkommen von Kariben-Indianern und Negern lebt auf St. Vincent unter der Bezeichnung »Black Caribs«. Ihr Ursprung geht ebenfalls auf ein Schiffsunglück zurück, als 1675 ein Sklavenschiff vor der benachbarten Grenadinen-Insel Bequia auf ein Korallenriff lief und die schiffbrüchigen Schwarzen von den dort ansässigen Kariben-Indianern gerettet und aufgenommen wurden. Sie vermischten sich im Laufe der Zeit und besiedelten den Südteil von St. Vincent, wo noch heute in der Nähe von Calliaqua einige Dutzend ihrer Nachfahren leben. Trotz ihres negriden Erscheinungsbildes sind bei einigen noch deutlich indianische Gesichtszüge erkennbar.

Daß auch auf Cuba noch Nachkommen der indianischen Urbevölkerung leben sollen, ist bisher nur wenig bekannt geworden, obwohl der deutsche Ethnologe A. Bastian schon 1875–1876 bei seinen anthropologischen Messungen in der Umgebung von Santiago de Cuba entsprechende Merkmale bei der Bevölkerung feststellte. Um 1900 schätzte man die Zahl der indianischstämmigen Bewohner in den entlegenen Bergregionen der damaligen Provinz Oriente auf ca. 400. Erst 1954 wurden die Untersuchungen durch den englischen Anthropologen R. Gates wieder aufgenommen. Anhand serologischer Ergebnisse erhärtete sich die Vermutung, daß ein Teil der dortigen Bevölkerung in direkter Linie von indianischen Vorfahren abstammt. Die meisten dieser Leute hießen Rojas y Ramírez, d. h. sie trugen noch immer den Namen des 1528 ernannten Bischofs, der als Beschützer der Indios in die Geschichte eingegangen ist. 1964 wurde eine Expedition der cubanischen Akademie der Wissenschaften in das gleiche Gebiet entsandt, um letzte Klarheit über die indianische Identität der Bewohner um Yateras zu erlangen. Die Ergebnisse belegten die Vermutung, daß die Mitglieder der weitverzweigten Familie Rojas y Ramírez Nachkommen der Taino-Indianer sind. In ihrer Lebensweise unterscheidet sie aber nichts von den anderen Kleinbauern dieser abgeschiedenen Gebirgsregion. Sie selber nennen sich immer noch Indios und weisen auf ihre kupferfarbene Haut, ihr schwarzes, glattes Haar und die oft auftretende Mongolenfalte ihrer Augenlider hin.

Entdeckung, Eroberung und Piraterie

Keine Entdeckung hatte so weitreichende Folgen wie die Amerikas durch Columbus. Dennoch war er nicht der erste Europäer, der die Neue Welt betrat – inzwischen gibt es Beweise,

Tabakrauchender Pirat

daß fast 500 Jahre vor ihm, um das Jahr 1000, die Wikinger von Island und Grönland aus die nordamerikanische Küste erreichten. Berichte über noch weiter zurückliegende Fahrten nach Amerika konnten bisher nicht wissenschaftlich bestätigt werden. Eher in das Reich der Legende gehören daher Vermutungen, daß irische Mönche bereits im 6. Jahrhundert Nordamerika erreichten. Sie beruhen auf einer irischen Überlieferung, der »Navigatio Sancti Brendani«, die über zwei mehrjährige Irrfahrten des Missionars Sankt Brandan v. Ardfert (484–577) im Nordatlantik berichtet. Auf diesen Fahrten soll er weit nach Westen bis vor die Küste Nordamerikas vorgestoßen sein.

Isländische Sagas hingegen, die über Fahrten der Wikinger bis in die unbekannten Gefilde von Helluland, Markland und Vinland berichten, konnten inzwischen durch Bodenfunde auf Neufundland bestätigt werden. Bei den beschriebenen Regionen muß es sich um die Küsten von Baffinland, Labrador und Neufundland gehandelt haben. Als wichtigste Quellen über die Entdeckungsfahrten der Wikinger nach Nordamerika gelten die Grönland-Saga und die Saga von Erik dem Roten, Kopien aus dem 14. Jahrhundert von älteren verloren gegangenen Handschriften. In der Grönland-Saga wird berichtet, daß Bjarni Herjolfson vermutlich im Jahre 985 auf einer Fahrt von Island nach Grönland mit seinem Boot an eine unbekannte Küste im Westen abgedriftet war. Obwohl er ihr mehrere Tage folgte, betrat er jedoch kein Land. Von dieser Entdeckung erfuhr Leif Eriksson, der Sohn Eriks des Roten. Etwa um 1000 verließ er mit Bjarnis Boot Grönland, um das neue Land näher zu erkunden. Er überwinterte vermutlich an der Nordspitze von Neufundland und nannte das Gebiet Vinland. Nachdem er nach Grönland zurückgekehrt war, beschlossen sein Bruder Thorwald sowie um das Jahr 1020 der Isländer Thorfinn Karlsefni sich in Vinland anzusiedeln. Dieser Versuch scheiterte jedoch am Widerstand der Eingeborenen. Aus weiteren Sagas geht hervor, daß die nordamerikanische Küste noch bis ins 14. Jahrhundert aufgesucht wurde, um Bauholz zu schlagen.

Inzwischen konnten diese alten Berichte durch archäologische Funde bestätigt werden. Der bedeutendste wurde 1960 durch den Norweger Helge Ingstad bei L'Anse aux Meadows an der Nordspitze Neufundlands gemacht. Bei seinen Ausgrabungen stieß er auf Hausfundamente und fand Reste einer Schmiede, Nägel, Holzkohle und ein Spinnwirtel, die ohne

Zweifel auf eine Wikingersiedlung hindeuten. Auch Datierungen mittels Radiokarbonuntersuchungen bestätigten den Zeitpunkt der Berichte aus den Sagas.

Es ist nicht auszuschließen, daß auch portugiesische Dorifischer vor Columbus Amerika erreichten. Die seit dem 14. Jahrhundert ausgeübte Langleinenfischerei vor den Küsten Labradors und Neufundlands gibt Anlaß für derartige Vermutungen. Eindeutige archäologische Beweise liegen aber bislang nicht vor.

Während es sich bei den Fahrten der Wikinger um ungezielte Unternehmen wagemutiger Männer handelte, waren die Entdeckungsreisen im Zeitalter der Renaissance auf eine systematische Erweiterung der Einflußsphären der süd- und später auch der westeuropäischen Länder gerichtet. Wegbereitend dafür war die Schaffung neuer Handelsverbindungen. Marco Polo gehörte zu den ersten, der durch seine Reisen den Fernen Osten für den europäischen Handel erschloß. Den Expansionsdrang förderte aber nicht nur das Verlangen der aufstrebenden europäischen Staaten nach Edelmetallen und Gewürzen, sondern auch der Wunsch, das Christentum zu verbreiten. Dieses Bestreben war besonders stark in Spanien ausgeprägt, das immer noch die Rückeroberung maurischer Gebiete betrieb.

Das Zeitalter der Renaissance schuf zum erstenmal die politischen und ideologischen, aber auch die technischen und wissenschaftlichen Voraussetzungen für solche Unternehmungen. In den Städten, besonders in den Stadtstaaten Genua und Venedig, gewann das aufstrebende

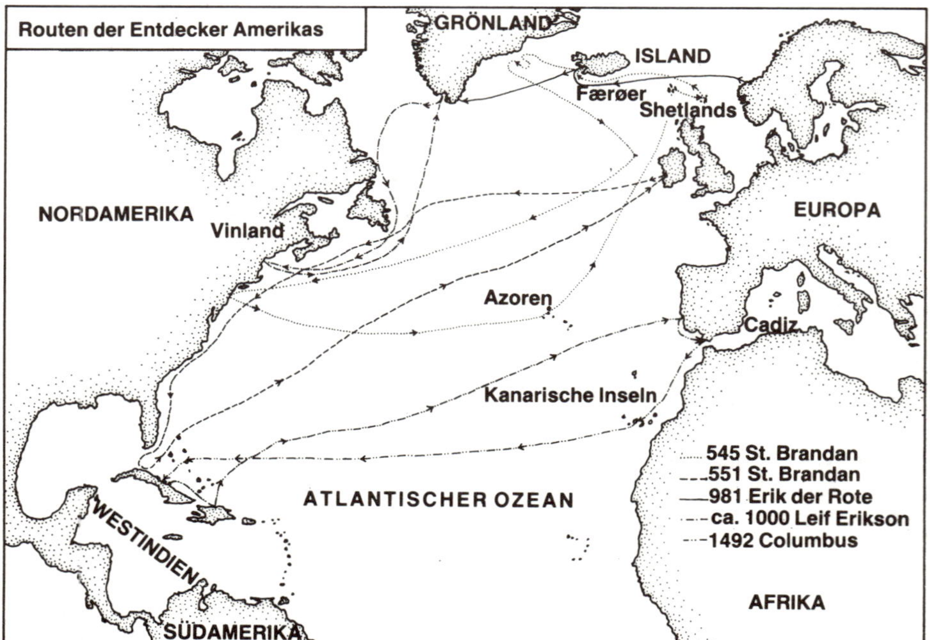

»Santa Maria«, das Schiff, mit dem Columbus Amerika entdeckte

Bürgertum an politischer Bedeutung. Die Voraussetzungen für maritime Entdeckungsreisen waren nicht allein durch neue, hochseetüchtige Schiffskonstruktionen gegeben. Erst die Fortschritte in der Geographie, Astronomie und Navigation unter Rückgriff auf antikes Wissen ermöglichten Fahrten außerhalb der Sichtweite von Küsten. Auf geographischem Gebiet erfuhr das ptolomäische Weltbild eine Wiederbelebung, nach dem die Erde eine Kugelgestalt besitzt. Diese Erkenntnis war ausschlaggebend für transatlantische Fahrten, die den Weg nach Ostasien abkürzen sollten.

Das Zeitalter der systematischen Entdeckungen begann um 1420 mit Heinrich dem Seefahrer, Sohn des portugiesischen Königs Johann I. Es waren hauptsächlich wirtschaftliche Gründe, die ihn zur Förderung der Seefahrt veranlaßten. Darüberhinaus war er auch bestrebt, die Macht des Islam in Nordafrika zu brechen. Auf der Suche nach Gold, Elfenbein und Gewürzen, aber auch nach Sklaven umrundeten seine Schiffe erstmals Kap Verde, die westlichste Spitze Afrikas, und erreichten 1445 das heutige Senegal. Portugal war auf dem besten Wege, sich ein Seefahrtsmonopol zu verschaffen, als es 1469 zu einem Ereignis von historischer Tragweite kam: der Heirat der Erben der beiden spanischen Hauptreiche Ferdinand II. von Aragon (1452–1516) und Isabella I. von Kastilien (1451–1504). Unter diesem Herrscherpaar wurde der Grundstein für die Vereinigung Spaniens und seiner Entwicklung zur Weltmacht gelegt. Unter der Herrschaft der beiden fand die Reconquista mit der Eroberung der letzten maurischen Festung von Granada ihr siegreiches Ende.

Nach der Einigung des Reiches und dem Sieg über die Mauren konnte sich Spanien Entdeckungsreisen zuwenden. Es konnte auf die beschäftigungslosen Soldaten und Abenteurer sowie auf den Missionseifer der katholischen Kirche zurückgreifen, um seine politischen und wirtschaftlichen Interessen zu realisieren. Columbus gehörte zu den ersten, der sich solchen Vorhaben zur Verfügung stellte.

Die Erkenntnis, daß die Erde Kugelgestalt besitzt, bewog Columbus dazu, den Versuch zu wagen, die fernöstlichen Reiche Cathay (China) und Zipango (Japan) auf kürzerem Wege über den Atlantik zu erreichen. Er bezog sich dabei auf Berechnungen des berühmten italienischen Physikers und Geographen Paolo Toscanelli, daß Asien auch auf westlichem Wege zu erreichen sei. Mit seiner Idee scheiterte er jedoch zunächst sowohl beim portugiesischen als auch beim spanischen Hof. Erst nach jahrelangen Verhandlungen einigte er sich am 17. April 1492 mit dem spanischen Königspaar über die Durchführung dieses Unternehmens. Als Admiral und Vizekönig für die noch zu entdeckenden Länder verließ er den Verhandlungsort Santa Fe.

Am 3. August 1492 stachen seine drei Schiffe Santa María, Niña und Pinta mit 97 Mann Besatzung vom Hafen Palos am Unterlauf des Río Tinto aus in See. Das Flaggschiff, die etwa 25 m lange Santa María, besaß nicht mehr als 55–60 BRT und war, wie die beiden kleineren Schiffe, eine Karavelle mit Rah- und Lateinsegeln, die ein Kreuzen gegen den Wind ermöglichten. Eine der wichtigsten Voraussetzungen für die Kursbestimmung ohne Landsicht war die Koppelnavigation, die einer möglichst exakten Positions- und Geschwindigkeitsbestimmung bedurfte. Dazu benötigte man Logmesser, Kompaß und Astrolabien (Vorläufer der heutigen Sextanten) sowie Navigationsinstrumente, die dem neuesten Stand der Technik entsprachen.

Als Admiral und zukünftiger Vizekönig führte Columbus ein Empfehlungsschreiben seines Monarchen an die Groß-Khane und Könige des Fernen Ostens mit sich. Nach einem kurzen Zwischenaufenthalt auf den Kanarischen Inseln und einer problemlosen Überfahrt von etwa einem Monat wurde am 12. Oktober 1492 Land gesichtet – es war die kleine Bahama-Insel mit dem Namen Guanahani (heute Watling's Island). Columbus segelte nach einem kurzen Aufenthalt weiter nach Cuba und Hispaniola, wo er La Navidad, die erste europäische Siedlung der Neuen Welt, gründete.

Dem Triumph, mit dem seine Heimkehr gefeiert wurde, folgten bald schwere Demütigungen, da er die hochgesteckten Erwartungen seines Herrscherpaars nicht erfüllen konnte. Seine zweite Reise unternahm Columbus von 1493 bis 1496; er entdeckte die Inseln über dem Wind, anschließend Puerto Rico und Jamaica, das er für die malayische Halbinsel hielt. Die dritte Reise führte ihn weiter südlich bis nach Trinidad, zur Orinoco-Mündung und zur Nordküste von Südamerika. Auf seiner vierten Reise entdeckte Columbus zunächst St. Lucia auf Martinique, danach die Küsten Mittelamerikas von Panama bis Honduras und die Cayman Islands.

Seine Pflichten als Vizekönig vernachlässigte er so sehr, daß er im Jahre 1500 auf Hispaniola verhaftet wurde und als Gefangener nach Spanien zurückkehrte. Auf königlichen Erlaß ließ man ihn sofort frei, seiner Rehabilitation folgte aber nicht die Rückgabe der innegehabten Ämter. Am 20. Mai 1506 verstarb Columbus im Alter von 55 Jahren, nach wie vor im Glauben, daß seine Entdeckungen im tropischen Asien lagen.

Die vier Entdeckungsreisen des Columbus

1. Reise 3. 8. 1492 bis 15. 3. 1493
3 Schiffe (Santa María, Niña, Pinta), 97 Mann Besatzung
Entdeckungen: Bahamainsel Guanahani, östliches Cuba, Nordküste von Hispaniola

2. Reise 25. 9. 1493 bis 11. 6. 1496
17 Schiffe mit ca. 1500 Mann Besatzung, Soldaten, Kolonisten und Missionaren
Entdeckungen: Inseln über dem Wind (Virgin Islands, St. Kitts, Montserrat, Nevis, Sint Maarten, Antigua, Guadeloupe, Dominica), Puerto Rico, Südküste von Hispaniola, südliches Cuba, Jamaica

3. Reise 30. 5. 1498 bis 25. 11. 1500
8 Schiffe mit ca. 300 Mann Besatzung, Soldaten, Kolonisten und Missionaren
Entdeckungen: Trinidad, Golf von Paria, Orinoco-Mündung, Nordküste von Südamerika

4. Reise 11. 5. 1502 bis 7. 11. 1504
4 Schiffe mit ca. 150 Mann Besatzung
Entdeckungen: St. Lucia, Martinique, Mittelamerika zwischen Panama und Honduras, Cayman Islands

Schon ein Jahr nach der ersten Reise Columbus' begannen sich politische Folgen abzuzeichnen. Auf Betreiben Spaniens erließ 1493 Papst Alexander VI. eine Bulle mit dem Titel »Inter caetera divinae«, die eine Demarkationslinie 100 Leguas (ca. 550 km) westlich der Azoren vorsah. Alle westlich gelegenen Gebiete sollten demzufolge Spanien zufallen, das sich gegen portugiesische Ansprüche abzusichern versuchte. Nachdem Portugal Einspruch erhoben hatte, wurde die päpstliche Bulle im Vertrag von Tordesillas (1494) dahingehend geändert, daß die Demarkationslinie 270 Leguas (ca. 1500 km) nach Westen verlegt wurde. Damit war auch Portugals Anspruch auf Kolonien in der Neuen Welt gesichert.

Die Erkenntnis, daß Amerika ein eigener Kontinent sei, setzte sich zuerst bei dem florentinischen Seefahrer Amerigo Vespucci durch. Bereits 1504 meinte er, daß man die neu entdeckten Gebiete jenseits des Atlantischen Ozeans »mit vollem Recht eine Neue Welt nennen soll«. Diese Anregung griff der deutsche Geograph Martin Waldseemüller auf und benannte 1507 in einer von ihm veröffentlichten Weltkarte den neuen Kontinent »America«.

Der Entdeckung folgte die Conquista mit all ihren grauenhaften Exzessen. Hauptstadt des spanischen Vizekönigreichs wurde von 1509 bis 1535 Santo Domingo (gegründet 1498). Als weitere Stadtgründungen folgten Santiago de Cuba (1514), Havanna (1515), San Juan (1508) und Santiago de la Vega (1525, heute Spanish Town).

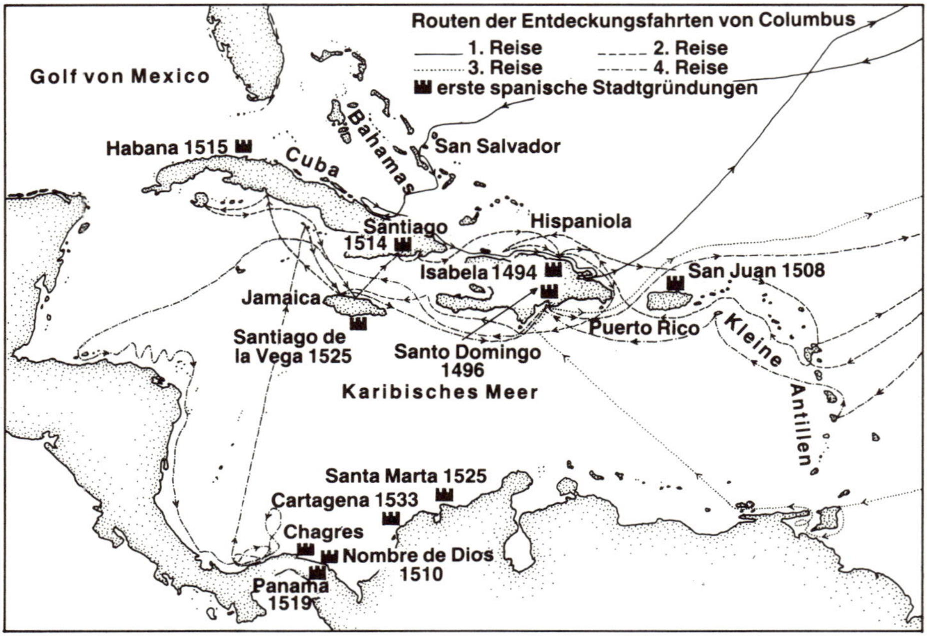

Von Anfang an wurden die neuen Kolonien von Spanien rücksichtslos ausgebeutet. Der gesamte Handel wurde über ein staatliches Handelskontor mit dem Namen *Casa de la Contratación* abgewickelt, das 1503 in Sevilla gegründet worden war. Um den Conquistadoren Anreize zur Ansiedlung zu geben, erhielten sie sog. *Repartimientos* zugewiesen, d.h. Ländereien mit allen darauf lebenden Eingeborenen als Leibeigenen. Dieses als *Encomienda* bezeichnete Feudalsystem sollte die größte Schuld am Untergang der indianischen Urbevölkerung tragen.

Wie groß die Zahl der damaligen Bewohner der Westindischen Inseln gewesen ist, kann heute nicht mehr genau ermittelt werden. Die Schätzungen schwanken zwischen zwei bis drei Millionen und einigen hunderttausend. Durch rücksichtslose Ausbeutung in Landwirtschaft und Bergbau, aber auch durch Massaker bei Strafexpeditionen sowie infolge eingeschleppter Infektionskrankheiten (Pocken) schmolz ihre Zahl rasch dahin. Von der im Jahre 1492 bei der Ankunft von Columbus auf 300000–500000 geschätzten Bevölkerung der Insel Hispaniola lebten 1530 nur noch wenige Dutzend im unzugänglichen Hochgebirge. Pater Montesino aus Santo Domingo erhob 1511 als erster Anklage gegen die unmenschlichen Ausbeutungsmethoden gegenüber der indianischen Urbevölkerung. Tatsächlich wurde den Indianern ab 1513 Schutz durch die Gesetze von Burgos gewährt, wobei aber weniger moralische Erwägungen ausschlaggebend waren als der Wunsch nach Verhinderung einer gänzlichen Ausrottung der billigen Arbeitskräfte. Die Aufstände unter den Anführern

Cotubanama und Enriquillo auf Hispaniola sowie Hatuey auf Cuba waren nur noch Akte der Verzweiflung, die den Untergang beschleunigten.

Große Betroffenheit löst noch heute der »Kurzgefaßte Bericht über die Verwüstung der Westindischen Länder« des Dominikanerpaters Don Bartolomé de las Casas (1474–1566) aus. Mit schonungsloser Offenheit prangert er darin die Greueltaten und Massaker seiner Landsleute an der indianischen Urbevölkerung an:

»Sie drangen unter das Volk, schonten weder Kind noch Greis, weder Schwangere noch Entbundene, rissen ihnen die Leiber auf, und hieben alles in Stücken, nicht anders, als überfielen sie eine Herde Schafe, die in Hürden eingesperrt wäre. Sie wetteten, wer unter ihnen einen Menschen auf einen Schwertstreich mitten von einander hauen, ihm mit einer Pike den Kopf spalten, oder das Eingeweide aus dem Leibe reißen könne. Neugeborene Geschöpfen rissen sie bei den Füßen von den Brüsten ihrer Mütter und schleuderten sie mit den Köpfen wider die Felsen. Andere schleppten sie bei den Schultern durch die Straßen, lachten und scherzten dazu, warfen sie endlich ins Wasser und sagten: da zappele nun, du kleiner schurkischer Körper! Andere ließen Mutter und Kind zugleich über die Klinge springen und stießen sie mit den Füßen vor sich hin. Sie machten auch breite Galgen, so, daß die Füße beinahe die Erde berührten, hingen zu Ehren und zur Verherrlichung des Erlösers und

Karte aus dem 16. Jahrhundert, mit der Demarkationslinie von Tordesillas

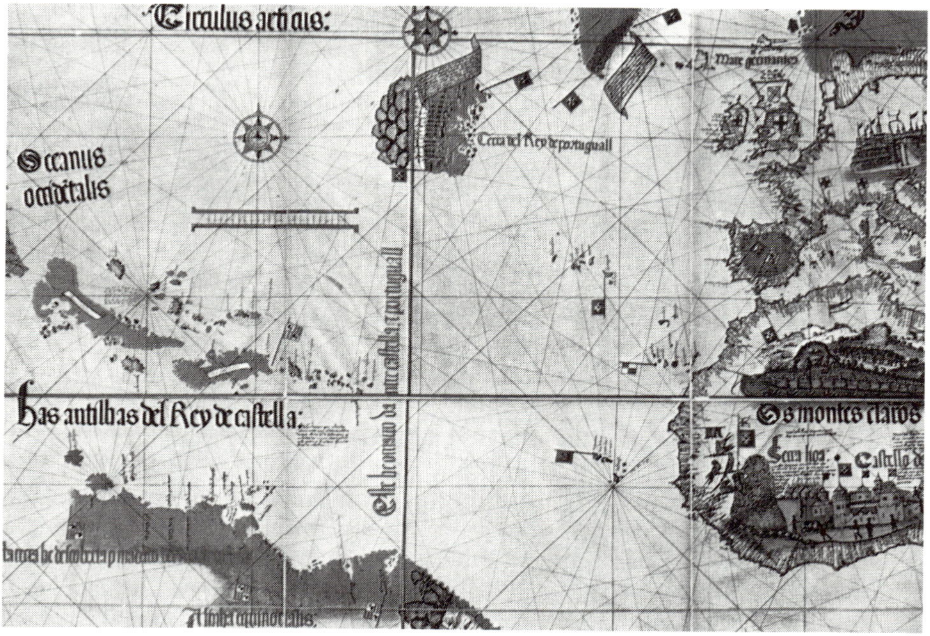

»Zur Verherrlichung des Erlösers« verbrannten die Conquistadoren Indianer

der zwölf Apostel je dreizehn und dreizehn Indianer an jedem derselben, legten dann Holz und Feuer darunter und verbrannten sie alle lebendig.«

Diesen Bericht schrieb er in den Jahren 1540–1544, nachdem seine Bemühungen gegenüber der Kirche und dem königlichen Hof, das Los der Indianer zu erleichtern, vergeblich geblieben waren. Zwar wurden die bereits erwähnten Gesetze von Burgos erlassen, die aber nicht mehr Wert waren als das Papier, auf dem sie geschrieben waren. Trotz seines Eintretens für die Indianer lud Las Casas eine große moralische Schuld auf sich, als er während einer königlichen Audienz den Vorschlag machte, die physisch weniger widerstandsfähigen Indianer durch robustere Neger aus Afrika zu ersetzen. Erst später wurde er sich darüber bewußt, wie in seiner »Historia general de las Indias« nachzulesen ist:

»Der Priester Las Casas hat als erster dazu geraten, daß man Afrikaner nach Westindien einführe. Er wußte nicht, was er tat. Als er vernahm, daß die Portugiesen wider alle Rechtlichkeit in Afrika Menschen fingen und sie zu Sklaven machten, bereute er bitter seine Worte ... Das Recht der Schwarzen ist dem Recht der Indianer gleich.«

Im 16. Jahrhundert entwickelte sich Spanien zu einem Weltreich von ungeahnten Dimensionen, zu einem Reich, in dem die Sonne niemals unterging. Diesem Machtzuwachs ging folgende Entwicklung voraus: Ein Jahr nach dem Tod seines Großvaters Ferdinand trat Karl V. 1516 die Regentschaft in Spanien an. Vom Großvater väterlicherseits, Maximilian I., hatte er die habsburgische Krone Österreichs geerbt, und sein Vater Philipp I. vermachte ihm Burgund und die Niederlande. Seine Macht vergrößerte sich noch, als er 1530 zum Kaiser des Heiligen Römischen Reiches deutscher Nation gewählt wurde.

Nachdem Mexico und Peru endlich die Hoffnungen auf reiche Edelmetallfunde erfüllten, verlagerte sich das politische Interesse rasch auf das amerikanische Festland. 1535 löste Mexico-Stadt Santo Domingo als Hauptstadt des neu gegründeten Vizekönigreichs Neuspanien ab. Westindien geriet immer stärker in die Auseinandersetzungen der aufsteigenden westeuropäischen Kolonialmächte. Unter der Regentschaft von Elisabeth I. entwickelte sich England zu einer Großmacht und begann Spanien in seine Schranken zu weisen. Nachdem sie 1558 zur Königin gekrönt worden war, ergriff sie Partei für die von Spanien beherrschten

Niederlande. Bald erkannte sie, wie übrigens auch die Franzosen und später die Niederländer, daß die Piraterie ihrer Landsleute dem Reich nicht nur zum neuen Wohlstand verhalf, sondern auch den Weg zum kolonialen Besitztum bereitete.

Die spanischen Handelsschiffe wurden für den Abtransport der schweren Edelmetalle oft bis an die Grenze ihrer Manövrierfähigkeit beladen und forderten geradezu zur Piraterie heraus. Als 1523 korsische Freibeuter bei der Kaperung eines für Karl V. bestimmten Schiffstransports reiche Beute machten, sah sich Spanien zum erstenmal herausgefordert und ergriff Präventivmaßnahmen. Die Handelsflotten vereinigten sich zu Geleitzügen von 40–80 Schiffen und befuhren nun feste Routen, deren Ausgangspunkte die Verschiffungshäfen auf dem süd- und mittelamerikanischen Festland waren. Der südliche Geleitzug setzte sich aus Schiffen zusammen, die von Cartagena (Kolumbien), Nombre de Dios (Panama) und Puerto Bello (Panama) kamen. Wichtige Zwischenstationen waren Santiago de la Vega (Jamaica, heute Spanish Town), Santo Domingo (Dominikanische Republik) und San Juan (Puerto Rico). Von Veracruz aus erfolgte der Abtransport des mexicanischen Goldes und

Binnen kurzem hatten die Spanier fast die gesamte Urbevölkerung auf grausamste Weise vernichtet

Silbers ebenfalls in schwer bewachten Geleitzügen. Beide vereinigten sich in Havanna und rüsteten sich dort für die langwierige und beschwerliche Atlantiküberquerung aus. Je lukrativer die Piraterie wurde, um so größer auch das Verlangen, an die Lagerplätze der kostbaren Frachten zu gelangen. Die Plünderungen von Santiago de Cuba (1554), Havanna (1555), Santo Domingo (1586) und San Juan (1598) lösten umfangreiche Schutzmaßnahmen aus; alle vier Städte wurden zu gewaltigen Festungen ausgebaut. Weitere, sehr ernst zu nehmende Gefahren für die Geleitzüge waren die tropischen Wirbelstürme der Herbstmonate sowie die ausgedehnten Korallenriffe der Bahamas, vor Jamaica und Hispaniola. Noch heute ruht dort eine unbekannte Zahl von Wracks mit Ladungen von unschätzbarem Wert; nur von wenigen kennt man die genaue Position und den ungefähren Wert:

»Maravilla«, gesunken am 1.1.1637 bei den Bahamas, Wert der Ladung ca. 6,5 Mio. $ (teilweise geborgen);

»Nuestra Señora de Atocha«, gesunken 1622 westlich von Florida, Wert der Ladung ca. 250 Mio. $;

»Nuestra Señora de la Concepción«, gesunken am 2.11.1641 auf den Silverbanks, Wert der Ladung ca. 2 Mio. $;

»San Fernando«, gesunken am 13.3.1597 vor Pte. du Cap St. Lucia, Wert der Ladung ca. 20 Mio. $;

»San Pedro«, gesunken am 22.7.1719 bei den Coda Cays (Bahamas), Wert der Ladung ca. ½ Mio. $;

»Sta. Margarita«, gesunken 1595 in der Biscayne Bay (Florida), Wert der Ladung ca. 21 Mio. $;

»Sta. Paula«, gesunken am 12.8.1679 vor Pta. del Guana (Isla de la Juventud, Cuba), Wert der Ladung ca. 3,5 Mio. $;

»Santisima Concepción«, gesunken 1775 vor der Isla Margarita (Venezuela), Wert der Ladung ca. 5 Mio. $.

Das Amerikanische Mittelmeer entwickelte sich im 16. und 17. Jahrhundert zum Tummelplatz der Freibeuter wie nie zuvor. Sie nannten sich Flibustire oder Bukaniere und waren mit ihren wendigen Schaluppen und Brigantinen den schwerfälligen spanischen Handelsschiffen weit überlegen. Nicht mehr nur Edelmetalle waren gefragt, sondern in zunehmendem Maße das »Schwarze Gold«, Negersklaven aus Afrika. Zwischen England, Frankreich, den Niederlanden und auch Dänemark begann ein wahrer Wettlauf um die günstigsten Piratenstützpunkte, von denen die Kolonisierung vorangetrieben werden sollte. St. Kitts, St. Thomas, St. Croix, Ile de la Tortue und Jamaica waren die berüchtigsten Ausgangsbasen für Attacken auf Handelsschiffe aller Nationen. Spanien mußte bis auf Cuba, Puerto Rico und die Osthälfte von Hispaniola alle seine westindischen Besitzungen nach z.T. erbitterten Kämpfen an England, Frankreich, die Niederlande und Dänemark abtreten.

Der wohl berühmteste aller Piraten war Francis Drake (1539–1596), der später von seiner Königin Elisabeth I. geadelt wurde. Als Vizeadmiral war er 1588 am Sieg über die »unbesiegbare Armada« Spaniens beteiligt. Von diesem Schock konnte sich die spanische Seestreitkraft nie wieder erholen.

Der englische Pirat Francis Drake

Es war nichts Außergewöhnliches, daß Piraten der Marine ihrer Heimatländer angehörten und als Vorhut für eine spätere Kolonisierung dienten. Spaniens Handelsflotte schmolz von 110 Schiffen Ende des 16. Jahrhunderts auf 21 Anfang des 17. Jahhunderts. Das geflügelte Wort, daß Spanien die Neue Welt frißt, England, Frankreich und die Niederlande aber davon fett werden, war bald in aller Munde. Die 1621 gegründete Holländisch-Westindische Kompanie entwickelte sich binnen weniger Jahre zum größten Handelsunternehmen Amerikas und versorgte die Kolonien mit allen notwendigen Bedarfsgütern.

Im Gegensatz zu den Niederlanden waren England und Frankreich an einer landwirtschaftlichen Nutzung ihres neuen Kolonialbesitzes interessiert, denn der Bedarf an Rohrzucker wuchs in Europa sprunghaft an. Der Zuckerrohranbau mußte ausgedehnt werden, und dazu brauchte man billige Arbeitskräfte – Negersklaven aus Westafrika. Damit begann nach der Ausrottung der indianischen Urbevölkerung das zweite düstere Kapitel in der westindischen Geschichte.

Sklaverei und Sklavenhandel

Der Sklavenhandel wurde zunächst größtenteils von den Niederlanden abgewickelt. Ab 1666 machten aber die Dänen nach Erwerb der Virgin Islands den Niederlanden Konkurrenz. Zwischen Europa, Afrika und Westindien begann sich ein lukrativer Dreieckshandel zu entwickeln, der bis weit ins 19. Jahrhundert hinein dauerte. Aus Europa gelangten vor

Zuckerrohr: Anbau und Verarbeitung

Zuckerrohr ist nach wie vor der größte Zuckerlieferant: 1982 betrug die Weltproduktion 874,4 Mio. t, was etwa der dreifachen Menge des Rübenzuckers (1982 = 285,6 Mio. t) entspricht. Zuckerrohr, eine 3–5 m hohe Schilfpflanze, trägt den wissenschaftlichen Namen *Saccharum officinarium*. Seine Heimat sind die Sumpfniederungen von Neuguinea, wo noch heute die Wildform *S. robustum* in dichten Beständen zu finden ist. Die Kultivierung des Zuckerrohrs läßt sich im tropischen Südostasien über mehrere Jahrtausende zurückverfolgen. Im siebten Jahrhundert n. Chr. führten Araber den Zuckerrohranbau im Mittelmeerraum ein. Gleich nach der Entdeckung Amerikas brachten Spanier und Portugiesen die Nutzpflanze in die Neue Welt, wo noch heute das meiste Zuckerrohr angebaut wird. Untrennbar mit der Geschichte des Zuckerrohranbaus in Amerika ist die Versklavung von Millionen deportierter Afrikaner verbunden, die den Kolonialmächten als billige Arbeitskräfte zu wirtschaftlichem Reichtum verhalfen.

Der Anbau ist sehr arbeitsaufwendig und beginnt mit dem Setzen von Stecklingen, die etwa zwei Jahre Wachstum bis zur Reife benötigen (Abb. 2). Bis zu 20 Ernten sind möglich, bevor die Pflanze ersetzt werden muß. Die Ernte findet in der Regel gegen Ende der Trockenzeit statt, im karibischen Raum von Februar bis Juli. Vor Erntebeginn werden oft die Felder angezündet, um das Blattwerk vom Rohr zu entfernen, das anschließend mit Macheten abgeschlagen wird. Auf Großkulturen wie auf Cuba werden immer häufiger moderne Erntemaschinen eingesetzt. Der Hektarertrag beträgt in guten Anbaugebieten etwa 50 t Rohzucker.

Querschnitt und Grundriß einer Zuckersiederei

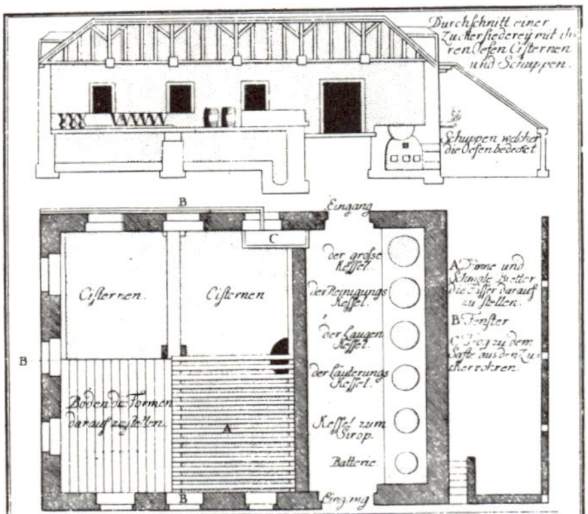

Zuckermühle, von Pferden angetrieben

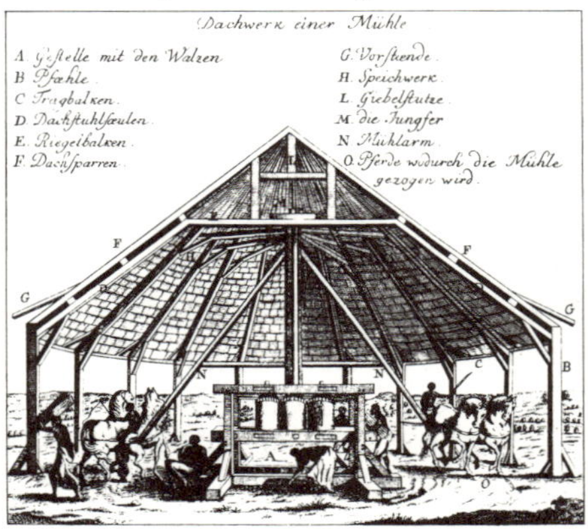

»Zucker, das großartigste Geschenk an die Alte Welt«

Auch bei der Zuckerherstellung waren früher ausschließlich Sklaven im Einsatz. Diese Arbeit forderte noch weit höhere Todesopfer als die Ernte selbst. Zunächst mußte der Zuckersaft mit Hilfe eines Walzenwerkes aus dem Rohr gepreßt werden. Für den Antrieb wurde die Kraft von Windmühlen genutzt. Die vielen konischen Steinbauten inmitten von Zuckerrohrfeldern, die man besonders auf Jamaica und St. Kitts sieht, sind Überreste solcher Windmühlen. Um zu verhindern, daß der frisch gepreßte Zuckerrohrsaft zu gären begann, wurde er sofort gefiltert und mit Kalkzusätzen von fremden Bestandteilen gereinigt. Dies erfolgte meist in drei Siedestufen. Zur Eindickung wurde der Zuckersirup in hölzerne oder irdene Gefäße gefüllt und anschließend zur Auskristallisierung in Formen gegossen. Das bestgehütete Geheimnis war die Kunst, dem Rohzucker durch eine abschließende Raffination eine makellos weiße Farbe zu geben. Zur besseren Lagerung wurde der Zucker bis weit ins letzte Jahrhundert zu Zuckerhüten verarbeitet.

Auch die Nebenprodukte fanden Verwendung. Das Bekannteste, die Melasse, wurde zu Rum (s. S. 143) weiterverarbeitet. Der erste Schaum diente als Viehfutter und aus dem zweiten bereitete man Getränke für die Sklaven zu.

allem Fertigwaren wie Waffen, Textilien, Schmuck und Schnaps nach Afrika, gegen die man bei den Stammeshäuptlingen Sklaven eintauschte. Einem Viehhandel vergleichbar wickelte sich der Erwerb der Sklaven in Westafrika ab. Einer der größten Sklavenmärkte befand sich auf der kleinen Goré-Insel, die Dakar, der heutigen Hauptstadt von Senegal, vorgelagert ist. Oft steckten die europäischen Sklavenjäger mit den Stammeshäuptlingen unter einer Decke, anders wäre die fast unvorstellbare Zahl von ca. 15 Millionen im Verlauf von drei Jahrhunderten allein nach Westindien deportierter Negersklaven kaum vorstellbar.

Bevor die Sklaven an Bord der Schiffe kamen, wurden sie auf ihren Gesundheitszustand untersucht und erhielten ein Brandmal. Anschließend wurden sie je nach Schiffsgröße zu 300 bis 600, egal ob Männer, Frauen, werdende Mütter oder Kinder, zusammengepfercht. Die qualvolle Enge wuchs noch, wenn aus Gründen der Raumersparnis die Decks halbiert wurden. Ganz bewußt war eine Sterblichkeitsquote von 10–25 % bei der Raumausnutzung einkalkuliert worden, denn die Profitgier ging vor Menschlichkeit! Auf der Transatlantikroute begann die größte Leidenszeit der Negersklaven. Der Passat trieb zwar die Schiffe in der Regel auf die Westindischen Inseln zu, oft genug geschah es aber, daß man in die windstillen Kalmenzonen geriet und wochenlang bei unerträglicher Hitze, Nahrungs- und Wassermangel auf ein Weiterkommen warten mußte. Dann stieg die Sterblichkeit in den überhitzten und stickigen Decksräumen auf mehr als 50 %.

Versteigerung von Negersklaven auf den Kleinen Antillen

Bestrafung eines Negersklaven

Einige Tage vor Ankunft auf den westindischen Sklavenmärkten bemühte man sich, die verelendete Menschenfracht für den bevorstehenden Verkauf aufzupäppeln. Bevor die Sklaven an Land gebracht werden durften, mußten sie vom Hafenarzt auf eventuelle ansteckende Krankheiten untersucht werden. Abschließend wurden sie für die Auktion freigegeben. Besonders groß war der Bedarf an Arbeitskräften auf den englischen und französischen Pflanzerinseln, dazu gehörten Jamaica, das heutige Haiti und die meisten der Kleinen Antilleninseln.

Nachdem die Menschenfracht von Bord war, wurden die Schiffe überholt, mit Proviant und Kolonialwaren beladen, um die letzte Etappe der Dreiecksroute, die Rückfahrt nach Europa anzutreten. Man schlug dafür einen nordöstlichen Kurs ein, um mit Hilfe des Golfstroms und der Westwinde möglichst kräftesparend heimwärts zu segeln. Den größten Teil des Frachtraumes nahmen Rohrzucker und Baumwolle ein, außerdem lud man begehrte Kolonialwaren wie Rum, Indigo, Gewürze und Tabak an Bord. Oft ergänzten von spanischen Schiffen gekaperte Gold- und Silberschätze die Fracht der Fregatten.

Weitgehend unbekannt ist die Tatsache, daß der Sklavenhandel auch vom damals dänischen Schleswig-Holstein gefördert wurde. Flensburg – noch heute als Rumstadt unseres Landes bekannt – hatte damals rege Handelsbeziehungen nach Westindien, besonders zu

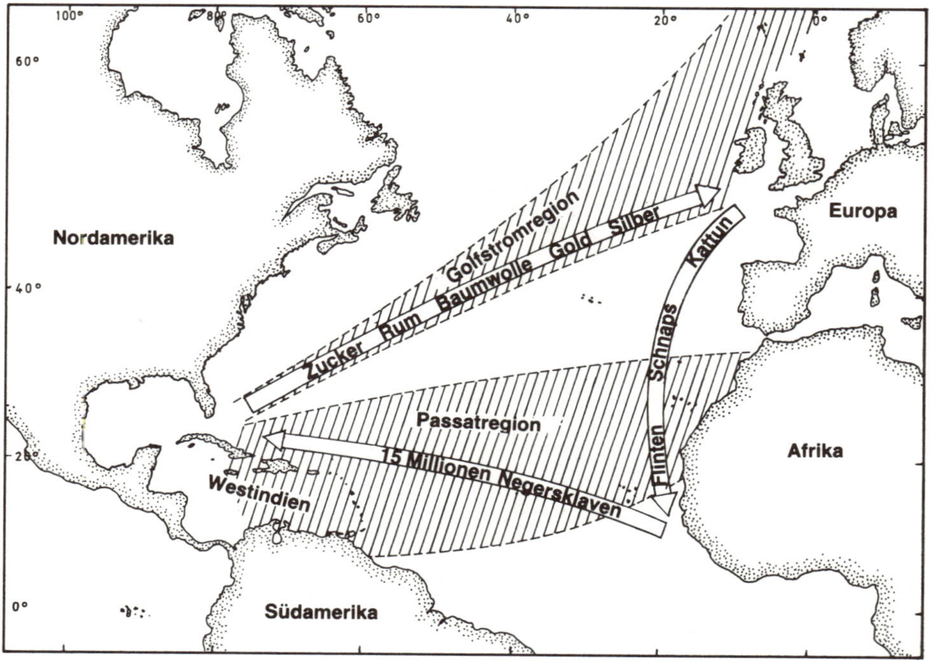

Die Routen des Dreieckshandels im 17. und 18. Jahrhundert

den seinerzeit dänischen Virgin Islands St. Croix, St. Thomas und St. John. Um Seeleute für Fahrten auf Sklavenschiffen anzuheuern, wurden sogar von den Kirchenkanzeln Aufrufe erlassen, wie noch heute in Kirchenarchiven auf einigen der Nordfriesischen Inseln nachzulesen ist. Auch die Inschriften einiger Kapitänsgräber auf den Friedhöfen in Niblum (Insel Föhr) und Nebel (Insel Amrum) geben immer noch interessanten Aufschluß über die damalige Sklavenfahrt. Am Sklavenhandel beteiligte sich auch der überaus erfolgreiche Kaufmann und spätere dänische Finanzminister Freiherr Heinrich Carl Schimmelmann (1724–1782). Noch heute erinnern seine prächtigen Schlösser und Herrensitze in Ahrensburg, Kopenhagen und Lindenborg im nördlichen Dänemark an den dabei erworbenen Reichtum. Zeitweise gehörten ihm mehr als ein Dutzend Fregatten, die auf Sklavenfahrt waren und seine westindischen Besitzungen mit billigen Arbeitskräften versorgten. Die Zahl der Negersklaven, die auf den Schimmelmannschen Zuckerrohrplantagen arbeiteten, belief sich auf über 1000. Der älteste Sohn Ernst trat in die Fußstapfen seines Vaters und wurde dessen Nachfolger im dänischen Finanzministerium. Man ernannte ihn außerdem zum Direktor der Ostseeisch-Guineischen Handelsgesellschaft, die am Sklavenhandel beteiligt war. Im Gegensatz zu seinem Vater berührte ihn aber das Los der Negersklaven, und er setzte sich für die

Abschaffung der Sklaverei ein. Seine Initiativen trugen maßgeblich dazu bei, daß Dänemark als erstes Land 1792 ein Verbot des Sklavenhandels anordnete.

Interessanten Aufschluß darüber, welche Vorurteile über Negersklaven an deutschen Schulen gelehrt wurden, vermittelt der »Neue Atlas für die Jugend – die Erdbeschreibung auf eine ganz neue Art leicht und nützlich zu lernen. Verfertigt von M. J. F. Klemm, Diakonus in Balingen. Tübingen 1782.« Hier ein kurzer Auszug über Afrika:

»Senegal und Gambia: Neger sehr schwarz, gross, wohlgewachsen, stark, dumm, wild, diebisch, stehlen einander und verkaufen sich als Sklaven den Europäern, untreu, unwissend, grob, Freunde von Musik, Tanzen, Jagen und Fischen ... Alle sind gross und stark und wild, faul, untreu, unwissend und dem Trunk ergeben. Religion: meistens grobe Heyden. Ihr Hauptgott ist eine lebendige Schlange. 800 Europäer können 300000 Guineer in die Flucht schlagen.«

Aus zahlreichen Chroniken und anderen Veröffentlichungen sind wir recht gut über das Leben der Sklaven auf den westindischen Plantagen unterrichtet. Es wurde durch Gesetze von drakonischer Härte reglementiert und unterlag darüber hinaus der Willkür der weißen Besitzer. Besonders berüchtigt war der sogenannte »Code Noir« von 1685, ein französisches Sklavengesetz, das bereits geringste Vergehen mit grausamen Strafen ahndete:

»XXXVI. Einem entflohenen Sklaven, welcher einen Monat abwesend geblieben ist, sollen die Ohren abgeschnitten werden und er soll auf einer Schulter gebrandmarkt werden; bei einer wiederholten Flucht sollen ihm die Kniekehlen zerschnitten werden und die andere Schulter gebrandmarkt werden; das dritte Mal wird er mit dem Tode bestraft.

XLII. Es soll den Eigentümern der Sklaven erlaubt sein, sie in Ketten legen und mit Ruten oder Stricken hauen zu lassen, wenn sie glauben, daß diese die Züchtigung verdient haben ...

XLIV. Wir erklären, daß die Sklaven als Mobiliar betrachtet werden und als solches ins gemeinschaftliche Erbe gehören ...«

Auf den Plantagen lebten manchmal mehr als tausend Menschen. Die Besitzer oder oft ihre als Stellvertreter eingesetzten Verwalter residierten in prächtigen Landhäusern, die heute noch als sogenannte *Greathouses* auf Jamaica und den Kleinen Antillen erhalten sind. Auch die Aufsicht der Erntearbeiten oblag den Weißen. Zum weißen Personal gehörten außerdem Buchhalter, Maschinisten und Ärzte. Die Negersklaven lebten meist in Baracken im unmittelbaren Kontrollbereich ihrer Herren. Sie durften in der Regel kleine Gärten, sog. *Conucos* bewirtschaften, deren Erträge sie oft vor dem Hungertode retteten. Der Jahresrhythmus wurde von der Zuckerrohrernte zwischen Januar und Juni sowie der »toten Zeit« zwischen den Ernten bestimmt. Am härtesten war die Erntezeit, wenn laut Sklavengesetz die Arbeitszeit täglich 16 Stunden betragen durfte. Oft genug schlossen sich den Erntearbeiten auf dem Feld noch Nachtschichten in den überhitzten Siedereien an, so daß sich die Ruhezeit auf drei Stunden reduzierte. Der Verschleiß an Menschen, die sich unter diesen schrecklichen Lebensbedingungen zu Tode arbeiteten, war so groß, daß ein nicht abreißender Strom neuer Negersklaven über Jahrhunderte hinweg die Lücken auffüllen mußte. Wie groß die einkalkulierten Verluste waren, verdeutlichen folgende Zahlen:

Jahre	Kolonie	Einfuhr	jährl. Durchschnitt
1700–1786	Jamaica	610000	7000
1708–1735 u. 1747–1766	Barbados	148821	3100
1680–1776	Hispaniola (Haiti)	800000	8247
1720–1729	Antigua	12278	1362
1721–1730	St. Kitts	10358	1035
1721–1729	Montserrat	3210	357
1721–1726	Nevis	1267	253
1767–1773	Dominica	19194	2742
1763–1789	Cuba	30875	1143
1700–1754	Inseln in dänischem Besitz	11750	214

Man kann davon ausgehen, daß für jeden Sklaven, um den die Bevölkerung der Inseln zunahm, zwei bis drei eingeführt werden mußten. Es war rentabler, sie alle fünf Jahre durch Neue zu ersetzen, nachdem sie sich zu Tode gearbeitet hatten. Bald überstieg die Zahl der Negersklaven auf Jamaica, dem französischen Teil Hispaniolas und den Kleinen Antillen die der weißen Kolonialherren. So standen Mitte des 18. Jahrhunderts die 30000 weißen Bewohner Jamaicas einer Mehrheit von ca. 250000 Schwarzen gegenüber. Zwischen beiden Rassen stand die wachsende Gruppe der Mulatten, meist Nachkömmlinge aus nichtehelichen Verbindungen der weißen Herren mit ihren schwarzen Sklavinnen.

Daß sich die Negersklaven auf die Dauer nicht widerstandslos ihrem Schicksal fügen würden, war schon allein aus ihrer zahlenmäßigen Überlegenheit zu schließen. Schon gegen Ende des 16. Jahrhunderts kam es auf Cuba zu gelegentlichen Revolten, wenig später auch auf Jamaica. Dort bildeten die entflohenen Sklaven – *Cimarrones* genannt – in den unzugänglichen Bergwäldern regelrechte Kommunen. Sie verbündeten sich 1795 während des großen Sklavenaufstands mit ihren Leidensgenossen. Über 500 englische Soldaten mußten die Niederschlagung des Aufstands mit ihrem Leben bezahlen.

Das Ideengut der französischen Revolution verbreitete sich auch auf den westindischen Besitzungen Frankreichs rasch unter der versklavten Negerbevölkerung. In Haiti, der damals französischen Westhälfte Hispaniolas, entwickelte sich ab 1790 ein weit um sich greifender organisierter Widerstand. 1801 wurden in Haiti die französischen Unterdrücker besiegt und Toussaint L'Ouverture, der Führer des Aufstands, proklamierte im selben Jahr eine neue Verfassung für das unabhängige Haiti. Nach einem vergeblichen Rückeroberungsversuch durch die Franzosen wurde Haiti am 1. Januar 1804 endgültig unabhängig und konstituierte sich nach den USA als zweite Republik der Neuen Welt.

Rum: Geschichte und Herstellung

Rum und Westindien sind im Laufe der Zeit zu untrennbaren Begriffen geworden. Seine Position als größter Rumkonsument Europas mußte Großbritannien an die Bundesrepublik abtreten. Der jährliche Verbrauch beträgt hier mehr als 80 Millionen Flaschen, und so wurde dieses Getränk eines der wichtigsten Importgüter von den Westindischen Inseln.

Kaum ein anderes alkoholisches Getränk bietet so vielseitige Zubereitungsmöglichkeiten wie der Rum. Sie reichen vom erfrischenden Rumpunsch bis zum wärmenden Grog. Spitzenmarken mit langer Lagerdauer trinkt man dagegen meistens pur wie einen edlen Weinbrand.

1630 wurde erstmals von der Herstellung eines Zuckerrohrschnapses auf Barbados berichtet; er muß sehr hochprozentig gewesen sein und von schlechter Qualität, denn in zahlreichen Aufzeichnungen werden Todesfälle infolge übermäßigen Rumgenusses erwähnt. Daß Rum auch heute noch als beliebtes Seemannsgetränk gilt, geht auf einen 1655 an die englische Marine erteilten königlichen Erlaß zurück, den Mannschaften den Genuß dieses Getränkes zu erlauben. Dem waren Überlegungen vorangegangen, daß Rum Tapferkeit und Mut erzeuge. Die negativen Wirkungen, nämlich die Untergrabung der Disziplin und Moral, versuchte Admiral Vernon durch eine Verdünnung der täglichen Rumrationen mit Wasser zu bekämpfen, und so war der Grog geboren. Seine Bezeichnung leitet sich von »Old Grog«, dem Spitznamen des Admirals, her, weil dieser ständig eine Jacke aus grob gewebten Grogram trug.

Ausgangsprodukt der Rumgewinnung ist Zuckermelasse, die als dickflüssiges Nebenprodukt bei der Rohrzuckerproduktion entsteht. Früher wurde sie mit Hilfe der Tropensonne zur alkoholischen Gärung gebracht, der Rum abdestilliert und anschließend in schwere Eichenfässer abgefüllt. Verglichen mit dem heutigen Rum war er schwerer, schärfer und von sehr dunkler Farbe. Heute wird die Gärung durch spezielle Zugaben von »dunder« (Rückstand vorangegangener Destillationen) oder mit Hilfe von Hefe bewirkt, was wesentlich zur Aromabildung beiträgt und zu den bestgehüteten Geheimnissen der Rumhersteller gehört. Durch Bottich- oder Kolonnendestillation wird der Rum von seinen minderwertigen Bestandteilen getrennt und in Holzfässern (meist Eiche) gelagert. Zur Erzielung von Farbnuancen setzt man Karamelzucker zu. Qualität und Aroma werden, ähnlich wie beim Wein, von der Zuckersorte, dem Boden, dem Klima, der zugesetzten Hefe sowie der Lagerdauer bestimmt. In vielen Teilen Westindiens ist noch heute die englische Maßeinheit »proof« (57%) gebräuchlich, weil sich der Rum bei dieser und noch höheren Konzentration anzünden läßt. In Kneipen und Bars wird der Rum oft als »over proof« ausgeschenkt und nach eigenem Geschmack verdünnt.

Bei uns ist Rum mit einem Alkoholgehalt zwischen 38 % und 83 % in drei Farbvarianten im Handel:
heller Rum, trocken im Geschmack, geeignet für Cocktails;
mitteldunkler Rum, cognacfarben, geeignet für Cocktails und Punsch;
dunkler Rum, schwer, mit vollmundigem Bukett, geeignet für Punsch, oder pur zu trinken.

Rumverschnitt ist gemischt mit anderen Alkoholen und braucht nur 1/20 Rum zu enthalten. Zu den dunklen Rumsorten gehören vor allem Qualitätsmarken aus Jamaica (Myer's Rum), während die hellen Sorten aus Cuba und Puerto Rico kommen (Barcadi, Havanna Club, Don Q). In Haiti wird der Rum nach französischer Tradition zweimal destilliert und so zur Spitzenmarke Barbancourt veredelt. Das erste wertlose Destillat opfert man häufig den Loa-Göttern bei Vodou-Zeremonien!

Abschließend bleibt die Frage zu klären, woher der Name Rum kommt. In früheren Berichten ist oft die Rede von Rumbullion, was im alten Englisch so viel heißt wie Aufruhr, Krawall. Dies ist sicher als Hinweis auf »ein Teufelszeug – das aus Zuckerrohr destilliert – ein höllisch hitziger und schrecklicher Schnaps ist« zu verstehen, von dem Richard Ligon 1651 im Zusammenhang mit seiner Reise nach Barbados berichtete. Daraus wurde dann im Englischen und im Deutschen der Name Rum.

Aber auch von Europa gingen seit dem 19. Jahrhundert Bestrebungen aus, die Sklaverei in der Neuen Welt abzuschaffen. Die Initiative lag jedoch weniger bei den großen Kirchen als bei humanistischen Randgruppen. Einer der großen Vorkämpfer war der Elsässer Victor Schoelcher (1804–1883). Seinem unermüdlichen Einsatz ist es zu verdanken, daß 1847 auf den französischen Antillen die Sklaverei aufgehoben wurde. Zwar verboten Dänemark 1792, England 1807 und Frankreich 1817 den Sklavenhandel. Aber erst 1833 wurde von den Engländern (»Emancipation Act«), 1847 von den Franzosen und schließlich 1880 von den Spaniern die Sklaverei abgeschafft. Trotzdem blieben die ehemaligen Sklaven noch für längere Zeit in wirtschaftlicher Abhängigkeit von ihren ehemaligen Herren, und es änderte sich nur wenig an ihrer Lage. Um den Verlust an billigen Arbeitskräften auszugleichen, warben die weißen Plantagenbesitzer immer mehr Kontraktarbeiter aus Indien, China und dem Nahen Osten an. Sie und ihre Nachkommen trugen ganz wesentlich zur rassischen und ethnischen Vielfalt auf Trinidad und Jamaica bei.

Pitons, St. Lucia ▷

3 Pitons, St Lucia
◁ 2 Pigeon Point, Tobago
4 English Harbour, Antigua

5 Nordküste von Trinidad

6 English Man's Bay, Tobago

7 Divi-Divi-Baum, Aruba

8 Königspalmen im Südosten Cubas

9 Kegelkarst (Mogotes) im Westen Cubas

10 Devil's Bridge, Antigua

1 Blatt einer Fächerpalme

14 Bougainvillien und Allamanda-Strauch in Blüte

2 Mexikanischer Knöterich

15 Blüte einer Heliconie

3 Blüte eines Frangipani-Strauches

6 Raupe eines Frangipani-Schwärmers

7 Tropische Laubheuschrecke

8 Blüte einer Orchidee der Gattung Oncidium

19 Blüte eines Ixoren-Strauches

20 Bananenfink

21 Tropische Radnetzspinne

22 Strandwicke

23 Meermandel

24 Mangrovendickicht

25 Strandwinde

26 Meerestraube

27 Grunzer- und Schnapperfische

28 Korallen auf der Riff-Oberkante

29 Ruine einer Zuckermühle auf St. Kitts

31 Citadelle La Ferrière, Haiti

30 Citadelle La Ferrière, Haiti

32 La Fortaleza, San Juan, Puerto Rico

33 Castillc Real Fuerza, Havanna, Cuba

34 Castillo del Morro, San Juan, Puerto Rico

35 Torre de Homenaje, Santo Domingo

36 Plaza de la Catedral, Paläste des Ignacio Peñalver und des José Lombillo, Havanna, Cuba

38 Kathedrale von Havanna, Cuba

37 Blick auf die Altstadt Havannas vom Hafen

1708
PENHA
DAVID'S
J.L. PENHA & SONS

PERFUMES
COLOGNES
PENHA & SONS
HANDBAGS
LINENS
LA CASA AMA

40 Altes Landhaus auf Curaçao
◁ 39 Willemstad, Curaçao
41 Kirche auf Gran Turque

QUEEN'S ROYAL
COLLEGE
1904.

43 Palacio Valle in Cienfuegos, Cuba
◁ 42 Queen's Royal College in Port of Spain, Trinidad
44 Devon's House in Kingston, Jamaica

45 Government House in Christiansted, St. Croix

46 Thomas Berkeley Memorial in Basseterre, St. Kitts

47 Friedhof Colón, Havanna, Cuba

48 Ruine des Schlosses Sanssouci in Milot, Haiti

50 Altstadt von San Juan, Blick von der Caleta Las Monjas auf die Kathedrale ▷

49 Floating Market in Willemstad, Curaçao

LAUNDRY
TRANSITO

51 Kathedrale von Santo Domingo, Dom. Republik

52 San José, Blick zum Chor, San Juan

53 Westfassade der Kathedrale von Santo Domingo, Dom. Republik

54 Portal des Hauses der Königlichen Audienz in Santo Domingo, Dom. Republik

55 Portal der Casa de Tostada in Santo Domingo, Dom. Republik

56 Portal der Casa del Cordón in Santo Domingo, Dom. Republik

57 Jamaicanerin

58 Kariben-Indianer auf Dominica

59 Marché de Fer in Port-au-Prince

60 Rastafari auf Jamaica

61 Jamaicanerinnen

62 Steelband in Port of Spain, Trinidad

3 Karneval auf Trinidad

64 Karneval auf Trinidad

5 Karneval auf Trinidad

66 Kachelbild am Kloster La Merced in Santo Domingo, Dom. Republik

67 Naive Malerei im Chor von St. Trinité in Port-au-Prince

68 Farbglasfenster (»vitrales«) in der Casa del Conde de Jaruco, Havanna, Cuba

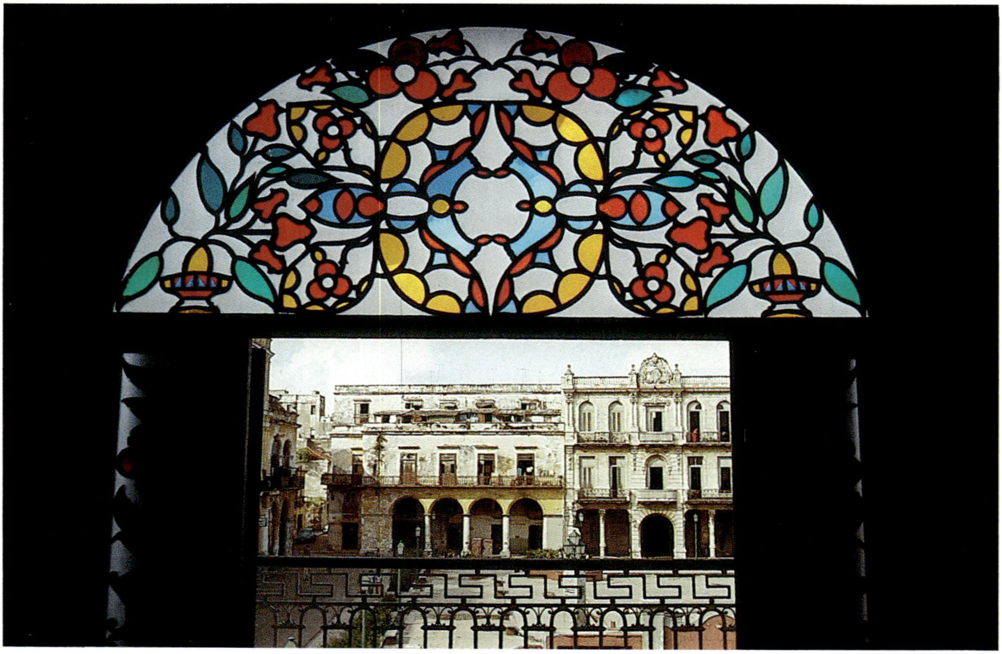

70 Innenhof der Casa del Conde de Jaruco in Havanna, Cuba ▷

69 Naive Malerei im Chor von St. Trinité in Port-au-Prince

NO

Zankapfel zwischen den Kolonialmächten, Unabhängigkeit – Hegemoniale Interessen der Großmächte

Die Geschichte des 17. und 18. Jahrhunderts war in Westindien durch eine Folge nicht endender Konflikte zwischen den Kolonialmächten gekennzeichnet. Je stärker der ökonomische Wert des Kolonialbesitzes stieg, umso mehr verfeindeten sich England, Frankreich und die Niederlande untereinander. Spanien hatte sich auf seine verbliebenen Kolonien Cuba, Puerto Rico und die Osthälfte von Hispaniola zurückgezogen und schloß sich bis ins 19. Jahrhundert kaum dem profitablen Zuckerrohranbau an. Es beteiligte sich daher auch nicht an den kriegerischen Auseinandersetzungen um die fruchtbaren Pflanzerinseln. Besonders stark in Mitleidenschaft gezogen wurde die Insel St. Lucia, die als Zankapfel zwischen England und Frankreich in den Jahren 1660 bis 1803 14 mal ihren Besitzer wechselte. Zwar wurde mit den Friedensschlüssen von Aachen (1748), Paris (1763), Versailles (1783) und Amiens (1802) versucht, eine gegenseitige Anerkennung des erworbenen Kolonialbesitzes zu erreichen, aber ohne dauerhaften Erfolg, wie das Beispiel St. Lucia zeigt.

Die Napoleonischen Kriege in den Jahren von 1807 bis 1812 und die von England verhängte Kontinentalsperre brachten den Zuckerexport nach Europa fast zum Erliegen. Durch den Verlust der wichtigsten Absatzgebiete gerieten die meisten der Pflanzerinseln in eine schwere Wirtschaftskrise. Erst der Pariser Frieden im Jahre 1814 führte zu einer dauerhaften Konsolidierung des europäischen Kolonialbesitzes. Spanien behielt Cuba, Puerto Rico und die Osthälfte von Hispaniola (heutige Dominikanische Republik). Frankreich hatte Haiti verloren und mußte sich mit Guadeloupe, Martinique, der Nordhälfte von Sint Maarten, St. Barthélemy, Desirade, Marie Galante und Iles des Saintes begnügen. Die Niederlande behielten Aruba, Curaçao, Bonaire, die Südhälfte von Sint Maarten und Sint Eustatius. Auch bei den dänischen Besitzungen, den Virgin Islands St. Thomas, St. Croix und St. John ergaben sich keine territorialen Veränderungen. England wurden die größten Gebietsgewinne zuerkannt: Jamaica, die Brit. Virgin Islands, St. Kitts, Nevis, Antigua, Montserrat, Anguilla, Barbuda, Dominica, St. Lucia, St. Vincent, Grenada, Trinidad und Tobago.

Die folgenden Jahrzehnte waren auf Hispaniola durch permanente Unruhen und territoriale Streitigkeiten zwischen den beiden jungen Inselstaaten Haiti und Dominikanischer Republik gekennzeichnet. 1821 hatte die Dominikanische Republik ebenfalls aus eigener Kraft ihre Unabhängigkeit erkämpft, wurde aber schon wenig später vom Nachbarstaat Haiti bis 1844 annektiert.

Auch auf Cuba und Puerto Rico verstärkten sich in der zweiten Hälfte des vorigen Jahrhunderts Unabhängigkeitsbestrebungen. Spanien hielt aber mit erbitterter Härte an seinen letzten beiden amerikanischen Kolonien fest. Auf Cuba kam es unter der Führung von Carlos Manuel Céspedes und Máximo Gómez zu ersten Befreiungskämpfen, die von den jungen USA aus ideellen, aber auch aus wirtschaftspolitischen Erwägungen kräftig unterstützt wurden. Die Revolution von 1895 erfüllte nicht die erhofften politischen Erwar-

Wechsel des Kolonialbesitzes auf den Gr

Staat/Insel	1492	1493	1494	1498	1499	1502	1536	1595	1605	1609	1625	1626	1627	1628	1631	1632	1633	1634	1635	1648	1650	1660	1664	1666
Cuba	+	+	+	+	+	+	+	+	+	+	+	+	+	+	+	+	+	+	+	+	+	+	+	+
Dominikanische Republik	+	+	+	+	+	+	+	+	+	+	+	+	+	+	+	+	+	+	+	+	+	+	+	+
Haiti	+	+	+	+	+	+	+	+	+	+	+	+	+	+	+	+	+	+	+	+	+	+	+	+
Jamaica			+	+	+	+	+	+	+	+	+	+	+	+	+	+	+	+	+	+	+	+	+	+
Puerto Rico		+	+	+	+	+	+	+	+	+	+	+	+	+	+	+	+	+	+	+	+	+	+	+
Virgin Islands (US)		⟨ spanisch, englisch, niederländisch ⟩																			○	○	○	○
Virgin Islands (Brit.)		+	+	+	+	+	+	+	⟨ spanisch, englisch, niederländisch															
Sint Maarten/Saint Martin		+	+	+	+	+	+	+	+	+	+	+	+	+	+	△	△	+	+	+	○ △	○ △	○ △	○ △
St. Kitts		+	+	+	+	+	+	+	+	●	●	●	○ ●	○ ●	○ ●	○ ●	○ ●	○ ●	○ ●	○ ●	○ ●	○ ●	○ ●	○ ●
Nevis		+	+	+	+	+	+	+	+	+	+	+	+	+	●	●	●	●	●	●	●	●	●	●
Antigua		+	+	+	+	+	+	+	+	+	+	+	+	+	+	+	⟨ engl., franz., span.							
Guadeloupe		+	+	+	+	+	+	+	+	+	+	+	+	+	+	+	+	+	+	○	○	○	○	○
Dominica		+	+	+	+	+	+	+	+	+	+	+	+	○ ●	○ ●	○ ●	○ ●	○ ●	○ ●	○ ●	○ ●	○ ●	○ ●	○ ●
Martinique						+	+	+	+	+	+	+	+	+	+	+	+	+	+	○	○	○	○	○
St. Lucia						+	+	+	●	○	○	○	○	○	○	○	○	○	○	○	○	○	⟨ v	
St. Vincent				?	+	+	+	+	+	+	+	+	+	+	+	+	+	+	+	+	+	+	+	-
Grenada				?	+	+	+	+	+	+	●	●	●	●	●	●	●	●	●	●	●	●	●	○
Barbados						⟨ entdeckt					●	●	●	●	●	●	●	●	●	●	●	●	●	●
Trinidad				+	+	+	+	+	+	+	+	+	+	+	+	+	+	+	+	+	+	+	+	-
Curaçao					+	+	+	+	+	+	+	+	+	+	+	+	+	+	△	△	△	△	△	△
Sint Barthélemy		+	+	+	+	+	+	+	+	+	+	+	+	+	+	+	+	+	+	+	+	+	○	○

tungen, zumal ihr Führer José Martí sein Leben lassen mußte. Erst nachdem die USA Spanien 1898 im spanisch-amerikanischen Krieg besiegt hatten, verzichtete es zugunsten des Siegers auf seine letzten beiden Kolonien in der Neuen Welt. 1902 erhielt Cuba seine Unabhängigkeit, während Puerto Rico bis 1917 Kolonie der USA blieb und danach ein assoziierter Staat wurde.

	1733	1748	1759	1762	1763	1778	1779	1782	1783	1784	1793	1794	1795	1796	1797	1798	1802	1803	1804	1805	1809	1810	1814	1816	1821	1844	1877	1898	1902	1917	1962	1966	1974	1978	1979	1981	1983	1984
1	+	+	+	+	●	+	+	+	+	+	+	+	+	+	+	+	+	+	+	+	+	+	+	+	+	+	+	+	□	◆	◆	◆	◆	◆	◆	◆	◆	◆
2	+	+	+	+	+	+	+	+	+	+	+	+	+	○	○	○	○	+	+	+	+	+	+	+	+	▲	◆	◆	◆	◆	◆	◆	◆	◆	◆	◆	◆	◆
3	○	○	○	○	○	○	○	○	○	○	○	+/●	+/●	●	●	●	○	○	○	◆	◆	◆	◆	◆	◆	◆	◆	◆	◆	◆	◆	◆	◆	◆	◆	◆	◆	◆
4	●	●	●	●	●	●	●	●	●	●	●	●	●	●	●	●	●	●	●	●	●	●	●	●	●	●	●	●	●	●	●	◆	◆	◆	◆	◆	◆	◆
5	+	+	+	+	+	+	+	+	+	+	+	+	+	+	+	+	+	+	+	+	+	+	+	+	+	+	+	+	□	□	□	□	□	□	□	□	□	□
6	■	■	■	■	■	■	■	■	■	■	■	■	■	■	■	■	■	■	■	■	■	■	■	■	■	■	■	■	■	■	□	□	□	□	□	□	□	□
7	●	●	●	●	●	●	●	●	●	●	●	●	●	●	●	●	●	●	●	●	●	●	●	●	●	●	●	●	●	●	●	●	●	●	●	●	●	●
8	○/△	○/△	○/△	○/△	○/△	○/△	○/△	○/△	○/△	○/△	○/△	○/△	○/△	○/△	○/△	○/△	○/△	○/△	○/△	○/△	○/△	○/△	○/△	○/△	○/△	○/△	○/△	○/△	○/△	○/△	○/△	○/△	○/△	○/△	○/△	○/△	○/△	○/△
9	○/●	○/●	○/●	○/●	○/●	●	●	○	●	●	●	●	●	●	●	●	●	●	●	●	●	●	●	●	●	●	●	●	●	●	●	●	●	●	●	●	●	◆
10	●	●	●	●	●	●	●	●	●	●	●	●	●	●	●	●	●	●	●	●	●	●	●	●	●	●	●	●	●	●	●	●	●	●	●	●	●	◆
11	●	●	●	●	●	●	●	●	●	●	●	●	●	●	●	●	●	●	●	●	●	●	●	●	●	●	●	●	●	●	●	●	●	●	●	●	◆	◆
12	○	○	○	●	●	○	○	○	○	○	○	●	○	○	○	○	○	○	○	○	○	●	●	○	○	○	○	○	○	○	○	○	○	○	○	○	○	○
13	○/●	○/●	○	○	●	○	○	○	●	●	●	●	○	●	●	●	●	●	●	●	●	●	●	●	●	●	●	●	●	●	●	●	●	●	◆	◆	◆	◆
14	○	○	○	○	●	○	○	○	○	○	○	●	○	○	○	○	○	○	○	○	●	●	○	○	○	○	○	○	○	○	○	○	○	○	○	○	○	○
15	803 14× Besitz zw. Engl. und Frankr. gewechselt ⟩																		●	●	●	●	●	●	●	●	●	●	●	●	●	●	●	●	●	◆	◆	◆
16	●	●	●	●	●	●	○	○	●	●	●	●	○	●	●	●	●	●	●	●	●	●	●	●	●	●	●	●	●	●	●	●	●	●	●	◆	◆	◆
17	○	○	○	○	●	●	○	○	●	●	●	●	○	●	●	●	●	●	●	●	●	●	●	●	●	●	●	●	●	●	●	●	●	◆	◆	◆	◆	◆
18	●	●	●	●	●	●	●	●	●	●	●	●	●	●	●	●	●	●	●	●	●	●	●	●	●	●	●	●	●	●	●	●	◆	◆	◆	◆	◆	◆
19	+	+	+	+	+	+	+	+	+	+	+	+	+	+	+	●	●	●	●	●	●	●	●	●	●	●	●	●	●	●	●	◆	◆	◆	◆	◆	◆	◆
20	△	△	△	△	△	△	△	△	△	△	△	△	△	△	△	△	△	△	●	●	●	●	●	●	△	△	△	△	△	△	△	△	△	△	△	△	△	△
21	○	○	○	○	○	○	○	○	○	○	⊕	⊕	⊕	⊕	⊕	⊕	⊕	⊕	⊕	⊕	⊕	⊕	⊕	⊕	⊕	⊕	⊕	○	○	○	○	○	○	○	○	○	○	○

\+ Spanien ● England ○ Frankreich △ Niederlande ▲ Haiti □ USA ■ Dänemark
⊕ Schweden ◆ selbständig ○/△ Niederlande/Frankreich
○/● England/Frankreich +/● England/Spanien ? evtl. von Columbus gesichtet
Jahreszahlen verstehen sich immer bis . . .

Das erstmalige militärische Eingreifen der USA brachte eine Wende im macht- und wirtschaftspolitischen Gefüge der karibischen Region. Bereits 1823 wurde die Monroe-Doktrin geboren, die besagte, daß die USA keine Einmischung der europäischen Mächte in der Neuen Welt dulden und weitere Koloniegründungen bekämpfen werden. Unter dem Präsidenten Theodore Roosevelt (1858–1919) begann sich die Expansionspolitik der USA zu verstärken. Als Rechtfertigung aller nun folgenden militärischen Interventionen diente die Monroe-Doktrin.

In den Jahren 1915–1934 wurde Haiti von US-Truppen besetzt und 1916–1924 die Dominikanische Republik, wo 1965 abermals eine Intervention erfolgte. Grenada war 1983 vorläufig das letzte Beispiel US-amerikanischer Interventionspolitik. Die nicht endenden politischen Wirren in den beiden Inselstaaten Haiti und Dominikanische Republik gaben den USA Vorwände für ein militärisches Eingreifen. Hauptgrund für die politische Instabilität in dieser Region sind aber die erschreckenden sozialen Gegensätze, an denen die USA durch ihre neokolonialistische Wirtschaftspolitik einen großen Teil der Mitschuld trägt. Die Schreckensregime von Trujillo und Duvallier (»Papa Doc«), denen Hunderttausende politische Gegner zum Opfer fielen, wurden von den USA aus wirtschafts- und sicherheitspolitischen Interessen unterstützt oder zumindest toleriert. Die Reaktion der meisten karibischen Staaten ist eine zunehmende Abneigung gegenüber den USA, die sie in eine immer größere wirtschaftliche Abhängigkeit brachten.

Unter dieser Politik litt besonders Cuba, das ebenfalls von einer Reihe durch die USA gestützter Diktaturen unterdrückt wurde. Ganz zwangsläufig bildete sich ein Nährboden für revolutionäre Aktivitäten. Während der Batista-Diktatur formierte sich Anfang der fünfziger Jahre unter der Führung des damals jungen Rechtsanwalts Dr. Fidel Castro ein organisierter Widerstand, der 1953 mit der Erstürmung der Moncada-Kaserne in Santiago den ersten Erfolg erzielte. Am 1. Januar 1959 endeten die Kämpfe mit dem Sieg der Revolution, die neue gesellschaftliche Maßstäbe für ganz Lateinamerika setzen sollte. Auf die Verstaatlichung auch von ausländischem Besitz reagierten die USA mit einer totalen Wirtschaftsblockade, die vor allem den Lebensnerv der Insel, den Zuckerexport, traf. Inzwischen verfolgte die Sowjetunion mit großem Interesse die gesellschaftliche Umwandlung des Inselstaats. Zum erstenmal sah sie eine Möglichkeit, ihren Einflußbereich auf Amerika auszudehnen. Sie begann Cuba wirtschaftlich und politisch zu unterstützen.

Die ständigen Interventionsdrohungen von Seiten der USA und der Exilcubaner gewannen durch die 1961 allerdings mißglückte Invasion in der Schweinebucht an Realität. Von nun an erhielt Cuba verstärkt Waffenhilfe von der Sowjetunion, die ihre erste Chance sah, direkt vor der Haustür der USA Offensivwaffen zu stationieren. Die Raketenkrise von 1962, die beide Großmächte an den Rand eines neuen Weltkriegs brachte, ist noch immer nicht in Vergessenheit geraten. Seitdem begab sich Cuba in eine totale Abhängigkeit vom Ostblock und vollzog in weiteren Schritten den Sozialismus sowjetischer Prägung.

Die neue Gesellschaftsordnung brachte beachtliche Fortschritte vor allem im sozialen Bereich. Eine Armut, wie sie in den meisten Nachbarstaaten herrscht, kennt man auf Cuba nicht mehr. Als Indikator dafür mögen die enorm angestiegene Lebenserwartung auf durchschnittlich 72 Jahre (Haiti 54 Jahre) und der Rückgang der Säuglingssterblichkeit auf 2,3 % (Haiti 13,4 %) dienen. Diese Fortschritte wären aber ohne ständige Subventionen durch die UdSSR kaum denkbar gewesen. Durch Abnahme der Zuckerexporte weit über dem Weltmarktpreis veranlaßt die Sowjetunion Cuba weiterhin zu einer Überproduktion von Zukker, was auf Kosten anderer Wirtschaftszweige geht.

Die Rolle Cubas in der Weltpolitik drückt sich auch in der Unterstützung von Widerstandsbewegungen in Lateinamerika aus, die jedoch mit Ausnahme von Nicaragua keinen dauerhaften Erfolg erzielte. So bleibt es zweifelhaft, ob das neue cubanische Modell auch auf den Nachbarinseln Fuß fassen wird.

Die innere Zerrissenheit Westindiens zeigt sich nicht nur in gesellschaftlichen Gegensätzen und Rivalitäten der beiden Großmächte, sondern auch in der Vielzahl neu gegründeter Zwergstaaten. Sie tragen ebenso das Erbe kolonialer Machtpolitik wie die meisten Staaten der Dritten Welt. Bis auf die British Virgin Islands, Cayman Islands, Anguilla und Montserrat entließ Großbritannien nach und nach alle seine ehemaligen Kolonien in die Unabhängigkeit. Den Anfang machten Trinidad und Tobago im Jahre 1962. Jamaica wurde im gleichen Jahr unabhängig, dann folgten nach einer mehrjährigen Pause 1966 Barbados, 1974 Grenada, 1978 Dominica, ein Jahr darauf St. Lucia und St. Vincent, 1981 Antigua und Barbuda und 1983 schließlich St. Kitts und Nevis. Den Status französischer Überseedepartementes erhielten 1946 die Inseln Martinique, Guadeloupe, St. Martin (Sint Maarten), St. Barthélemy, Maria Galante, Desirade und die Ile Saintes. Einen weitgehend autonomen Status erhielten inzwischen die Niederländischen Antillen Curaçao, Aruba, Bonaire, Sint Maarten, Saba und Sint Eustatius.

Es fehlte nicht an Versuchen, einen wirtschaftlichen Zusammenschluß der ehemaligen Britischen Antillen zu erreichen. Die 1973 gegründete karibische Freihandelszone CARICOM schuf eine Wirtschaftsgemeinschaft, der auch Belize und Guyana beitraten. Die 1975 geschlossene Konvention von Lome (Togo) ermöglichte den sog. AKP-Staaten (Entwicklungsländer der afrikanischen, karibischen und pazifischen Region) den Beitritt zur EG als assoziierte Mitglieder. Cuba, die Dominikanische Republik und Puerto Rico gehören dieser Gemeinschaft jedoch nicht an.

Cuba hat sich durch seine Mitgliedschaft im COMECON wirtschaftlich von den übrigen Ländern der Karibik nahezu isoliert. Trotz der Assoziation mit der EG und wirtschaftlicher Einigungsbestrebungen hat sich die ökonomische Situation der jungen Inselstaaten kaum gebessert. Die wachsende Verschuldung gegenüber den Industrienationen, steigende Zinslasten und eine überbewertete Dollarwährung zehren an der wirtschaftlichen Substanz vieler westindischer Staaten. Arbeitslosigkeit und zunehmende soziale Spannungen sind die Folge, sie entladen sich oft, wie jüngst auf Jamaica und in der Dominikanischen Republik, in Gewalttätigkeiten. Der Tourismus, Devisenbringer und daher eine der wichtigsten wirtschaftlichen Stützen, stagnierte daraufhin.

Zum größten Problem entwickelt sich der rasche Bevölkerungszuwachs. In der Dominikanischen Republik nimmt die Bevölkerung jährlich um 2,9%, in Haiti um 1,7% und auf Jamaica um 1,4% zu. Das rasante Bevölkerungswachstum bleibt nicht ohne Folgen für die Umwelt – Haiti mit seiner zum großen Teil verkarsteten Landschaft mag ein warnendes Beispiel dafür sein. Aber auch der Tourismus trägt seinen Teil zur Umweltbelastung bei, seien es ungereinigte Abwässer im Einzugsbereich großer Hotelanlagen, die Korallenriffe zum Absterben bringen, oder der Bau von Großflughäfen und Hafenpiers für noch größere Kreuzfahrtschiffe.

Die Inselstaaten

Cuba

Geographischer und geschichtlicher Überblick

Mit einer Fläche von 10922 qkm ist Cuba die größte Antilleninsel. Es erstreckt sich in west-östlicher Richtung über eine Länge von 1250 km. Bei Betrachtung der Inselgestalt liegt der Vergleich mit einer Eidechse nahe, wenn man als Kopf den gebirgigen Ostteil Cubas deutet. Er wird von den bis 2000 m ansteigenden Gebirgszügen der Sierra Maestra gebildet, wo sich auch die höchste Erhebung Cubas, der 2005 m hohe Pico Turquino, befindet. Weite Ebenen mit eingestreuten Karstgebieten bilden den zentralen Teil der Insel, der von ausgedehnten Zuckerrohrplantagen eingenommen wird. Königspalmenhaine (Farbt. 8) und Galeriewälder sind nur noch Reste der ursprünglichen Vegetation. Im äußersten Westen, in der Provinz Pinar del Río, existiert eine der interessantesten Gebirgslandschaften. Sie wird von manchmal mehrere hundert Meter hohen Mogotes, isoliert stehenden Kegelkarstfelsen (Farbt. 9), gebildet, die dieser Region ein ungewöhnliches Bild vermitteln. Der Nord- und Südküste sind ausgedehnte Korallenriffgebiete vorgelagert, aus denen sich durch Hebungsvorgänge zahllose flache Inseln gebildet haben (Archipiélago de Camagüey, Archipiélago de los Canarreos, Jardines de la Reina). Zu diesen Inseln gehört auch die fast 2200 qkm große Isla de la Juventud.

Schon vor mehr als 5000 Jahren wurde Cuba zum Siedlungsgebiet eingewanderter Indianer. Die als Guanahacabibes und Ciboney (s. S. 96) bezeichneten Stämme befanden sich als Jäger und Sammler noch auf niedrigster Kulturstufe. Erst die im 12. Jahrhundert n. Chr. von Hispaniola nach Cuba eingedrungenen Subtaino-Indianer führten den Ackerbau ein und brachten die Töpferkunst mit. Dank ihrer sozialen und waffentechnischen Überlegenheit drängten sie die archaischen Ciboney immer mehr in den Westen der Insel zurück. Die Bevölkerung der Subtaino-Indianer wuchs rasch und zählte bei der Ankunft der Spanier etwa 300000.

Der 28. Oktober 1492 leitete den tragischen Niedergang der indianischen Urbevölkerung Cubas ein. An diesem Tag betrat Columbus als erster Europäer die Insel; er landete auf der Nordseite, unweit der heutigen Stadt Gibara. Allerdings setzten Eroberung und Besiedlung Cubas später ein als die der Nachbarinsel Hispaniola. 1511 begann der Conquistador Diego Velázquez die Insel vom Südosten her zu erobern. Die Besitzergreifung muß dann im Verlauf weniger Jahre ihren erfolgreichen Abschluß gefunden haben, wie die schnell aufein-

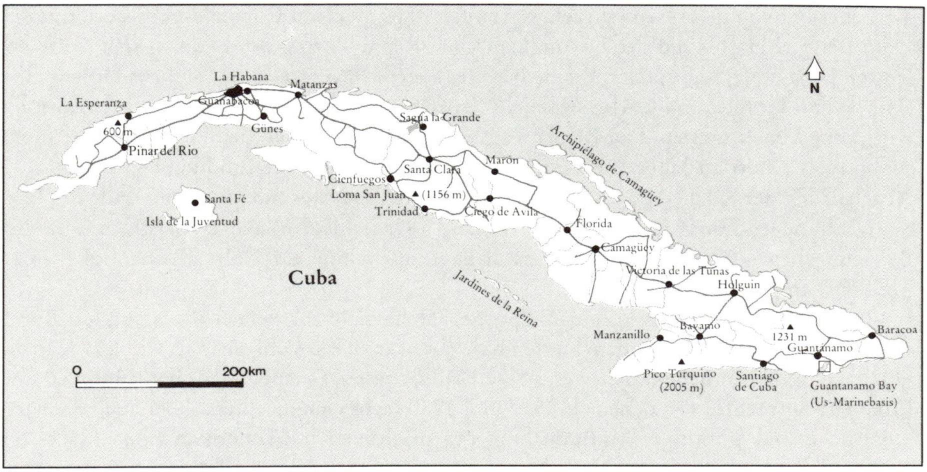

anderfolgenden Stadtgründungen beweisen: 1512 Baracoa, 1514 Santiago, Trinidad, Santa Maria de la Puerto Principe (heute Camagüey) und schließlich 1515 San Cristóbal de la Habana, das heutige Havanna.

Je stärker die Einwanderung spanischer Conquistadoren einsetzte, umso brutaler vollzog sich die Versklavung der Eingeborenen. Aufstände, auch die Rebellion unter dem Kaziken Hatuey, änderten nichts an dem unaufhaltsamen Niedergang der indianischen Bevölkerung. Bereits 1522 trafen die ersten Schiffe mit Negersklaven aus Westafrika auf Cuba ein, um der Insel zum wirtschaftlichen Aufschwung zu verhelfen.

Die Erwartung, Gold zu finden, erfüllte sich erst in Mexico und Peru, so daß sich Spaniens Interesse zunehmend auf das amerikanische Festland verlagerte. Doch schon gegen Ende des 16. Jahrhunderts gewann Cuba erneut Bedeutung als wichtigster Umschlagplatz für den Warentransport von und nach Europa. Zu den Zentren des Warenumschlags entwickelten sich Havanna und Santiago. Je häufiger beide Städte Ziel von Piratenüberfällen wurden, umso stärker wuchsen ihre Befestigungsanlagen, worauf noch heute die gewaltigen Forts in Havanna (Farbt. 33, Abb. 90) und Santiago hindeuten.

Bis weit in das 17. Jahrhundert spielte die Landwirtschaft auf Cuba nur eine untergeordnete Rolle, da die spanische Krone mehr am Erhalt ihrer ökonomischen Monopolstellung interessiert war, als an einer wirtschaftlichen Entwicklung ihrer Kolonien. Erst unter dem Druck der Engländer, die 1762 Havanna erobert hatten und ein Jahr besetzt hielten, setzte unter Carlos II. eine Liberalisierung der Wirtschaft und des Handels ein. Anfang des 19. Jahrhunderts begann ein Aufschwung der Zuckerwirtschaft ohnegleichen, der besonders durch die Nachfrage des jungen nördlichen Nachbarstaates, der USA, ausgelöst wurde.

Während in den benachbarten englischen und französischen Kolonien die Sklaverei allmählich abgeschafft wurde, stieg auf Cuba der Bedarf an Negersklaven. Erst mit einer

Verzögerung von mehreren Jahrzehnten endete 1880 auch auf Cuba dieses düstere Kapitel. Dem Beispiel Haitis und der Dominikanischen Republik folgend, bildeten sich Mitte des letzten Jahrhunderts die ersten Freiheitsbewegungen. 1868 erreichten sie ihren Höhepunkt, als Máximo Gómez und Carlos Manuel Céspedes nach einer Rebellion eine provisorische Regierung konstituierten. Der Erfolg war nur von kurzer Dauer, denn nach dem Friedensschluß von Zanjó im Jahre 1878 wuchs eher noch die koloniale Bindung an Spanien. Die Abschaffung der Sklaverei und Absatzkrisen von Rohrzucker führten gegen Ende des letzten Jahrhunderts zum wirtschaftlichen Abstieg. 1895 fiel José Martí, der geistige Führer der Befreiungsbewegung, dessen Name noch heute nicht nur auf Cuba als Symbol für den Freiheitskampf gilt.

1898 endete für Cuba die koloniale Epoche, jedoch nicht aus eigener Kraft, sondern durch die USA, die Spanien nach einem kurzen Krieg besiegten. Obwohl die USA Cuba 1902 in die Unabhängigkeit entließen, sicherten sie sich Militärbasen (Guantánamo, Bahía Honda) und Interventionsrechte, von denen sie 1917 und 1920 Gebrauch machten. Aber auch die wirtschaftliche und politische Einflußnahme des mächtigen nordamerikanischen Nachbarn machte sich in zunehmendem Maße bemerkbar. Korrupte und den USA gefügige Regierungen bestimmten fast ohne Unterbrechung bis zum revolutionären Umsturz im Jahre 1959 das politische Geschick des Inselstaates. Die Folge waren wachsende soziale Spannungen zwischen einer verarmten Bevölkerungsmehrheit und einer nach noch größerem Reichtum strebenden Oligarchie. Besonders berüchtigt waren die beiden Präsidenten Gerardo Machado und Fulgencio Batista wegen ihrer Korruptheit und grausamen Verfolgung aller politischen Gegner. Einer von diesen war der junge, 1927 geborene Rechtsanwalt Dr. Fidel Castro, der zum erbittertsten Feind von Batista werden und schließlich seinen Sturz herbeiführen sollte.

Das Geburtsdatum der Revolution wurde der 26. Juli 1953, der Tag des zwar mißglückten Angriffs auf die Moncada-Kaserne in Santiago unter der Leitung von Fidel Castro. Castro wurde verhaftet und ging anschließend ins Exil nach Mexico; 1956 kehrte er mit 82 seiner Anhänger auf der Motoryacht »Granma« zurück. Die Gruppe landete an der Südküste Cubas. Diesem Kommandounternehmen folgte der Aufbau einer Guerilla-Armee in den unzugänglichen Bergregionen der Sierra Maestra. Unter der Führung Fidel Castros und seines Mitstreiters, des Argentiniers Che Guevara, endete der Kampf am 1. Januar 1959 mit dem Sieg über Batista, der in die USA flüchtete.

Die Einführung der sozialistischen Gesellschaftsordnung wurde mit der Enteignung der einheimischen Oberschicht eingeleitet. Als 1960 auch US-amerikanische Mineralölunternehmen verstaatlicht wurden, verhängte der damalige US-Präsident Eisenhower ein Wirtschaftsembargo. 1961 folgte der Abbruch der diplomatischen Beziehungen, und im gleichen Jahr der durch die USA unterstützte Invasionsversuch von Exilcubanern in der Schweinebucht. Daraufhin suchte Cuba wirtschaftliche und militärische Unterstützung bei der Sowjetunion, die auf der Insel gegen die USA gerichtete Militärbasen zu errichten begann. Die Stationierung sowjetischer Interkontinentalraketen auf Cuba brachte 1962 beide Großmächte an den Rand eines Krieges. Mit der Blockade Cubas zwang die USA die Sowjetunion

Der niederländische Pirat Piet Heyne überfällt 1628 mit seiner Flotte Havanna

zum Abzug ihrer Raketen. Unter politischem Druck der USA brachen mit Ausnahme von Mexico und Canada alle Staaten Lateinamerikas die Verbindungen zu Cuba ab. Cuba begann seinerseits revolutionäre Strömungen in Bolivien und Chile zu unterstützen, aber ohne dauerhaften Erfolg. Die zunehmende wirtschaftliche Bindung an den Ostblock führte 1972 zur Aufnahme Cubas in den COMECON. 1976 wurde eine neue, der sozialistischen Gesellschaftsordnung angepaßte Verfassung verabschiedet. Im selben Jahr begann sich Cuba in Angola und Mocambique, später auch in Äthiopien, militärisch zu engagieren.

Kunst und Kultur

Architektur

Von den Bauten aus vorkolumbischer Zeit ist nichts erhalten geblieben, da für ihre Errichtung nur vergängliches Material wie Holz und Lehm verwendet wurde. Ihre architektonischen Grundformen leben aber bis heute in den ländlichen Bohíos – kleinen Lehmhütten mit aufgesetzten Strohdächern – fort.

Die anschließende, mehr als 400 Jahre dauernde spanische Kolonialperiode bestimmt bis zum heutigen Tage die Architektur Cubas. Spätgotische Bauwerke wie in Santo Domingo auf Hispaniola sucht man aber auf Cuba vergebens. Um so prächtiger entfaltete sich in den nachfolgenden Jahrhunderten der mudéjare und barocke Baustil bei Kirchen, Klöstern, Palästen und Festungen. Die Altstädte von Havanna, Santiago, Trinidad, Camagüey und Guanabacoa sind noch heute zum großen Teil von dieser Architekturperiode geprägt.

Die Bautätigkeit des 19. Jahrhunderts wurde durch großartige Plätze, monumentale Regierungs-, Theater- und Hotelbauten sowie durch Errichtung neuer Wohnviertel außerhalb der Altstädte gekennzeichnet. Neoklassizismus, Historismus und Eklektizismus bestimmten die Baustile jener Zeit bis hinein in unser Jahrhundert. Die moderne Zweckarchitektur erhielt nach der Revolution Auftrieb für den Bau neuer Wohnviertel und Sozialeinrichtungen, während die Innenstädte durch die Enteignung der Hausbesitzer allmählich zu verfallen begannen. Heute ist die cubanische Regierung mit Unterstützung der UNESCO bestrebt, die Altstädte unter Wahrung ihrer historischen Bausubstanz zu sanieren. Eine detaillierte Beschreibung der architektonischen Sehenswürdigkeiten ist im Kapitel »Städte und Landschaften«, S. 196 ff., zu finden.

Bildende Kunst und Kunstgewerbe

Die bildenden Künste haben auf Cuba nur eine sehr kurze eigenständige Geschichte. Ebenso wie die Architektur standen Malerei und Plastik bis weit ins letzte Jahrhundert hinein unter dem Einfluß der spanischen Kolonialmacht und der Kirche. Nur sehr wenige Kunstwerke des 16. Jahrhunderts haben im Schutz der Kirchen und Klöster die wirren Zeiten der Piraterie, der Kriege und der Naturkatastrophen bis zum heutigen Tage überdauert. Die prächtigen churrigueresken und mudéjaren Altäre in Guanabacoa, Camagüey und Bayamo zeugen vom künstlerischen Empfinden des damaligen Barock. Berühmt wurde der in Guanabacoa tätige Altarschnitzer und Bildhauer Nicolás de la Escalera mit seinen Arbeiten für die Kirche Santa Maria del Rosario.

Erst im vorigen Jahrhundert begannen sich eigenständige Kunstrichtungen und Ausdrucksweisen zu entwickeln. Romantik, Historismus und Neoklassizismus bildeten die stilistischen Vorgaben für Malerei und plastische Künste. Einer der wichtigsten Repräsentanten war der Frankocubaner Jean Baptiste Vermay, zu dessen bekanntesten Werken die Wandgemälde im Templete gehören. Ihm wird auch die Gründung der ersten Kunstakademie Cubas im Jahre 1818 zugeschrieben. Eine sehr schöne Kollektion cubanischer Romantiker, zu denen Esteban Chartraud (1840–1883), Valentin Sanz Carta (1849–1898) und Victor Landaluze (1828–1889) gehören, ist im Museo Nacional in Havanna zu besichtigen. In jener Zeit entwickelte sich eine weitere Kunst, die aber erst vor wenigen Jahren Beachtung fand: die Anfertigung von Auflegebildern für Zigarrenkisten. Die farbenprächtigen Papierbilder mit oft moritatenhaften Themen gelten bis heute als beliebte Sammelobjekte.

Erst in der zweiten Hälfte unseres Jahrhunderts begann die cubanische Kunst ihre nationalen Grenzen zu durchbrechen. Wegbereitend war die 1953 gegründete Gruppe »Los

Once«, deren Mitglieder Antonia Eiritz (Jahrgang 1930), Humberto Peña (Jahrgang 1937) und Fernando Luiz (Jahrgang 1932) sich expressiv-abstrakten Ideen angloamerikanischen Ursprungs zuwandten und diese selbständig weiterentwickelten. Zu den wichtigsten Vertretern der afrocubanischen Kunst gehört Wifredo Lam (1902–1982), dessen Werke zu den berühmtesten der modernen cubanischen Malerei zählen. Die Revolution beeinträchtigte das Kunstschaffen nur kurzfristig. Im Gegensatz zu den befreundeten Ostblockländern wurde der sozialistische Realismus niemals zur richtungsweisenden Kunst. Schon bald entwickelte sich Cuba zu einem vielbeachteten Land auf der internationalen Kunstszene. Surrealisten wie Jorge Camacho (Jahrgang 1934) und Angel Acosta León wurden ebensowenig in ihrer künstlerischen Freiheit eingeschränkt wie Servando Cabrera Moreno (Jahrgang 1923), der sich in unkonventioneller Darstellungsweise vor allem revolutionärer Themen annimmt. Als Vermittler von »soziopolitischen Botschaften«, wie es Felix Beltrán, Professor für plakative Kunst, formulierte, hat sich das Plakat nach der siegreichen Revolution zu einem wichtigen künstlerischen Ausdrucksmittel entwickelt. Nach der Machtübernahme durch Fidel Castro wurde in Cubanacán auf dem ehemaligen Golfplatz Batistas eine Gesamthochschule für Kunst errichtet, aus der sich, entsprechend dem vielfältigen Studienangebot, das von bildenden Künsten über Schauspiel bis zum modernen Tanz reicht, heute die Mehrheit der cubanischen Künstler rekrutiert.

Das Kunstgewerbe ist auf Cuba weniger bedeutend als im übrigen karibischen Raum. Hauptgrund dafür mag der noch nicht wieder vorhandene Absatzmarkt sein, den früher der US-Tourismus bot. Aber auch die offiziellen Stellen zeigen erst in jüngster Zeit wieder Interesse an der Förderung des Kunsthandwerks. So ist das Angebot in den staatlichen Kunstgewerbegeschäften und auf den organisierten Sonntagsmärkten eher mager und nicht gerade einfallsreich. Die größte Auswahl findet man in Havanna in der Casa del Marqués de Aguas Claras an der Plaza de la Catedral, wo auch ein Sonntagsmarkt abgehalten wird. Insgesamt lassen sich bei den kunstgewerblichen Artikeln starke Übereinstimmungen mit denen der benachbarten Dominikanischen Republik und Puerto Ricos feststellen.

Literatur

Zweifellos gehört die cubanische Literatur zur bedeutendsten von ganz Lateinamerika. Durch Autoren wie Alejo Carpentier, Antonio Benitez Rojo oder Nicolás Guillén, um nur einige Namen zu nennen, hat Cuba beachtliche Beiträge zur modernen Weltliteratur geleistet. Zu den ersten cubanischen Schriftstellern zählt der von den Kanarischen Inseln eingewanderte Dichter Silvestre de Balbao. In seinem 1608 erschienenen Hauptwerk »Espejo de Paciencia« (Spiegel der Geduld) beschäftigt er sich mit zeitgenössischen Themen, vor allem mit der Piraterie und den marodierenden Conquistadoren.

Erst im Zeitalter der Romantik begann sich der Wunsch nach Unabhängigkeit von der spanischen Kolonialmacht zu regen. Einer der ersten Romantiker war der noch heute überall in Cuba verehrte Poet und Revolutionär José María de Heredia (1803–1839). In Santiago geboren, mußte er nach der Teilnahme an einem fehlgeschlagenen Aufstand den Rest seines

Lebens in Venezuela, den USA und in Mexico verbringen. Ebenfalls meist im Exil lebte die Lyrikerin und Theaterschriftstellerin Gertrudis Gómez de Avellaneda (1814–1874). Großer Beliebtheit erfreuten sich ihre Dramen und Komödien sowie ihre 1841 herausgegebenen Poesías (Gedichte). Zu den großen Schriftstellern des 19. Jahrhunderts zählt auch der Mulatte Gabriel de la Concepción Valdés (1809–1844), der, besser unter dem Namen Placido bekannt, durch seine revolutionären Gedichte große Popularität errang.

Die Aufstände und Unabhängigkeitskämpfe in der zweiten Hälfte des letzten Jahrhunderts fanden ihre geistigen Wegbereiter auch unter den Schriftstellern. 1858 erschien im New Yorker Exil eine in Cuba selbst verbotene Anthologie von Gedichten mit dem Titel »El Laud del desterrado«. Zu den Herausgebern gehörten Pedro Santacilia (1826–1910) und der später von den Spaniern hingerichtete Juan Clemente Zenea (1832–1871).

Ähnlich wie in der Dominikanischen Republik verbreitete sich der romantische Patriotismus auch in Cuba. Unter der Bezeichnung »Siboneyismo« entwickelte er sich zu einer der bekanntesten literarischen Strömungen jener Zeit. Der Name wurde in Anlehnung an die ausgerotteten Ureinwohner der Insel, die Ciboney-Indianer, gewählt. Der Wille zur politischen Unabhängigkeit sollte durch die Rückbesinnung auf das kulturelle Erbe der indianischen Vorfahren gestärkt werden. Im Zuge der politischen Radikalisierung gab der Philosoph und Separatist Enrique José Varona ab 1885 die Zeitschrift »Revista Cubana« heraus, die sich zum Sprachrohr für systemverändernde Ideen entwickelte.

Bereits vor der Revolution von 1959 galt der cubanische Schriftsteller, Poet und Revolutionär José Martí (1853–1895) als Nationalheld Cubas. Wie seine großen lateinamerikanischen Vorbilder Simón Bolivar, Benito Juárez oder Bernardo O'Higgins verstand er sich als Wegbereiter eines neuen, unabhängigen, von der Sklaverei befreiten Staates. Auch Martí mußte viele Jahre seines Lebens im Exil verbringen. Die Aufenthalte in Mexico, New York, Caracas und Buenos Aires waren wichtige Zwischenstationen für die Entstehung seiner revolutionären Ideen, die in kritischen Essays (»Nuestra America«) und Artikeln ihren Niederschlag fanden. Daß José Martí auch ein begabter Lyriker war, beweisen seine noch heute im gesamten spanischen Sprachraum gern gelesenen Verssammlungen »Versos libres« und »Versos sencillos«. Er fiel 1885 im Alter von nur 42 Jahren bei einem Gefecht in Boca de dos Ríos.

Mit Beginn unseres Jahrhunderts entwickelte sich die Erzählung zur bestimmenden literarischen Ausdrucksform. Naturalistisches, aber auch sozialkritisches Gedankengut vereinigt sich in den Werken von Jesús Castellanos (1879–1912) und Luis Felipe Rodríguez (1887–1947).

Die um die Jahrhundertwende gewonnene Unabhängigkeit von Spanien brachte jedoch nicht die erhoffte politische und geistige Freiheit. Politische Wirren und wechselnde Diktaturen lösten bei den cubanischen Schriftstellern erneut geistigen Widerstand aus. Verstärkt wandten sie sich in Erzählungen und Romanen dem Anliegen der sozial und politisch unterdrückten Mehrheit des Volkes zu. Einer der größten Erzähler war Enrique Labrador Ruiz (Jahrgang 1902), dessen Romane »La sangre hambriente« und »El gallo en el espejo« auch außerhalb Cubas zu Bestsellern wurden.

Während der dreißiger Jahre begann die cubanische Lyrik ihren bis zum heutigen Tag behaupteten Platz in der Nationalliteratur einzunehmen. In ihr manifestiert sich das wachsende Selbstbewußtsein der farbigen Bevölkerung afrikanischer Abstammung. Fundiert wurde die neu gewonnene Identität durch eine Wiederbelebung afrikanischer Traditionen, die ihren Niederschlag in der »poesía negra« fand. Zu den bekanntesten Vertretern dieser Richtung gehört der 1902 in Camagüey geborene Nicolás Guillén. Er verbindet in seinen Werken den afrocubanischen Traditionalismus mit soziopolitischen Aussagen. Sehr populär wurde er auch durch seine Liedtexte für den Son, einem stark rhythmischen Tanz, der überall auf Cuba verbreitet ist. In deutscher Übersetzung erschienen bisher zwei Gedichtsammlungen mit den Titeln »Bitter schmeckt das Zuckerrohr« und »Bezahlt mich nicht, daß ich singe«. Nach dem Sieg der Revolution wurde Guillen zum überzeugten Befürworter der neuen Gesellschaftsordnung, die er als Verwirklichung seiner Idealvorstellungen ansah.

Zu den Anhängern der afrocubanischen Lyrik gehörte zeitweise auch der Frankocubaner Alejo Carpentier (1904–1980), eine der größten intellektuellen Persönlichkeiten der neueren cubanischen Geschichte. Aus seiner vielseitigen Tätigkeit als Professor für Völkerkunde und Musikgeschichte, Komponist, Diplomat und Schriftsteller spricht eine universelle Begabung. Seine Werke sind überwiegend vom sog. magischen Realismus beeinflußt, der beispielsweise auch in den Romanen und Erzählungen »Explosion in der Kathedrale«, »Krieg der Zeit« und »Die Harfe und der Schatten«, die auch in deutscher Übersetzung vorliegen, zum Ausdruck kommt.

Die neuen gesellschaftlichen Verhältnisse nach der Revolution von 1959 eröffneten der cubanischen Literatur kreative Möglichkeiten und nie gekannte Freiheiten. Zurückgekehrte Exilanten wie Carpentier und Guillen sowie die heranwachsende neue Schriftstellergeneration führten Cuba an die Spitze der lateinamerikanischen Literaturnationen. Besonders die neuere Lyrik Cubas hat durch die Werke von R. Fernández Retamar, H. Padilla und Miguel Barnet weltweites Interesse erregt. Ein literarisches Dokument ganz besonderer Art ist die Autobiographie des ehemaligen Sklaven Esteban Montejo unter dem Titel »Biografia de un Cimarrón«, die 1966 von Miguel Barnet herausgegeben wurde und inzwischen auch in deutscher Übersetzung beim Suhrkamp Verlag erschien.

Die heutige Situation auf dem Buchmarkt Cubas ist dadurch gekennzeichnet, daß sich das Angebot fast vollständig auf die eigene Produktion oder auf Importe aus sozialistischen Ländern beschränkt. Devisenmangel, aber auch politische Intoleranz verhindern auf Cuba die Verbreitung des reichhaltigen literarischen Angebotes anderer spanisch sprechender Länder.

Musik

Die cubanische Musikfolklore hat auch unsere Tanz- und Unterhaltungsmusik ganz wesentlich beeinflußt. Rumba, Mambo und Cha-Cha-Cha sind moderne Tänze cubanischen Ursprungs, die mittlerweile zum festen Repertoire fast aller Tanzveranstaltungen gehören. Außer der Rhythmik erinnert aber kaum noch etwas an die cubanische Herkunft. Die

Cubanische Musikfolklore: Herkunft und Verknüpfung der Stilformen

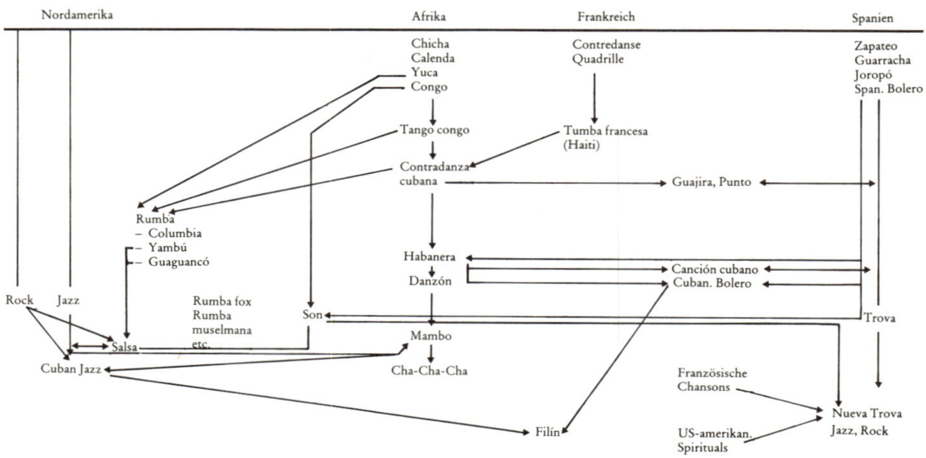

Melodien, häufig auch die Texte, verflachten und sanken auf das Niveau kommerzieller Unterhaltungsmusik herab. Die zahlreichen, oft schnulzigen Fassungen des alten cubanichen Volksliedes »Guantanamera« mögen dafür als Beispiel dienen.

Kaum ein anderes Volk Lateinamerikas kann auf eine so vielfältige Musiktradition zurückblicken wie das cubanische. In ihr spiegelt sich die rassische Vielfalt und die wechselvolle Geschichte der Insel wider. Mit der Ausrottung der indianischen Ureinwohner schon wenige Jahrzehnte nach der Entdeckung ging auch deren Musik restlos unter. Nur wenige Instrumente sowie auf alten Darstellungen überlieferte Kult- und Tanzszenen sind uns aus jener Zeit bekannt. So lassen sich bei der heutigen cubanischen Musikfolklore keine vorkolumbischen Einflüsse mehr nachweisen. Mit der spanischen Kolonisierung setzte vielmehr ein völliger Neubeginn der cubanischen Musik ein, die später ganz wesentlich von den Musiktraditionen der afrikanischen Sklaven geprägt wurde. Da die Musik und die Tänze der Sklaven eng mit Kulten und religiösen Zeremonien verbunden waren, mußten sie diese unter dem Druck von Kirche und Staat über viele Jahre geheimhalten. Sogenannte Cabildos, geheime Bruderschaften, wurden zu Keimzellen der afrocubanischen Musikfolklore, die anfangs den Rahmen für synkretistische Kulte bildete. Noch heute lassen sich die Ursprünge dieser Musik bis in die westafrikanischen Staaten Nigeria, Benin und den Kongo zurückverfolgen, wo die Rhythmen alter Stammestänze wie Chicha, Yuca, Calenda und Congo immer noch fortleben. Vor der Aufhebung der Sklaverei im letzten Jahrhundert verlief die Entwicklung der afrocubanischen Musikfolklore weitgehend isoliert. Lediglich französische Einflüsse, die über den Umweg von Haiti nach Cuba kamen, machten sich schon im 17. Jahrhundert bemerkbar. Die haitianische Tumba francesa, die aus Contredanses und Quadrillen hervorging, bildete das melodische Fundament der Contradanza cubana, deren

Rhythmik aber noch dem afrikanisch geprägten Tango congo entstammte. Beide fanden ihre Fortentwicklung in so bekannten Tänzen wie Rumba, Habanera, Mambo und Cha-Cha-Cha.

Die Ursprünge der Musikfolklore spanischer Herkunft lassen sich zeitlich am weitesten zurückverfolgen. Sie war jedoch bis ins letzte Jahrhundert nur unter den weißen Kolonialherren und deren Nachkommen, den Kreolen, verbreitet. Von den altspanischen Tänzen wie Zapateo, Guarracha und Bolero erlangte der letztere den größten Einfluß. Aus ihm gingen u. a. die ländliche Guajira und die Urform des Son hervor.

Als dann gegen Ende des letzten Jahrhunderts (1880) die Sklaverei aufgehoben wurde und Cuba als letzte spanische Kolonie der Neuen Welt seine Unabhängigkeit erhielt, beschleunigte sich die Verschmelzung der afro- und eurocubanischen Musikfolklore. Die Wechselbeziehungen zwischen dem über Jahrhunderte importierten Musikgut und der heutigen cubanischen Musikfolklore sind daher nur noch schwer zu überschauen.

Der Rückfluß cubanischer Musik in die Alte Welt setzte schon vor mehr als 100 Jahren ein, als sich die Habanera und der cubanische Bolero rasch zur beliebten Salonmusik entwikkelten und sogar von Opernkomponisten wie Ravel, Bizet und Debussy aufgegriffen wurden. Vor etwa 50 Jahren begann der Rumba die nordamerikanischen und europäischen Tanzsäle zu erobern. Kurz nach dem Zweiten Weltkrieg folgten Mambo, Cha-Cha-Cha und Cuban Jazz, während in den letzten Jahren die Salsa zunehmend populärer wurde.

Nach Jahren der Isolation des Landes und mit zunehmender innenpolitischer Liberalisierung erlebte die cubanische Musikfolklore eine Renaissance. Die neue Kulturpolitik beschränkt sich nicht mehr auf die Wiederbelebung alter Musiktraditionen, sondern fördert auch den musikalischen Nachwuchs in neu gegründeten Ausbildungsstätten. Zu den bekanntesten zählt das Konservatorium »Cubanacán«, aus dem die meisten Mitglieder der bekannten Son-Band »Grupo Afro-Cuba« hervorgegangen sind.

Fast alle Musiker sind in Berufsverbänden, den Empresas, organisiert und erhalten ein tariflich festgesetztes Einkommen. Diese Verbände lenken auch die Einsätze ihrer Mitglieder bei gesellschaftlichen Ereignissen, wozu Veranstaltungen in Betrieben oder Auftritte bei Straßenfesten der Komitees zur Verteidigung der Revolution gehören. Trotz ihrer Organisierung und ihrer politischen Mitwirkung werden ihnen künstlerische Freiheiten zugestanden, ohne die der neuerliche Erfolg der cubanischen Musikfolklore auf dem internationalen Schallplattenmarkt undenkbar wäre.

Salsa, Nueva Trova und Cuban Jazz sind die bekanntesten musikalischen Exportgüter des Inselstaates und verdienen daher eine nähere Betrachtung. Ohne Zweifel ist die Salsa aus dem Son hervorgegangen, wie Übereinstimmungen in Melodie und Rhythmus eindeutig belegen. Hinzugekommen sind später Elemente des Jazz und des Latino-Rock. Die Anfänge der Salsa lassen sich bis etwa 1940 zurückverfolgen, als der blinde Tres-Spieler Arsenio Rodríguez das traditionelle Son-Sextett (ein Sänger, außerdem Begleitung von Tres, Bongo, Botija, Maracas, Claves) um zwei Sänger, mehrere Trompeter sowie um Conga- und Klavierspieler erweiterte. Schon bald breitete sich die Salsa – wahrscheinlich nach einer stark pikanten Soße benannt – nach Puerto Rico, Hispaniola und in fast alle Anrainerstaaten der

Cubanische Musikfolklore: Beschreibung der bekanntesten Liedformen und Tänze

Lied/Tanz	Son	Guajira	Rumba	Habanera
Ursprung	17. Jhrdt. hervorgegangen aus span. Joropó u. afrikan. Yuca. Zwischen 1915 u. 1930 populärste Musik Cubas. Wichtigste Komponente der Salsa	18. Jhrdt. aus spanischem Bolero und Contradanza cubana. Musik der Kreolen auf dem Lande, später auch in den Städten. Bekanntester Song »Guantanamera«	ca. 1840, hervorgegangen aus afrikan. Yuca, Tango congo u. Contradanza cubana. Aus Paartanz entwickelt sich Straßenmusik der Afrocubaner, ab 1914 weltweiter Gesellschaftstanz	1840 durch den cubanischen Komponisten Yradier aus Contradanza cubana entwikkelt. Rascher Aufstieg zur Salonmusik. Aufgegriffen von den Opernkomponisten Bizet, Ravel, Debussy etc.
Musikalische Struktur	Lied, Tanz; 2teilig: Largo (Vers mit Sologesang) und Montuño (Refrain mit Chor), einfacher Rhythmus im 3/4-Takt	Ursprünglich improvisierter Gesang, Wechsel vom 4/4- u. 6/8-Takt, oft Chöre	Tanz, 3 Varianten – Columbia (schneller Rhythmus) – Yambú (langsamer Rhythmus) – Guaguancó (iberische Gestik mit afrikanischer Rhythmik, z. T. mit Chören), auch Lied	Lied, Reihen- u. Paartanz im 2/4 bis 3/4-Takt
Instrumente	Ursprüngl. Trio-Besetzung: Tres, Gitarre, Perkussionsinstrumente (Bongo, Conga, Claves). Später Erweiterung von Piano, Ecón und Blasinstrumenten zum Son-Septett	Tres, Cuatro, Tiple, Claves, Maracas	Grundausstattung: Congas, Tambores, Batá, Claves; später Erweiterung bis zur großen Tanzorchesterbesetzung	Flöte, Violine, Baß, Piano, Rhythmusinstrumente
Komponisten u. Interpreten	Felipe Chappotín, Ignacio Piñero, Grupo Afro-Cuba	Joseio Hernández (»Guantanamera«)	Ignacio Piñera	

Lied/Tanz	Mambo	Cha-Cha-Cha	Salsa
Ursprung	1938 von Orestes López unter Hinzufügung von Jazz-Elementen aus einem Danzón entwickelt. Später Weiterentwicklung zum Cha-Cha-Cha. Nach dem 2. Weltkrieg auch in Europa populär	Mambo-Variante, benannt nach Geräuschen des verwendeten Rasselinstrumentes »Chac-Chac«, 1953 erstmals vom Orchester Enrique Jorrín	ca. 1940 durch Arsenio Rodríguez aus Son entwickelt. Später Übernahme von Jazz und Latino Rock. Weiterentwicklungen auf Puerto Rico u. in New York
Musikalische Struktur	Gesellschaftstanz im 4/4-Takt	Paartanz wie beim Mambo im langsamen 4/4-Takt	Wie Son
Instrumente	Blasinstrumente, Piano, Perkussionsinstrumente, bis zur Jazz-Big Band-Besetzung	Wie beim Mambo	Wie bei Son, dazu Jazz-Big Band-Besetzung, neuerdings elektronische Musikinstrumente
Komponisten u. Interpreten	Pérez Prado, Arsenio Rodríguez	Arsenio Rodríguez	Benny Moré, Celia Cruz, Nino Rivera, Arsenio Rodríguez, Grupo »Irakere«

Karibik aus. Mit puertoricanischen Auswanderern und cubanischen Flüchtlingen setzte sie ihren Siegeszug nach New York und Florida fort. Nur recht zögernd dringt die Salsa auch in Europa vor. Wegbereitend dafür sind Radioprogramme US-amerikanischer Militärsender für puertoricanische GIs und neuerdings Tourneen cubanischer Salsagruppen, während die Salsa in unseren Sendern fast vollständig ignoriert wird.

Obwohl der Jazz in der lateinamerikanischen Musik nur eine Randerscheinung ist, begann er bereits in den vierziger Jahren auf Cuba populär zu werden, nicht zuletzt im Gefolge des Tourismus aus den USA. Trotzdem entwickelte sich dort niemals eine Jazz-Szene wie in den USA und den meisten europäischen Ländern. Sehr bald bildete sich aber eine eigenständige Stilrichtung heraus, der Cuban-Jazz. Mit seinen jazztypischen Improvisationen, unterlegt mit afrocubanischen Rhythmen, gewann er bald in den USA und in Westeuropa eine große Anhängerschaft. Ende der siebziger Jahre machte sich die »Grupo Irakeré« um eine Neubelebung des Cuban-Jazz verdient. Durch verstärkte Bläsersätze und durch die Einarbeitung von Elementen des Latin-Rock setzte sie ihm neue Akzente.

Mit den Kompositionen unserer Liedermacher läßt sich die Nueva Trova vergleichen. Sie wurde durch ein Dekret im Jahre 1972 ins Leben gerufen, das unter dem Begriff »Movimiento de la Nueva Trova« (Bewegung der Nueva Trova) ein neues Mittel der politischen Agitation werden sollte. Entsprechend dieser Zielsetzung unterlag die neue Musikbewegung einer starken Reglementierung, und die künstlerischen Freiräume blieben zunächst auf die Kompositionen neuer Liedformen beschränkt, die auf traditionellen Gesängen wie Guajira, Son, Canción und Guaguancó basierten. Künstlerischer Wegbereiter war die 1969 gegründete »Grupo Experimentación Sonora del ICAIC«, mit der sich bekannte Namen wie Silvio Rodríguez und Pablo Milanes verbinden. Bald dominierten in den Liedtexten nicht mehr allein revolutionäre Inhalte, sondern auch Probleme des politischen Alltags wurden aufgegriffen oder einfach nur sentimentale Themen besungen. Die Nueva Trova-Bewegung löste in allen Schichten der Bevölkerung eine so große Begeisterung aus, daß in fast jeder größeren cubanischen Stadt Trova-Hallen errichtet wurden. Seit den siebziger Jahren entwickelte sich die Nueva Trova zum Mittel revolutionärer Agitation über die Landesgrenzen hinaus. In den Jahren der Allende-Regierung erlangte sie aufgrund freundschaftlicher Beziehungen zwischen Cuba und Chile auch dort große Popularität. Gegenwärtig treten die politischen Inhalte etwas in den Hintergrund, und die Nueva-Trova tendiert dazu, durch Auslandstourneen und Schallplattenproduktionen von bekannten Gruppen wie »Grupo Moncada« oder »Grupo Irakeré« ein beliebter Exportartikel zu werden.

Eine Darstellung der cubanischen Musikfolklore wäre ohne Erwähnung der typischen Instrumente unvollständig, deren Vielfalt einen interessanten Einblick in die ethnischen Wurzeln der Volksmusik vermittelt. Auch hier lassen sich die Ursprünge bis nach Afrika, Spanien und in das übrige Westeuropa zurückverfolgen. Außerdem haben einige Instrumente aus dem vorkolumbischen Cuba überlebt, wie beispielsweise Rasseln (Maracas, Chac-Chac), Schlitztrommeln (Bayoabao) oder Schlagstöcke (Claves). Die meisten Musikinstrumente sind jedoch afrikanischen Ursprungs. Dazu gehören vor allem Trommeln, die in unterschiedlichsten Typen nicht nur auf Cuba gespielt werden, sondern ebenso in unseren modernen Tanzorchestern ihren festen Platz haben, z. B. Congas und Bongos. Ein weiteres Rhythmusinstrument afrikanischer Herkunft ist der Ecón, eine doppelte Schlagglocke, die oft durch einfache Kuhglocken (Cencerros, Hierros) ersetzt wird. Auch die Marimbula, Vorläuferin des Xylophons, läßt sich wie die einer Okarina ähnelnde Botija bis nach Afrika zurückverfolgen. Mit den Negersklaven gelangte schließlich auch die Güiro nach Cuba, ein mit Kerben versehener Schraper aus Bambusstäben oder Kalebassen.

Aus Spanien stammen dagegen die meisten Saiteninstrumente. Hier ist an erster Stelle die in ganz Lateinamerika verbreitete Gitarre zu nennen. Von ihr leiten sich mehrere Kleingitarren wie beispielsweise die Tres (3 Saiten), die Cuatro (4 Saiten) und die Tiple (5 Doppelsaiten) ab, die gern zur Begleitung von Guajiras, Sones, Trovas und Salsas gespielt werden. Geige, Piano, Flöte und Blechblasinstrumente verbreiteten sich erst im letzten Jahrhundert mit dem Aufkommen der Salonmusik (Habanera, cubanischer Bolero, Tango) auf Cuba. Später kam noch das Akkordeon dazu, das aber in der Volksmusik Cubas nie die Bedeutung erlangte wie auf der benachbarten Insel Hispaniola.

Noch immer erfreuen sich auf Cuba die Charangas, Kleinorchester europäischen Ursprungs mit Flöten, Geigen und Rhythmusinstrumenten, großer Beliebtheit. In ihrem Repertoire greifen sie gern auf gefühlsbetonte Musik wie Danzones und Boleros zurück. Die Conjuntos bilden schon von ihrer instrumentellen Besetzung her das afrocubanische Gegenstück zu den Charangas. Hier sind Rhythmusinstrumente (Congas, Bongos, Claves etc.) tonangebend.

In der modernen cubanischen Musikfolklore dominieren heute Besetzungen wie bei Jazz Big Bands, jedoch unter Einbeziehung rocktypischer elektronischer sowie traditioneller Instrumente (Tres, Claves, Maracas, Ecón etc.). Diese phantasievolle Synthese findet besonders in der Salsa ihren Ausdruck.

Kulte und Gebräuche

Ohne Zweifel ist die cubanische Musikfolklore untrennbar mit dem Brauchtum der Insel verbunden, dessen Wurzeln ebenfalls bis nach Spanien und Westafrika zurückreichen. Die Verschmelzung solcher unterschiedlichen Kulturen äußert sich am eindrucksvollsten bei Festen, kirchlichen Feiertagen und gelegentlich noch bei kultischen Handlungen, die aber unter den heutigen gesellschaftlichen Verhältnissen an Bedeutung verlieren. Die nachfolgend beschriebenen Synkretismen und Feste sind daher nur noch Randerscheinungen. Eine Ausnahme bildet der Karneval, der aber als größtes Volksfest nur noch profanen Charakter hat und wegen der in den Wintermonaten stattfindenden Zafra (Zuckerrohrernte) auf Juli verlegt wurde. Der Karneval war es auch, der enge Beziehungen zwischen der christlichen Religion und den von afrikanischen Sklaven mitgebrachten Kulten schuf. Die Kirche zwang die Sklaven zum Christentum überzutreten und erlaubte ihnen nicht, ihre eigenen Religionen auszuüben. Sie schlossen sich daher zu Geheimbünden, den schon erwähnten Cabildos, zusammen. Bei der schon damals während des Karnevals tolerierten Narrenfreiheit boten die Umzüge Gelegenheit, offen in Erscheinung zu treten. Noch viel mehr als heute brachten die Afrocubaner ihre überlieferten Traditionen durch Musik, Tänze und Stammestrachten zum Ausdruck. Am stärksten hielten die Nachkommen der Yoruba aus Nigeria an ihren überlieferten Kulten fest und machten nur wenige Zugeständnisse gegenüber der Kirche. Der heutige cubanische Karneval hat ebenfalls vieles von seinem ursprünglichen Brauchtum verloren und unterscheidet sich nur noch wenig von dem in Brasilien oder auf Trinidad. Man schließt sich in den einzelnen Stadtteilen zu Comparsas (Karnevalsgesellschaften) zusammen, wo im Verlauf von Feiern die farbenprächtigen Umzüge organisiert werden und die Wahl der Königin stattfindet. Zentrum der Karnevalsumzüge in Havanna ist heute der Stadtteil Vedado im Gebiet zwischen dem Hotel Nacional und der Calle 10.

Ein weiteres bedeutendes kirchliches Fest war der Día de Reyes, der Dreikönigstag am 6. Januar, der jedoch heute im überwiegend atheistischen Cuba kaum noch gefeiert wird. An diesem Festtag wurde mit großen Umzügen die Karnevalssaison eröffnet.

Von den synkretistischen Religionen Cubas hatte die Santería die größte Anhängerschaft. Sie entstand in direkter Anlehnung an westafrikanische Glaubensvorstellungen (Yoruba-Kult) und breitete sich rasch auf ganz Cuba aus. Die höchste Gottheit, der Olofi, dem hellseherische Kräfte zugeschrieben werden, wurde direkt vom Yoruba-Stamm aus Westafrika übernommen. Von den ca. 20 ihm untergeordneten, als Orisha bezeichneten Gotthei-

Karneval in Matanzas

ten ist der Kriegsgott Chango noch heute in cubanischen Liedern und Tänzen gegenwärtig. Zu den aus dem Katholizismus entlehnten Gestalten gehört auch die Schutzheilige Cubas, la Virgen de la Caridad de Cobre. Heute besitzt die Santería ihre größte Anhängerschaft unter Exilcubanern in Florida und auf Puerto Rico. Ähnlich wie die Yoruba vereinigten sich auch die aus dem Kongogebiet stammenden Abakuá in Geheimbünden, den sog. Carabali, die als Geburtsstätte des Rumba von großem musikhistorischen Interesse sind.

Städte und Landschaften

Havanna

Havanna, Hauptstadt Cubas und Metropole Westindiens, wurde 1515 unter dem Namen San Cristóbal de la Habana gegründet. Eine kleine Siedlung in der Nähe von Batabanó bildete zunächst die Keimzelle der heute fast zwei Millionen Einwohner zählenden Stadt, bevor sie 1519 an die Nordküste, ihren heutigen Platz, verlegt wurde. Ausschlaggebend dafür war der ausgezeichnete Naturhafen mit seiner nur ca. 200 m breiten Durchfahrt zum Bolsa-Hafen, einer ca. 20 qkm großen Küstenlagune. Sehr bald erlangte das rasch aufstrebende Havanna größere Bedeutung als die damalige Hauptstadt Santiago. Mit der Verlegung des Generalkapitanats im Jahre 1553 nach Havanna wurde den veränderten Verhältnissen Rechnung getragen. Die neue Hauptstadt konnte sich nur zwei Jahre einer friedlichen Entwicklung erfreuen, denn sie wurde 1555 bei einem Überfall der Corsaren niedergebrannt. Unmittelbar danach wurde die Bevölkerung in das etwa 20 km entfernte Guanabacoa evakuiert, das nach dem Wiederaufbau von Havanna als eigene Stadt fortbestand.

Die Wiedererrichtung Havannas und die Anlage neuer Festungsanlagen ging nur sehr langsam voran. Ein wichtiger Grund dafür mag eine 1576 erlassene Verordnung gewesen sein, die nur Steinbauten in der Stadt zuließ. Für die konsequente Neuplanung spricht das gitterförmige Straßennetz der Altstadt, das sich bis zum heutigen Tage kaum verändert hat. Nachdem Havanna 1586 erneut Opfer eines Piratenüberfalls wurde – dieses Mal durch Francis Drake, der auch Santo Domingo plünderte –, verfügte Philipp II. eine Verstärkung der Festungsanlagen. 1646 waren die Bauarbeiten am neuen Hafen abgeschlossen, und Havanna entwickelte sich während der nächsten 150 Jahre zum wichtigsten Umschlagplatz für den Handel zwischen Europa und Amerika. Das jetzt fast lückenlose Befestigungssystem bewährte sich bei den zunehmenden Piratenüberfällen.

Aus der Anfangsphase der Entwicklung Havannas sind außer Festungsanlagen kaum Bauwerke erhalten geblieben; dies gilt auch für alle anderen Städte Cubas. Das einzige Relikt der Spätgotik ist ein Kreuzgewölbe im Presbyterium von Espiritu Santo in Havanna. Die Renaissance mit ihren Stilabwandlungen zum Plateresco oder Manierismus hat auf Cuba weniger Spuren hinterlassen als auf Hispaniola. In diese Stilepoche gehören die für Cuba typischen und weitverbreiteten mudéjaren Holzdecken in Kirchen und in Profanbauten, die noch bis weit ins 18. Jahrhundert hinein zu verfolgen sind. Sie gehen auf maurische Bautradi-

Blick auf Havanna im 19. Jahrhundert

tionen zurück, die sich von Südspanien über die Kanarischen Inseln mit einer großen zeitlichen Verzögerung nach Cuba ausbreiteten.

Das ausgehende 17. und fast das gesamte 18. Jahrhundert wurden vom Barock geprägt. Da in weiten Teilen Cubas nur spröder Korallenkalk als Baumaterial zur Verfügung stand, mußte man bei der dortigen Barockarchitektur auf einfachere Stilelemente zurückgreifen. Der überschwengliche Churriguerismus Andalusiens und Mexicos konnte sich daher auf Cuba nicht ausbreiten. Bei der Raumgliederung und Deckengestaltung greift der cubanische Barock auch auf gotisch-romanische Stilelemente zurück. Der Innenraum von San Francisco de Asís zeigt dies am deutlichsten. Die Endphase des Barock, das Rokoko, blieb auf Cuba ohne größere Resonanz.

Der ständig wachsende Zucker- und Sklavenhandel brachte Havanna im 18. Jahrhundert einen Wohlstand wie nie zuvor. Die englische Besetzung von 1762–1763 bewirkte nur eine vorübergehende wirtschaftliche Stagnation. Die Liberalisierung des Handels zwischen den westeuropäischen Staaten (England, Frankreich, Niederlande, Dänemark) und ihren Kolonien beschleunigte auch den wirtschaftlichen Aufschwung Cubas. Innerhalb eines Jahrhunderts wuchs die Einwohnerzahl Havannas von 25 000 auf 90 000. Diesem enormen Bevölkerungszuwachs mußte durch städtebauliche Maßnahmen entsprochen werden. Mit dieser Aufgabe wurden die Architekten Antonio Arrendondo, Silvestre Abarca und Fernández Trevejos beauftragt, auf dessen Planungen ein großer Teil der jetzigen Altstadt von Havanna

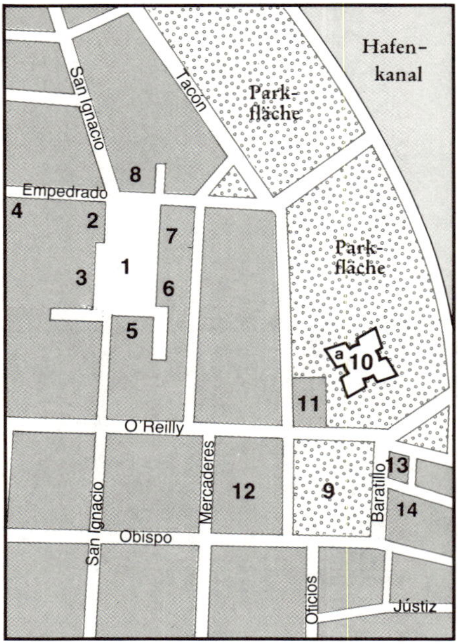

Alt-Havanna und ein Teil von Zentral-Havanna

1–14 siehe Detailkarte links
15 Hafen
16 Plaza de San Francisco
17 Ehemalige Kirche und Kloster San Francisco
18 Promenade Alameda de Paula
19 Kirche San Francisco de Paula
20 Plaza Vieja
21 Palast des Conde de Jaruco
22 Kirche La Merced
23 Kirche Espíritu Santo
24 Klosterkomplex Santa Clara
25 Christoplatz
26 Kirche Buen Viaje
27 Kirche Angel Custodia
28 Parque Central
29 Plazuela de Albear
30 Restaurant El Floridita
31 Theater García Lorca
32 Capitolio Nacional
33 Museum Felipe Poey, Naturkundemuseum
34 Zigarrenfabrik Pártagas
35 Theater José Marti
36 Parque de la Fraternidad
37 Aldamapalast
38 Hauptbahnhof
39 Reste der Stadtmauer
40 Geburtshaus von José Martí
41 Yacht »Granma«
42 Ehemaliger Präsidentenpalast, Revolutionsmuseum
43 Denkmal Máximo Gómez
44 Reste des Tacóngefängnis
45 Denkmal der Studentenmärtyrer
46 Festung La Punta
47 Festung El Morro
48 Festung La Cabaña
49 Hochzeitspalast

Altstadtkern von Havanna

1 Plaza de la Catedral
2 Restaurant El Patio
3 Galerie Plaza
4 Bodeguita del Medio, Bar und Restaurant
5 Palast des Grafen Bayona, Kolonialmuseum
6 Palast des Grafen Peñalver
7 Palast des Grafen Lombillo
8 Kathedrale
9 Plaza de Armas (Céspedesplatz)
10 Castillo de la Real Fuerza
10a Turm mit der Giraldilla
11 Palast des Segundo Cabo
12 Palast der Generalkapitäne (Gouverneure)
13 El Templete
14 Casa del Conde de Santovenía

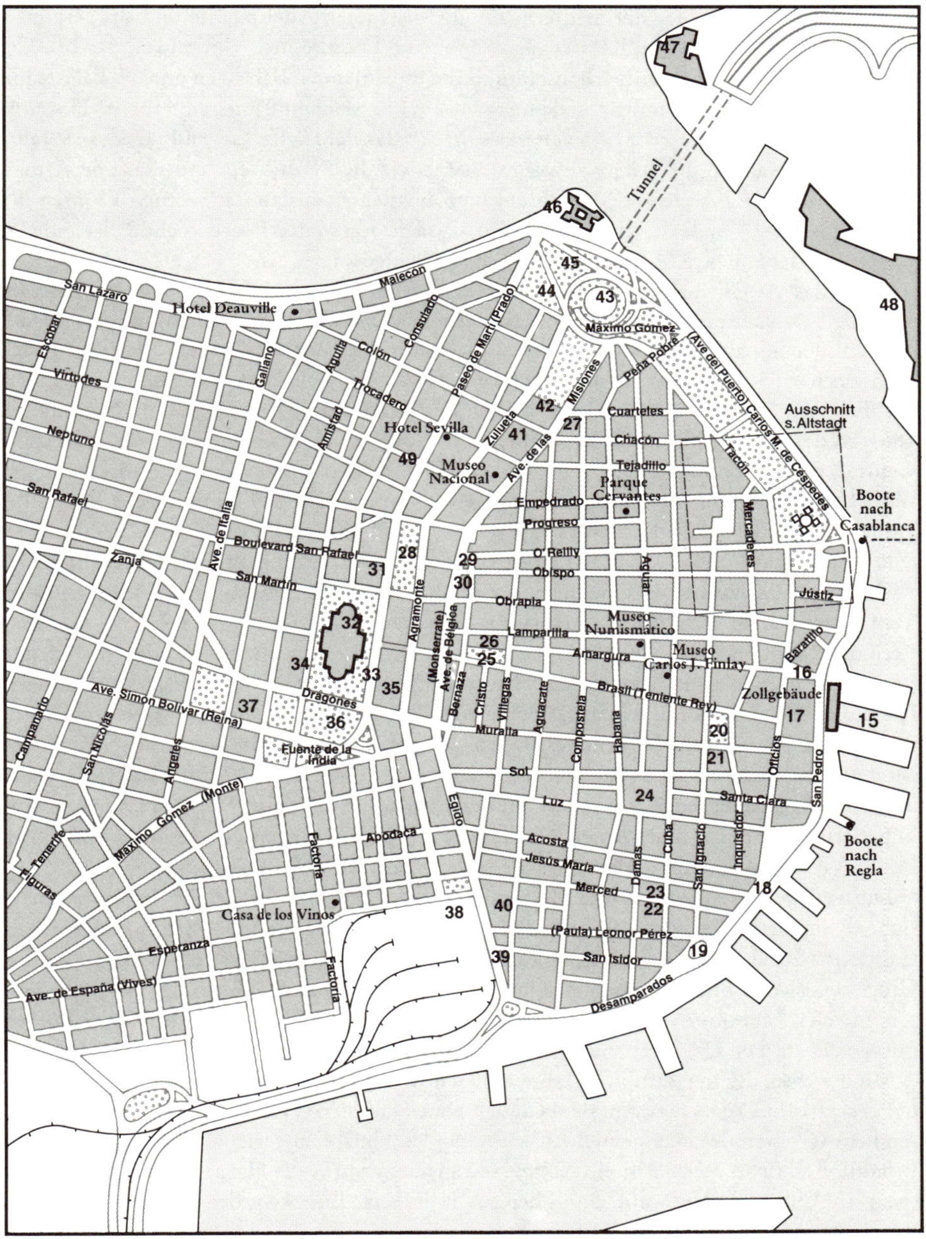

47
48
Tunnel
46
45
44
43
Malecón
San Lázaro
Hotel Deauville
Máximo Gómez
Escobar
Virtudes
Neptuno
San Rafael
Galiano
Aguila
Colón
Consulado
Paseo de Martí (Prado)
Trocadero
Amistad
Hotel Sevilla
Zulueta
Misiones
Peña Pobre
(Ave. del Puerto) Carlos M. de Céspedes
Ausschnitt s. Altstadt
42
41
27
Ave. de las
Cuarteles
Chacón
Tejadillo
Tacón
49
Museo Nacional
Parque Cervantes
Empedrado
Progreso
Mercaderes
Boote nach Casablanca
Ave. de Italia
Boulevard San Rafael
Zanja
San Martín
28
31
29
30
O'Reilly
Obispo
Aguiar
Obrapía
Jústiz
32
34
33
35
Agramonte
(Monserrate)
Ave. de Bélgica
Lamparilla
Museo Numismático
26
25
Amargura
Museo Carlos J. Finlay
Baratillo
16
Zollgebäude
Brasil (Teniente Rey)
17
15
Ave. Simón Bolívar (Reina)
Dragones
37
36
Bernaza
Cristo
Villegas
Aguacate
Compostela
Habana
20
Muralla
21
Oficios
Campanario
San Nicolás
Angeles
Fuente de la India
Sol
24
Santa Clara
San Pedro
Máximo Gómez (Monte)
Egido
Luz
Tenerife
Figuras
Factoría
Apodaca
Acosta
Jesús María
Damas
Cuba
San Ignacio
Inquisidor
Boote nach Regla
Merced
23
22
18
Casa de los Vinos
38
40
(Paula) Leonor Pérez
19
Esperanza
39
San Isidor
Ave. de España (Vives)
Desamparados

zurückgeht. Die im Zuge der Stadterneuerung errichteten Adelspaläste und Bürgerhäuser übertrafen die Kirchen und Klöster oft an Höhe und bestimmten von nun an das Bild der Altstadt. Die spanischen Bürgerhäuser mit ihren umlaufenden Balkonen und die Paläste mit den charakteristischen Straßenarkaden, prächtigen Portalen und Patios sind für das Havanna jener Zeit ebenso typisch wie beispielsweise für Sevilla oder Cádiz. Gegen Ende des 18. Jahrhunderts entstanden großzügig angelegte Plätze wie die Plaza Vieja und Plaza de Armas. Hier sind die noch weitgehend in ihrem ursprünglichen Zustand erhaltenen Fronten der Paläste Casa del Conde de Jaruco (Abb. 60), Casa de don Mateo Pedroso und Palacio de los Capitanes Generales (Abb. 63) zu sehen, um nur einige zu nennen.

Auch das 19. Jahrhundert brachte für Havanna, das sich allmählich zur Metropole der Karibik entwickelte, starke bauliche Veränderungen. Die wachsende Bedeutung dieser Stadt ging auf den anhaltenden Zuckerboom zurück, aber auch auf die Tatsache, daß Cuba nach dem Verlust der festländischen Kolonien zum wichtigsten Brückenkopf Spanien wurde. Die verbliebenen Festungswälle, die inzwischen ihre Schutzfunktion verloren hatten, mußten 1863 großzügig angelegten Parks, Plätzen und Boulevards weichen, zu denen der Parque Central, die Plätze vor dem Capitol und der Prado (heute Paseo Martí) gehören. An der südlichen Peripherie entstanden auf dem Gelände trockengelegter Sümpfe neue Vorstädte, die längst mit der Altstadt zusammengewachsen sind. Nur noch die alten Namen wie La Salud, Guadelupe oder Jesús María erinnern an sie. In der ersten Hälfte des 19. Jahrhunderts wurde der Klassizismus vorübergehend zum dominierenden Baustil; der 1828 erbaute El Templete und der Palacio de Aldama aus dem Jahre 1840 sind zwei Beispiele für diese Periode. Nicht mehr in Alt-Havanna, sondern in den rasch expandierenden Vorstädten breitete sich ein spanisch geprägter Historismus aus, dessen Stilgemische von dezenter Harmonie bis zum monumentalen, überladenen Eklektizismus reichen und das architektonische Bild bis in unser Jahrhundert hinein formten. Auch der in Barcelona entstandene Modernismo, der sich am ehesten mit dem Jugendstil vergleichen läßt und als eine Reaktion auf den epigonenhaften Historismus auzufassen ist, hat an vielen Stellen Havannas seine künstlerischen Spuren hinterlassen. Gebäude beider Stilrichtungen sind besonders häufig im Prado-Viertel, im Centro Habana und im Villenvorort Miramar anzutreffen.

Die nach dem Historismus und Modernismo folgende architektionische Verarmung setzt sich bis in die Gegenwart fort. Ein Beispiel einfallsloser Imitation ist das monumenale Capitolio, das als Abbild des Washingtoner Capitols in den dreißiger Jahren erbaut wurde. Glücklicherweise blieb die Altstadt Havannas von modernen Stahlbetonhochhäusern verschont. Der Bauboom verlagerte sich vielmehr in den westlichen Badevorort Vedado, wo infolge des starken US-Tourismus große Hotel- und Geschäftskomplexe entstanden.

Mit dem Sieg der Revolution im Jahre 1959 wurden auch in der Baupolitik andere Prioritäten gesetzt. Im Osten Havannas entstanden neue Stadtviertel mit Sozialwohnungen, während ein Großteil des enteigneten Altbaubestandes allmählich verkam, da es dem Staat zur Erhaltung an finanziellen Mitteln fehlte. Neu angelegt wurde die Plaza de la Revolución, ein riesiger Aufmarschplatz mit einem über 100 m hohen Obelisken, der von monumentalen Regierungs- und Parteigebäuden umgeben ist.

Infolge des zunehmenden Tourismus, aber auch eines gewachsenen Geschichtsbewußtseins begann man in den letzten Jahren besonders im Altstadtbereich mit Restaurierungsarbeiten. Mit finanzieller Unterstützung der UNESCO, die Havanna das Prädikat »Kulturelles Denkmal der Menschheit« zuerkannt hat, können wahrscheinlich große Teile der Altstadt vor dem endgültigen Verfall gerettet werden. Auch der Vatikan hat inzwischen Mittel zur Restaurierung der sich vielfach in trostlosem Zustand befindenden Kirchen und Klöster zugesagt.

Heute zeigt Alt-Havanna dem Besucher nicht mehr allein das Bild einer langsam verfallenen Pracht, denn man ist an einigen Stellen dabei, historische Gebäude mit großer Akribie zu restaurieren. Das Leben pulsiert nach wie vor hinter den schäbigen Fassaden und auf den äußerst sauberen Straßen, aber anders als in Kingston, Port-au-Prince oder Santo Domingo. Die extreme Armut fehlt, aber auch die durch Straßenhändler, Läden, Märkte und Restaurants geschaffene Atmosphäre.

Der Rundgang durch Alt-Havanna (Farbt. 37) beginnt auf der Plaza de Armas unmittelbar am Hafen. Zur Wasserseite hin liegt das zweitälteste Festungswerk Amerikas, das **Castillo de la Real Fuerza** (Farbt. 33). Es wurde zwischen 1558 und 1577 unter der Leitung von Francisco Calona an der gleichen Stelle wieder errichtet, wo sich das 1555 durch Corsaren zerstörte Fuerza Vieja befand. Dem zentralen Festungsgebäude mit Innenhof sind vier mächtige Bastionen und ein kleiner Turm angefügt. Die Bronzestatue auf der Turmspitze stellt die legendäre Doña Isabel de Bobadilla dar. Sie war die Gefährtin des Conquistadors Hernán de Soto, der 1539 den Mississippi entdeckte, und bekleidete als einzige Frau auf Cuba den Rang eines Generalgouverneurs. Einer Legende zufolge soll sie von dem Turm ständig Ausschau nach de Soto gehalten haben, woran sie allmählich erblindete. Bei der Nachricht von seinem Tod starb sie bald vor Kummer. Unter dem Namen »Girardilla« bekannt, wurde sie zur Symbolfigur des alten Havanna. Das 1632 gegossene Original befindet sich heute im Nationalmuseum.

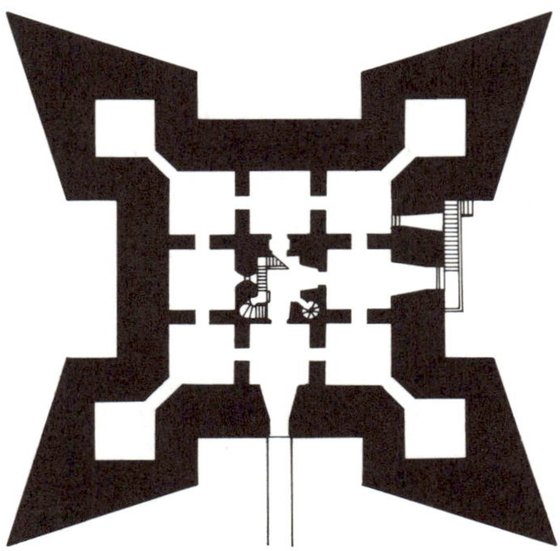

Grundriß des Castillo de la Real Fuerza, Havanna

Umgeben wird die Festung von einem tiefen Wassergraben in Form eines vierblättrigen Kleeblattes. Zunächst für die Zwischenlagerung der Gold- und Silberladungen genutzt, diente das Bauwerk später als Sitz der Generalkapitäne, bis es schließlich 1762 von den Engländern eingenommen wurde. Das dort untergebrachte Waffenmuseum erinnert an die bewegte Vergangenheit des Festungsbauwerks.

Gleich gegenüber des Castillo befindet sich der **Templete,** die Nachbildung eines kleinen dorischen Tempels. 1828 wurde er im klassizistischen Stil erbaut und diente als erste Tagungsstätte des Stadtrates von Havanna. Im Innern sind großflächige Gemälde des Frankocubaners Vermay mit Themen aus der Geschichte Cubas zu besichtigen. Vor dem Templete wurde ein kleiner Obelisk zum Gedenken an die erste Messe auf Cuba errichtet, die 1519 an dieser Stelle unter einer Ceiba (Kapokbaum) gelesen worden ist. Der heutige Baum ist allerdings erst einige Jahrzehnte alt und hatte bereits zwei Vorgänger.

Rechts vom Templete öffnet sich der Blick zum wohl schönsten Platz Alt-Havannas, der **Plaza de Armas.** Von gut restaurierten Gebäuden umgeben, ähnelt die Plaza mit ihren schattigen Kapokbäumen und Königspalmen eher einem kleinen Park. In ihrer Mitte befindet sich ein Denkmal, das dem cubanischen Patrioten Carlos Manuel Céspedes (1819–1874) gewidmet ist. Die Geschichte des Platzes begann 1768, nachdem ein Hurrican große Zerstörungen angerichtet hatte. In einem königlichen Erlaß wurde die völlige Umgestaltung des Geländes zu einem repräsentativen Platz angeordnet, dem auch die stark beschädigte Pfarrkirche weichen mußte. Mit der Neugestaltung wurde der bereits erwähnte Architekt Fernández Trevejos beauftragt. Von dem früheren Zentrum Havannas ließ er nur das Castillo Real Fuerza stehen. Die gesamte Ostseite des Platzes wird von der breiten Front der **Casa del Conde de Santovenía** eingenommen, die vermutlich im Jahre 1784 erbaut wurde. Die schön gegliederte Fassade wird von einer Bogenarkade mit umlaufendem Balkon (balcón colgazido) getragen.

Als architektonisches Pendant erhebt sich auf der gegenüberliegenden Seite das spätbarocke **Palacio de los Capitanes Generales** (Abb. 63). Für mehr als 150 Jahre sollte dieses Gebäude als Amtssitz der regierenden Generalkapitäne dienen, nachdem man sich lange Zeit mit dem Castillo Real Fuerza als Provisorium begnügen mußte. Die Erbauer waren der schon erwähnte Architekt Trevejos und sein Mitarbeiter Medina. Während der ersten Bauphase von 1776 bis 1792 gingen die Arbeiten nur sehr langsam voran. Erst 1835 stand das Bauwerk vor seiner Vollendung, was vermutlich an dem außerordentlichen Materialaufwand gelegen hat. Aus Málaga kamen 100000 Ziegel, aus Bilbao die Metallgitter und der Marmor aus Genua. Das schlecht verarbeitbare Korallengestein erschwerte die Bauarbeiten. Bis 1917 war der Palast Sitz der cubanischen Regierung, die anschließend in das an der Calle Zulueta neuerbaute Präsidentenpalais überwechselte. Danach diente er bis 1967 als Rathaus. Heute beherbergt der gründlich restaurierte Palacio de los Capitanes Generales das Stadtmuseum. Das zweistöckige Gebäude mit seinem arkadenumsäumten Innenhof (Abb. 70) hat einen fast quadratischen Grundriß. Die Fassade der Gebäudefront ist in typischer Weise gegliedert: unten die Arkadenvorhalle mit dem prächtigen Portal, darüber Balkone und die Fenster (Abb. 83) der Repräsentationsräume. Die architektonische Ausgewogenheit und der

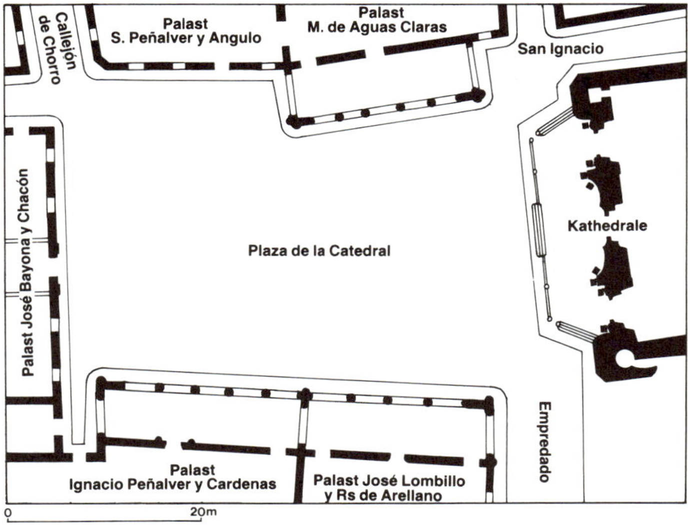

Plaza de la Catedral mit angrenzenden Gebäuden

sparsame Umgang mit Schmuckornamenten machen den Palacio de los Capitanes zu einem der schönsten Gebäude Alt-Havannas. Etwa zur gleichen Zeit entstanden und im Stil ähnlich ist die rechts vom Palacio gelegene **Casa de Correos,** auch Segundo Cabo genannt. In dem früheren Postgebäude sind heute verschiedene Universitätsinstitute untergebracht.

Von der Plaza de Armas gelangt man mit wenigen Schritten zur **Plaza de la Catedral,** die ebenfalls im 18. Jahrhundert ihre jetzige Gestalt erhielt. Mit einer Länge von weniger als 100 m wirkt der Platz eher kleinstädtisch und nicht wie das Zentrum einer Millionenstadt. Der fehlende Straßenverkehr und die gut restaurierten Gebäude versetzen einen in die Erbauungszeit des 18. Jahrhunderts zurück. Das eindrucksvollste Gebäude ist die eher zierlich wirkende **Kathedrale** (Farbt. 38), deren Türme sich nur wenig über die Dächer der benachbarten Häuser erheben. Mit ihrem Bau verbindet sich eine bewegte Geschichte. Sie wurde ursprünglich als Kirche des Jesuitenordens errichtet. Pläne zum Bau einer neuen Kirche entstanden schon 1645, als sich die ersten Jesuiten in Havanna niederließen, aber mehr als hundert Jahre sollten bis zum Baubeginn vergehen. Wahrscheinlich verzögerte sich der Beginn durch die Neugestaltung der damaligen Plazuela de la Ciénaga. Zwischen 1749 und 1750 wurde schließlich mit den Bauarbeiten begonnen, die sich dann über 26 Jahre hinzogen. Die Ausweisung der Jesuiten durch ein königliches Dekret von 1767 unterbrach den Fortgang der Arbeiten. Erst eine Zuwendung von 86552 Pesos, die als Entschädigung für die bei der Neugestaltung der Plaza de Armas abgebrochene Pfarrkirche gezahlt wurden, führte zur Wiederaufnahme der Bauarbeiten. Mit der Fertigstellung des Daches im Jahre 1776 waren die Außenarbeiten abgeschlossen. Über die Baumeister ist wenig bekannt, wahrscheinlich gehörten sie dem Jesuitenorden an. Zehn Jahre später wurde durch die Neugründung von

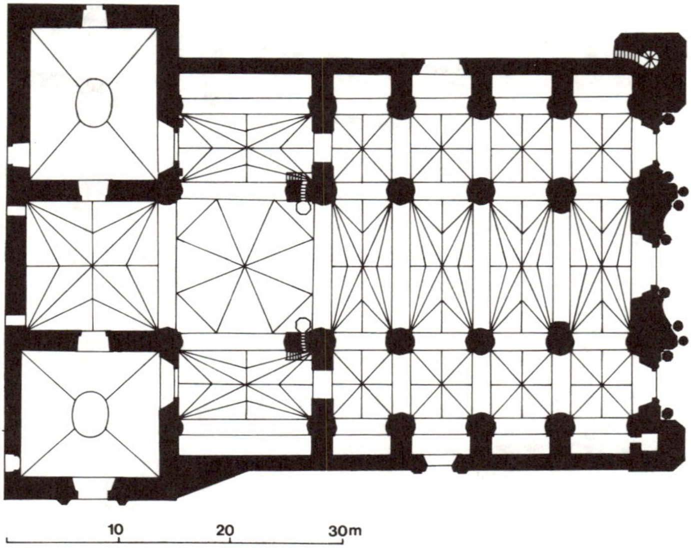

Grundriß der Kathedrale in Havanna

zwei Diözesen Havanna zum Bischofssitz, und 1793 erklärte man die damalige Jesuitenkirche zur Kathedrale.

Noch heute erinnert der doppeltürmige Kirchenbau in Form eines lateinischen Kreuzes mit zentraler Kuppel und Seitenkapellen an die Bautraditionen des Jesuitenordens. Nirgendwo entfaltet sich der cubanische Barock mit einer solchen Üppigkeit wie in der Kathedrale von Havanna. An ihrer Südseite zeigt sich die barocke Architektur am deutlichsten, jedoch in einer klaren Ausgewogenheit, die dem damaligen ultrabarocken Churriguerismus in keiner Weise entspricht. Als Vorbild diente wahrscheinlich die Kirche Sta. Inés in Rom, ein Werk des italienischen Barockarchitekten Francesco Borromini (1599–1667), worauf Übereinstimmungen in der Fassadengestaltung schließen lassen. Auch bei der Kathedrale von Havanna wird die Fassade durch konkav geformte Frontpartien mit vorgesetzten Säulengruppen stark aufgelockert. Der Innenraum (Abb. 49) gleicht mit seinem überhöhten Mittelschiff und dem Oberlicht dem einer Basilika. Er endet in einer gerade abschließenden Chorpartie mit angefügten Sakristeien. Sowohl die Seitenschiffe als auch das Haupt- und Querschiff schließen mit Gewölben ab, während die Vierung von einer Kuppel gebildet wird. Auch im Innern wirkt der Barock eher schlicht, was sicher auf die Restaurierungsbemühungen neoklassizistischer Künstler zurückzuführen ist, die alle Barockaltäre entfernten. Von den einstmals üppigen Wandmalereien ist nach der letzten 1946 bis 1949 durchgeführten Restaurierung nicht mehr viel zu sehen. Die hölzernen, mit Gipsstukkatur versehenen Gewölbe mußten den heutigen Steingewölben weichen. Einrichtungsgegenstände von künstlerischem Wert sind kaum noch vorhanden, sie wurden zum großen Teil wegen des schlechten baulichen Zustands der Kathedrale ausgelagert. Erwähnenswert ist der neoklassizistische Hauptaltar, ein Werk des Italieners Bianchini und des Spaniers Solá ist. Eine schlichte Gedenktafel erinnert an die frühere Grabstätte von Columbus, in der er zwischen 1796 und 1898 beigesetzt gewesen sein soll, obwohl sich inzwischen herausgestellt hat, daß hier nicht seine Gebeine lagen, sondern die seines Enkels (s. S. 248).

Gleich hinter der Kathedrale schließt sich das um einige Jahre ältere **Seminario Concilar y San Ambrosio** an. Nach Ausweisung der Jesuiten wurde in Konkurrenz zur 1768 neu gegründeten Universität hier ein kirchliches Seminar eingerichtet. Bis heute ist die schöne Portalfront unverändert erhalten geblieben. Sie erinnert an die des alten Universitätsgebäudes von Valladolid in Spanien. Sehenswert sind im Innern der Gebäudetrakte die weiträumigen Treppenaufgänge sowie die kunstvoll gedrechselten Fenster- und Türgitter (barrotes) im Stil des spanischen Mutterlandes. Nicht versäumen sollte man einen Blick in den Innenhof (Abb. 72) mit seinen wohlproportionierten Arkadengängen. Die unteren Rundbögen werden von Einzelsäulen getragen, während im darüberliegenden Gang Doppelsäulen Verwendung finden. Das obere Stockwerk wird von einer hölzernen Galerie mit flachem Ziegeldach gebildet.

Die Ostseite der Plaza de la Catedral wird von den Häuserfronten der **Paläste Lombillo und Peñalver** (Farbt. 36) eingenommen. Ihre Baugeschichte läßt sich bis ins 17. Jahrhundert zurückverfolgen, doch die Arkadenfronten entstanden erst gegen Ende des 18. Jahrhunderts bei der Neugestaltung des Platzes. Gegenüber der Kathedrale fällt der Blick auf die schlichte Front des **Bayona-Palastes,** die aus massivem Korallengestein besteht, und hinter der niemand einen der schönsten Innenhöfe von Alt-Havanna vermutet. Heute befindet sich in diesem Gebäude das **Museum für koloniale Kunst,** das auch wegen seiner mudéjaren Holzdecken (alfarjes) aus dem 18. Jahrhundert einen Besuch lohnt. Auf der Westseite des Platzes dominiert die etwas vorspringende Fassade des **Palastes Aguas Claras** mit ihrer vorgesetzten Arkadenfront. Der frühere Adelspalast beherbergt heute eines der beliebtesten Cafés Havannas sowie ein staatliches Kunstgewerbegeschäft.

In unmittelbarer Nähe, in der Calle Empredado, befindet sich die **Bodeguita del Medio,** die als Stammkneipe Ernest Hemingways weltweit berühmt wurde. Den gleichen Weg zurück vorbei an der Kathedrale erreicht man einen langgestreckten Park, der parallel zur Hafeneinfahrt liegt. Dort trifft sich am Abend die Jugend Havannas an diversen Imbiß- und Getränkeständen. Unmittelbar neben dem Park, zwischen der Calle de Cuba und der Calle Cuarteles, erblickt man die **Casa Don Mateo Pedroso** mit ihrem durchgehenden Holzbalkon. Nach der inzwischen abgeschlossenen Restaurierung gehört dieser alte Adelspalast aus dem Jahre 1780 wieder zu den Sehenswürdigkeiten Alt-Havannas.

Der Park endet im Westen am **Castillo de la Punta.** Diese Festung gleicht in ihrer Anlage dem Castillo Real Fuerza, die aber durch die fehlenden Wassergräben viel flacher wirkt. Sie wurde 1565 gegenüber dem älteren Castillo del Morro als zusätzliche Befestigung zur Abwehr der sich häufenden Piratenüberfälle erbaut. Eine starke Eisenkette, mit der die nur ca. 200 m breite Hafeneinfahrt gesperrt werden konnte, ergänzte die Verteidigungsanlagen.

Nicht weit entfernt von dieser Festung beherrscht ein großes, auf marmornem Sockel stehendes Monument des cubanischen Freiheitshelden Máximo Gómez das Zentrum eines großen Verkehrskreisels. In südwestlicher Richtung des Denkmals erstreckt sich zwischen den Straßen Ave. Zulueta und Ave. Belgica ein parkartiger Platz, der zum **Revolutionsmuseum** führt. Das weithin sichtbare Gebäude im Zuckerbäckerstil der zwanziger Jahre diente bis zur Revolution als Präsidentenpalast. Hinter dem Revolutionsmuseum wurde eine große Glashalle erbaut, in der die »Granma« zu besichtigen ist, das Schiff, mit dem Castro und seine Kampfgefährten 1956 auf Cuba landeten. Unmittelbar dahinter schließt sich das **Museo Nacional** mit seinen umfangreichen Sammlungen an, die von der altägyptischen Zeit bis zu Werken der modernen Kunst reichen. Besonders sehenswert ist die umfangreiche Kollektion von Gemälden europäischer und cubanischer Romantiker.

Parallel zur Ave. Zulueta verläuft der Prado, heute besser als **Paseo de Martí** bekannt. Diese Prachtstraße mit den breiten Alleen und der Fußgängerpromenade hat ihr unverkennbares Vorbild in den Ramblas von Barcelona. Nach Beseitigung der Festungswälle vor etwa 150 Jahren entstand der Prado als Teilstück eines großzügig angelegten Straßensystems. Die leider sehr verkommenen Häuserfronten zeigen nur noch einen schwachen Abglanz von der exklusiven Pracht der früheren Clubhäuser, Geschäfte und Hotels.

Am Prado liegt einer der bekanntesten Plätze Havannas, der **Parque Central.** Auch heute noch ist er ein beliebter Treffpunkt – nicht zuletzt deshalb, weil dort inzwischen einige Hotels und Restaurants renoviert wurden. Auf der westlichen Seite des Parque Central, jenseits des Prado, erhebt sich das Teatro García Lorca (Abb. 106), das mit seinem überladenen Fassadenschmuck ein gutes Beispiel für den Eklektizismus zu Beginn dieses Jahrhunderts ist.

Neben dem Teatro García Lorca schließt sich ein Park an, der von dem fast 250 m langen Monumentalgebäude des **Capitols** beherrscht wird. 1929 wurde es nach dem Washingtoner Vorbild als neues Regierungsgebäude erbaut. Heute befindet sich im Capitol die cubanische Akademie der Wissenschaften und ein sehenswertes naturhistorisches Museum. Hinter dem Capitol hebt sich die blaue Fassade der **Zigarrenfabrik Pártagas** ab, die nach Vereinbarung zu besichtigen ist. Man erhält dort einen interessanten Einblick in die Herstellung der weltbekannten Havanna-Zigarren. Das westlich vom Capitol gelegene Stadtviertel Centro Habana erstreckt sich bis nach Vedado. Es wurde um die Jahrhundertwende erbaut und gehörte zu den vornehmen Wohnvierteln, wie noch heute die, wenn auch inzwischen verwahrlosten, Fassaden mit ihren abbröckelnden Stuckverzierungen erkennen lassen.

Vom Capitol führt der Weg zurück nach Alt-Havanna zur Calle Lamparilla, an der die Klosterkirche **Santo Cristo del Buen Viaje** liegt, die 1640 erstmals erwähnt wurde. Aus dieser frühen Zeit ist, trotz klassizistischer Umbauten, das schöne mudéjare Holzdeckengewölbe erhalten geblieben. Von der Calle Lamparillo aus empfiehlt sich ein Abstecher zur **Calle Bernaza** (Abb. 62 u. 65), wo noch einige Häuser im Stil des Historismus aus der Zeit um die Jahrhundertwende zu sehen sind. An dieser Straße liegt auch das frühere **Ursulinen-Haus** (Abb. 66), dessen Vorderseite unverkennbar der maurischen Mezquita in Córdoba nachempfunden ist.

Folgt man von hier aus der Calle Egido in Richtung Hauptbahnhof, so führt der Rundgang zur Calle Paula, wo sich das **Geburtshaus** des cubanischen Revolutionärs und Dichters

José Martí befindet. Das schlichte zweistöckige Gebäude dient heute als Gedenkstätte und Museum.

Die Calle Paula mündet direkt am Hafen in einen Platz, auf dem die ehemalige **Hospitalskirche San Francisco de Paula** (Abb. 34) steht. Die einschiffige Kirche mit zentraler Kuppel war einem inzwischen abgerissenen Hospital angegliedert, wie Mauerabbrüche an verschiedenen Stellen zeigen. Ihre Vorgängerin wurde 1667 erbaut und 1730 durch einen Hurrican zerstört. 1745 waren die Wiederaufbauarbeiten an der heutigen spätbarocken Kirche abgeschlossen. Anfang dieses Jahrhunderts wurde das Hospital aufgelöst, das danach allmählich zu verfallen begann. Seit kurzem bestehen Pläne, die baufällige Kirche in einen Konzertraum umzugestalten. Erhalten geblieben ist die barocke Westfassade, die nach dem Vorbild der Kathedrale von Valladolid gestaltet wurde.

Über die Calle Paula und die Calle Cuba erreicht man das **Kloster Nuestra Señora de la Merced.** Die Geschichte des Klosters begann im Jahre 1638 mit einer Petition an den Stadtrat um die Bauerlaubnis. Es sollten aber mehr als 100 Jahre vergehen, bis 1755 der Grundstein für die Klosterkirche gelegt wurde. Infolge schleppenden Fortgangs der Bauarbeiten und einer vorübergehenden Säkularisation konnte sie erst 1862 vollendet werden. Sie hat den Grundriß eines lateinischen Kreuzes mit zentraler Kuppel, überwölbtem Mittelschiff, angefügten Seitenschiffen und Chorkapellen. Die Türme an der Westfront blieben unvollendet, und so hebt sie sich nur wenig von den benachbarten Häusern ab. Ganz außergewöhnlich ist das Hauptportal mit seinem muschelförmigen Rundbogen. Während sich die Kirche von außen als ein spätbarockes Bauwerk des ausgehenden 18. Jahrhunderts präsentiert, ist ihr Innenraum samt Ausstattung im neobarocken Stil gestaltet. Großflächige Wandmalereien der Künstler Meloro, Herrera und Chartraud aus dem letzten Viertel des 19. Jahrhunderts wirken in dem ohnehin sehr dunklen Innenraum eher erdrückend. Der südlich angefügte Kreuzgang umgibt auf drei Seiten einen Innenhof mit üppiger Tropenvegetation.

Durch die Calle Cuba gelangt man zur nahegelegenen **Iglesia del Espiritu Santo,** der ältesten noch existierenden Kirche Havannas. Ihre Baugeschichte reicht bis in die zweite Hälfte des 16. Jahrhunderts zurück, wie an dem spätgotischen Kreuzgewölbe des Presbyteriums sichtbar wird, dem einzigen Überbleibsel aus jener Stilepoche auf ganz Cuba. Der ursprünglich einschiffigen Kirche mit der gut erhaltenen mudéjaren Holzdecke wurde 1638 ein Seitenschiff angefügt.

Von der Calle Cuba führt der Weg nun durch die Calle Muralla zur **Plaza Vieja** (Abb. 107). Die verkommenen und z. T. vom Einsturz bedrohten Fassaden der früheren Paläste lassen nur noch erahnen, daß dieser Platz einst zu den schönsten von Alt-Havanna gehörte. Schon im Jahre 1584 wurde er erstmals erwähnt; seine heutige Bebauung läßt sich aber nur bis ins 17. Jahrhundert zurückverfolgen. In diesem und in dem folgenden Jahrhundert wurden die meisten der heute noch existierenden Häuser errichtet. Der Platz gestaltete sich zu einem »Experimentierfeld kreolischer Hausarchitektur«, wie J. Weiss in seinem Buch über die cubanische Kolonialarchitektur des 18. Jahrhunderts feststellt. Es entwickelte sich der zweistöckige Häusertyp mit Bogengang (portal), prächtigem Torbau (zaguan), Holzbalkon (balcón colgadizo) und flach ansteigendem Ziegeldach. Heute überragen an einigen

Stellen Wohnhäuser im überladenen Stil des beginnenden 20. Jahrhunderts die alten Gebäude, ohne aber den Gesamteindruck des Platzes zu beeinträchtigen. An seiner Südseite fällt der Blick auf die kürzlich restaurierte Fassade der **Casa del Conde de Jaruco** (Abb. 60) mit ihren fünf hohen Arkadenbögen und bunten Glasfenstern. Die Geschichte des Hauses reicht bis in das Jahr 1670 zurück, als der erste Besitzer Pedro Beltrán de Santa Cruz y Beitia den Stadtrat um die Genehmigung zur Aufstockung und Erneuerung der Portale ersuchte. Diese wurde aber erst nach seinem Tode im Jahre 1734 erteilt, so daß sein Enkel, inzwischen zum Conde de San Juan de Jaruco (conde ist ein spanischer Grafentitel) erhoben, schließlich die Umbauten durchführte. Drei Jahre nach Abschluß der Bauarbeiten erhielt das Gebäude sein heutiges Aussehen. Über der Säulenarkade des Erdgeschosses verläuft ein schmaler, durchgehender Balkon mit schlichtem Eisengitter. Die fünf Rundbogenfenster des oberen Stockwerks passen sich in ihrer Anordnung der Arkadengliederung an. Ihre drei mittleren Fenster wurden im letzten Jahrhundert zu sog. »vitrales« verglast. Es handelt sich um prächtige Farbglasfenster (Farbt. 68), die sich in ganz Havanna großer Beliebtheit erfreuten. Beim Wetteifer um die schönste Fenstergestaltung errang die Casa del Conde de Jaruco zweifellos den Sieg. Man betritt das palastartige Gebäude durch ein steinernes Portal im Renaissancestil, das evt. noch ein Überrest des ursprünglichen Hauses ist. Auch dieses Haus besitzt einen schönen Innenhof (Farbt. 70), der von Arkaden und Galerien umgeben ist. Im vorderen Teil des oberen Stockwerks befindet sich der Salon mit rechts und links anschlie-

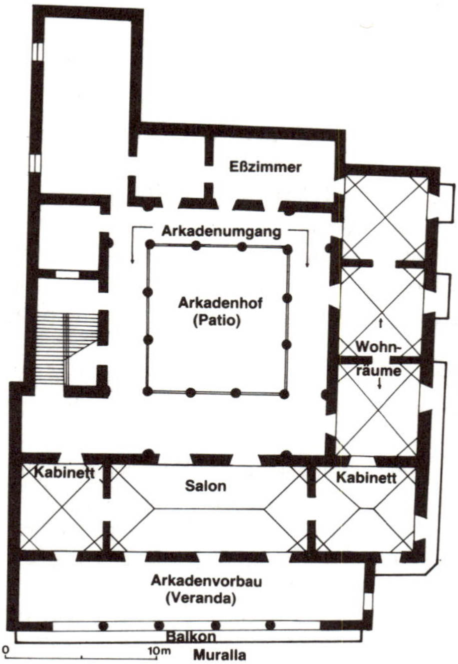

Casa del Conde de Jaruco (oberes Geschoß)

57 Tür eines Wohnhauses im Jugendstil in der Altstadt von Havanna, Cuba

58 Alcázar de Colón in Santo Domingo, Dom. Republik ▷

60 Casa del Conde de Jaruco an der Plaza Vieja in Havanna, Cuba
◁ 59 Alcázar de Colón in Santo Domingo, Dom. Republik
61 Rodney Memorial in Spanish Town, Jamaica

62 Haus in der Calle Bernaza in Havanna, Cuba

63 Vorlage für die Fassade des Palacio de los Capitanes Generales in Havanna, Cuba

64 Palais National in Port-au-Prince

65 Haus in der Calle Bernaza in Havanna, Cuba

66 Haus der Ursulininnen in der Calle Bernaza, Havanna, Cuba

67 Hausfassade in der Calle Recinto Sur, San Juan

68 King's House in Spanish Town, Jamaica

69 Ward Theatre in Kingston, Jamaica

70 Innenhof des Palacio de los Capitanes Generales in Havanna, Cuba

71 Haus in der Altstadt von San Juan, Puerto Rico

72 Innenhof des Seminario Concilar in Havanna, Cuba

73 Haus an der Place des Héros in Port-au-Prince

74 Haus an der Playa Ciboney, Cuba

75 Haus in Basseterre, St. Kitts

76 Haus mit der Königin Juliana-Brücke in Willemstad, Curaçao

77 Haus in Spanish Town, Jamaica

78 Fassadendetail eines Hauses in der Calle Fortaleza, San Juan, Puerto Rico

79 Relief am Rodney Memorial in Spanish Town, Jamaica

80 Fenster eines Hauses in der Altstadt von Santiago, Cuba

81 Torschutz eines Hauses in der Altstadt von Havanna, Cuba

82 Fenster mit Gußeisengitter in der Altstadt von San Juan, Puerto Rico

83 Fenster am Palacio de Gobernador in Santiago, Cuba

84 Türfassade am Palacio Velázquez in Santiago, Cuba

85 Alfarje-Decke im Palacio Velázquez in Santiago, Cuba

86 Front des Palacio Velázquez in Santiago, Cuba

87 Innenhof des Palacio Velázquez in Santiago, Cuba

88 Rodney Memorial in Spanish Town, Jamaica ▷

ßendem Kabinett. Alle drei Räume sind mit mudéjaren Holzdecken versehen und wurden im Zuge der Restaurierung zu Festräumen umgestaltet.

Leider läßt der trostlose Zustand der benachbarten Gebäude an ihrer Wiederherstellung zweifeln. Zu diesen Häusern gehören die Casa del Conde de Lombillo, das Haus Nr. 360 an der Calle San Ignacio sowie die Casa de González de Larrinaga an der Calle Teniente Rey.

Von der Plaza Vieja sind es, folgt man der Calle Teniente Rey, nur wenige Schritte bis zum ehemaligen **Kloster San Francisco de Asís,** das direkt am Hafen liegt. An die langgestreckte Klosterfront schließt sich linker Hand die Kirche mit ihrem steil aufragenden Turm an. Dem heutigen Bau, der zwischen 1730 und 1737 errichtet wurde, waren zwei Kirchen vorangegangen, die beide durch Hurricans zerstört worden sind. Schon 1701 wurde der bekannte Architekt Pedro Hernández de Santiago mit der Planung beauftragt, aber erst 30 Jahre später konnte mit dem Bau begonnen werden. Bis zur Fertigstellung der Kathedrale galt diese Kirche als die schönste Havannas. Sie hatte ursprünglich den Grundriß eines lateinischen Kreuzes mit Vierungskuppel und angefügten Seitenschiffen. Die Chorpartie, an die heute nur noch eine schmucklose Wand mit aufgesetztem Dreiecksgiebel erinnert, wurde um die Mitte des vorigen Jahrhunderts durch die Flutwellen eines Hurricans zerstört. Nach Schließung des Klosters im Jahre 1841 dienten die Gebäude als Lager und zeitweise als Telegrafenamt. Heute sind in dem gut restaurierten Klostertrakt Behörden und Magazine untergebracht, während die Kirche wegen Baufälligkeit geschlossen ist. Das überhöhte Mittelschiff mit seinen sechs Rundgiebeln weist darauf hin, daß es sich bei dieser Kirche um eine Basilika handelt. Die Turmfront mit dem Hauptportal wurde , wie die Kirchen San Francisco de Paula und La Merced, in einem schlichten Barockstil gestaltet; das spröde Korallengestein ließ auch hier keine andere Wahl. Trotz der kraftvollen Bauweise lassen sich churrigueresce Stilelemente an der Säulenform, an den geschwungenen Seitengiebeln und den rhombischen Fenstern erkennen. Der Innenraum, nunmehr ohne Einrichtung, wirkt mit seinen kräftigen Rundbögen, dem von Fenstern durchbrochenen Obergeschoß und den Kreuzgewölben fast romanisch.

Nördlich der Kirche liegt ein weiterer, bis zum Hafen reichender Platz. Seine Mitte wird von einem Brunnen mit vier steinernen Löwen eingenommen, der etwa zur gleichen Zeit entstand wie die gegenüberliegende Klosterkirche. Auf diesem Platz befindet sich auch das Abfertigungsgebäude für Kreuzfahrtschiffe. Es gibt nur wenige Häfen, die so unmittelbar ein historisches Stadtzentrum berühren wie der in Havanna.

Der Rundgang durch Alt-Havanna nähert sich seinem Ausgangspunkt am Castillo Real Fuerza. An dieser Stelle befindet sich der Anlegeplatz einer Fährverbindung nach Casablanca, einem am Ostufer gelegenen Vorort Havannas, der Ausgangspunkt für den Besuch des Castillo del Morro ist. Auf dem Weg nach dort passiert man eine weitere große Festungsanlage mit dem Namen **La Cabaña,** die aber für den Besuch gesperrt ist. Mit ihrer Anlage begann man erst 1767, nach der englischen Invasion, die sich im Jahre 1762 ereignete. Die Engländer griffen damals nicht wie gewohnt vom Meer aus an, sondern, unter Umgehung des Castillo del Morro, von der Landseite her. Um zukünftige Invasionen wirkungsvoll zu verhindern, wurde der geniale Militärarchitekt Jorge Albarca mit dem Bau eines uneinnehmbaren Festungssystems beauftragt. Wichtigste Aufgabe war die Schließung der Verteidigungslücke auf dem östlichen Hafenufer. In zehnjähriger Bauzeit wurde nicht nur die Fortaleza de la Cabaña, damals die größte Festung Amerikas, fertiggestellt, sondern auch die auf der Stadtseite gelegenen Castelle Atarés und Principe. Diese Bemühungen erwiesen sich jedoch bald als vergebens, denn neue Kriegstechniken machten schon fünfzig Jahre später alle Festungsanlagen überflüssig. Nur das die Hafeneinfahrt beherrschende **Castillo del Morro** diente 1898 während des amerikanisch-spanischen Krieges noch einmal als Zufluchtsstätte vor den anrückenden Amerikanern. Danach war es bis vor wenigen Jahren Gefängnis und Hinrichtungsort für politische Gegner. Heute kann jedermann das gewaltige Festungsbauwerk mit seinen bis zu 10 m dicken Mauern und tiefen Wassergräben besichtigen. Allein der Blick auf das Meer, den Hafen und auf Alt-Havanna rechtfertigt einen Besuch dieser alten Festung (Abb. 90).

Ihre Geschichte begann 1538 mit dem Bau eines kleinen Forts etwa an der gleichen Stelle der heutigen Festungsanlage, das aber bereits 1555 während eines Corsarenüberfalls zerstört wurde. Nachdem die Stadt 1586 abermals Opfer eines Angriffs durch Piraten wurde, beauftragte man den bekannten italienischen Festungsbaumeister Juan Bautista Antonelli mit einer großangelegten Erneuerung der Festung. Bis 1597 zogen sich die Bauarbeiten hin, die sich sowohl durch Geldknappheit als auch durch Mangel an Sklaven verzögerten. Seitdem hat sich an der für damalige Zeiten uneinnehmbaren Festung mit ihren drei gewaltigen Bastionen nur wenig verändert. Nur der Leuchtturm wurde 1844 hinzugefügt und dient seitdem den Seefahrern als Symbol für die Hafeneinfahrt von Havanna. Östlich des Castillo del Morro unterquert ein Straßentunnel die Hafeneinfahrt zur Altstadt, der auch als Verbindung für zahlreiche Buslinien zum neu erbauten Wohnviertel Habana del Este dient.

Nach Rückkehr mit der Fähre zum Ausgangspunkt beim Castillo Real Fuerza empfiehlt sich ein Spaziergang vorbei an dem bereits erwähnten Castillo de la Punta und entlang des **Malecón,** der früher zu den prächtigsten Uferpromenaden zählte. An der Uferseite verläuft parallel zur mehrspurigen Straße eine mehrere Kilometer lange Mauer zum Schutz gegen die heftige Brandung. Die Häuser entlang des Malecón sind fast ausnahmslos in einem trostlosen Zustand und lassen nur noch wenig von der Pracht früherer Zeiten ahnen. Kein Straßencafé, kein Geschäft oder Hotel hat die Jahre nach der Revolution überdauert.

Nach ca. einer halben Stunde hat man die Skyline des Stadtteils Vedado erreicht, der bis zur Revolution ein mondänes Wohn- und Touristenviertel vor allem für US-Amerikaner war. Die Betonhochhäuser wie das alles überragende Habana Libre – früher Habana Hilton – sind Zeugen einer profitorientierten und mit rücksichtsloser Bodenspekulation verbundenen Baupolitik der kapitalistischen Ära. Sie konzentrieren sich größtenteils um die 23. Straße, die links vom Malecón abbiegt. Der breite Boulevard – besser unter dem Namen »La Rampa« bekannt – zieht mit seinen zahlreichen Hotels, Restaurants, Kinos und Vergnügungsstätten besonders Jugendliche und Touristen an. Ein beliebter Treffpunkt ist der **Coppelia-Park** mit seinen Eisständen und Schnellrestaurants. Von der La Rampa gelangt man in wenigen Minuten Fußweg über die Calle »L« vorbei am Habana Libre-Hotel zum

Campus der **Universität.** Dort interessieren die im neoklassizistischen Stil errichteten Institutsgebäude sowie die beiden **Museen Napoléonico und Montaje,** die interessante Sammlungen aus der Kolonialgeschichte zeigen. Hinter der Universität erhebt sich auf einem Hügel das gewaltige **Castillo Principe,** das im 18. Jahrhundert als eine der letzten Verteidigungsanlagen entstand.

Gegenüber der Südostseite des Castillo erreicht man den Jugendpark »Feria de la Juventud«, hinter dem das Regierungsviertel beginnt. Es erstreckt sich bis zur **Plaza del la Revolución,** an der moderne Regierungsgebäude sowie die Nationalbibliothek liegen. Die gesamte südwestliche Seite wird vom Gebäude der kommunistischen Partei Cubas eingenommen, das nach den Plänen des früheren Diktators Batista ein Justizpalast werden sollte. Im Zentrum der Plaza erhebt sich ein alles überragender 105 m hoher Obelisk mit sternförmigem Grundriß. Vor dem Monument befindet sich eine Statue des cubanischen Revolutionärs José Martí, die von dem cubanischen Bildhauer Sicre geschaffen wurde. Nur wenn Fidel Castro am 1. Mai oder am Neujahrstag, dem Jahrestag des Sieges der Revolution, hier seine Reden vor Hunderttausenden von Demonstranten hält, belebt sich die Plaza, die sonst recht verlassen wirkt. Vom Nordende der »Feria de la Juventud« führt ein breiter Boulevard mit den Namen Avenida Salvador Allende und Simón Bolívar in Richtung Altstadt, wo er in die Parks südlich des Capitols mündet. Dort befindet sich der **Palacio Aldama,** der 1840 im Stil des Klassizismus erbaut wurde und als frühes Beispiel der beginnenden Repräsentationsarchitektur gilt. Faszinierend ist die prunkvolle Innenausstattung mit stuckverzierten und holzgetäfelten Decken. Die schönen Deckenmalereien mit Motiven aus der antiken Mythologie sind das Werk unbekannter Künstler.

Moderne Architektur trifft man nicht nur an der Plaza de la Revolución und in Vedado an, sondern auch in den vielen Neubauvierteln östlich von Havanna sowie im südwestlichen Vorort Marianao. Dort entstand auf dem Gelände des ehemaligen Flughafens ein weiträumiger Schulkomplex mit dem Namen »Centro Escolar Cuidad Libertad«. Geradezu avantgardistisch ist die Architektur der ebenfalls in Marianao befindlichen **Kunstakademie** mit ihren zahlreichen Rundkuppeln und Verbindungsgängen zwischen den einzelnen Gebäudekomplexen. Sie wurde in den Jahren 1962–1965 nach den Plänen des weltbekannten cubanischen Architekten Ricardo Porro erbaut. Vom selben Architekten stammt die 1963–1965 erbaute Schule für modernen Tanz, die sich ebenfalls im Stadtteil Marianao befindet. Nicht weit davon entfernt liegt inmitten weiträumiger Parkanlagen ein supermodernes **Kongreßzentrum,** das 1979 anläßlich der Konferenz blockfreier Staaten eingeweiht wurde. Einige Kilometer weiter südöstlich liegt der **Parque Lenin,** der mit einer Fläche von fast 650 ha zu den größten und schönsten Parks Amerikas gehört. Mit einem Stausee, einem Amphitheater und Freilichtkino sowie mit Reitplätzen, Restaurants und Kunstgalerien läßt dieser Park kaum Wünsche für die Freizeitgestaltung offen.

Zu den großen Sehenswürdigkeiten Havannas gehört auch der im Stadtteil Miramar befindliche **Friedhof Colón** (Farbt. 47). Mit seinen fast 800 000 Grabstätten zählt er zu den größten in Amerika. Dieser Friedhof spiegelt mit seinen z. T. prunkvollen Grabstätten die Lebensgeschichte angesehener Familien und bekannter Persönlichkeiten wider. Beachtenswert sind auch die Gedenkstätten der 1871 hingerichteten Studenten, der 1956 bei der Landung der »Granma« ums Leben gekommenen Revolutionäre und das Mausoleum der revolutionären Streitkräfte.

Ein weiteres Besuchsziel ist die **Casa Hemingway** im Vorort San Francisco de Paula. Das frühere Wohnhaus des weltberühmten amerikanischen Schriftstellers ist heute als Museum für jedermann zugänglich.

Guanabacoa

Im Osten Havannas liegt die alte Kolonialstadt Guanabacoa. Im Laufe der letzten Jahre entwickelte sie sich zu einer Trabantenstadt und ist schon fast mit Havanna zusammengewachsen. Der Stadtkern hat seine koloniale Architektur während der letzten Jahrhunderte fast unverändert bewahrt. Beim Rundgang durch die schmalen Gassen, beim Anblick der ein- bis zweistöckigen Wohnhäuser mit gedrechselten Fenster- und Balkongittern fühlt man sich in eine andalusische Kleinstadt versetzt. Besuchen sollte man die **Klosterkirche Santo Domingo** sowie die beiden Pfarrkirchen **Parroquial Mayor und Parroquial Santa Maria del Rosario** mit ihren prächtigen mudéjaren Holzdecken und geschnitzten Altären. Die drei Kirchen entstanden zu Beginn des 18. Jahrhunderts, wie ihr Äußeres – schlichter Barock – zu erkennen gibt. Von besonderem künstlerischen Wert sind die Hauptaltäre der beiden Pfarrkirchen – in ihrer churrigueresken Pracht sind sie einmalig auf der ganzen Insel.

Cojimar

Gute Verkehrsverbindungen erleichtern den Besuch des etwa 20 km östlich von Havanna gelegenen Cojimar. Dieser kleine Fischer- und Badeort (Abb. 18) wurde weltbekannt durch Ernest Hemingway. Dort lag seine Yacht, mit der er zum Hochseeangeln fuhr. Seine engen Kontakte zu den einheimischen Fischern inspirierten ihn zu einem seiner bekanntesten Romane »Der alte Mann und das Meer«, für den er 1954 den Nobelpreis erhielt. Heute erinnert eine Büste an den Autor, die von einer Säulen-Rotunde umgeben ist. Vom **Hemingway-Denkmal** erblickt man ein kleines Fort aus dem 17. Jahrhundert (Abb. 94), das direkt am Meer liegt und als Verteidigungsvorposten der nahegelegenen Hauptstadt diente.

Trinidad

Eine der ältesten und schönsten Städte Cubas ist das verträumte Trinidad. Es wurde im Jahre 1514 noch vor Havanna als Goldgräbersiedlung an der Nordküste Cubas gegründet. Von hier aus brach Hernán Cortéz 1519 zu seinem ersten Eroberungszug nach Mexico auf. Die dort gemachten Goldfunde führten dazu, daß viele Bewohner Trinidad verließen und die

Einwohnerzahl im Laufe der folgenden 20 Jahre auf 14 sank. Für den Rest des Jahrhunderts blieb die Geschichte Trinidads im Dunkeln. Erst das 17. Jahrhundert brachte durch den blühenden Zucker- und Sklavenhandel einen erneuten Aufschwung. Vom Glanz dieser Zeiten zeugen noch viele Gebäude, die teilweise stark vom Verfall bedroht sind; inzwischen ist aber die gesamte Altstadt unter Denkmalschutz gestellt worden. Gerade deswegen empfiehlt sich ein Aufenthalt in Trinidad, das dem Besucher zeigt, wie eine koloniale Kleinstadt früher aussah. Schmale Gassen, gepflastert mit aus Europa importierten Steinen, ein- bis zweistöckige Häuser mit schönen gedrechselten Fenstergittern und umlaufenden Balkonen und nicht zuletzt die abgeschiedene Ruhe geben der Stadt eine unvergleichliche Atmosphäre. Fast unverändert hat sich die **Plaza Mayor** (heute Plaza Martí) mit ihren restaurierten Häusern über die vergangenen 200 Jahre erhalten. Aber auch in anderen Teilen der Altstadt findet man Gebäude, die als typische Beispiele spanischer Kolonialarchitektur gelten können. Zu den Schönsten gehört die zu Beginn des 19. Jahrhunderts erbaute **Casa Ortiz** mit einer umlaufenden hölzernen Veranda an der Ecke Calle Bolívar. An einem der schräg gegenüberliegenden Häuser erinnert eine Gedenktafel an Alexander v. Humboldt, der sich dort 1801 einige Tage aufhielt. Viel Ähnlichkeit mit der Casa Ortiz hat die ebenfalls zweistöckige **Casa de Malibrán** in der schon genannten Calle Bolívar. Bemerkenswert ist vor allem der prächtige Holzbalkon im mudéjaren Stil. Das untere Stockwerk mit Pilastern und Gitterfenstern erinnert dagegen an den schlichten ländlichen Barock des 18. Jahrhunderts.

Von der früheren Pracht sakraler Bauten ist nur noch wenig geblieben. Am besten erhalten hat sich die kleine **Klosterkapelle La Popa** (Nuestra Señora de la Candelaria), deren Baudatum in das Jahr 1740 fällt. Sie erhebt sich etwas abseits am Hang eines Bergrückens, so daß die schlichte Barockfassade weithin sichtbar ist. Eine der prächtigsten Kirchen Cubas war die Klosterkirche **San Francisco de Asís,** an die nur noch der hohe, inzwischen restaurierte Barockturm erinnert. 1920 wurde der dreischiffige Kirchenbau wegen Baufälligkeit abgetragen, und nur noch alte Fotos erinnern an die große Ähnlichkeit mit der gleichnamigen Kirche in Havanna. Abschließend sollte man noch das im früheren Palacio Brunet befindliche **Museo de Arquelogía Guamuhaya** (archäologisches Museum) sowie das **Museo Romántico** (Romantisches Museum), das **Museo de Alejandro de Humboldt** und das **Museo Municipal** (Stadtmuseum) besuchen , die ebenfalls im Stadtzentrum liegen.

Camagüey

Auf dem Weg nach Santiago liegt Camagüey, das mit annähernd 300 000 Einwohnern die drittgrößte Stadt Cubas ist. Trotz des raschen wirtschaftlichen Wachstums und der damit ausgelösten Bautätigkeit hat sich der altkoloniale Stadtkern von Camagüey nur wenig verändert. Die schmalen, verwinkelten Gassen vermitteln den Eindruck kleinstädtischer Beschaulichkeit. Die Geschichte Camagüeys geht bis in das Jahr 1492 zurück, als Columbus an der Nordküste Cubas in der Nähe des heutigen Nuevita Land betrat und die Stelle Nuestra Señora del Puerto Principe nannte. 16 Jahre später gründete der schon mehrfach erwähnte Eroberer Cubas Diego Velázquez am selben Ort eine Siedlung und übernahm den von

Columbus gegebenen Namen. Schon wenige Jahre später mußte der Ort »wegen Piraten und Insekten«, wie in alten Aufzeichnungen nachzulesen ist, landeinwärts verlegt werden. So entstand das heutige Camagüey, das bis zum Abzug der Spanier 1898 seinen alten Namen Puerto Principe trug.

Ausgangspunkt jeder Stadtbesichtigung ist die **Plaza de los Trabajadores,** an der die **Kirche La Merced** liegt. Der Kirchenbau, eine dreischiffige Basilika, wurde 1756 vollendet. Spätere Veränderungen betrafen vor allem den Innenraum, dessen Gewölbe und Wandflächen Malereien im Jugendstil zieren. Der Rundgang setzt sich fort durch die Calle Ignacio Agramonte, die nach einem cubanischen Freiheitskämpfer benannt wurde, dessen Geburtshaus sich dort befindet und ein Museum beherbergt. Zwei Straßenzüge weiter östlich wird der massive Turm der **Iglesia de la Soledad** sichtbar. Der schlichte Außenbau läßt kaum vermuten, daß man vor einer der schönsten Kirchen Cubas steht. Sie wurde zwischen 1758 und 1776 ebenfalls als dreischiffige Basilika erbaut und hat seitdem nur unwesentliche Veränderungen erfahren. Besonders schön sind die mudéjaren Holzdecken, deren Statik durch schwere, mit Schnitzereien verzierte Holzbalken gesichert wird. Interessant ist die Bemalung der Vierungskuppel, welche die gleiche Facettenstruktur zeigt wie das römische Pantheon. Eine ähnlich schöne Holzdecke ist in der einschiffigen **Kirche Santa Ana** zu sehen, deren Bau auf das Ende des 17. Jahrhunderts zurückgeht. Etwas außerhalb des Zentrums der Altstadt wurde Anfang des letzten Jahrhunderts die **Iglesia del Carmen** erbaut. Ihre weitausladende doppeltürmige Westfront erinnert an die der Kathedrale von Havanna; beide Kirchen wurden ursprünglich vom Jesuitenorden errichtet.

Etwas abseits der Hauptstraßen haben noch viele alte Häuser die letzten Jahrhunderte überdauert. Weit vorspringende Regenschutzdächer mit einbezogenen Holzbalkonen, gedrechselte Fenstergitter und barocke Portale verdeutlichen noch heute den Baustil der spanischen Einwanderer. Auf den Patios kann man gelegentlich noch mannshohe Tonkrüge, »tinajones« genannt, sehen, die früher zum Sammeln von Regenwasser dienten. Abschließend empfiehlt sich ein Besuch des **Museo Ignacio Agramonte** an der Ave. de los Martires, das über interessante archäologische und stadtgeschichtliche Sammlungen verfügt.

Santiago de Cuba

Als geographischer und historischer Gegenpol zu Havanna versteht sich das am östlichen Ende der Insel gelegene Santiago de Cuba. Fast 1000 km trennen beide Städte, die in ihrer geschichtlichen Entwicklung bis in jüngste Zeit hinein miteinander konkurrieren. Heute erhebt Santiago gerne den Anspruch, die heimliche Hauptstadt Cubas zu sein, denn mit ihr verbindet sich die jüngste Revolutionsgeschichte weit mehr als mit Havanna. Tatsächlich war Santiago von 1523 bis 1553 Hauptstadt der Insel und Sitz des Erzbischofs. Die Erzdiözese umfaßte die gesamte Karibik einschließlich Florida und Louisiana. Santiago wurde 1514 von Diego Velázquez gegründet und ist die zweitälteste Stadt Cubas. Zahlreiche Erdbeben, Hurricans und Piratenüberfälle ließen von der alten Bebauung kaum etwas übrig. Als schnell aufstrebende Hafen- und Industriestadt ist Santiago mittlerweile auf fast eine halbe Million

Santiago de Cuba, Altstadtkern

1 Céspedespark
2 Ayuntamiento
3 Casa de Té
4 Casa de la Trova
5 Kathedrale
6 Casa de Velázquez (Kolonialmuseum)
7 Balcón de Velázquez
8 Padre Pico Treppe
9 Iglesia Santa Lucia
10 Geburtshaus des Dichters José M. Heredia
11 Museo Emilio Bacardí
12 Museo del Carnaval
13 Teatro Oriente
14 Uhrentürmchen

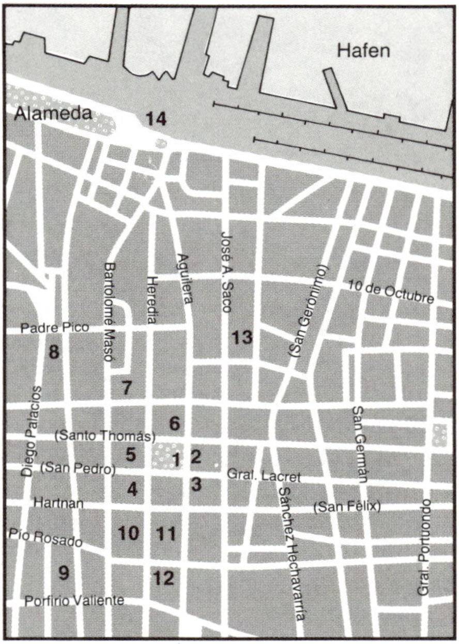

Einwohner angewachsen. Trotzdem hat die Altstadt (Abb. 103) kaum etwas vom Charme früherer Zeiten verloren. Ihre malerische Hanglage, die einen weiten Blick über den fjordartigen Naturhafen ermöglicht, macht Santiago zu einer der schönsten Städte im karibischen Raum. Mehr als in Havanna wird die Erhaltung des historischen Stadtkerns angestrebt, davon zeugen die zahlreichen restaurierten Straßenfronten.

Mittelpunkt von Santiago ist nach wie vor die Plaza Céspedes, um die sich das Rathaus, die Kathedrale, das alte Hotel Casa Grande und auch alte Paläste gruppieren. Der Platz hat nichts von seiner Anziehungskraft für junge Leute verloren, die sich allabendlich dort treffen. Aber auch Passanten und Touristen halten sich gern unter den schattenspendenden Bäumen auf und erfreuen sich an den häufig stattfindenden Folkloreveranstaltungen. Einen ungewöhnlichen Anblick bietet die **Kathedrale,** deren Fundament sich ein Stockwerk über die Plaza erhebt. Eine breite Treppe führt über einen Vorplatz zum Hauptportal. Im Geschoß unterhalb der Kathedrale sind Geschäfte, Reisebüros und das lokale Informationszentrum untergebracht. Von dem ursprünglichen, etwa um die Mitte des 16. Jahrhunderts errichteten Gebäude ist nichts mehr erhalten. Der alte Bau erstreckte sich quer zur heutigen Kathedrale und wurde 1766 durch ein Erdbeben zerstört. Für den Wiederaufbau nahm man 1784 die monumentale Kathedrale von Granada zum Vorbild; Pläne, die jedoch niemals zur Ausführung kamen. Sechs Jahre später beschied man sich mit der Absicht, »die schönste, aber eine schlichte, dem Lande angepaßte Kirche« zu errichten. In der Zwischenzeit diente

Blick auf Santiago de Cuba

die alte, notdürftig instandgesetzte Kathedrale weiter zur Abhaltung von Gottesdiensten. 1805 sorgte ein königlicher Erlaß für die Beschleunigung der Planungen, und ein Jahr später wurde der Zimmermann und Architekt Pedro Fernández mit der Bauausführung beauftragt. Die Ausmaße des neuen fünfschiffigen Gotteshauses wuchsen ins Monumentale, allein die Grundfläche beträgt 4500 qm. Erst drei Jahrzehnte nach der Einweihung der Kathedrale, am 20. April 1818, wurde das Tonnengewölbe des Mittelschiffs mit Stuckkassetten und Malereien vollendet. Bei umfangreichen Renovierungsarbeiten erhielt die doppeltürmige Westfront 1922 ihre heutige neobarocke Gestalt. Der riesige Innenraum (Abb. 49) enthält kaum Kunstwerke aus dem Vorgängerbau. Nur ein Altarbild der Jungfrau von Guadeloupe, 1663 aus Mexico herübergebracht, blieb bis zum heutigen Tage erhalten und ist im ersten nördlichen Seitenschiff zu finden. Die übrige Innenausstattung besteht aus neobarocken und neoklassizistischen Kunstwerken des letzten Jahrhunderts. Die Kathedrale wurde auch zur letzten Ruhestätte des Conquistadors und Stadtgründers Diego Velázquez. Über der Sakristei ist ein kleines Kirchenmuseum eingerichtet worden, in dem u. a. einige Gegenstände aus dem Kirchenschatz zu besichtigen sind.

Die übrigen Kirchen (Nuestra Señora del Carmen, Santo Tomás, Santisima Trinidad) litten ebenso wie die Kathedrale unter den Naturkatastrophen und können daher kaum mit denen Guanabacoas oder Camagüeys konkurrieren.

Nach dem Besuch der Kathedrale empfiehlt sich eine Besichtigung der **Plaza Céspedes** mit ihren schönen Grünanlagen. Im Zentrum des Platzes steht ein Denkmal des cubanischen

Patrioten Carlos Manuel Céspedes, nach dem man den Park benannte. Auf seiner Nordseite liegt der kürzlich restaurierte **Palacio de Gobernador** (Abb. 83), der heute Sitz der Stadtverwaltung ist. Das Gebäude aus dem 18. Jahrhundert entstand nach Plänen, die die Plaza Vieja in Havanna zum Vorbild hatten, aber dann nicht zur Ausführung kamen. Schräg gegenüber an der Westseite des Platzes liegt der **Palacio Velázquez** (Abb. 86), das älteste noch erhaltene Gebäude der Stadt. Einst Sitz des ersten cubanischen Gouverneurs Diego Velázquez, dient das Gebäude heute als **Museum für Kolonialkunst und Stadtgeschichte.** Die massive Steinfassade (Abb. 84), die vorgebauten Holzveranden und das flache Ziegeldach spiegeln andalusisch-maurische Bautraditionen des 16. Jahrhunderts wider. Einen reinen Mudéjar-Stil zeigen die hervorragend restaurierten Veranden mit ihren kunstvoll geschnitzten Holzfronten und Fenstergittern. Die beiden Innenhöfe (Abb. 87) weisen den gleichen Baustil auf. Hier sind die Holzveranden jedoch zusätzlich von offenen Bogengängen unterfangen. Einige der oberen Innenräume besitzen mudéjare Holzdecken (Abb. 85), die in Verbindung mit den Holzveranden wesentlich dazu beitragen, daß trotz der tropischen Sommerhitze im Haus angenehme Temperaturen herrschen.

Nur zwei Straßenzüge weiter östlich der Plaza, entlang der Calle Aguilera, erreicht man das **Museo Emilio Barcadí,** ein Gebäude im pompösen Villenstil der Jahrhundertwende. Besonders sehenswert sind die Abteilung für vorkolumbische Indianerkulturen und die Gemäldesammlung. In den Seitenstraßen östlich und südlich der Plaza Céspedes trifft man auf eine Anzahl restaurierter Häuser aus der Zeit nach dem verheerenden Erdbeben von 1766. Sie gleichen in ihrem Baustil den beschriebenen Gebäuden von Trinidad und Camagüey. Häufiger kommen jedoch zweistöckige Häuser mit holzverkleideten Balkongalerien vor. In den abschüssigen Straßen kommen die kleinen vorgesetzten Treppen – preterio genannt – besonders zur Geltung und erhöhen den Reiz der alten Häuser. Als typisches Beispiel für die Bauweise dieser Epoche kann die kürzlich restaurierte **Casa de la Trova** in der Calle Heredia gelten. In ihren Räumen befindet sich jetzt ein Seminar für einheimische Folklore, das an den Wochenenden regelmäßige Veranstaltungen durchführt.

Von historischer Bedeutung ist die im Nordosten von Santiago gelegene **Moncada-Kaserne,** mit deren Erstürmung im Jahre 1953 die cubanische Revolution unter Fidel Castro eingeleitet wurde. Sehenswert und bequem mit städtischen Bussen zu erreichen ist das am Eingang der Hafenbucht errichtete **Castillo El Morro.** Es wurde von dem schon erwähnten Festungsarchitekten Juan Bautista Antonelli gegen Ende des 16. Jahrhunderts auf einem steilen Felsen errichtet. Von seiner exponierten Lage ermöglicht es herrliche Ausblicke auf die Küste und das Gebirgspanorama der Sierra Maestra. Wer Erfrischung sucht, erreicht nach einer halbstündigen Busfahrt den idyllischen Badeort **Playa Ciboney** (Abb. 74).

Wer sich für weitere altkoloniale Städte der Insel interessiert, sollte auch Bayamo, Baracoa, Cienfuegos (Farbt. 43) und Matanzas besuchen.

Als größte Antilleninsel bietet Cuba eine Vielfalt an landschaftlichen Schönheiten. Sie reichen von Hochgebirgen im Osten der Insel über eindrucksvolle Karstregionen bis zu ausgedehnten Unterwasserlandschaften in den vorgelagerten Riffgebieten. Man sollte sich deshalb während eines Cuba-Aufenthaltes nicht nur auf Havanna, Santiago und Varadero beschränken!

Im Westen der Insel befindet sich die bereits erwähnte einzigartige Sierra de los Órganos mit ihren turmartigen Kegelkarstbergen, die man von Viñales erreicht. Lohnend sind auch Ausflüge zur Cueva del Indio, einem ausgedehnten Höhlensystem mit prähistorischen Fundstätten, und zum La Guira-Nationalpark. Der größte Höhlenkomplex Cubas, die Cuevas del Bellamar, befindet sich unweit von Matanzas. Zu den schönsten Landschaften Cubas gehört das Gebiet um den Habanilla-Stausee bei Santa Clara in der Sierra del Escambray.

Der Süden Cubas bietet einsame Hochgebirgslandschaften in der Sierra Maestra. Von Santiago sind die südlichen Ausläufer leicht zu erreichen. Besonders sehenswert ist der Nationalpark Gran Piedra mit seinen dichten Wäldern und schönen Ausblicken. Eine der ursprünglichsten Berglandschaften trifft man in der Sierra de Sagua Baracoa ganz im Südosten der Insel an.

Dominikanische Republik

Geographischer und geschichtlicher Überblick

Hispaniola, mit einer Fläche von 764484 qkm nach Cuba die größte Antilleninsel, wird in ihrem Ostteil von der Dominikanischen Republik eingenommen. Sie umfaßt etwa ⅔ der Insel und weist günstigere geographische Voraussetzungen auf als der westliche Nachbarstaat Haiti. Mehrere parallel verlaufende Gebirgszüge durchziehen die Dominikanische Republik von Nordwesten nach Südosten. Zu den Wichtigsten gehören die Cordillera Central mit den höchsten Erhebungen von ganz Westindien (Pico Duarte 3175 m), Cordillera Septentrional und Cordillera Oriental im nördlichen Inselbereich sowie die Sierra de Baoruco ganz im Süden der Insel. Zwischen den Gebirgsketten erstrecken sich ausgedehnte Täler mit fruchtbaren Böden. Eine der südlichen Talregionen liegt im Bereich des Enriquillo-Sees sogar 44 m unter dem Meeresniveau. Tiefebenen bestimmen das Landschaftsbild im Südosten der Insel, wo sich die größten Zuckerrohranbaugebiete befinden. Die Küste ist reich an Buchten und Riffen, sie bietet alle Voraussetzungen für Bade-, Segel- und Tauchsport. Zu den schönsten Feriengebieten gehört die Halbinsel Samaná im Norden der Insel.

Die Vorgeschichte Hispaniolas reicht bis etwa 5000 Jahre vor Chr. zurück, wie Ausgrabungen bei Mordán, Cueva de Ferrocaril und Cabaret belegen. Wie auf Cuba gehörten die ältesten Besiedler der Insel zu den Ciboney-Indianern, die weder Landwirtschaft betrieben noch die Töpferkunst kannten. Etwa 500 n. Chr. sind die ersten Spuren der von Südamerika über die Kleinen Antillen eingewanderten, zur Arawak-Gruppe gehörenden Subtaino

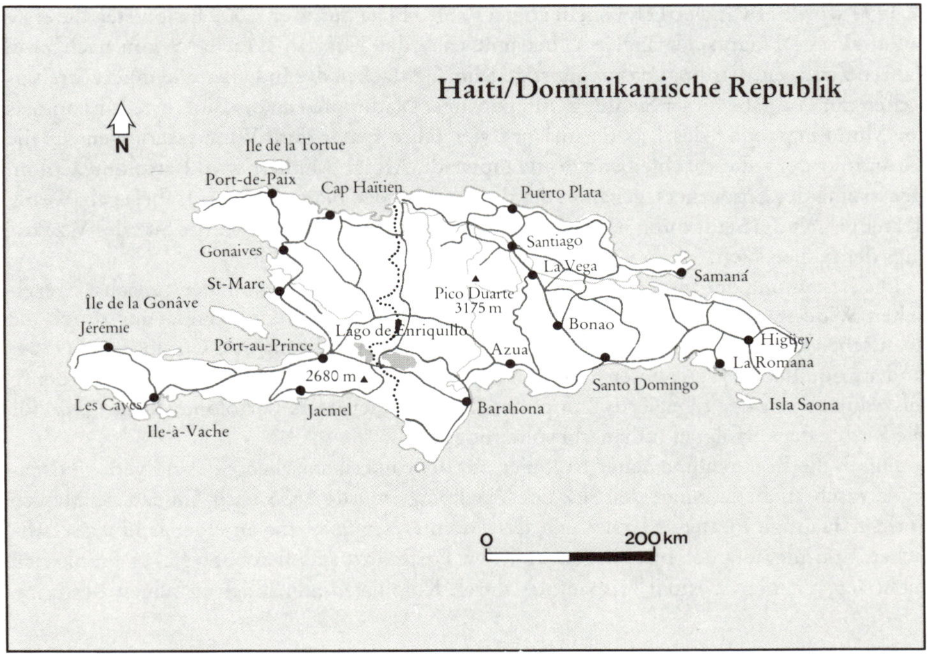

nachweisbar. In wenigen Jahrhunderten erreichten die nunmehr als Taino-Indianer bezeichneten Nachfolger eine erstaunlich hohe Kulturstufe, was durch zahlreiche Keramikfunde und Aufzeichnungen spanischer Chronisten belegt wird. Ihr Inselreich war in fünf Provinzen, den sog. »cacicazgos« unterteilt, denen Kaziken vorstanden. Die größte Siedlungsdichte befand sich in den fruchtbaren Ebenen der heutigen Vega Real südöstlich von Santiago de los Caballeros. Ähnlich wie auf Cuba drängten sie allmählich die kulturell weniger entwickelten Ciboney-Indianer auf kleine Refugien im Westen Hispaniolas zurück. Sie selbst wurden in steigendem Maße durch die kriegerischen Kariben-Indianer bedroht, die mit ihren schnellen Booten von Osten her vordrangen. Den Todesstoß allerdings versetzten den Taino die Spanier – sie rotteten sie total aus.

Am 6. Dezember 1492 entdeckte Columbus die von den Eingeborenen Haiti genannte Insel und gab ihr den Namen Hispaniola. Schon die neue Bezeichnung »Klein Spanien« besagt, welche Bedeutung dieser Insel als Stützpunkt für weitere territoriale Besitznahme beigemessen wurde. Mit der Errichtung des Palisadendorfes La Navidad durch 39 zurückgelassene Besatzungsmitglieder entstand an der Nordküste nahe beim heutigen Cap Haïtien noch im selben Jahr die erste europäische Siedlung in der Neuen Welt. Auseinandersetzungen mit den ansässigen Indianern führten indessen wenig später zur Aufgabe des Stützpunkts.

1494 wurde etwas westlich vom heutigen Puerto Plata durch ca. 1000 Kolonisten die erste westindische Hauptstadt angelegt, benannt nach der Königin Isabella. Schon nach zwei Jahren zwangen allerdings das ungünstige Klima, Attacken der Indianer und innere Streitigkeiten zur Aufgabe dieser Siedlung. Ein günstiger Naturhafen an der Südküste Hispaniolas im Mündungsgebiet des Río Ozama bot vier Jahre später gute Voraussetzungen für die Gründung der – diesmal bleibenden – Hauptstadt. Als ihr Ahnherr wird Bartolomé Colón, der Bruder des Entdeckers, genannt, der ihr zunächst den Namen Nueva Isabela gab. Wenig später erhielt die Stadt ihren heutigen Namen Santo Domingo und wurde Sitz des Vizekönigs der Neuen Welt.

Die Besiedlung der Insel vollzog sich nur sehr zögernd, da die Indianer zunächst energischen Widerstand leisteten. Verzweifelt widersetzten sie sich der Versklavung durch die spanischen Conquistadoren. Die Aufstände unter der Anführung von Cotubanama (1504) und Enriquillo (1540) konnten aber den Untergang ihres Volkes nicht aufhalten. Ebenso aussichtslos war der engagierte Kampf des Dominikanerpaters Bartolomé de las Casas für die Rechte der verfolgten Indianerbevölkerung.

Durch die Besitznahme neuer Kolonien auf dem amerikanischen Festland verlor Hispaniola rasch an Bedeutung; der Sitz des Vizekönigs wurde 1535 nach Ciudad de México verlegt. Häufige Piratenüberfälle und das Desinteresse Spaniens an einer landwirtschaftlichen Erschließung der Insel ließen jeglichen Fortschritt stagnieren. So fiel es Frankreich nicht schwer, den Westteil Hispaniolas durch Kolonisten allmählich in seinen Besitz zu

Columbus' Ankunft auf der Insel Hispaniola

nehmen. 1697 wurde die Teilung der Insel in eine westliche französische und eine östliche spanische Kolonie vollzogen.

Etwa ein Jahrhundert später wurde Spanien 1795 im Frieden von Basel gezwungen, auch den Ostteil Hispaniolas an Frankreich abzutreten. 1808 konnte Spanien seinen verlorenen Besitz mit Hilfe der Engländer von dem inzwischen unabhängig gewordenen Haiti zurückerobern. Haiti okkupierte jedoch 1821 erneut den spanischen Inselteil. Nachdem 1844 die Haitianer endgültig vertrieben worden waren, wurde im gleichen Jahr die Dominikanische Republik gegründet. Aus Furcht vor einer neuen Invasion begab sich der junge Staat unter den Schutz Spaniens, befreite sich aber 1865 von der zunehmenden Unterdrückung durch seine ehemalige Kolonialmacht.

Die weitere Geschichte ist gekennzeichnet von innen- und außenpolitischen Wirren. Die Einflußnahme der USA erreichte mit der Besetzung des Inselstaats 1916–1924 ihren Höhepunkt. Katastrophale Zerstörungen durch einen Hurrican im Jahre 1930 waren wegbereitend für die Machtergreifung des Diktators Rafael Leonidas Trujillo y Molinas. Er ließ sich als »Benefactor de la Patria« (Wohltäter des Vaterlandes) bezeichnen und taufte Santo Domingo in Ciudad de Trujillo um. Erst ein Attentat auf den Diktator beendete 1961 die jahrzehntelange Schreckensherrschaft. Nur von kurzer Dauer war die Regierungsperiode des liberalen Präsidenten Juan Bosch. Erneute Putschversuche führten 1965 zu einem Bürgerkrieg, der die USA erneut zu einer Intervention veranlaßte. Danach amtierte der legitim gewählte Präsident Joaquin Balaguer, dessen Regierung zunehmend diktatorische Züge trug. Seit 1978 wird die Regierungsverantwortung von der liberalen Partido Revolucionario Dominicano getragen.

Kunst und Kultur

Architektur

Über die Architektur der vorkolumbischen Periode ist auf Hispaniola nur wenig bekannt, denn ebenso wie auf den Nachbarinseln wurde für den Hausbau wenig dauerhaftes Material verwendet. Teilweise erhalten blieben dagegen einige Kultstätten mit Ballspielplätzen wie in Cañada Seca, Chacuey und La Cacique.

Recht gut erhalten haben sich dagegen Bauwerke, die schon wenige Jahre nach der Entdeckung durch die Spanier errichtet wurden. Sie befinden sich fast alle in Santo Domingo, der ältesten europäischen Stadtgründung in der Neuen Welt. Einige haben ihren spätgotischen Baustil gewahrt und gehören zu den architektonischen Kostbarkeiten ganz Amerikas wie die Kathedrale (Farbt. 51 u. 53), die Casa de Ovando und Casa del Cordón. Auch der Plateresco, eine Sonderform der spanischen Frührenaissance, beeinflußte die Architektur Santo Domingos. Weit weniger fand der barocke Baustil Anwendung, da die Bautätigkeit mit dem wirtschaftlichen Abstieg der ältesten spanischen Kolonie zu stagnieren begann. Dies änderte sich bis in unser Jahrhundert kaum.

Erst die moderne Architektur wirkte sich wieder stilbildend auf die Bauten der Inselrepublik aus. Zu den eindrucksvollsten Beispielen gehört der Gebäudekomplex mit kulturellen Einrichtungen um die Plaza de la Cultura in Santo Domingo und die Wallfahrtskirche in Higüey.

Bildende Kunst und Kunstgewerbe

Während sich die Baukunst in einer großen Zahl historischer Gebäude der Hauptstadt manifestiert, treten die bildenden Künste nur wenig in Erscheinung. Dies mag zum einen daran liegen, daß der beherrschende spanische Einfluß bis in unsere Zeit hinein wenig Eigenständiges entstehen ließ und zum zweiten auf der Tatsache beruhen, daß die Dokumentation des Kunstschaffens noch im Aufbau begriffen ist. Nach wie vor existiert keine Nationalgalerie, und so fehlt es an umfassenden und repräsentativen Sammlungen von Malerei und Plastik aus den zurückliegenden Jahrhunderten.

Besser vertreten ist die moderne Kunst im Museo Arte Moderno sowie in den zahlreichen Galerien des Atarazana-Viertels der Altstadt von Santo Domingo. Ähnlich wie im benachbarten Haiti gewinnt die moderne Malerei mit stark expressiver Ausdruckskraft immer größeren Einfluß und ist nunmehr als neue Stilrichtung voll anerkannt. Im Gegensatz zu Haiti sind die meisten Maler keine Laienkünstler, sondern Absolventen von Kunstakademien. Namen wie Guillo Pérez, Francisco Santos und Oscar de la Renta wurden inzwischen über die Grenzen der Dominikanischen Republik hinaus bekannt. Vom letztgenannten Künstler stammen die großflächigen Wandmalereien im Hotel »Santo Domingo«.

Das Kunstgewerbe basiert auf einer traditionsreichen Volkskunst. Leider bewirkt die steigende Nachfrage durch den Tourismus eine Massenproduktion, bei der die Arbeiten an Originalität verlieren. Töpfer-, Leder-, Holz- und Flechtarbeiten werden auf einem besonderen Kunstgewerbemarkt, dem Mercado Modelo, in Santo Domingo angeboten. Man

Kachel eines Brunnenhauses auf dem Patio in der Calle Arzobispo Meriño, Santo Domingo

findet dort sehr schön gearbeitete Hängematten, Macheten, bemalte Gebrauchskeramik, Körbe, Ledersandalen und Sattelzeug. Eine ganz besondere Art von Kunstgewerbe ist die Verarbeitung von Bernstein. Das Rohmaterial stammt von den größten Fundstätten der Welt im nordöstlichen Inselteil, wo bis zu 9 kg schwere Stücke vorkommen. Die Farbe dieses Bernsteins geht ins grün-bräunliche, gelegentlich sind Einschlüsse von Kleintieren enthalten. Schmuckstücke, Gefäße, Schachfiguren und Kästen mit Einlegearbeiten werden aus Bernstein hergestellt.

Literatur

Das literarische Schaffen der Dominikanischen Republik läßt sich bis in die Jahre der Entdeckung Amerikas zurückverfolgen. Die ersten Schriftsteller gehörten kirchlichen Kreisen an und waren gebürtige Spanier, so auch Bartolomé de las Casas, der von 1474 bis 1566 lebte. In seinem Bericht über die Verwüstung der westindischen Länder wurde erstmals auf die grauenvollen Exzesse bei der Unterdrückung und Vernichtung der Urbevölkerung hingewiesen. Politische Wirren und Annektionen durch den Nachbarstaat Haiti in den Jahren 1795–1844 brachten viel Leid über das Land und führten zu großen Veränderungen im geistig-kulturellen Leben. Von Haiti kommend breiteten sich Ideen der französischen Aufklärung auch im okkupierten Ostteil der Insel aus, wo der Einfluß der Kirche immer stärker zurückgedrängt wurde.

Die Themen der damaligen Veröffentlichungen waren überwiegend zeitbezogen, wie in den Werken von José Francisco Heredia (1776–1820) oder Antonio Del Monte y Tejeda (1783–1861). Mit seinen Dramen und Komödien wurde Francisco Xavier Foxá (1816–1865) bald über die Grenzen seines Landes hinaus berühmt. Sein Zeitgenosse Agulo Guridi (1816–1884) griff Themen einheimischer Legenden für seine Essays auf und schrieb Dramen über die indianische Vergangenheit Hispaniolas. Nach der Unabhängigkeit wurde die Literatur in zunehmendem Maße vom romantischen Patriotismus geprägt. Der Lyriker Felix María del Monte (1819–1899) war Hauptvertreter dieser Richtung. Er war auch der Verfasser der Nationalhymne seines Landes. Der romantische Patriotismus griff auch Themen der indianischen Vergangenheit auf, wie beispielsweise in dem bekannten Geschichtsroman »Enriquillo« von Manuel de Jesús Galván (1834–1910).

Der Modernismus um die Jahrhundertwende wurde durch eine Vielfalt stilistischer Ausdrucksformen und durch das Zusammentreffen unterschiedlicher geistiger Strömungen geprägt, die sich kritisch mit dem christlichen Glauben auseinandersetzten. Hauptvertreter dieser Richtung war Fabio Fiallo (1865–1942), der durch seine Theaterstücke und Erzählungen »Cuentos fragilis« international bekannt wurde. Zu den Modernisten gehört auch der Literaturwissenschaftler und Journalist Pedro Henriquez Ureña (1884–1946). Meist im Exil lebend, veröffentlichte er dort auch seine bekanntesten Werke, zu denen die im Jahre 1905 publizierten »Ensayos críticos« sowie kultur- und literaturwissenschaftliche Abhandlungen mit starkem Bezug auf Lateinamerika gehören.

In den zwanziger Jahren begann sich eine afrolatinische Strömung herauszubilden, der sich überwiegend jüngere Schriftsteller anschlossen. Der 1907 geborene Lyriker Manuel del Cabral sei hier mit seinen Büchern »Negro sin Risa«, »Poemas Negros« und »Compadre Mon« stellvertretend erwähnt. Die mehr als 30 Jahre währende Trujillo-Diktatur trieb viele Schriftsteller ins Exil, darunter auch den Erzähler und späteren Politiker Juan Bosch (Jahrgang 1903). Sein literarisches Schaffen umfaßt vor allem Erzählungen, Romane sowie historische und politische Abhandlungen mit starkem sozialkritischen Engagement. International bekannt wurde er durch seine Erzählungen »Camino Real«, »Cuentos críticos en el Exilio« und »De Cristóbal Colón a Fidel Castro«.

Musik

In der dominikanischen Musikfolklore verbinden sich wie bei der cubanischen unterschiedliche Einflüsse, die aus der ethnischen Vielfalt und dem spanisch-französischen Kolonialerbe hervorgehen. Die Quellen der dominikanischen Musikfolklore lassen sich bis in die vorkolumbische Zeit zurückverfolgen. Am stärksten hat jedoch die jahrhundertelange Kolonialherrschaft Spaniens die heutige Volksmusik geprägt. Spanische Rhythmen und Melodien klingen noch immer bei den meisten Liedern und Tänzen nach. Der Einfluß afrikanischer Elemente ist – verglichen mit dem Nachbarstaat Haiti – verhältnismäßig gering.

Deutliche Spuren hat auch die Salonmusik des letzten Jahrhunderts hinterlassen; dies gilt besonders für den auf Hispaniola sehr populären Merengue. Die Ursprünge dieses rhythmisch und erotisch betonten Tanzes lassen sich bis zu europäischen Kontertänzen zurückverfolgen. Der Merengue entwickelte sich später unter starkem afrocubanischen Einfluß zur heutigen Tanzform weiter. Durch Rundfunk und Schallplatten gewann er eine noch größere Popularität. Dominierendes Instrument ist das Schifferklavier, das von Tambores (Kleintrommeln), Maracas (Rasseln), Güiros (Schrapern), gelegentlich auch von Kleingitarren, wie Tres und Cuatro, begleitet wird. In der Unterhaltungsmusik erfreuen sich schon seit Jahren Son und Salsa aus Cuba, Puerto Rico und neuerdings auch aus eigener Produktion großer Beliebtheit. Nur noch in ländlichen Rückzugsgebieten findet man Hochzeits- und Begräbnistänze, die zu den ursprünglichsten Erscheinungsformen der heutigen Musikfolklore gehören. Hochzeitsriten und Ahnenkulte, aber auch Synkretismen übten Einfluß auf die meist sehr emotionell gestimmten Tänze aus.

Kulte und Gebräuche

Auch in der Dominikanischen Republik besteht eine enge Verbindung zwischen Folklore und religiösen Festen. Die überwiegend katholische Bevölkerung feiert Weihnachten, Karneval, die Karwoche und Fronleichnam nach wie vor mit traditionellem Prunk und religiöser Überzeugung. Folkloristisches Gepräge haben die ländlichen Wallfahrten und Feste zu Ehren der Ortsheiligen. Neben der bereits erwähnten Wallfahrt am 21. Januar in Higüey sind noch die am St. Josephs-Feiertag (19. März) sowie die am 24. September zu Ehren der Nuestra Señora de La Merced von Bedeutung.

Zu den beliebtesten Veranstaltungen gehören die Hahnenkämpfe. Die Arenen sind in der Regel von roh zusammengezimmerten Tribünen umgeben, Dächer aus Palmwedeln schützen sie vor der Sonne. Vor dem Kampf werden die gegnerischen Hähne befeuchtet und mit einer erregend wirkenden Substanz gefüttert. Die Sporen bleiben fast immer unbewaffnet, werden aber gelegentlich zugespitzt. Währenddessen nimmt einer der Veranstalter Wetten aus dem Kreis der Zuschauer an. Fast immer endet der Kampf mit dem Tod eines Hahnes.

Städte und Landschaften

Santo Domingo

Nachdem im Jahre 1502 die meist hölzernen Gebäude Santo Domingos von einem Hurrican zerstört worden waren, fand der Wiederaufbau unter dem damaligen spanischen Gouverneur Nicolás Ovando am gegenüberliegenden Ufer des Río Ozama statt, dort, wo sich der heutige Altstadtkern befindet. Damit war die älteste noch bestehende europäische Stadtgründung in Amerika vollzogen.

In der Kartographie und Literatur begegnet uns fortan der Name Santo Domingo de Guzmán, der nach dem Chronisten Gonzalo de Oviedo folgendermaßen entstand: »Weil sie nach dort kamen und sich am Sonntag (span.: Domingo), dem Tag des Herrn, niederließen. Sie gaben diesen Namen aber auch, weil der Vater der ersten Almirante (Columbus) und seines Bruders, des Grafen, Domenico hieß.« Der erweiterte Name Santo Domingo de Guzmán ist mit Sicherheit auf den gleichnamigen Ordensgründer der Dominikaner zurückzuführen.

Bereits 1504 wurde Santo Domingo zum Bistum erhoben und fünf Jahre später zur Hauptstadt des neu gegründeten Vizekönigreiches Neuspanien. Diego Colón, der Sohn des Entdeckers, wurde erster Vizekönig. Als politischer, wirtschaftlicher und geistiger Mittelpunkt erlebte Santo Domingo in den nächsten 30 Jahren einen Aufschwung ohnegleichen. Seine Anlage wurde zum Vorbild aller größeren Neugründungen im rasch expandierenden Kolonialreich. Kennzeichnend ist das gitterförmige Straßennetz, das die Spanier ihrerseits von den Römern übernommen hatten.

Viele der heute erhaltenen Gebäude entstanden im 16. Jahrhundert, darunter das Hospital San Nicolás de Bari (Abb. 28) mit der ältesten Kirche Amerikas (heute Ruine), die Kathedrale (Farbt. 51 u. 53) und der Alcazar de Colón (Abb. 58 u. 59). 1538 wurde durch Erlaß Papst Paul III. die erste Universität Amerikas im Gebäude des heutigen Dominikanerklosters gegründet; man taufte sie auf den Namen des großen Scholastikers Santo Tomás de Aquino.

Die historische Bedeutung Santo Domingos muß aber vor allem in seiner Rolle als Brükkenkopf für weitere Eroberungszüge bis tief hinein in den amerikanischen Doppelkontinent gesehen werden. Conquistadorennamen Ponce de León, Diego de Velázquez, Hernán Cortéz, Francisco Pizarro, um nur die wichtigsten zu nennen, sind mit der Stadtgeschichte Santo

Santo Domingo im 17. Jahrhundert

Domingos aufs engste verbunden. Aber auch der Dominikanerpater Bartolomé de las Casas, der Verfechter der Indianerrechte, gehört in die Reihe der bekannten Persönlichkeiten dieser Stadt.

Dem schnellen Aufschwung folgte ein ebenso rascher Abstieg. Mit der Ernennung von Ciudad de México zur neuen Hauptstadt des erweiterten Vizekönigreichs im Jahre 1535 büßte Santo Domingo seine zentrale Bedeutung ein. Die Kunde von spektakulären Goldreichtümern in den Ländern der Azteken und Inka bewegte immer mehr Conquistadoren, Hispaniola zu verlassen, während die eigenen nie sehr ergiebigen Goldquellen rasch versiegten. Santo Domingo verlor seine wirtschaftliche Kraft in dem Maße, wie die neuen Kolonialreiche in Mittel- und Südamerika aufstrebten. Die vorübergehende Okkupation durch den englischen Piraten Francis Drake im Jahre 1586 trug zum weiteren Niedergang bei. 1655 mußte die Stadt abermals um ihre Existenz bangen, als Oliver Cromwell mit einer Armada von 38 Schiffen und 4000 Soldaten Santo Domingo einnehmen und damit Hispaniola in seinen Besitz bringen wollte. Dieser Versuch wurde jedoch erfolgreich abgewehrt. In den darauffolgenden Jahren sank Santo Domingos Bedeutung auf die einer Provinzstadt zurück. Nur wenige öffentliche und kirchliche Bauten sind Zeugnis dieser Ära. Andererseits blieb durch die Zeit der Stagnation ein großer Teil der Altstadtbauten erhalten, so daß man Santo Domingo heute als einzige gotische Stadt Amerikas bezeichnen kann.

Erst der Zuckerboom im letzten Jahrhundert verhalf der nun selbständigen Dominikanischen Republik zu raschem Aufstieg. Viele Gebäude, die im Geschmack der damaligen Zeit entstanden, fielen 1930 mit dem größten Teil der Innenstadt einem verheerenden Hurrican zum Opfer. Im gleichen Jahr begann die Ära der Trujillo-Diktatur, und man interessierte sich weniger für den Wiederaufbau der zerstörten Innenstadt als für die Planung neuer Regierungsviertel an der Peripherie im Westen von Santo Domingo. Ein Ergebnis diktatorischer Selbstdarstellung ist das Centro de los Héroes mit monumentalen Heldengedenkstätten und Regierungsgebäuden.

Wie fast alle Großstädte der Dritten Welt begann Santo Domingo in den letzten drei Jahrzehnten stark zu expandieren. Zählte man 1950 weniger als eine viertel Million Einwohner, so wurde dreißig Jahre später bereits die Millionengrenze überschritten. Die ständig wachsenden sozialen Probleme werden in vielen Slumgebieten besonders im Norden der Stadt sichtbar. Durch großangelegte Bauprogramme, in deren Rahmen kostensparende Zweckbauten errichtet werden, versucht man, der Wohnungsnot Herr zu werden. Trotz der großen wirtschaftlichen und sozialen Probleme stieg das Bewußtsein für den historischen Wert der Altstadt. 1967 wurde eine vom Esso-Konzern finanzierte Studie über die Restaurierung des Altstadtkerns erstellt, wenig später setzten die ersten Sanierungsmaßnahmen ein. Von nun an fand eine behutsame Wiederherstellung historischer Gebäude statt. Beispiele dafür sind der Alcázar und die Casa del Cordón. Trotz beachtlicher Erfolge sind die Restaurierungsarbeiten längst noch nicht abgeschlossen. Hervorgehoben werden muß, daß die Altstadt nicht zu einem großen Freilichtmuseum geworden ist. Vielmehr herrscht in den Straßen nach wie vor ein reges Leben. Von den Geschäftsstraßen gelangt man aber unmittelbar in ruhige Gassen mit instandgesetzten Wohnhäusern und blumengeschmückten Patios.

Historisches Stadtzentrum ist die **Plaza María de Toledo** mit einem großen bronzenen Columbusdenkmal. An dieser Stelle kreuzen sich die beiden Hauptgeschäftsstraßen, die Calle El Conde und die Calle Arzobispo Meriño. Die Südseite wird in ihrer ganzen Länge von dem gedrungenen Bau der **Kathedrale Santa María la Menor** eingenommen. Rein äußerlich macht sie durchaus nicht den Eindruck eines Bischofsdoms, ihr fehlt ein steil aufragendes Dach, der Turm auf der Westseite (Abb. 53) überragt nicht einmal den Kirchenbau.

Zahlreiche Hurricans und Erdbeben zwangen nicht nur beim Bau der Kathedrale zu einer eher horizontalen Architektur; auch die übrigen Kirchenbauten ragen nur wenig über das Häusermeer der Altstadt hinaus. Bis auf ihre Westfassade weist die Kathedrale kaum äußeren Schmuck auf, und eine zinnengekrönte Umfassungsmauer verstärkt den festungsartigen Eindruck. Dem jetzigen Bau gingen an gleicher Stelle zwei ältere voran. Bei dem ersten, um 1502 erwähnten, muß es sich um ein Gebäude aus Holz gehandelt haben. 1511 folgte auf

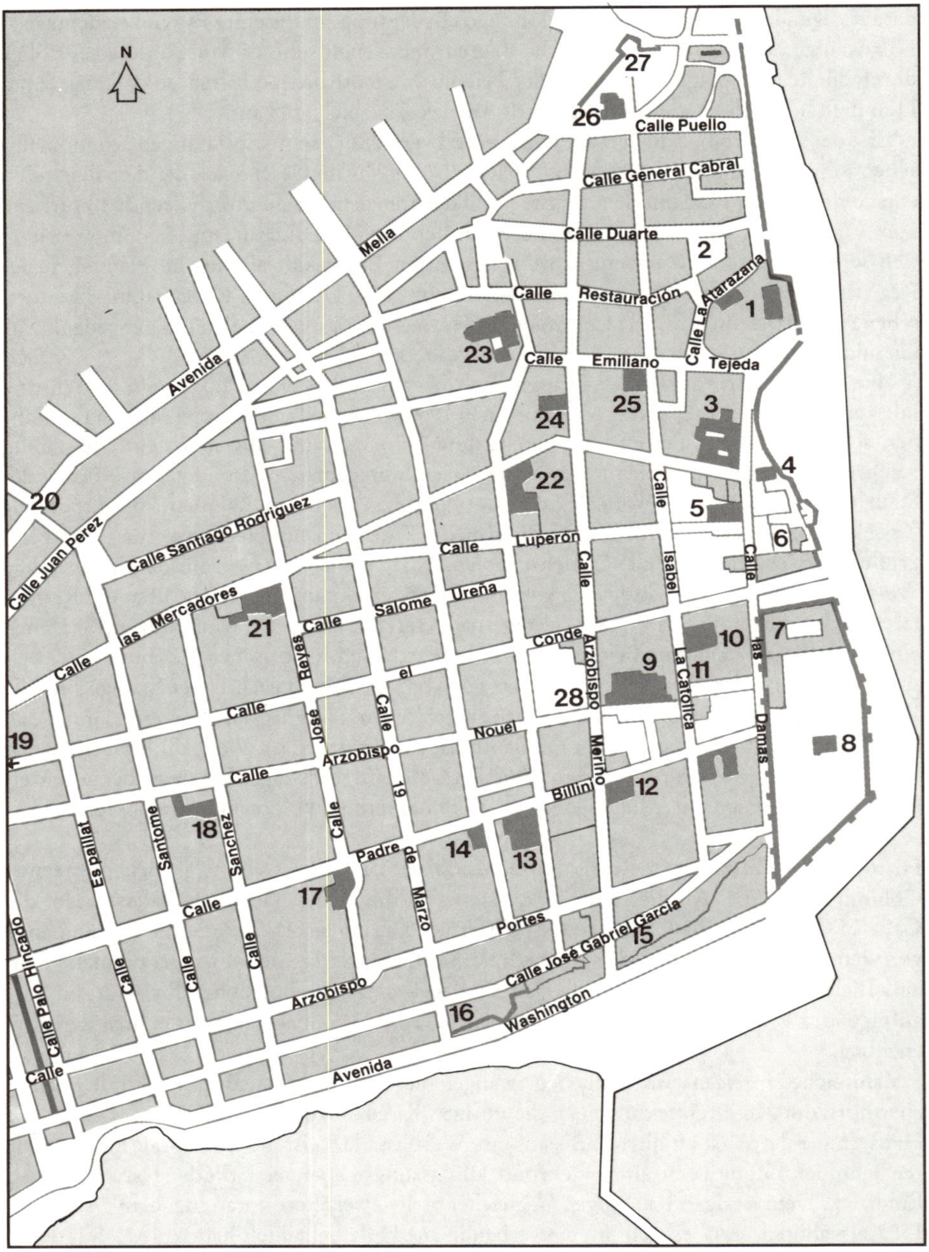
N
27
26
Calle Puello
Calle General Cabral
Calle Duarte
2
Mella
Calle
Restauración
Calle La Atarazana
1
23
Calle
Emiliano
Tejeda
Avenida
3
25
24
4
22
20
Calle
5
6
Calle Santiago Rodriguez
Calle Juan Perez
Calle
Luperón
Calle
Isabel
Calle
las Mercadores
Calle
21
Calle
Salome
Ureña
Calle las
Reyes
Conde
Arzobispo
9
10
7
11
La Catolica
el
28
Calle
Calle
José
Nouel
Damas
8
19
Arzobispo
Merino
Calle
19
Billini
12
18
Es pallat
Santome
Sanchez
Calle
Padre
de
14
13
17
Marzo
Calle
Portes
Calle José Gabriel Garcia
15
Hincado
Calle Palo
Calle
Calle
Calle
Arzobispo
16
Washington
Calle
Avenida

königlichen Erlaß eine neue Kirche, die bereits vier Jahre später eingeweiht wurde, aber bald nicht mehr genug Raum für die rasch wachsende Gemeinde bot. Da Santo Domingo bereits 1504 zum Bistum erhoben worden war, wurde der Bau einer Kathedrale immer zwingender. 1523 legte der damalige Bischof Geraldini den Grundstein für die heutige Kathedrale und gab ihr den Namen Santa María la Menor. Mit einigen zeitlichen Unterbrechungen vollendeten ihre Baumeister Luis de Moya und Rodrigo Gil de Liendo 1541 den Kirchenbau.

Als dreischiffige Hallenkirche (Farbt. 51, Abb. 50) mit wenig überhöhtem Mittelschiff und polygonalem Chorabschluß stellt sie einen spätgotischen Bautyp dar, der uns auch im nordöstlichen Deutschland begegnet. Auf diese interessante Gemeinsamkeit weist der Kunsthistoriker Walter Palm in einem Beitrag über die kolonialen Bauwerke in der Dominikanischen Republik hin. Andererseits sind auch maurische Einflüsse erkennbar, wie einige Gemeinsamkeiten bei der Raumaufteilung mit der Kathedrale von Sevilla zeigen: Beide haben nach innen gezogene Strebepfeiler, die Zwischenräume für Kapellen rechts und links der Seitenschiffe geben, und außerdem fehlt beiden Kathedralen ein Dach. Trotz der wechselvollen Geschichte hat der Innenraum ein sehr einheitliches Bild bewahrt. Die ausgewogene räumliche Gliederung im Stil der isabellinischen Spätgotik ließ die Kathedrale von Santo Domingo zu einer der schönsten Kirchenbauten der Neuen Welt werden. Ein wichtiges Merkmal für diese Stilrichtung ist das 8jochige Netzgewölbe des Mittelschiffes mit stark ausgeprägten Rippenbögen, das auf 14 massiven Rundpfeilern ruht (Farbt. 51, Abb. 50). Die Pfeiler mit den auseinanderstrebenden Rippenbögen symbolisieren Palmen und verstärken die vertikale Raumwirkung. Jeweils etwa die halbe Breite des Hauptschiffes nehmen das südliche und nördliche Seitenschiff ein, beide schließen nach oben mit schlichten Kreuzgewölben ab. Die kleinen, dem heißen Klima angepaßten Fenster (Abb. 44) lassen durch die Seitenschiffe und den Chor nur wenig Licht eindringen. Beeinträchtigt wird der Kirchenraum auf seiner Westseite durch das etwas zu prunkvoll geratene Grab des Columbus (Abb. 48) aus dem letzten Jahrhundert. Aus weißem Marmor erbaut, und von neugotischen Fialen flankiert, wirkt es inmitten des sonst bräunlich getönten Korallenkalkes der Kathedrale eher wie ein Fremdkörper.

Die räumliche Strenge des Kircheninnern wird noch dadurch unterstrichen, daß keine großen Altäre den Blick versperren. Sie befinden sich fast alle in den Seitenkapellen. An Stelle des früheren Hauptaltars, der 1586 bei der Plünderung durch Francis Drake zerstört

◁ 1 Alcázar de Colón 2 Atarazana-Viertel 3 Palacio de los Capitanes (Museum) 4 Capilla de los Remedios 5 Panteón Nacional 6 Casa Ovando (Hotel) 7 Casa Bastidas (Museum) 8 Fortaleza Ozama, Torre del Homenaje 9 Kathedrale 10 Palacio de Borgella 11 Casa de los Medallones 12 Casa Tostado (Museum) 13 Dominikanerkloster, Kirche Santo Domingo 14 Capilla de la Tercera Orden 15 Monumento Montesino 16 Fuerte San José 17 Kloster Regina Angolorum 18 Capilla del Carmen 19 Puerta del Conde 20 Mercado Modelo 21 St Mercedes 22 Hospital San Nicolás de Bari (Ruine) 23 Kloster San Francisco (Ruine) 24 Casa de Moneda 25 Casa del Cordón 26 Santa Bárbara 27 Fuerte de Santa Bárbara

Reste der alten Stadtbefestigung

Querschnitt durch die Kathedrale von Santo Domingo

wurde, steht heute im Chor der Bischofssitz mit schönem geschnitzten Gestühl aus den Gründungsjahren der Kathedrale. Der wertvollste noch erhaltene Altar, gewidmet der Virgen de Guadeloupe, hat seinen Platz in der ersten nördlichen Seitenkapelle; er wurde von Columbus auf seiner zweiten Reise aus Spanien mitgebracht. Ein weiterer Altar von künstlerischem Wert, Nuestra Señora de la Antigua gewidmet, befindet sich am Ostende des nördlichen Seitenschiffes. Es handelt sich um eine Stiftung der katholischen Könige Ferdinand und Isabella, die beide zur Seite der Madonna abgebildet sind. Das Retabel ist gerahmt von prächtigen, zum Teil vergoldeten Holzschnitzereien im Plateresco-Stil. In der spätgotischen Kapelle links vom nördlichen Seiteneingang steht der Altar Santisimo y los Aposteles

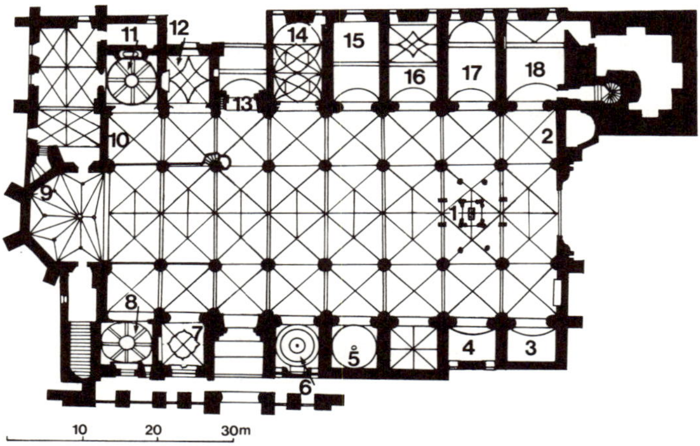

Santo Domingo: Grundriß der Kathedrale

1 Columbus-Grab
2 Dekret des Papstes Benedictus XV.
3 Bild der Virgen Guadelupe von 1493
4 Altagracia-Kapelle
5 Grabkapelle des Bischofs Meriño
6 Grabkapelle des Geraldo Fernandini
7 Kapelle der Virgen de la Dolerosa
8 Altar Kaiser Karl V. von 1536
9 Chor mit Altar
10 Altar der Virgen Antigua
11 Kapelle Santa Ana mit Bastidas-Grab
12 Taufkapelle
13 Fries mit Tonleiter-Gestalten
14 Kapelle Santisimo y Dos Aposteles
15 Kapelle San Pedro
16 Kapelle San Francisco
17 Kapelle Herz Maria
18 Grabkapelle des Fernando Gonzales Oviedo

mit einem Aufsatz aus Silber ebenfalls im plateresken Stil. Einige der Seitenkapellen wurden auch zu Grabstätten von Bischöfen und Conquistadoren. Die Kuppeln über den Grabkapellen der Bischöfe Bastidas und Geraldini weisen schon deutlich auf die beginnende Renaissance hin. Bei dem Grab des Conquistadors und späteren Bischofs von Venezuela, Rodríguez Bastidas, das er sich schon zu Lebzeiten um 1540 errichten ließ, handelt es sich um eine sehr schöne Arbeit aus weißem Marmor. Auf dem Sarkophag ruht die Figur des Verstorbenen mit den Insignien seines Pontifikats, dargestellt im Stil der ausklingenden Spätgotik. Eine Kuriosität, etwas abweichend vom religiösen Gehalt der übrigen Kunstwerke, ist ein steinerner Fries mit acht Symbolen der Tonleiter über dem nördlichen Ausgang.

Beim Verlassen der Kathedrale durch das Hauptportal gelangt man auf einen zinnenumsäumten Vorplatz, der zur religiösen Unterweisung der Indianer und Negersklaven diente, bis 1538 ein königlicher Erlaß auch ihnen Zutritt zur noch im Bau befindlichen Bischofskirche gewährte. Von hier hat man den schönsten Blick auf die reich gegliederte Westfassade (Farbt. 53). Sie ist ein Werk im spanischen Plateresco-Stil mit Einflüssen des Quattrocento-Stils, einer Form der italienischen Frührenaissance. Ob die Westfassade auch zu den Werken des letzten Dombaumeisters Gil de Liendo gehört, ist nicht belegt. Ein großes, in seiner Architektur außergewöhnliches Doppelportal beherrscht die Front bis zum oberen Drittel. Die perspektivisch nach außen strebenden Rundbögen würden sich nach innen hin auf einen Brennpunkt zentrieren; sie lenken den Blick durch die Portale unwillkürlich zum Hauptaltar hin. Die Laibungen sind facettenartig mit Blumen- und anderen Schmuckmotiven verziert. Beide Bögen vereinigen sich zur Mitte hin und werden von einer

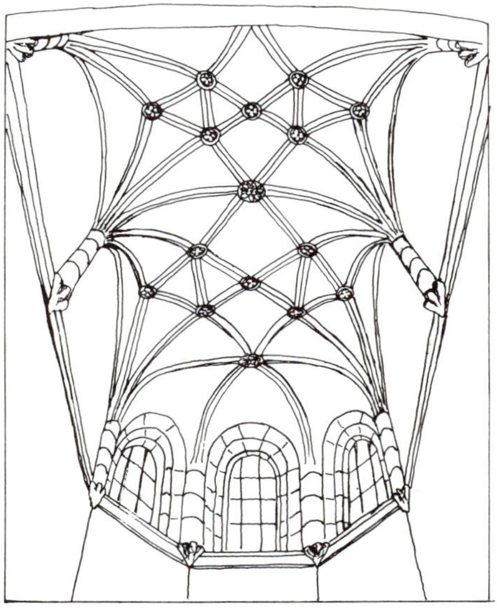

Deckengewölbe der Kapelle Santisimo y Dos Aposteles, Kathedrale von Santo Domingo

Die letzte Ruhestätte von Columbus

Am 20. Mai 1506 starb Columbus in Valladolid, der damaligen Residenzstadt kastilischer Könige. In seinem Testament verpflichtete er den Haupterben, seinen ältesten Sohn Diego, eine Kapelle zu errichten und drei Kaplane zu unterhalten, die jeden Tag drei Messen lesen sollten: *»... Wenn möglich, soll diese Kapelle auf der Insel Española, die Gott mir auf so wunderbare Weise gab, erbaut werden.«*

Die Erfüllung dieses Wunsches blieb dem Entdecker zunächst versagt. 1513 wurden seine sterblichen Überreste in das Kloster Santa María de las Cuevas in Sevilla überführt. Erst 1540 setzte man sie in der Kathedrale von Santo Domingo bei. Als 1586 englische Piraten unter Francis Drake Santo Domingo einnahmen, wurde die Grabstätte unkenntlich gemacht. Nachdem Spanien 1795 im Frieden von Basel den Rest der Insel an Frankreich abtreten mußte, grub man in überstürzter Eile einen der Särge aus der Familiengruft, um ihn mit den vermeintlichen Gebeinen des Entdeckers Amerikas in die Kathedrale von Havanna zu überführen. Dort verblieb er 1796 bis 1898, dem Jahr, in dem Spanien seine letzte amerikanische Kolonie verlor. Der Sarg wurde wieder ins spanische Mutterland überführt und fand seinen Platz schließlich in der Kathedrale von Sevilla. Ein wichtiger Fund spricht aber dagegen, daß dieser Sarkophag tatsächlich die sterblichen Überreste von Columbus enthält. (Wahrscheinlich war es Columbus' Enkel Luis Colón, dessen Sarg man über Havanna nach Sevilla transportierte.) Als 1877 die Kathedrale von Santo Domingo renoviert

wurde, stieß man nämlich rechts im Hauptchor zwischen der Außenwand und der 1795 von den abziehenden Spaniern geöffneten Gruft auf eine Kammer mit einem Bleisarg. Die Inschrift »Illustre y estimado varón don Cristóbal Colón« (dem berühmten und hochgeschätzten Mann Don Cristóbal Colón) läßt darauf schließen, daß es sich bei dem hier Bestatteten um Christoph Columbus handelt, dessen Wunsch, seine letzte Ruhestätte auf Hispaniola zu finden, somit erfüllt blieb. Der Sarg ruht heute auf vier Marmorsäulen unter einem tabernakelförmigen Aufbau im westlichen Mittelschiff der Kathedrale.

korinthischen Säule gestützt. Wie die Bögen sind auch die seitlich angeordneten Säulen und Pilaster in Stil und Anordnung stark vom andalusischen Manierismus beeinflußt. Sie bilden Nischen, die aber nicht von Statuen ausgefüllt werden, sondern Fresken enthalten. Ein schöner Schmuckfries mit weit vorspringendem Gesims bildet den oberen Abschluß.

Nicht weit von der Kathedrale entfernt befindet sich in der Calle Billini das berühmte **Dominikanerkloster.** Hier wurde die erste Universität der Neuen Welt gegründet und hier lehrte der schon erwähnte Dominikanerpater Las Casas. In einem königlichen Gründungserlaß des Jahres 1510 findet das Kloster erste Erwähnung. Dem hölzernen Provisorium jener Zeit folgte auf Anordnung des Gouverneurs Nicolás de Ovando 1524 der Neubau am heutigen Platz. Grabinschriften zufolge muß der Bau elf Jahre später vollendet gewesen sein.

Die äußerlich eher nüchtern wirkende Klosterkirche besitzt, ähnlich wie die Kathedrale, eine schön gegliederte Westfront (Abb. 56) im Stil der Frührenaissance. Eine Balustrade trennt das untere Feld mit dem Hauptportal von der oberen Partie der Fassade, die mit einer Fensterrosette abschießt. Kacheln, Rankenwerk aus Stuck und Pilaster füllen die Flächen aus. Der zierliche Turm an der Nordseite überragt die Kirche nur wenig. Umso größer ist die Überraschung beim Betreten des Innenraums, in dem mehrere Stilepochen vertreten sind. Architektonische Grundlage ist eine Basilika in Form eines lateinischen Kreuzes mit polygonalem Chorabschluß. Bis auf das niedrigere Langhaus mit einem vierjochigen Tonnenge-

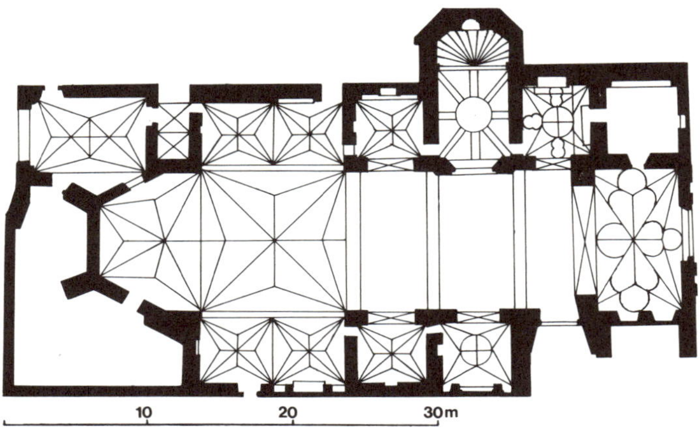

Grundriß der Kirche des Dominikanerklosters, Santo Domingo

wölbe hat sich der spätgotische Bau im wesentlichen erhalten. Das weit ausladende Sterngewölbe mit Renaissancekuppel täuscht zwischen Chor und Langhaus eine Vierung vor, unterstützt von zwei Bögen auf der rechten und linken Seite, die jeweils ein Gewölbepaar der Seitenschiffe überspannen. Den westlichen Abschluß bildet eine Empore aus dem letzten Jahrhundert. Nach innen gezogene Stützpfeiler gliedern beide Seitenschiffe in mehrere Kapellen auf. Interessant ist, daß sich diese Raumgliederung nahezu identisch in der etwa zeitgleichen Kirche San José von San Juan auf der Nachbarinsel Puerto Rico wiederholt.

Ein prächtiges Renaissanceportal im plateresken Stil auf der Südseite des Langhauses dient als Blickfang für die Capilla del Rosario, die um 1650 dem Kirchenbau angefügt wurde. In den unteren Nischen zu beiden Seiten des Portals finden sich Statuen von Petrus (links) und von Paulus (rechts). Darüber gruppieren sich Büsten von Pedro de Verona und Tomás de Aquino als Namengeber für die Universität. Über dem mit Putten und Blumenornamenten geschmückten Fries folgt abschließend eine Szene von der Geburt Christi. Der obere Abschluß des Kapellenraums wird von einer Halbkuppel mit radialen Rippen gebildet. (Diese Kuppelkonstruktion wiederholt sich wenige Straßenzüge weiter im Chor von La Merced.) Leider ist der holzgeschnitzte Barockaltar durch Übermalungen stark beeinträchtigt worden. In der linken Nachbarkapelle stößt man auf einen gut restaurierten Altar wohl aus der Gründungszeit des Klosters, dekoriert mit biblischen Szenen und Portraits von Ordenspersönlichkeiten. Der Schöpfer dieses Kunstwerkes ist, wie bei den meisten anderen Arbeiten, unbekannt.

Gegenüber der Westfront befindet sich die kleinere einschiffige **Capilla de la Tercer Orden** mit spätgotischem Gewölbe und einigen Seitenkapellen.

Zwei Straßenzüge weiter westlich gelangt man zu einem **Franziskanerinnenkloster,** das 1556 gegründet wurde und durch die kleine Kapelle mit dem Namen Regina Angulorum schon von außen erkennbar ist.

Etwas mehr im Norden der Altstadt verdienen zwei weitere Klosterkirchen Aufmerksamkeit: **La Merced** (Farbt. 66) an der Calle Las Mercedes (gut restauriert) und **San Francisco** (Abb. 38, 39, 46 u. 47) am Nordende der Calle Hostos (als Ruine). Beide sind vom Stil der ausgehenden Spätgotik geprägt, erkennbar an den in La Merced noch fast vollständig erhaltenen Sterngewölben. Hier deutet ebenfalls vieles darauf hin, daß der Architekt Gil de Liendo, verantwortlich auch für die Kathedrale von Santo Domingo, am Bau beider Kirchen beteiligt war. Erdbeben und Hurricans setzten den Kirchen zu, besonders San Francisco, die 1795 vom Orden aufgegeben wurde. Der verheerende Hurrican des Jahres 1930 brachte dann noch große Teile der Westfassade zum Einsturz.

Ein ähnliches Schicksal erlitt auch die älteste Kirche der Neuen Welt, **San Nicolás de Bari** (Abb. 42), ebenfalls an der Calle Hostos. Baubeginn war 1502, aber erst etwa vier Jahrzehnte später wurden die Kirche und das ihr angegliederte Hospital vollendet. Die verbliebenen Ruinen lassen ein lateinisches Kreuz als Anlagestruktur erkennen. Arkaden und Gewölbeansatzstellen weisen darauf hin, daß die Seitenschiffe und später wahrscheinlich auch das Hauptschiff durch Emporeneinbauten in zwei Stockwerke unterteilt waren. Vom Wandputz entblößt, wird offenbar, daß fast der gesamte Bau aus flachen Backsteinen aufgemauert wurde. Aus gleichem Baumaterial besteht auch die Capilla de los Remedios oberhalb des Steilufers am nördlichen Ende der Calle Las Damas. Ihre vor kurzem restaurierte Westfront wird von einem zierlichen Turmgiebel gekrönt.

Im äußersten Nordosten der Altstadt, an der Calle Gabino Puello, befindet sich die Kirche **Santa Bárbara** (Abb. 35 u. 36), deren erster Bau auf das Jahr 1578 als Teil der gleichnamigen Festungsanlage zurückgeht. Etwa 100 Jahre später wurde sie zerstört und danach im Stil des Frühbarock wieder aufgebaut, zur gleichen Zeit, als man in der Calle Las

Damas mit dem Bau von **La Compañia,** der Kirche des Jesuitenordens, begann. Eine große Kuppel über der Vierung schloß dieses Bauwerk erst 1755 ab. Nach Aufhebung der sakralen Funktion beherbergt der Bau heute eine Heldengedenkstätte mit dem Namen Panteón Nacional.

Etwas im Schatten der prächtigen Kirchen steht die Profanarchitektur. Erst die Restaurierungen im letzten Jahrzehnt haben viele alte Bürgerhäuser, Paläste und Befestigungsanlagen in ihrem ursprünglichen Zustand wiederhergestellt. An erster Stelle muß hier der **Alcázar de Colón** (Abb. 58 u. 59) genannt werden. Seine Geschichte begann im Jahre 1511 mit einem königlichen Erlaß über den Bau eines Palastes für den Vizekönig Diego Colón, den Sohn des Entdeckers. Direkt am Hochufer des Río Ozama gelegen, präsentiert der Alcázar sich heute wieder in voller Schönheit, nachdem er noch bis vor wenigen Jahrzehnten als Steinbruch gedient hatte! Eine zweigeschossige Galerie mit Rundbögen wird auf beiden Seiten von schmucklosen Baukörpern flankiert. Dieser Kontrast läßt den schön gestalteten Mittelteil im Stil der spanischen Frührenaissance um so stärker zur Geltung kommen. Nach einer gründlichen Restaurierung, die 1957 abgeschlossen wurde, beherbergt der Alcázar de Colón heute wertvolle Einrichtungen aus der Zeit des Vizekönigreichs. Der Besucher wird in Zeiten zurückversetzt, in denen der Palast Treffpunkt berühmter Conquistadoren war, darunter Hernán Cortéz, Nuñez de Balboa, Ponce de Léon und Francisco Pizarro.

Von der linken Seite des Platzes gelangt man zu dem etwas tiefer gelegenen Lagerhausviertel **Atarazana.** Auch dieser Gebäudekomplex zeigt sich nach einfühlsamen Restaurierungsmaßnahmen wieder in seinem ursprünglichen Zustand. Restaurants, kleine Kunstgalerien und Souvenirläden beleben die niedrigen weißgetünchten Häuser an den abwärtsführenden Treppengassen. Auch das Denkmalschutzamt (Patrimonio Cultural) hat seinen Sitz in einem der restaurierten Lagerhäuser. Durch die Puerta de la Atarazana erreicht man das untere Flußufer mit einem langgestreckten Hafenkai. Linker Hand ist, etwa 300 m entfernt, der lebende Überrest einer Ceiba – eines Kapokbaumes – zu sehen, an der Columbus seine Schiffe vertäut haben soll.

Geht man den gleichen Weg zurück – vorbei am Alcázar bis zur Calle Isabel Católica – so stößt man auf eine weitere lohnende Sehenswürdigkeit, die **Casa del Cordón.** Einer der ersten westindischen Siedler, Don Francisco de Garay, ließ sie bereits im Jahre 1503 erbauen, und so ist die Casa del Cordón heute das älteste Steingebäude Amerikas, das nach der europäischen Entdeckung errichtet wurde. 1504 ging der Bau als Geschenk des Besitzers an Diego Colón, den ersten Vizekönig, und seine Frau, Maria de Toledo, über. Das Paar residierte in diesem Haus bis zur Fertigstellung des Alcázar. In der Casa del Cordón mußten sich 1586 auch die noblen Damen der Stadt einfinden, um dem englischen Piraten Francis Drake ihren gesamten Schmuck als Lösegeld auszuhändigen. Zusätzlich beschlagnahmte der »Pirat der Königin« (der englischen Königin Elisabeth I.) das ganze Haus, und zwar für die Dauer der Okkupation von Santo Domingo.

Nachfolgende Generationen veränderten das Gebäude zwar, ließen seine architektonische Substanz aber unangetastet. Nach Abschluß umfangreicher Wiederherstellungsarbeiten im Jahre 1974 bietet sich die Casa del Cordón heute in ihrer alten Pracht dar: Die im Stil der isabellinischen Spätgotik gestaltete Fassade wirkt durch ihre schmucklosen Flächen eher schlicht; um so prägnanter kommt die ausgewogene Gestaltung des Portals (Farbt. 56) und des darüber befindlichen Fensters zur Geltung. Auffallendster Schmuck ist eine aufgesetzte Kordel zwischen Portal und Fenster, die zur Namengebung führte. Heute ist das Gebäude Sitz der Banco Popular; angegliedert ist ein Museum, das die Wohnkultur des 16. Jahrhunderts dokumentiert.

Einen Straßenzug weiter westlich, an der Calle Arzobispo Meriño, befindet sich die **Casa de Moneda.** Das einstöckige Gebäude wird von einem prächtigen Portal im plateresken Stil der zweiten Hälfte des 16. Jahrhunderts geschmückt. Den Rahmen bildet ein steinerner Schmuckfries mit fünf Medaillons, wovon das mittlere ein Porträt Karl V. trägt. Seit einer gründlichen Restaurierung im Jahre 1972 befindet sich in seinen Räumen ein Münzmuseum.

Auf die kurze Strecke zwischen Calle Tejera und Calle las Damas konzentrierten sich in den letzten Jahren die Restaurierungsarbeiten. Inzwischen ist fast der gesamte Straßenzug in seinem historischen Zustand wiederhergestellt worden. Am nördlichen Ende erstreckt sich ein großer Gebäudekomplex, der ursprünglich aus zwei Palästen bestand, dem der Königlichen Audienz (Farbt. 54) sowie dem der Generalkapitäne und Gouverneure der Insel. Beide sind im heutigen **kolonialgeschichtlichen Museum** vereint, das in einer interessanten Zusammenstellung Exponate aus den Bereichen der Kolonialkunst, Wohnkultur, Seefahrt und Handwerk zur Schau stellt. Die großflächige Fassade findet ihren oberen Abschluß in einem umlaufenden steinernen Gesims. Aufgelockert wird die Front durch ein schlichtes Portal mit schön verzierter Fensterbalustrade im plateresken Stil des spanischen Mutterlandes. Gegenüber, auf der Plazuela del Gobernador, zeigt auf einem steinernen Obelisk noch heute eine Sonnenuhr wie vor 300 Jahren die Zeit an; übrigens handelt es sich hier um die erste öffentliche Uhr der Stadt, da man aufgrund der Hurricangefahr auf Turmuhren verzichtete. Lohnend ist auch ein Besuch der angrenzenden Capilla de los Remedios.

Etwas weiter südlich auf der Calle las Damas befindet sich die **Casa de Ovando,** die den Namen des zweiten spanischen Gouverneurs der Insel trägt. Sie gehört ebenfalls zu den ältesten Gebäuden der Stadt, worauf schon das schöne spätgotische Portal hinweist. Die ungegliederte Fassade entbehrt sonst jeglichen dekorativen Schmucks. Vor einigen Jahren hat sich hinter den Mauern der Casa Ovando ein modernes Luxushotel etabliert.

Ebenfalls auf der Calle las Damas befindet sich nur wenige Schritte weiter südlich auf der gleichen Straßenseite die **Casa Bastidas,** ein palastartiger Bau mit arkadenumsäumtem Innenhof. Die modernisierten Räume beherbergen jetzt ein Keramikmuseum und eine ständig wechselnde Kunstaustellung.

Unmittelbar daneben schließt sich die älteste Befestigungsanlage der Stadt an, die **Fortaleza Ozama** mit dem Torre del Homenaje. Sie beherrscht den strategisch günstigsten Platz von Santo Domingo, das westliche Mündungsufer des Río Ozama mit seinem vorteilhaften Naturhafen. Oberhalb der von Bastionen bewehrten Festungsmauer erstrecken sich weite Rasenflächen und Parkanlagen. Direkt am Flußufer erhebt sich der **Torre del Homenaje** (Huldigungsturm; Farbt. 35), der eher einem kleinen Kastell gleicht und 1503 erstmals erwähnt wurde. Hinter meterdicken Mauern und in unterirdischen Verliesen wurden über zwei Jahrhunderte Indianer-Kaziken, Sklaven und Revolutionäre eingekerkert und oft grausamen Foltern unterworfen. Bezeichnenderweise war derselbe Bau auch Sitz des Inquisitionsgerichts. Heute ist der Torre del Homenaje jedem zugänglich; von der obersten Plattform bietet sich ein lohnender Rundblick über Hafen und Altstadt.

Nächstes Ziel ist der **Palacio de Borgella** auf der Ostseite der Plaza Maria de Toledo. Das Gebäude hat, ähnlich wie der Alcázar de Colón, eine zweistöckige Arkadenfront aus dem 18. Jahrhundert.

Schräg gegenüber der Calle Padre Billini zweigt ein schmaler, ebenfalls restaurierter Straßenzug mit Namen Callejón de las Curas ab; er mündet in einem kleinen Platz südlich der Kathedrale. Die niedrigen einstöckigen Häuser wurden schon kurz nach der Stadtgründung für Bedienstete der Kathedrale erbaut. Teils werden sie heute noch von der Kirche genutzt, wie die Rendantur an der Plazoleta, teils beherbergen sie Andenkenläden und Restaurants.

Etwas weiter westlich, an der Ecke Calle Padre Billini und Calle Arzobispo Meriño, trifft man auf die **Casa de Tostada** (Farbt. 55) mit ihrer restaurierten Eckfront. Das Fenster über dem Portal ist in seiner oberen Partie mit spätgotischem Maßwerk verziert. Der Bauherr, ein gewisser Don Francisco de Tostado, soll ein hoher königlicher Bediensteter gewesen sein. Nach Abschluß der Restaurierungsarbeiten wurde hier 1970 ein sehr sehenswertes Familienmuseum, das Museo de la Familia Dominicana del Siglo XIX, eingerichtet. Die Calle Arzobispo Meriño mündet nur zwei Straßenzüge weiter in südlicher Richtung in eine der schönsten Küstenstraßen, die **Avenida George Washington.** Gleich rechts, direkt am Steilufer, erhebt sich ein modernes Monument, die Statue des Abtes Antonio Montesino, der ein Mitstreiter von Bartolomé de las Casas war. Im Foyer erinnert eine Tafel an die Einweihung des Denkmals, sie erfolgte 1982, als der damalige mexikanische Staatspräsident López Portillo die Dominikanische Republik besuchte.

Schräg gegenüber auf der Landseite sind die Überreste der **Bastion San José** zu erkennen. Recht gut erhaltene Befestigungsanlagen bilden den westlichen Abschluß der Altstadt. Parallel zur Calle Palo Hincado sind noch große Teile der ehemaligen Stadtmauer zu sehen, die von zwei Stadttoren durchbrochen wird, der **Puerta de la Misercordia** und **Puerta del Conde.** Letzteres ist Teil eines kleinen Parks, dessen Mittelpunkt das nationale Pantheon bildet. An dieser Stelle wurde am 27. Februar 1844 die Republik proklamiert. Heute ist die Puerta del Conde das Tor zum modernen Santo Domingo, das sich mit wachsender Geschwindigkeit nach Westen ausdehnt. Ein etwa 15minütiger Fußweg führt in nordwestlicher Richtung zum **Palacio Nacional,** einer verkleinerten Nachbildung des Washingtoner Capitols aus den dreißiger Jahren.

Weiter westlich, bequem per Stadtbus erreichbar, liegt die **Plaza de la Cultura.** Dem Beispiel anderer lateinamerikanischer Staaten folgend entstand hier, eingebettet in weiträumigen Parkanlagen, ein großzügiges Kulturzentrum. Mittelpunkt ist das architektonisch avantgardistische Nationaltheater, das zu den größten Theaterbauten überhaupt gehört. Im selben Komplex kann man vier Museen besuchen, das **Museo Arte Moderno,** das **Museo Hombre Dominicano** mit einer großen archäologischen Sammlung präkolumbischer Kulturen (Abb. 29–33), das **Museo Historia Natural** und das **Museo Geografia e Historia.**

Santo Domingo im 18. Jahrhundert

Über die Avenida Máximo Gómez erreicht man die Avenida Washington, die als breite Uferpromenade über etwa 15 km parallel zur Meeresküste verläuft. Sie führt zum **Centro de los Héroes,** das während der Trujillo-Ära als monumentales Regierungsviertel entstand. Am nördlichen Stadtrand liegen der großzügig angelegte **Botanische Garten** mit einer Fläche von ca. 180 ha und der nur wenig kleinere **Zoo** mit weitläufigen Freigehegen.

Schließlich muß noch der **Faro de Colón** im östlichen Stadtteil Villa Duarte erwähnt werden, wo auf der Grundfläche eines 800 m langen Kreuzes eine Columbus-Gedenkstätte errichtet wurde.

Das Hinterland

Verglichen mit Santo Domingo ist die Provinz überaus arm an historischen Bauwerken. Als erste Stadtgründung und Hauptstadt der Neuen Welt entwickelte sich Santo Domingo zu einer Metropole, die im Hinterland keine Konkurrenz aufkommen ließ. Weitere Gründe, die sich erschwerend auf die Entstehung neuer Siedlungen auswirkten, waren Auseinandersetzungen mit Indianern sowie Piratenüberfälle, die den Bau umfangreicher Befestigungsanlagen notwendig gemacht hätten. Schließlich verlor Hispaniola schon bald nach der Entdeckung des amerikanischen Festlandes an wirtschaftlicher Bedeutung. Außer der Hauptstadt Santo Domingo sind daher nur drei weitere Städte, La Vega, Santiago de los Caballeros und Higüey zu nennen, die es aber kaum über ein provinzielles Schattendasein brachten.

Verheerende Erdbeben, besonders das von 1842, Hurricans und Feuersbrünste vernichteten nahezu alles, was dort in den vergangenen Jahrhunderten erbaut wurde. Nur die Wallfahrtskirche **Nuestra Señora de la Altagracia in Higüey** hat die vier Jahrhunderte seit ihrer Erbauung ohne große Veränderungen überstanden. Ihre Grundsteinlegung erfolgte vermutlich im Jahre 1569, nachdem sich Higüey seit 1514 zum bedeutendsten Wallfahrtsort der Insel entwickelt hatte. Unverkennbar ist die architektonische Verwandtschaft des einschiffigen Kirchenbaus mit polygonaler Apsis und zentraler Kuppel mit Santa Bárbara in Santo Domingo, die etwa zur gleichen Zeit entstand. Seit einigen Jahren ist ein monumentaler Neubau zum Ziel für die Wallfahrer, aber auch für Liebhaber moderner Baukunst geworden. Parabelförmige Spannbetonbögen mit farbigen Glaswänden bilden einen Vertikalraum, der im neuzeitlichen Kirchenbau einmalig ist. Ein alles überragender Betonbogen, in dessen unterem Geschoß Glocken sowie ein großes Glockenspiel untergebracht sind, ersetzt den Kirchturm. Die alljährlich am 21. Januar stattfindenden Wallfahrten zu Ehren der Nuestra Señora de la Altagracia gehören zu den größten Festveranstaltungen des Landes.

Wer in der Dominikanischen Republik abwechslungsreiche Landschaften sucht, kommt voll auf seine Kosten. Ein gut entwickeltes Straßennetz verbindet fast alle landschaftlichen Sehenswürdigkeiten.

Im westlichen Teil der Inselrepublik erstrecken sich die Gebirgszüge der Cordillera Central und der Sierra de Baoruco. Sie sind von Azua, Barahona und Constanza zu erreichen. Besonders empfehlenswert sind Bergtouren von la Ciénaga aus zu den Dreitausendern Pico Duarte und Pico de Yaque. Von Barahona aus führt der Weg durch fruchtbare Ebenen zum 30 km langen Lago Enriquillo und an die haitianische Grenze. Die fruchtbarsten Anbaugebiete befinden sich zwischen der Cordillera Central und der Cordillera Septentrional. Dort liegt auch Santiago de los Caballeros, die zweitgrößte Stadt der Dominikanischen Republik.

Abwechslungsreich ist auch die Küstenlandschaft im Norden der Insel, die eine Vielzahl schöner Strände aufweist. Puerto Plata, Sosúa und Samaná auf der gleichnamigen Halbinsel haben sich in den letzten Jahren zu großen Fremdenverkehrszentren entwickelt. Der flach auslaufende Ostteil der Insel ist vom Tourismus noch wenig berührt, wenn man von dem neuen Ferienzentrum in La Romana absieht. Weite Zuckerrohrplantagen und Reste der ursprünglichen Bewaldung bestimmen dort die Landschaft. Ganz im Osten der Insel, bei Boca de Yuma, wurde 1975 der Parque Nacional del Este zum Schutz der reichhaltigen Tier- und Pflanzenwelt angelegt. Recht unberührt ist auch heute noch die Isla Saona mit ihren vorgelagerten Korallenriffen.

Haiti

Geographischer und geschichtlicher Überblick

Haiti, der älteste unabhängige Staat Westindiens, nimmt den westlichen Teil Hispaniolas ein (s. Karte S. 235). Mit einer Fläche von 27750 qkm ist es wesentlich kleiner als die benachbarte Dominikanische Republik. Die geographische Gliederung Haitis ist weitaus stärker ausgeprägt als die des Ostteils der Insel.

Die beiden westlichen Zipfel sind Ausläufer der über die ganze Insel verlaufenden Faltengebirge. Die südliche Halbinsel, gebildet vom Massif de la Selle und Massif de la Hotte, erstreckt sich über eine Länge von fast 300 km. Weniger stark ausgeprägt ist die nördliche Halbinsel, die durch Auffaltungen des Massif du Nord Ouest und Massif du Nord entstanden ist. Beide bilden die Begrenzung des tief in die Insel ragenden Golfe de Gonaïves, an dessen östlichem Ende die Hauptstadt Port-au-Prince liegt. Im gleichen Golf befindet sich die gebirgige, etwa 60 km lange Insel Gonâve.

Auch die östlichen Regionen Haitis werden von Ausläufern der dominikanischen Faltengebirge (Massif du Nord, Chaîne des Matheux, Massif de la Selle) durchzogen, die Höhen von 2680 m erreichen. Nur gering ist der Anteil an Ebenen, die sich zwischen den Gebirgszügen und entlang der Nordküste erstrecken. Die größte wird von den Niederungen des Rivière del Artibonite gebildet, wo sich auch die wichtigsten Anbaugebiete konzentrieren. Von der ursprünglichen Bewaldung haben sich nur noch wenige Restbestände in unzugänglichen Bergregionen erhalten. Weite Gebiete sind durch Entwaldung bereits verkarstet, besonders in den niederschlagsarmen Regionen im Nordwesten von Haiti. Schließlich verdienen zwei Inseln Erwähnung, die vor der Nordküste gelegene Ile de la Tortue und die der Südküste vorgelagerte Ile à Vache, die beide als bedeutende Piratenstützpunkte in die karibische Geschichte eingegangen sind.

Kaum ein anderer Inselstaat der Karibik erscheint dem europäischen Besucher so fremdartig wie Haiti. Kein anderer Staat der Neuen Welt weist einen derartig hohen Anteil an Bewohnern afrikanischer Abstammung auf, und nirgendwo sind Traditionen und Glaubensvorstellungen des Schwarzen Erdteils so tief verwurzelt.

Wie im Kapitel über die Dominikanische Republik nachzulesen ist, waren die Urbewohner der Insel Indianer. Sie erlitten jedoch das gleiche Schicksal wie ihre Stämme auf den Nachbarinseln, die spanischen Eroberer rotteten sie total aus. Mit dem 6. Dezember 1492 beginnt das europäische Kapitel der Geschichte Haitis: Columbus ging in der Nähe des Ortes, der heute Môle St. Nicolas heißt, im äußersten Nordwesten der Insel vor Anker. Dort kam es auch zu ersten, zunächst friedlichen Kontakten mit den Taino-Indianern. Der Kazike Guacanagari schenkte Columbus einige Goldkörner, und einer seiner Gefolgsleute berichtete ihm, daß man an den Stränden weiter im Osten das gelbe Edelmetall aus dem Sand sieben könne. Columbus' Hoffnungen, auf dieser Insel Gold zu finden, wurden jedoch durch ein Ereignis getrübt, das sich wenige Tage nach der Weiterfahrt ereignete. Sein Flagg-

90 Castillo del Morro in Havanna, Cuba
◁ 89 Eingang zum Castillo del Morro in San Juan, Puerto Rico
91 Fort Charles in Port Royal, Jamaica

92 Brimstone Hill-Festung auf St. Kitts

94 Festung in Cojimar, Cuba ▷

93 Brimstone Hill-Festung auf St. Kitts

HABANA

95 Gravur einer Kanone auf der Citadelle La Ferrière, Haiti

96 Kanone auf dem Castillo San Cristóbal in San Juan, Puerto Rico

97 Brimstone Hill-Festung auf St. Kitts

98 Mauerwerk aus Korallengestein am Castillo Real Fuerza in Havanna, Cuba

100 Trafalgar Square mit Public Buildings in Bridgetown, Barbados ▷

99 Pulvermagazin in der Citadelle La Ferrière, Haiti

101 Trafalgar Square mit Public Buildings in Bridgetown, Barbados

102 Innenstadt mit Türmen der Kathedrale von St. John's, Antigua

103 Altstadt von Santiago, Cuba

104 Innenstadt von Cap Haïtien, Haiti

106 Paseo Martí mit Teatro Garcia Lorca in Havanna, Cuba ▷

105 Binnenhafen von Bridgetown, Barbados

HOTEL
INGLATERRA

108 Markthallen in Castries, St. Lucia

◁ 107 Häuser an der Plaza Vieja in Havanna, Cuba

109 Markthalle in Pointe-à-Pitre, Guadeloupe

110 Brunnen am Victoria Park in Kingston, Jamaica

111 Straße in der Altstadt von Pointe-à-Pitre, Guadeloupe

112 Breedestraat in Willemstad, Curaçao

113 Innenstadt mit Kathedrale von Castries, St. Lucia

114 Public Buildings von Bridgetown, Barbados ▷

schiff »Santa Maria« strandete auf einem der Korallenriffe vor dem heutigen Kap Picolet. Nicht weit von dieser Stelle entstand unter Mithilfe der Indianer die erste europäische Siedlung in der Neuen Welt, die 39 zurückgelassenen Besatzungsmitgliedern eine Unterkunft bieten sollte. Vom Schicksal dieser Siedlung wurde bereits im Kapitel über die Dominikanische Republik berichtet.

Für das restliche Jahrhundert liegt die Geschichte des Westteils Hispaniolas völlig im dunkeln, weil sich die kolonialen Interessen Spaniens nach Osten verlagerten; dort lag die neugegründete Hauptstadt Santo Domingo. Im 17. Jahrhundert nahmen die französischen Corsaren die im Norden vorgelagerte Insel Tortuga (Ile de la Tortue) in Besitz und bauten sie zu einem Piratennest aus. Auch englische und holländische Freibeuter errichteten in den unzugänglichen Küstenregionen des nordwestlichen Teils Hispaniolas Stützpunkte, um von dort aus gegen die gold- und silberbeladenen Flotten Spaniens zu operieren.

Allmählich drangen französische Siedler in den Norden der Insel vor und legten auf dem fruchtbaren Boden Tabakpflanzungen an. So bahnten sich in diesem fast herrenlosen Inselteil Veränderungen an, die Spanien als eigentliche Kolonialmacht kaum beeinflussen konnte. Diese Lage machte sich Frankreich 1640 mit der Annexion der Ile de la Tortue zunutze, und es gewann damit eine günstige Ausgangsposition für weitere Eroberungen auf Hispaniola. 1697 wurde Spanien durch den Vertrag von Rijswik schließlich gezwungen, den Westteil Hispaniolas an Frankreich abzutreten.

Durch die großräumige Erschließung des überaus fruchtbaren Bodens in weiten Teilen der Insel entwickelte sich der neue französische Besitz mit dem Namen Saint Domingue zur reichsten Kolonie Westindiens. Bei einer 1790 durchgeführten Erhebung wurden 792 Zukkerrohrplantagen, 705 Baumwoll-, 3097 Indigo- und 2810 Kaffeepflanzungen gezählt. Die stürmische Entwicklung der Landwirtschaft erforderte eine ständig wachsende Einfuhr von Negersklaven, die hauptsächlich aus dem heutigen Benin, aber auch aus Guinea, Senegal und dem Kongo stammten. 1789 zählte man etwa 500000 Negersklaven, 25000 Mulatten und 30000 Weiße. Die wenigen noch überlebenden Indianer gingen – wie schon im spanischen Ostteil der Insel – an den Folgen der Frondienste und an eingeschleppten Krankheiten zugrunde. Der berüchtigte Code Noir von 1685 setzte die Sklaven völlig der Willkür ihrer Besitzer aus und bewirkte eine zunehmende Fluchtbewegung in die unzugänglichen Gebirgsregionen. Dort bildeten die entlaufenen Sklaven, »Marrons« genannt (aus dem spanischen Cimarrón = wilder Mann), Banden, die sich allmählich zu Widerstandsgruppen zusammenschlossen und später maßgeblich an der Befreiung des Landes beteiligt sein sollten. Einer ihrer Anführer war der legendäre Freiheitskämpfer Toussaint L'Ouverture.

Die französische Revolution im Jahre 1789 wurde auch auf Haiti zum Fanal für die ersten größeren Aufstände. Ein Jahr später erhoben sich die Mulatten, die »Libres« genannt wurden, weil sie bereits aus der Sklaverei entlassen waren. Sie forderten auch für die schwarze Bevölkerungsmehrheit eine Verwirklichung der Ideale der Revolution und die Befreiung von der kolonialen Bevormundung durch Frankreich. Frankreich war durch die Folgen der Revolution auch militärisch stark geschwächt, und diesen günstigen Umstand nutzte einige Monate später der Vodou-Priester Boukman zur Entfesselung eines weiteren Aufstands, in dessen Verlauf die Freiheit der Negersklaven unter großen Opfern erkämpft wurde. Dies veranlaßte wiederum die Plantagenbesitzer, England um Hilfe zu bitten, und 1793 landeten englische Truppen auf der Insel. 1795 mußte Spanien nach dem Friedensvertrag von Basel auch die Osthälfte Hispaniolas an Frankreich abtreten, die es aber im Verlauf der Napoleonischen Kriege zurückgewann.

Nach der englischen Intervention verbündete sich der nunmehr zum Führer der Farbigen aufgestiegene Toussaint L'Ouverture mit Frankreich und verdrängte 1798 die Engländer wieder von Hispaniola. Drei Jahre später verkündete er eine neue Verfassung und sagte sich von Frankreich los. Daraufhin entstandte Napoleon 79 Schiffe mit 40000 Soldaten und brachte die verlorene Kolonie wieder unter seine Kontrolle. Toussaint L'Ouverture geriet durch den Verrat seiner Mitkämpfer Henri Christophe und Jean-Jacques Dessalines in französische Gefangenschaft und wurde in Ketten nach Frankreich deportiert, wo er 1803 umkam. Im gleichen Jahr kapitulierten die Franzosen nach der verlorenen Schlacht von Vertières und mußten die Insel endgültig verlassen. Nur etwa 2000 Überlebende der durch das Gelbfieber erheblich dezimierten Invasionsstreitmacht traten die Heimreise an.

Der leidvolle Weg des Inselstaates war weiterhin durch Despotie, gewaltsame Umstürze und Bürgerkriege gezeichnet. Am 1. Januar 1804 rief Jean-Jacques Dessalines in Gonaïves den ersten Negerfreistaat der Welt aus, der von nun an den alten Namen Haiti tragen sollte. Sich selbst ernannte er zum Gouverneur auf Lebenszeit und wenig später, dem Vorbild

Schloß Sanssouci in Milot nach der Zerstörung durch ein Erdbeben

Napoleons folgend, zum Kaiser. Aber schon 1806 wurde er durch eine Revolte gestürzt; man rief erneut die Republik aus. Henri Christophe ließ sich zum Präsidenten wählen, geriet aber bald darauf in kriegerische Auseinandersetzungen mit seinem Gegner Sabes Pétion. Haiti zerfiel daraufhin in zwei Teilstaaten, von denen der nördliche zum Herrschaftsbereich von Henri Christophe wurde. Er errichtete dort eine Monarchie und ließ sich zum König Henri I. krönen. Trotz der erdrückenden Entschädigungsforderungen der Franzosen in Höhe von 150 Millionen Goldfranken begann König Henri I. ein Leben in absolutistischer Manier zu führen. Nach dem Vorbild französischer Schlösser entstanden in Milot der Palast Sanssouci sowie acht weitere mit allem erdenklichen Pomp ausgestattete Residenzen. Ein König muß Adelige um sich haben, und so kreierte Henri I. z. T. skurrile Titel, wie beispielsweise »Duc de la Limonade«, »Prince Sale Trou«, »Chevalier de Coco« und »Comte de la Marmelade«. Getrieben von der Furcht vor einer erneuten französischen Invasion – Haiti schuldete Frankreich noch immer die geforderten Entschädigungszahlungen – ließ er unweit von Milot im unzugänglichen Bergland eine der gewaltigsten Festungen erbauen, über die später ausführlicher zu berichten sein wird. Henri Christophe setzte seinem Leben im Zustand geistiger Umnachtung ein Ende.

Als großer Staatsmann und Demokrat ging dagegen Pétion in die Geschichte Haitis ein. Mit Hilfe von Bodenreformen versuchte er eine gerechtere soziale Ordnung zu schaffen, um die politischen Verhältnisse in dem von ihm regierten südlichen Teilstaat zu stabilisieren. Er war auch ein Freund des südamerikanischen Freiheitskämpfers Simón Bolívar und unterstützte diesen bei seinen Befreiungskriegen. Nach seinem Tod im Jahre 1818 wurde Jean Pierre Boyer sein Nachfolger, der sich die Vereinigung der gesamten Insel zum Ziel gesetzt hatte. Er gewann den Nordstaat zurück und okkupierte 1822 die eben von Spanien unabhängig gewordene Dominikanische Republik. Die immer noch an Frankreich zu entrichtenden Entschädigungszahlungen zwangen ihn zu drastischen Sparmaßnahmen, die unter der Bevölkerung große Unzufriedenheit auslösten. Mit seiner Flucht nach Jamaica entzog er sich 1843 der Regierungsverantwortung. Durch die Wahl des Mulatten Faustin Soulouque im Jahre 1847 stabilisierten sich die politischen Verhältnisse vorübergehend. Aber auch dieser verfiel dem Größenwahn und ließ sich ein Jahr später in Port-au-Prince zum Kaiser Faustin I. krönen. Seine Herrschaft endete 1859, als sein Generalstabschef Fabre Goffard gegen ihn rebellierte.

Die Kette der Umstürze riß bis in unser Jahrhundert hinein nicht mehr ab, und von der verlustreich erkämpften Freiheit spürte das Volk nach wie vor wenig. Haiti kümmerte als ärmstes Land der Karibik dahin. Die Situation verschlechterte sich noch, als das Land zum Spielball der Großmachtinteressen wurde.

Die politische Ohnmacht Haitis wurde deutlich sichtbar bei der Kapitulation vor der Kanonenbootpolitik des kaiserlichen Deutschland im Jahre 1897: Der deutsche Seemann Emil Lüders geriet in Haiti zu Unrecht in Haft. Zwei deutsche Kriegsschiffe liefen daraufhin Port-au-Prince an und erzwangen in einem auf vier Stunden befristeten Ultimatum die Freigabe des Häftlings sowie die Zahlung einer Entschädigung von 20000 US-Dollar und 21 Schuß Salut an die kaiserliche Flagge.

Bürgerkriegsähnliche Zustände, aber auch den Ausbruch des Ersten Weltkriegs nahmen die USA zum Anlaß einer Invasion Haitis. Sie hielten das Land bis 1934 besetzt, und in dieser Zeit kam es zu einer gewissen innenpolitischen und wirtschaftlichen Konsolidierung, die aber der überwiegend armen Bevölkerung kaum zugute kam.

Danach erlebte Haiti wieder eine Kette von Regierungskrisen. Allein von Dezember 1956 bis September 1957 wechselten fünf Regierungen, bis der Landarzt Dr. Francois Duvalier zum Präsidenten gewählt wurde. Besser unter dem Namen »Papa Doc« bekannt, entlarvte er sich bald als einer der rücksichtslosesten Diktatoren der Neuzeit. Mit brutaler Gewalt liquidierte er als Angehöriger der schwarzen Majorität die Führungsschicht der Mulatten, und eine große Flucht in das Ausland setzte ein. Duvalier bediente sich der Tontons Macoutes, einer Art Volksmiliz, deren Mordkommandos das Land terrorisierten. Haiti geriet in eine nahezu totale Isolation, da selbst die USA sämtliche Verbindungen abbrachen. Erst nachdem 1971 Jean Claude Duvalier, der Sohn des im gleichen Jahr verstorbenen Diktators, die Nachfolge angetreten hatte, begann sich die innen- und außenpolitische Lage zu entspannen. Durch das Angebot günstiger Investitionsmöglichkeiten und die Förderung des Tourismus versucht Claude Duvalier sein Land wieder dem Westen zu öffnen. Der immense Bevölkerungsdruck, die zunehmende Verkarstung des Bodens durch Brandrodung sowie krasse soziale Gegensätze bestimmen aber auch das heutige Bild Haitis, das nach wie vor das ärmste Land der Karibik ist.

Kunst und Kultur

Architektur

Im Gegensatz zur benachbarten Dominikanischen Republik weist Haiti keine Bauwerke aus der spanischen Kolonialperiode auf. Die Architekturgeschichte begann erst mit der französischen Besiedlung im 17. Jahrhundert. Da sich Haiti zu einer reinen Agrarkolonie entwikkelte, war die Zahl der Stadtgründungen gering. Häufige Zerstörungen durch Erdbeben, Hurricans und Piratenüberfälle sind weitere Gründe für die Armut an historischen Bauwerken. So wird das Bild der beiden bedeutendsten Städte Port-au-Prince und Cap Haïtien, der ältesten des Inselstaates, von der Architektur der letzten 150 Jahre bestimmt, die stark französische Züge aufweist. Dies zeigt sich in der neoromanischen und neobarocken Kirchenarchitektur sowie bei den vom Empire und Neoklassizimus geprägten Regierungsgebäuden der Hauptstadt.

Eine dem tropischen Klima angepaßte Bauweise läßt sich bei den Wohnbauten des 19. und beginnenden 20. Jahrhunderts mit ihren umlaufenden Balkonen, den glaslosen, mit Läden versehenen Fenstern und weit vorspringenden Dächern erkennen. Während der gleichen Periode entstanden die prachtvollen, mit reichem Holzzierrat versehenen Villen und Hotels (Hotel Oloffson in Port-au-Prince). Das technische Zeitalter fand seinen Ausdruck in der Eisenarchitektur des Marchè de Fer in Port-au-Prince und den Markthallen anderer Städte.

Die monumentalsten Bauwerke Haitis, die unter Henri Christophe, dem späteren König Henri I., erbauten Schlösser und Festungen, sind heute nur noch Ruinen. Sie entstanden während der ersten Jahrzehnte des vorigen Jahrhunderts, darunter das Schloß Sanssouci (Farbt. 48) in Milot, acht weitere Residenzen und die gewaltige Festungsanlage Citadelle La Ferrière (Farbt. 30 u. 31) unweit desselben Ortes. Als architektonische Vorbilder dienten barocke Bauwerke Frankreichs, wie Versailles und einige der Loire-Schlösser.

Zu erwähnen bleibt noch, daß in vielen der ländlichen Siedlungen indianische und westafrikanische Bautraditionen fortleben, so zum Beispiel im Gebiet um Gonaïves. Fast immer bestehen die lehmverputzten Wände (cailes) aus Strauch- und Astwerk oder einfach aus zusammengeflochtenen Palmwedeln. Die Dächer sind meist mit Stroh, Gras oder Palmblättern gedeckt; neuerdings verdrängt Wellblech immer mehr das ursprüngliche pflanzliche Baumaterial. Oft bestehen die Kleingehöfte aus einem Wohnhaus, einem Speicher sowie einer separaten, überdachten Kochstelle. Die Konstruktion der Küche, in der sich eine tischhohe Arbeitsplattform mit offener Feuerstelle befindet, ist wahrscheinlich indianischen Ursprungs. Ganz afrikanisch sind dagegen die Speicher, die in ähnlicher Bauweise noch heute bei den Fon oder Dogon in Westafrika zu sehen sind. Sie stehen auf vier ein- bis eineinhalb Meter hohen Pfählen, die auf halber Höhe dicke Wülste aus Lehm tragen, um das Eindringen von Vorratsschädlingen zu verhindern.

Bildende Kunst und Kunstgewerbe

Wenn von haitianischer Kunst die Rede ist, denkt man in erster Linie an die naive Malerei. Nirgendwo im karibischen Raum wird der Besucher so unmittelbar mit der Malerei konfrontiert wie in Haiti. Dies beginnt bereits bei der Ankunft – sei es im Hafen oder auf dem Flughafen von Port-au-Prince. Auch überall auf den Straßen, den Märkten und natürlich in den unzähligen Kunstgalerien trifft man auf ein Massenangebot an Bildern. Selbst Taxen und Busse sind in grellen Farben bemalt. Obwohl bestimmte Motive immer wieder auftauchen und auch die angewandten Techniken sich weitgehend gleichen, wirken die Bilder immer abwechslungsreich. Neben den reizvollen Motiven sind es vor allem die grellbunten, stark kontrastierenden Farben und die perspektivischen Vereinfachungen, die den Betrachter faszinieren. Fast alle Bilder entbehren der professionellen Darstellungsweise, es sind vielmehr Phantasie und natürliche Vorstellungskraft des Künstlers, die ihn bei seiner Malerei leiten. Die Themen der Bilder sind überwiegend aus dem täglichen Leben gegriffen, sie nehmen aber auch Bezug auf die Glaubenswelt des Vodou-Kultes.

Wie kam es zu einer derartigen Popularität der haitianischen Malerei und, wie ist diese weit über die Grenzen des Inselstaates hinausreichende Ausstrahlungskraft zu erklären? Es war der Amerikaner DeWitt Peters, der sich als Entdecker und Förderer dieser Kunst große Verdienste erwarb. Er kam 1943 als Kriegsdienstverweigerer aus den USA nach Haiti, um dort Englisch zu unterrichten. Als Laienkünstler fand er in seiner neuen tropischen Heimat eine Fülle neuer Anregungen, und auch die einheimische Malerei weckte sein Interesse. Auslösend für sein Engagement zur Förderung talentierter Künstler war der Kontakt mit

Philomé Obin, einem unbekannten Laienmaler aus Cap Haitïen. Ihn faszinierte die künstlerische Naivität und die in den Bildern zum Ausdruck kommende Unbefangenheit gegenüber etablierten Stilrichtungen und festgelegten Techniken. Es waren die stark kontrastierenden Farben, die Liebe zum Detail und auch die widersprüchliche Perspektiv- und Schattengestaltung, die seine Arbeiten als Werke der naiven Kunst auswiesen.

Nun machte sich DeWitt Peters auf die Suche nach weiteren Talenten, und der Erfolg blieb nicht aus. Zu seinen Entdeckungen gehören Künstler, deren Namen inzwischen weit über die Grenzen Haitis hinaus bekannt geworden sind, wie beispielsweise der frühere Lastkraftwagenfahrer Rigaud Benoît, der ehemalige Flugzeugmechaniker L'Ouverture Poisson und sein Hausgehilfe Castera Bazile. Ermutigt durch seine erfolgreiche Talentsuche gründete DeWitt Peters 1944 in Port-au-Prince das Centre d'Art, bestehend aus einer Künstlerschule, einer Galerie und einem Atelier. Der Name dieser Institution, die zur Keimzelle der modernen haitianischen Malerei wurde, sollte in die Kunstgeschichte eingehen. Er selber berichtet über die damalige Zeit in seinem Tagebuch:

»Was meine jungen haitianischen Mitarbeiter, Künstler und Intellektuelle und ich in jenen Tagen vor nun schon 10 Jahren aufregend erlebten, als wir genau diese Kunstrichtung förderten, war gerade die Entdeckung der großen Talente, die vernachlässigt in den sogenannten niederen Klassen schlummerten«.

Sein größter Erfolg bei der Talentsuche war zweifellos die 1945 erfolgte Entdeckung des in der modernen haitianischen Malerei wohl bekanntesten Künstlers Hector Hyppolite (1894–1948), eines Anstreichers und Vodou-Priesters.

1945 bis 1947 richtete das Centre d'Art in Cap Haïtien, St. Marc, Port-de-Paix und Bainet weitere Malschulen ein. In den Jahren 1945 und 1948 besuchte der bekannte Schriftsteller und Surrealist André Breton Haiti, um dort Studien für sein Buch »Der Surrealismus und die Malerei« zu machen. Auf einer 1947 von der UNESCO in Paris veranstalteten Ausstellung fand die junge haitianische Malerei erstmals großen internationalen Zuspruch. 1948 gelang ein weiterer Erfolg: in New York wurde ein Haitianisches Kunstzentrum eröffnet. Im gleichen Jahr erweiterte das New Yorker Museum of Modern Art seine Gemäldekollektion mit Werken von Philomé Obin und Jacques-Enguérraud Gourgue. 1949 erhielt eine Gruppe von Künstlern, darunter Philomé Obin, Rigoud Benoît und Castera Bazile, den Auftrag, die Chorwände der Episkopalkirche St. Trinité in Port-au-Prince mit Gemälden im Stil der naiven Malerei auszugestalten. Mit der Einweihung des Musée d'Art Haitienne du Collège St. Pierre in Port-au-Prince im Jahre 1962 konnte der Öffentlichkeit erstmals ein umfassender Überblick über das bisherige Kunstschaffen gegeben werden. Zehn Jahre später zog das Museum in einen Neubau auf dem Champs de Mars um. Ausstellungen in New York,

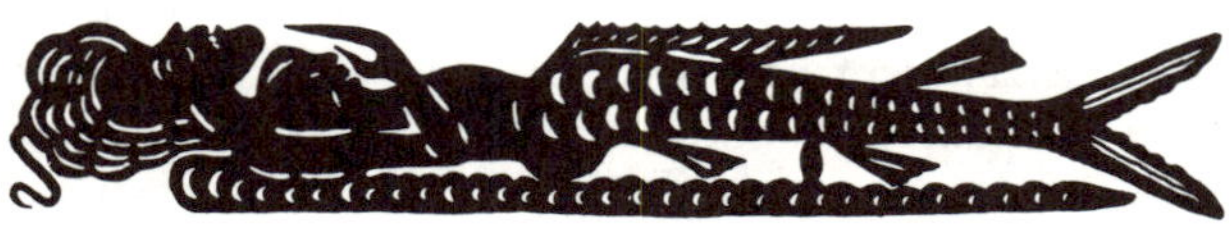

»Transformation«, gearbeitet aus dem Blech einer Öltonne, Serge Jolimeau, Haiti

Amsterdam, London, Berlin und Düsseldorf brachten der haitianischen Malerei noch größere internationale Anerkennung. Heute zählen neben den bereits genannten Namen auch die Künstler Bernard Wah, Jacques-Richard Chéry, Jasmin Joseph, Celestin Faustin und viele andere zu den großen Meistern der naiven Malerei, die über die Grenzen ihrer Insel hinaus Berühmtheit erlangten. Ihre Werke sind im internationalen Kunsthandel außerordentlich stark gefragt, so wurde kürzlich ein Werk von Hector Hyppolite für 70000 US-Dollar ersteigert.

Meist stellen die Künstler Begebenheiten aus dem täglichen Leben dar, wie Feldarbeiten, Volksfeste, Marktszenen, oft auch Motive aus dem Familienleben (Bazile, Desir, Etienne, Gerbier, Ph. Obin). Enge Verbindung zur Glaubenswelt des Vodou zeigen die Werke von Faustin, Pierre, Valcin und Hyppolite, die auch schon Vodou-Tempel mit Wandbildern ausstatteten. Besonders beliebt sind bei vielen Künstlern Darstellungen von Früchten, Blumen, Schmetterlingen und Vögeln, die oft in Farbe und Gestalt eine Steigerung ins Phantastische erfahren (Léontus, Joseph, S. Obin, Blanchard). Eine Sonderstellung nimmt Salnave Philippe-Auguste mit seinen eigenwilligen Farb- und Motivkompositionen ein. Es sind fast immer surrealistisch anmutende Dschungellandschaften mit Frauen, die auf seinen Bildern eine merkwürdige Symbiose mit Schnecken, Schlangen oder Schmetterlingen eingehen.

Mit sozialkritischen Themen befassen sich trotz der bedrückenden Armut ihres Inselstaates überraschenderweise nur sehr wenige Künstler. Zu dieser Minderheit gehört der 1951 in Milot geborene Max Gerbier. Expressionistisch-abstrakte Ausdrucksformen konnten sich wegen der alles dominierenden naiven Malerei bisher in der einheimischen Kunstszene nicht durchsetzen. Zu den wenigen Expressionisten zählen La Fortune Felix, Celestin Faustin und Robert St. Brice, deren Bilder aber mehr im Ausland Beachtung finden.

Da die Farbkontraste zum wichtigsten Gestaltungsmittel der haitianischen Malerei gehören, werden die Bilder überwiegend mit Öl-, Tempera- oder Wasserfarben angefertigt. Eine Besonderheit der naiven Kunst stellen zweifellos die Malereien auf den zahllosen Bussen dar, die man fast schon als eigenständige Kunstform betrachten kann. Der Themenvielfalt scheinen kaum Grenzen gesetzt zu sein. Die Seiten- und Rückfronten zeigen Darstellungen von Fußballspielen, Szenen aus der Bibel oder aus dem Vodou-Kult, daneben auch Blumenornamente, magische Symbole und Sprüche, mit denen auch noch die letzten freien Flächen ausgefüllt werden.

Neben der Malerei kommt den übrigen bildenden Künsten in Haiti nur wenig Bedeutung zu. Beachtenswert sind die Metallskulpturen des Künstlers Georges Liautaud, seines Schülers Serge Jolimeau sowie Murat Briérres Arbeiten. Letzterer schuf aus dem Blech alter Öltonnen eine sechsteilige Serie von Kruzifixen, auf denen die verschiedenen Leidensstationen Christi dargestellt sind.

Fast überall dort, wo Bilder angeboten werden, kann man auch Holzschnitzereien erwerben. In der Regel sind es in Serie angefertigte Symbolfiguren des Vodou-Kultes, Tierfiguren oder auch geschmackvolle Gebrauchsgegenstände wie Schalen, Löffel oder Leuchter.

Mit dem enorm wachsenden Angebot an naiver Malerei in Galerien, auf Straßen und Märkten, aber auch durch ihre internationale Anerkennung, verliert sie allmählich den

Charakter der Volkskunst. Einerseits ist eine gewisse Verflachung bei den für den touristischen Massenbedarf hergestellten Bildern unausbleiblich; in Haiti, einem der ärmsten Länder der Welt, ist der Erlös aus verkauften Bildern oft die einzige Einkommensquelle. Andererseits kann man die professionellen hochdotierten Maler kaum mehr zu den Laienkünstler des Inselstaates rechnen.

Nur wenige Besucher werden in Haiti die Gelegenheit ungenutzt lassen, als Souvenir ein Bild zu erwerben. Das Spektrum der Kaufmöglichkeiten ist – wie schon angedeutet – enorm, ebenso die Preisspanne, die von wenigen Dollar auf den Märkten und Straßen bis zu etlichen tausend Dollar in renommierten Kunstgalerien reicht. Den meisten Käufern fehlt beim Betrachten der zum Kauf angebotenen Bilder das Urteilsvermögen über deren Wert, und sie werden häufig Opfer von Schleppern, die gemeinsame Sache mit den Galeriebesitzern machen. So bleibt nur der Rat, sich entweder mit dem Kauf preiswerter, meist durchaus hübscher Bilder zu begnügen oder wirklich anerkannte Kunstgalerien aufzusuchen. Das Aushandeln der Preise ist bei jedem Bilderkauf unerläßlich! Die anfänglichen Forderungen liegen oft – wie auch die Erfahrungen auf den Märkten lehren – um mehrere hundert Prozent über dem tatsächlichen Wert. Beim Kauf von Bildern sind folgende Märkte und Galerien zu empfehlen:

Port-au-Prince
Marché de Mahagoni (Mahagoni-Markt)
Marché de Fer (Eisenmarkt)
Galerie Georg Nader, Rue Bonne Foi
Le Centre d'Art, Rue 22. Sept.

Pétionville
Galerie Panaméricaine, Rue Panaméricaine
Galerie Marassa, Rue Lamarre

Cap Haïtien
Galerie Marassa, Rue 5, Boulevard
Galerie Max Gerbier
Mahagony Factory

Literatur

Ohne Zweifel hat sich die haitianische Literatur in den letzten Jahrzehnten Weltruhm erworben. Namen wie Philippe Thoby-Marcelin, Jacques Stéphan Alexis und René Depéstre sind in die Gegenwartsliteratur der Dritten Welt eingegangen, und einige ihrer Werke wurden auch ins Deutsche übersetzt.

Die haitianische Literatur läßt sich bis in die französische Kolonialzeit zurückverfolgen, sie war aber damals das Privileg der weißen Siedler, denn sie allein waren des Schreibens und

Lesens kundig. Sie orientierten sich an den Vorbildern des französischen Mutterlandes, und es sind aus jener Zeit kaum Werke bekannt, die Bezug auf das damalige Haiti nehmen.

Erst nachdem Haiti 1804 unter großen Opfern seine Unabhängigkeit errang, war der Weg für eine eigenständige Literatur bereitet. Einer der ersten Dichter des Landes war der Vorromantiker Isaac Toussaint L'Ouverture (1782–1854), ein Sohn des gleichnamigen Freiheitskämpfers. Als sein bedeutendstes Werk gilt das 1828 in Paris veröffentlichte Epos »L'Haïtiade«, in dessen Oden die gewonnene Freiheit gepriesen wird. Unter dem noch frischen Eindruck des Unabhängigkeitskampfes setzte sich die nachfolgende Dichtergeneration mit historischen Themen ihres Landes auseinander. In diesem Zusammenhang sind zu nennen: Thomas Madiou (1814–1844) mit seinem dreibändigen Werk »Histoire d'Haïti« und Beaubrun Ardouin (1796–1865), dessen Werk »Etudes sur l'Histoire d'Haïti« elf Bände umfaßt. Einer der bekanntesten Lyriker der gleichen Epoche war Parnassien Oswald Durand (1840–1906), in dessen 1890 publizierter Sammlung »Rires et Pleurs« Gedichte, Lieder und Märchen in fast überschwenglicher Weise die Naturschönheiten und Menschen seines Landes preisen. Er gehörte auch zu den ersten Dichtern, die einige ihrer Werke im heimatlichen Créole-Dialekt veröffentlichten.

Aber erst durch die Erzählung begann die haitianische Literatur außerhalb der Landesgrenzen bekannt zu werden. Als einer ihrer Wegbereiter gilt Frédéric Marcelin (1848–1917) mit seinen beiden erfolgreichen Romanen »La Vengeance de Mama« und »Marilisse«. Einer der Begründer des Indigenismus war Philippe Thoby-Marcellin (Jahrgang 1904), der einer bekannten Dichterfamilie entstammte. Er löste sich von französisch-europäischen Vorbildern und fand immer stärkere Beziehungen zur afrohaitianischen Kultur. Seine bekanntesten Werke »Canapé-Vert« (1944) und »La Bête de Mussean« (1946) sind in mehrere Sprachen übersetzt worden, auszugsweise auch ins Deutsche. Einer der erfolgreichsten Erzähler Haitis war Jacques Stéphen Alexis (1922–1962), dessen Romane in zahlreichen Sprachen vorliegen. Schon früh schloß er sich der sogenannten Negritude-Bewegung an, die sich dem ländlichen Leben zuwandte und auf afrikanische Traditionen zurückbesann. Zu seinen bekanntesten Romanen, von denen deutsche Übersetzungen vorliegen, gehören die Titel »Compère Général Soleil« (»Es brennt wie Dornen im Blut«) und »Les Arbres Musiciens« (»Die singenden Bäume«). Später wandte er sich dem magischen Realismus zu, der den stärksten Ausdruck in seiner Novellensammlung »Romancero aux étoiles« findet. 1962 soll er unter der Duvalier-Diktatur ums Leben gekommen sein. Zu den Gegnern des jetzigen Regimes gehört auch René Depestre (Jahrgang 1926), der seit Jahrzehnten im Exil lebt. Ihn kann man zu den bekanntesten Gegenwartslyrikern der Dritten Welt rechnen. Seine bedeutendsten Werke »Etincelles«, »Gerbe de sang«, »Cantate d'Octubre« und »En état de Poesie« sind in fast allen Weltsprachen erschienen.

Musik

In keinem anderen Land Westindiens ist die Musikfolklore so stark von synkretistischen Religionen geprägt wie in Haiti. Der stärkste Einfluß geht dabei vom Vodou-Kult aus, den der französische Ethnologe Métraux treffend als »getanzte Religion« bezeichnet. Darüber wird noch ausführlicher im Abschnitt über die Kulte zu berichten sein. Die haitianische Musikfolklore hat aber nicht, wie die der meisten anderen Inselstaaten, in Europa Verbreitung gefunden.

Ihre Grundelemente leiten sich aus rituellen westafrikanischen Tänzen (Boumba, Kita und Zanvalu) ab. Aus diesen entwickelten sich die noch heute aufgeführten Vodou-Tänze Ka, Baboule und Asagwe. Letztere bilden wiederum die choreographische Basis der drei populärsten Tänze Haitis, die sich Calenda, Tumba und Merengue nennen. Diese enthalten aber auch Elemete europäischen Ursprungs, die sich von französischen Contre-Tänzen und Quadrillen ableiten. Großer Beliebtheit erfreute sich Anfang des vorigen Jahrhunderts im gerade selbständig gewordenen Haiti die Tumba Francesa. Dieser Paartanz in offener Haltung wurde von Gitarreninstrumenten, Trommeln und Schlaginstrumenten begleitet.

Etwa um die Mitte des letzten Jahrhunderts breitete sich der heute immer noch populäre Merengue auf Hispaniola aus. Dieser Tanz wurde u. a. durch die Contradanza Cubana geprägt, die sich selbst wiederum von der haitianischen Tumba Francesa herleitete. Der Merengue ist ebenfalls ein offen getanzter Paartanz und wird in einem sehr raschen, fast hastig wirkenden Rhythmus gespielt. Sein Name geht mit aller Wahrscheinlichkeit auf das französische Wort »Meringue«, eine weitere Bezeichnung für das Baiser-Gebäck, zurück. Wie auf Cuba die Habanera oder der Bolero, so entwickelte sich in Haiti der Merengue anfangs zur Salonmusik und wurde zu Beginn unseres Jahrhunderts in allen Volksschichten populär. Die Liedtexte sind oft erotischer Natur, geben aber auch Anekdoten wieder und enthalten ironische Anspielungen. Aus der benachbarten Dominikanischen Republik kommend, setzt sich als dominierendes Begleitinstrument allmählich das Schifferklavier durch, außerdem werden Trommeln, Rasseln und Schraper benutzt.

Kulte und Gebräuche

Das größte Feste mit folkloristischem Gepräge ist in Haiti, wie im gesamten karibischen Raum, der Karneval, der mit großen Umzügen am aufwendigsten in Port-au-Prince gefeiert wird.

Aus der Vielzahl der immer noch auf Haiti verbreiteten Volksbräuche können nur wenige herausgegriffen werden.

Als höchstes Familienfest gilt in Haiti die Hochzeit. In der Regel erfolgt die Eheschließung inoffiziell, d. h. ohne kirchliche und standesamtliche Trauung. Dies hat zwei Gründe: zum einen scheut man die hohen Kosten einer offiziellen Eheschließung, und zum anderen ist immer noch das »Concubinat du Femme Placée« verbreitet, das mit einer eheähnlichen Lebensgemeinschaft vergleichbar ist. Die Verlobung wird damit eingeleitet, daß sich ein Verwandter des Bräutigams die Heiratsabsicht vom Dorfschreiber in einem Brief formulieren läßt und damit an die Brauteltern herantritt. Dazu benutzt er ein speziell zu diesem Zweck gedrucktes Papier mit Blumenmustern und Heiratsmotiven. Den Brief legt man nun in ein kleines mit einer Seidenschärpe umhülltes Holzkästchen. Der Überbringer wird sehr entgegenkommend empfangen, ohne daß man über den Grund des Besuches spricht. Daraufhin folgt ein Gegenbesuch nach dem gleichen Zeremoniell, und die Ehe gilt als geschlossen. Eine solche Heirat schließt aber nicht das überall tolerierte Zusammenleben mit weiteren Frauen aus.

Wahrscheinlich geht diese Art der ehelichen Gemeinschaft auf afrikanisches Erbe zurück und wurde später von den weißen Kolonialherren bewußt gefördert, um allzu feste familiäre Bindungen zu verhindern. Die Rechte der Ehefrau sind überraschend groß, denn neben den Hausarbeiten und der Kindererziehung verwaltet sie auch das Geld. Verhängnisvoll wirkt sich die polygame Ehe bei der Verteilung der Erbschaft aus, denn laut Gesetz können außer den legitimen Söhnen alle männlichen Nachkommen der Nebenfrauen die gleichen Ansprüche erheben. Diese Art der Erbteilung führte zur Zerstückelung des Ackerlandes in immer kleiner werdende Parzellen.

Großen Aufwand betreibt man bei der Bestattung der Verstorbenen, und selbst die Ärmsten scheuen dafür keine Opfer. Um den Verstorbenen eine würdige Heimstätte zu bieten, sind die Gräber oft um vieles besser ausgestattet als die Hütten der Hinterbliebenen. Für den Ablauf der Trauerzeremonie ist meist ein Vodou-Priester verantwortlich. Gleich nach dem Tod des Familienangehörigen wird das Haus mit weißen Tüchern verhängt und der Verstorbene mit seinem besten Gewand bekleidet. Trotz des Schmerzes über den Tod herrscht bei

Vodou-Kult, magisches Symbol, Haiti

allen versammelten Familienangehörigen und Nachbarn auch Fröhlichkeit. Die ganze Nacht über wird getanzt, man spielt Domino oder Karten, und es werden Lieder gesungen und Geschichten erzählt. Darin drückt sich eine von unseren Vorstellungen abweichende Auffassung über den Tod aus. Der Tod bedeutet keine endgültige Trennung des Verstorbenen von den Hinterbliebenen. Er wird vielmehr als Übergang zu einem sorgenfreien Leben im Jenseits aufgefaßt, wo man sich wiedersehen wird. Am darauffolgenden Tag geleitet man den Toten in einem Trauerzug auf Umwegen zum Friedhof. Dies geschieht deshalb, damit er, falls ihm im letzten Moment noch das Unglück widerfährt in einen Zombie verwandelt zu werden, den Weg zurück zu seinem Haus finden kann. Die Trauerzeremonie endet mit dem Zurückrufen der Seele durch den Houngan, den Vodou-Priester, der sich dazu in eine Hütte einschließt, neben der ein Wasserbehälter steht. Dann ruft er die Seele des Verstorbenen herbei, bei deren Ankunft die Hinterbliebenen ein Schluchzen und Plätschern vernehmen. Nach einem längeren Zwiegespräch fährt nun die gereinigte Seele in den »Govi«, einen Tonkrug, der ihr als endgültiger Aufenthaltsort dient. Diesen Krug bewahren die Hinterbliebenen sorgfältig auf, um auch weiterhin Rat und Trost von der Seele zu erwarten.

In keinem Land der westlichen Hemisphäre sind synkretistische Religionen so tief verwurzelt wie in Haiti. Mehr als 90% der über 5 Millionen Einwohner bekennen sich zu solchen Religionen, obwohl sie fast ausnahmslos der katholischen Kirche angehören. Dies wird verständlich, wenn man bedenkt, daß Haiti nach wie vor der afrikanischste Staat der Karibik ist, und aus dem schwarzen Erdteil überlieferte Stammesreligionen auch heute noch die Glaubensvorstellungen wesentlich beeinflussen. Neben dem am stärksten verbreiteten Vodou-Kult kommt den übrigen Kultregionen nur eine geringe Bedeutung zu.

Ohne Zweifel dominieren im Vodou die Glaubensvorstellungen westafrikanischer Stammesreligionen, während katholische und vorkolumbische Einflüsse nur von untergeordneter Bedeutung sind. Die Herkunft der Bezeichnung Vodou ist umstritten. Sie könnte sich von der westafrikanischen Fon-Sprache ableiten lassen, bei der das Wort Vodou mit Gott oder Geist zu übersetzen ist. Da die meisten der nach Haiti verschleppten Negersklaven aus dem ehemaligen Dahomey (heute Benin) stammten, wurde von ihnen der Vodou-Kult am stärksten geprägt. Sie brachten den Rada-Kult mit, auf den sich die Mehrzahl der heute noch verehrten Gottheiten zurückführen läßt. Kontakte zwischen den entflohenen Negersklaven und verfolgten Indios fanden ebenfalls ihren Niederschlag im Vodou-Kult. Vermutlich sind viele der magischen Handlungen, wie beispielsweise das Streuen von Zaubersymbolen mit Sand oder Mehl indianisches Erbe. Christliche Einflüsse werden bei der Verehrung eines höchsten Schöpfergottes deutlich sowie bei der Verwandlung katholischer Schutzheiliger in Vodou-Götter (Loas).

Ob Vodou als monotheistische oder polytheistische Religion zu klassifizieren ist, bleibt umstritten. Die Hierarchie der Gottheiten läßt beide Deutungsmöglichkeiten zu. Um den höchsten Gott, den Papa maître, schart sich ein Pantheon sogenannter Loas, die eine ähnlich vermittelnde Stellung zwischen dem Hochgott und den Gläubigen einnehmen wie die Heiligen im Katholizismus. Ihre Gesamtzahl ist schwer zu erfassen, weil neben den bereits vorhandenen jede überragende Persönlichkeit zu einem neuen Loa werden kann, wie beispielsweise mit den haitianischen Freiheitshelden Henri Christophe, Toussaint L'Ouverture oder Alexandre Pétion geschehen. Die Loas haben ihren Ursprung in zwei Kulten, dem bereits erwähnten Rada-Kult aus Dahomey und dem später in Haiti entstandenen Petro-Kult. Während sich die Rada-Loas meist durch Güte und Friedfertigkeit auszeichnen, schreibt man den Petro-Loas gegenteilige Eigenschaften zu, nämlich Agression und Gewalttätigkeit. Möglicherweise ist der Petro-Kult als Reaktion der Negersklaven auf ihre rechtlose Situation zu verstehen, als ein Versuch, ihre Wehrlosigkeit zumindest im religiösen Denken zu kompensieren. Der Vodou-Priester – Houngan genannt – besitzt als Zeremonienmeister und Magier die höchste Autorität. Er allein kennt sich in der Welt des Übernatürlichen aus und ist Vermittler zwischen der Gemeinde und den Loas. Neben dem Houngan wirkt oft eine Priesterin – Mambo genannt – mit, die die Gläubigen empfängt und während der kultischen Handlungen betreut. Die Hounsi-canzo assistieren dem Houngan und begleiten die kultischen Handlungen mit Gesängen und Tänzen. Daneben gibt es noch den Hounguênicon, der den Tempel verwaltet. Oberstes Gebot für die Gemeinde ist die Verpflichtung zur gegenseitigen Hilfeleistung. Eine übergeordnete zentrale Verwaltung wie bei den großen Kirchen existiert nicht.

Als zentraler Ort für die Kulthandlungen dient der sogenannte Houmfô, ein großes Gebäude mit einem oft überdachten Innenhof, der als Peristyl bezeichnet wird. In seiner Mitte steht ein poteau-mitan genannter Pfosten, mit dessen Hilfe die Verbindung zwischen den Loas und den Gläubigen hergestellt wird. Die Zeremonien finden meist während der Nacht von Sonnabend auf Sonntag statt und sind in ihrer Bedeutung Gottesdiensten gleichzusetzen. Wichtige Anlässe sind beispielsweise Initiationen, d. h. Einführungen in neue Lebensabschnitte (Taufe, Erlangung der Geschlechtsreife, Hochzeit etc.). In kaum einer anderen Religion strahlen die kultischen Handlungen eine derartige starke suggestive Wirkung auf die Teilnehmer aus, die bei solchen Anlässen in einen Zustand von höchster Ekstase versetzt werden.

Jede Zeremonie beginnt mit der Anrufung des Loa Legba, des Hüters der Tore und Vermittlers zwischen Himmel und Erde. Anschließend wird die Fahne des Loa gebracht, der nun herbeigerufen werden soll. Um ihn zum Herabsteigen vom Himmel zu bewegen, werden ihm auf dem Altar (pê) seine Lieblingsgetränke in reich verzierten Flaschen und sogenannte »paquetes congo« (magische Päckchen) dargeboten. Währenddessen streuen die Hounsi-canzo mit Sand, Mehl oder Asche magische Symbole des angerufenen Loa auf den Boden.

Sodann schüttet der Houngan die Getränke in alle Richtungen. Dabei wird er von Asson-Rasseln (aus Kürbis, gefüllt mit Schlangenwirbeln) begleitet. Um den herbeigerufenen Loa in die gewünschte Stimmung zu versetzen, werden auch Tiere, meistens Hühner, geopfert. Höhepunkt der Kulthandlung ist die Crise de Loa, die Besitzergreifung eines der anwesenden Gläubigen durch den angerufenen Loa. Zweck der Crise de Loa ist die Heilung bzw. Vorbeugung gegen Krankheiten, die Befreiung von Psychosen und die Bitte um Glück. Neben der suggestiven Wirkung, die der Hougan ausübt, versetzen Alkohol und Drogen, aber auch unter dröhnender Trommelmusik aufgeführte Tänze (Ka, Baboule, Asagwe) die

Gläubigen in einen immer stärker werdenden Zustand der Ekstase. Die Trommeln symbolisieren nicht nur die Seele des Tanzes, sondern auch die Wohnstätten der Loas, weshalb man ihnen ebenfalls Speisen darbietet. Den drei unterschiedlichen Trommeltypen (Petit, Seconde, Manman) sind jeweils eigene Rhythmen zugeordnet, die sich beim Spiel zu einem Hauptrhythmus vereinigen und deren Beherrschung von den Trommlern große Fähigkeiten erfordert.

Die Crise de Loa setzt ein, wenn der angerufene Loa, der über den poteau-mitan unter die Gläubigen gelangt, sich durch die Vereinigung mit einem von ihnen manifestiert. Dies äußert sich in einem Zustand höchster Ekstase, in dem das motorische Nervensystem außer Kontrolle gerät und Symptome einer krankhaften Hysterie auftreten, wie beispielsweise das Zurückwerfen des Kopfes, Grimassen, Predigerstellung, Verkrampfungen und endlose Wiederholungsbewegungen. Danach verfällt der Gläubige allmählich in einen Trancezustand, in eine Verfassung völliger Erinnerungslosigkeit.

In diesem Zusammenhang sollen auch die aus Horrorfilmen bekannten Zombies nicht unerwähnt bleiben. Hierbei handelt es sich scheinbar um Verstorbene, die von Magiern, den Bocor, (nicht zu verwechseln mit den Vodou-Priestern) wieder zum »Leben« zurückgerufen werden. Es sind Fälle verbürgt, bei denen die Opfer in einen kataleptischen Zustand versetzt wurden. Anschließend sollen diese Zombies wieder zum »Leben erweckt« und für Sklavenarbeiten völlig gefügig gemacht worden sein.

Mehr in den Bereich des Geisterglaubens gehören die gefürchteten Zombie zobops, die das Land durchstreifen und ihre Opfer nicht nur in »Lebende-Tote«, sondern auch in Schlachtvieh verwandeln. Die manchmal auf Märkten angebotenen Päckchen mit Kräutern und Friedhofserde oder die von Priestern geweihten Hemden mit blauen, weißen, roten und gelben Streifen sollen einen wirksamen Schutz gegen den schrecklichen Zauberer Ouanga bieten, der seine Opfer in den Zustand der Paralyse und des Wahnsinns versetzt.

Einem Volksfest gleicht die nur einmal im Jahr stattfindende Zeremonie zu Ehren des Meeres-Loa Agwe. Um seine Gnade auch für das kommende Jahr zu gewinnen, wird eine Barke in seiner Lieblingsfarbe Blau angestrichen und mit seinen Symbolen bemalt. Danach wird sie mit Speisen, Champagner und einem blau gefärbten Hammel, der als Opfertier dienen soll, beladen. Unter Trommelbegleitung und Gesängen muß sich die Barke möglichst schnell entfernen, und niemand darf ihr nachblicken, damit Agwe bei seinem Mahl nicht gestört wird.

Der Vodou-Kult diente in der Vergangenheit auch politischen Zwecken. Der berüchtigte Diktator und Despot Dr. François Duvalier, der von 1957–1971 an der Macht war, wertete den Vodou zur Landesreligion auf und benutzte ihn als ideologischen Vorwand zur Liquidierung der Mulatten, die den Kult kaum ausübten. Vodou hat bis heute kaum an Einfluß auf die haitianische Bevölkerung verloren und wird nach wie vor in allen Teilen des Inselstaates praktiziert. Interessant ist die Tatsache, daß sich der Vodou während der letzten Jahrzehnte auch in den westafrikanischen Staaten Ghana, Togo, Benin und Nigeria ausgebreitet hat, dort also, wo seine religiösen Wurzeln liegen. Nach zuverlässigen Angaben zählt seine gegenwärtige Anhängerschaft in Afrika über 50 Millionen!

Einer wirklichen Vodou-Zeremonie beizuwohnen, ist für den Touristen sehr schwierig, weil dafür ein enger Kontakt zur einheimischen Bevölkerung Voraussetzung ist. Zwar werden immer mehr gestellte Vodou-Veranstaltungen als touristische Attraktionen angeboten, sie können jedoch bestenfalls das Bedürfnis vieler Besucher nach originellen Urlaubsfotos befriedigen und vermitteln nur einen oberflächlichen Eindruck von dieser Religion.

Städte und Landschaften

Port-au-Prince

Nur wenige Städte dieser Welt vereinigen in sich so viele Gegensätze wie Haitis Hauptstadt Port-au-Prince. Unübersehbare Elendsviertel beherrschen den Norden der Stadt, während sich im Süden die Prunkvillen der wohlhabenden Minderheit konzentrieren. Dazwischen erstreckt sich bis zum Hafen hinunter der Stadtkern mit seinen administrativen Gebäuden, Geschäftshäusern, Märkten und kulturellen Einrichtungen. Unmittelbar hinter der malerischen Bucht steigt das Gelände auf allen Seiten allmählich an, und die dicht besiedelten Hänge verleihen der Stadt das Aussehen eines Amphitheaters. Schon etwa 20 km weiter östlich erreicht die Bergkette des Massif de la Selle Höhen von über 2000 m.

Das genaue Datum der Stadtgründung läßt sich nicht mehr ermitteln. Nach der heute noch im spanischen gebräuchlichen Bezeichnung »Puerto Principe« und anderen Hinweisen zu urteilen, muß schon vor der französischen Inbesitznahme im Jahre 1697 an gleicher Stelle eine Siedlung existiert haben. Als offizielles Gründungsjahr gilt jedoch das Jahr 1749. Schon ein Jahr später löste Port-au-Prince die an der Nordküste Haitis gelegene Stadt Cap Français (heute Cap Haïtien) als Hauptsitz der französischen Kolonialverwaltung ab und wurde 1807 Hauptstadt der neugegründeten Republik.

Erdbeben, Hurricans und Feuersbrünste ließen von der alten Bausubstanz kaum etwas übrig. Fast alle Gebäude der Innenstadt stammen aus den letzten 150 Jahren, und noch wird das Stadtbild nicht durch moderne Hochhäuser gestört. Als Baumaterial verwendete man überwiegend Ziegelsteine. Vorbauten mit Arkaden, luftige Holzveranden und auch die mit Schnitzwerk verzierten Holzgiebel weisen auf den französisch-englischen Kolonialstil der Jahrhundertwende hin. Viele Repräsentationsbauten, wie der Regierungspalast, verschiedene öffentliche Gebäude und Kasernen, aber auch die Basilique Notre Dame, vereinigen in einer merkwürdigen Mischung unterschiedlicher Stilrichtungen architektonische Elemente, die Vorbildern aus der Alten Welt nachempfunden wurden. Mit seinem schachbrettartigen Straßennetz besitzt Port-au-Prince den gleichen Grundriß wie die meisten europäischen Stadtgründungen in der Neuen Welt. Die architektonische Vielfalt der oft ziemlich heruntergekommenen Gebäude harmoniert mit dem bunten Straßenleben. Die unzähligen Händler auf den Straßenmärkten (Abb. 15), uniformierte Schüler, die in grellen Farben bemalten Tap-Tap-Busse, die schwer definierbaren Wohlgerüche von Gewürzen und Obst, aber auch der Gestank von Abwässern gehören zu den bleibenden Erinnerungen an Port-au-Prince.

Port-au-Prince

1 Marché de Fer 2 Information 3 Ancienne Cathédrale 4 Basilique Notre Dame 5 Cathédrale Ste.-Trinité 6 Palais National 7 Mausolée de Dessalines et Pétion 8 Musée d'Art Haïtien 9 Centre d'Art 10 Cimitiére Extérieur 11 Théâtre de Verdure

Der Stadtrundgang des ausländischen Touristen beginnt fast immer damit, daß er sich der Schar jugendlicher Fremdenführer erwehren muß. Ihre Honorare sind zwar niedrig, zu ihren Diensten gehört aber auch, daß sie den ahnungslosen Touristen zum Einkauf in überteuerte Souvenirläden verleiten – natürlich gegen entsprechende Provision von Seiten des Händlers. Auch eine Einladung des Führers zum Essen kann aus gleichen Gründen recht teuer zu stehen kommen. Will man seinen Stadtrundgang ungestört fortsetzen, empfiehlt es sich, Verständigungsprobleme vorzutäuschen. Man sollte aber nicht vergessen, daß es in der Regel bittere Armut ist, die zahlreiche Kinder und Jugendliche dazu zwingt, sich als Fremdenführer anzubieten.

Für viele Besucher, darunter alle Kreuzfahrttouristen, beginnt der Stadtrundgang am Hafen, an der **Cité de l'Exposition,** die zwischen der Place de l'Italie, der Avenue Marie-Jeanne und dem Boulevard Harry Truman liegt. Hier fand 1949 anläßlich der 200 Jahrfeier von Port-au-Prince eine internationale Messe statt. Leider ist von der alten Pracht des ehemaligen Messegeländes nur noch wenig erhalten geblieben; die Gebäude wirken sehr verkommen, und während der Regenzeit machen Schlamm und Abwässer das Gelände oft unpassierbar. Man begibt sich daher besser gleich zum **Marché de Fer** (Farbt. 59), dem Eisenmarkt am Boulevard Jean Dessalines, der für viele Touristen als Hauptattraktion von Port-au-Prince gilt. Allein das 1889 errichtete Marktgebäude, dessen Haupteingang von zwei Minaretts flankiert wird, ist ein Kuriosum. Die Bauteile der vorgefertigten Eisenkonstruktion waren für die Verschiffung nach Indien bestimmt, sie gelangten aber versehentlich nach Port-au-Prince, und so erinnern noch heute die beiden Minaretts an das ursprüngliche Bestimmungsland. Überwältigend ist die Vielfalt der auf dem Markt angebotenen Waren. Man findet dort Lebensmittel aller Art, exotische Früchte, Gemüse und Gewürze in großer Auswahl, aber auch Haushaltsartikel, Bilder, Vodou-Zaubermittel und billige Importtextilien. An der Peripherie des Marktes haben sich ambulante Handwerker, aber auch Wahrsager und Quacksalber niedergelassen.

Interessant für Liebhaber von Kunstgewerbe und Malerei ist der nur zwei Straßenzüge weiter nördlich gelegene **Mahagoni-Markt.** Wie überall auf den Märkten muß man auch hier den Preis um mindestens die Hälfte herunterhandeln, denn die Händler setzen ihre Forderungen entsprechend hoch an.

Vom Marché de Fer aus gelangt man über die Rue Bonne Foi zur katholischen Bischofskirche, der **Basilique Notre Dame.** Auf dem Weg dorthin liegt das älteste Bauwerk der Stadt, die wegen Baufälligkeit geschlossene **Ancienne Cathédrale.** Sie wurde 1720 errichtet und besteht größtenteils aus Holz. Gleich rechts daneben erhebt sich die mächtige Doppelturmfront der weiß-rosa getünchten Basilique Notre Dame, bei der unverkennbar die Pariser Sacré Cœur Pate stand. Der lichte neoromanische Innenraum erinnert an eine französische Bischofskirche.

Folgt man von dort aus der Rue du Dr. Aubry und biegt dann links in die Rue Pavée, so trifft man auf die ohne Zweifel interessanteste Kirche der Stadt, die **Cathédrale Sainte Trinité,** auch Episkopalkirche genannt. Der schlichte Kirchenbau läßt kaum vermuten, daß sich in seinem Innenraum weltbekannte Wandbilder haitianischer naiver Maler befinden

(Farbt. 67 u. 69). Sie verdanken ihre Entstehung DeWitt Peters, dem Entdecker und Förderer dieser Kunstrichtung, der 1949 den Bischof von St. Trinité dafür gewinnen konnte, den Chorraum neu auszugestalten. Der Reiz dieser Wandmalereien liegt vor allem darin, daß die biblischen Ereignisse nach Haiti verlegt wurden, wobei Jesus und die Apostel als Neger und Mulatten dargestellt sind. Auch Anklänge an den Vodou-Kult sind unverkennbar. So stellt Castera Bazile in seinem Wandbild »Die Taufe« (linkes Seitenschiff) einen von den Anhängern des Vodou als heilig betrachteten Wasserfall dar. Im »Heiligen Abendmahl« von Philomé Obin erscheint Judas als schmächtiger Typ mit weißer Hautfarbe.

Die Wandmalereien befinden sich in folgenden Teilen der Kirche (die Namen der Künstler sind in Klammern angegeben):

Apsis
»Geburt Christi« (Rigaud Benoît)
»Kreuzigung« (Philomé Obin)
»Himmelfahrt« (Castera Bazile)

rechte Kapelle
»Das Wunder in Kanaan« (Wilson Bigaud)
»Die Flucht nach Ägypten« (Toussaint Auguste)
»Der Besuch« (Fernand Pierre)

linkes Seitenschiff
»Heiliges Abendmahl« (Philomé Obin)
»Taufe Christi« (Castera Bazile)
»Die Geldwechsler« (Castera Bazile)

rechtes Seitenschiff
»Adam und Eva« (Toussaint Auguste)
»Versuchung Christi« (Prêfet Dufaut)
»Die Prozession« (Prêfet Dufaut)
»Die Verkündigung« (Adam Léontus)

Wie in vielen anderen Kirchen setzt auch in Sainte Trinité die Orgel den Kontrapunkt zur Chorausstattung. Das dreimanualige Werk mit Hauptwerk, Brustwerk, Rückpositiv und zwei Pedaltürmen wurde 1961 von der österreichischen Firma Rieger Orgelbau errichtet, die sich auch bei uns durch hervorragende Orgeln, wie beispielsweise im Ratzeburger Dom, einen Namen machte. Die strenge Werkegliederung geht auf Bauprinzipien des 17. Jahrhunderts zurück, ebenso die Disposition der 48 Register mit Renaissance- und Barockstimmen (z. B. Krummhorn, Holzgedackt, Rohrflöte, Gemshorn, Mixtur und Zimbelstern). Ähnlich wie bei gotischen Flügelaltären kann das Hauptwerk geschlossen werden. Sowohl die Innen- als auch Außenseiten der Türen wurden von den Malern Seymour Bottex, Jasmin Joseph und Adam Léontus mit Bildern ausgeschmückt, die denen im gegenüberliegenden Chor ähneln.

Nur einen Straßenblock vom Sainte Trinité entfernt liegt in südlicher Richtung **das Regierungsviertel** mit seinen Repräsentationsbauten und nationalen Monumenten. Der zentrale Platz trägt den Namen **Place du Marron Inconnu,** mit dem der unbekannte Freiheitskämpfer (Marron) geehrt wird. Die 1967 auf dem selben Platz errichtete Statue stellt den Marron Inconnu dar, der seine Ketten gesprengt hat. Auf der Südseite dieses Platzes liegt das weiß getünchte **Palais National** (Abb. 64), das 1918 erbaut wurde und dem auf Lebenszeit ernannten Präsidenten Claude Duvalier als Residenz dient. In seiner Architektur erinnert es an das Kapitol in Washington und an das Petit Palais in Paris. Rechts von Palais National schließt sich ein kleiner Platz mit dem **Mausoleum der Freiheitskämpfer** Dessalines und Pétion an. Nördlich des Mausoleums liegt das Finanzministerium und südlich davon das

Justizministerium. Beide Gebäude sind in ihrer Überladenheit typische Repräsentationsbauten aus der Zeit um die Jahrhundertwende. Auf der Ostseite des Palais National erstreckt sich der parkartige **Place des Héros de l'Independance,** der jedoch meist noch mit seinem alten Namen als Champ de Mars bezeichnet wird (Abb. 73). An die Westseite des Platzes grenzt eine Armeekaserne, in der die Leibwache des Präsidenten stationiert ist. Erwähnenswert sind auch die dort aufgestellten Reiterstandbilder von Henri Christophe und Jean Jacques Dessalines. Kinderspielplätze, sowie rundum gelegene Lokale, Kinos und Hotels tragen zur Belebung des Platzes bis spät in die Nacht hinein bei. Gegenwärtig wird er nach Süden hin erweitert, wo sich das **Musée National** mit interessanten Sammlungen aus der Vorzeit und Kolonialgeschichte des Landes sowie Werken einheimischer Künstler befindet. Prunkstück des haitianischen Nationalmuseums ist der Anker des gestrandeten Columbus-Schiffes »Santa Maria«.

Der Weg führt nun weiter entlang der Rue Capois bis zu der Stelle, wo die Rue du 22 Sept. nach links abbiegt. Folgt man dieser, dann erreicht man nach etwa 15 Minuten Fußweg durch prächtige Villengebiete das weltbekannte Kunstzentrum **Le Centre d'Art,** das zur Keimzelle der modernen haitianischen Malerei wurde. Geht man dieselbe Straße wieder zurück bis zur Rue Capois, diese dann aber in entgegengesetzter Richtung, gelangt man zum berühmten **Grandhotel Oloffson,** dessen Schnörkelfassade mit hölzernen Türmchen und gußeisernen Balkonbalustraden den Villenbaustil der Jahrhundertwende widerspiegelt. Dieses Hotel ging durch Graham Greenes Roman »Die Stunde der Komödianten« sogar in die Weltliteratur ein. Er nennt es allerdings »Hotel Triton« und beschreibt es wie folgt:

»Die Architektur des Hotels war weder klassisch in der Art der 18. Jahrhunderts noch luxuriös im Stil des 20. Mit seinen Türmchen und Balkonen und Verzierungen aus Gitterwerk wirkte es nachts wie ein verwunschenes Haus ... Im Sonnenschein aber oder wenn zwischen den Palmen die Lichter brannten, sah es zerbrechlich und altväterlich und hübsch und lächerlich aus – eine Illustration aus einem Märchenbuch«.

Vom Hotel Oloffson aus setzt man den Rundgang entlang der Rue Alerte durch weniger wohlhabende Viertel zu dem weiträumigen **Cimitière Extérieur** fort, dem Hauptfriedhof von Port-au-Prince, wo sich einflußreiche Familien pompöse Grabdenkmäler errichten ließen. Anschließend verläßt man den Friedhof auf der Rue Denoux in Richtung des parallel zur Küste verlaufenden Boulevard Harry Truman. Wer an folkloristischen Vorführungen interessiert ist, biegt dort links in Richtung des **Théâtre de Verdure** ab. Nicht weit davon entfernt werden in einer großen Arena vor begeistert mitgehenden Zuschauern beinahe täglich Hahnenkämpfe veranstaltet.

Pétionville

Das ca. 9 km landeinwärts gelegene Pétionville läßt sich bequem per Taxi oder mit dem Tap-Tap-Bus erreichen. Schon wegen der landschaftlichen Schönheit lohnt sich der Besuch des von zahlreichen Künstlern bewohnten Vororts. Dort findet man neben Luxushotels auch preiswerte, in üppigen tropischen Gärten gelegene Pensionen mit schöner Aussicht auf das ca. 500 m tiefer liegende Port-au-Prince.

Kenscoff

Wer die Abkühlung sucht, setze seine Fahrt zum 15 km entfernten Kenscoff fort. Auf dem Weg dorthin sollte man unbedingt die **Destillerie Jane Barbancourt** besuchen, wo die Möglichkeit besteht, diverse Rum- und Likörsorten gratis zu probieren. Im Innenhof der Firma sind alte Siedekessel, Destillationsanlagen und Zuckerpressen ausgestellt, die einen Einblick in die frühere Rumfabrikation geben. Nur wenige Kilometer weiter hat man von dem fast 1000 m hohen **Aussichtspunkt Boutilliers** einen grandiosen Blick auf Port-au-Prince und den Golfe de la Gonâve. Die kurvenreiche Strecke setzt sich fort bis zum in 1500 m Höhe liegenden Kenscoff, das ein beliebter Erholungsort für hitzegeplagte Touristen und wohlhabende Bewohner von Port-au-Prince ist. Dort, wie auch auf der Anfahrtsstrecke sind die katastrophalen Ausmaße der Bodenerosion zu erkennen, die als Folge des großflächigen Brandrodungsfeldbaus entstanden.

Cap Haïtien

Im Norden Haitis ist die ehemalige Hauptstadt Cap Haïtien Ausgangspunkt für diejenigen Touristen, die zwei weit über die Grenzen Haitis hinaus bekannte Sehenswürdigkeiten besuchen wollen: die Schloßruine Sanssouci und die Citadelle La Ferrière. Oft liegen Kreuzfahrtschiffe auf Reede vor Cap Haïtien, um ihren Passagieren den Besuch dieser Stätten zu ermöglichen. Dann wird die Ruhe dieser beschaulichen Stadt für wenige Stunden durch Hunderte von Kreuzfahrttouristen gestört.

Vom Glanz vergangener Zeiten, als Cap Haïtien noch die Hauptstadt der französischen Kolonie Saint Domingue war, ist wenig geblieben. Trotzdem geben die engen Straßen, die meist zweistöckigen Häuser mit ihren umlaufenden Eisenbalkonen und rundbögigen Eingangstoren, die kleinen Handwerksbetriebe und Krämerläden Cap Haïtien den Charme einer französischen Kleinstadt (Abb. 104). Zentrum der knapp 80000 Einwohner zählenden Stadt ist die Place d'Armes mit der Präfektur und der mächtigen kuppelgekrönten Kathedrale. Sie ist, wie fast alle anderen Gebäude, nach dem verheerenden Erdbeben von 1842 neu errichtet worden.

Die Geschichte von Cap Haïtien reicht bis in das Jahr 1670 zurück, als französische Piraten von der Nachbarinsel Ile de la Tortue den Ort gründeten und ihm den Namen Cap-Français gaben. Günstige Anbaumöglichkeiten für Zuckerrohr, Handel und Schmuggel ließen den Ort rasch zu einer der reichsten Städte Westindiens werden. Dem schnellen Aufstieg folgte ein allmählicher Niedergang. Dazu trugen Feuersbrünste, Plünderungen und die Folgen der Befreiungskriege bei. Etwas Glanz kam nochmals über die Stadt, als die Schwester Napoleons, Pauline Bonaparte, von 1802 bis 1803 in Cap Haïtien weilte. Sie war die Gattin des französischen Generals Leclerc, der die Insel zurückerobern sollte. 1803 fiel die Stadt nach vergeblichen Abwehrkämpfen als letzte französische Besitzung in die Hände der Befreier.

Nachdem Henri Christophe sein eigenes Königreich im Norden der Insel gegründet und Cap Haïtien zur Hauptstadt ernannt hatte, erlebte es abermals eine kurze Periode des Aufstiegs. Seine Residenz ließ der selbsternannte König Henri I. in dem 20 km entfernten Ort Milot erbauen, wo ihre Ruinen noch heute an den Glanz der kurzen Regierungszeit erinnern. Das inmitten einer lieblichen Berglandschaft gelegene Schloß erhielt den Namen **Sanssouci.** Seine Reste vermitteln noch heute eine Vorstellung vom früheren Umfang der Residenz (Farbt. 48); allein das Hauptgebäude nimmt eine Fläche von 51 × 25 m ein. 1807 wurde mit den Bauarbeiten begonnen, und sechs Jahre später war der dreistöckige Prunkbau im Stil französischer Barockschlösser vollendet. An den architektonischen Aufwand erinnern noch heute die doppelte Freitreppe, die untere Arkadenpartie und das säulengeschmückte Portal. Ebenso großartig muß die innere Ausstattung gewesen sein. Es wird von wassergekühlten Marmorfußböden berichtet, von Wandverkleidungen mit kostbaren Gobelins, von Mahagonitäfelungen und reichen Stuckverzierungen. Schon bald nach dem Freitod des selbstherrlichen Monarchen konnte das Schloß bei der im Reich herrschenden Armut nicht mehr unterhalten werden und verkam allmählich. Das katastrophale Erdbeben von 1842 brachte auch Sanssouci zum Einsturz, und ein anschließender Brand vernichtete die gesamte Innenausstattung. Erhalten geblieben ist allein der interessante Kuppelbau der Chapelle Royale (Abb. 37), dessen Durchmesser und Höhe jeweils etwa 25 m betragen.

Das spektakulärste Bauwerk aus der Herrschaftszeit des Henri I. ist jedoch ohne Zweifel die 9 km entfernte **Citadelle La Ferrière** (Farbt. 30 u. 31) in den schwer zugänglichen Bergen des Massif du Nord. Man erreicht die ca. 900 m hoch gelegene Zitadelle entweder nach einstündigem Eselsritt oder benutzt für zwei Drittel des Weges einen Jeep und legt die restliche Strecke ebenfalls mit einem Esel zurück. Am eindrucksvollsten, aber auch am beschwerlichsten ist ein etwa dreistündiger Fußmarsch, der durch Bananenanpflanzungen und Kaffeeplantagen vorbei an Restwäldern und kleinen Gehöften führt. Der Anblick der mächtigen, hoch oben auf einem Berggipfel thronenden Festung ist faszinierend! Dieser Eindruck wird noch verstärkt durch die plötzlich auftretenden Wolkennebel, die den Bau zeitweise im Dunst verschwinden lassen. Während der Planung und des Beginns der Arbeiten am Festungsbauwerk im Jahre 1805 muß sich der Monarch bereits im Zustand geistiger Umnachtung befunden haben. Getrieben von der ständigen Furcht vor einer Rückeroberung Haitis durch die Franzosen und der Wiedereinführung der Sklaverei sollte ihm diese uneinnehmbare Festung jeden erdenklichen Schutz bieten. Mit entsprechend großem Aufwand wurden die Bauarbeiten vorangetrieben; Menschen und Baumaterial standen in ausreichender Zahl zur Verfügung. So wurden im Verlauf der dreizehnjährigen Bauzeit etwa 200000 Menschen zur Mitarbeit gezwungen, obwohl erst ein Jahr vor Baubeginn die Sklaverei im befreiten Haiti aufgehoben worden war. Die mörderische Tropenhitze, die körperliche Anstrengung beim Transport der riesigen Steinmengen und nicht zuletzt die Brutalität der Aufseher kosteten mehr als 20000 Leben.

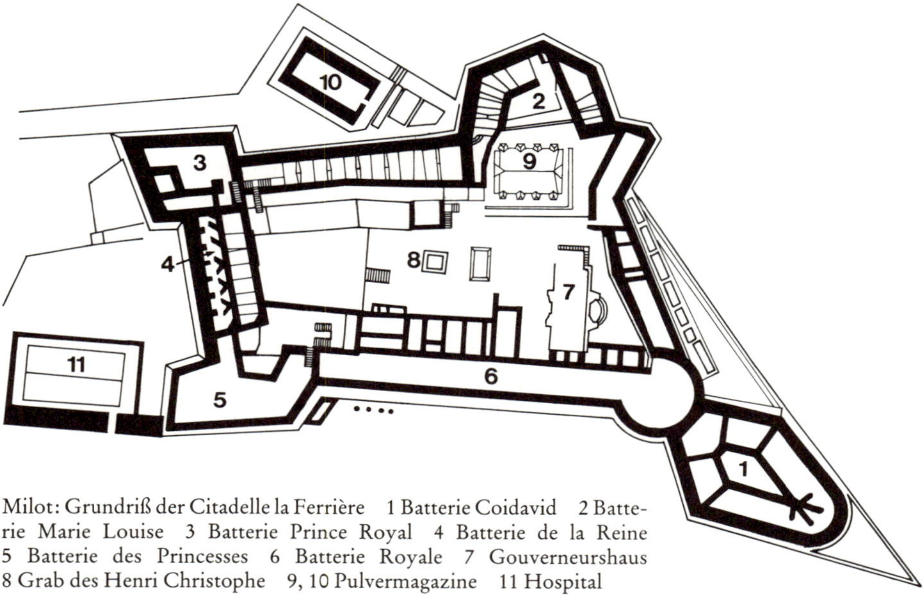

Milot: Grundriß der Citadelle la Ferrière 1 Batterie Coidavid 2 Batterie Marie Louise 3 Batterie Prince Royal 4 Batterie de la Reine 5 Batterie des Princesses 6 Batterie Royale 7 Gouverneurshaus 8 Grab des Henri Christophe 9, 10 Pulvermagazine 11 Hospital

Über den Festungsarchitekten ist so gut wie nichts bekannt. Bestimmten Überlieferungen zufolge soll ein haitianischer Militärarchitekt namens Etienne Henri Barré die Planung durchgeführt und die Bauarbeiten beaufsichtigt haben. Pläne und Bauzeichnungen von der Zitadelle existieren jedoch nicht. Anderen Berichten ist zu entnehmen, daß ein französischer Ingenieur namens Ferrière am Bau beteiligt war und daß die Festung bei Milot nach ihm benannt wurde.

Das Areal der Zitadelle umfaßt eine Fläche von annähernd einem Hektar und weist den Grundriß eines unregelmäßigen Vierecks auf. Jede der vier Ecken wurde zu einer Bastion ausgebaut; die mächtigste, die an der nordöstlichen Ecke gelegene Batterie Coidavid, gleicht einem riesigen Schiffsbug und erhebt sich 53 m über dem stark abschüssigen Gelände. Sie beherrscht mit ihrem 3–5 m dicken Mauerwerk das Bild der Festung, wenn man sich ihr von Milot her nähert. Der Festungskern gliedert sich in sieben Verteidigungsebenen, die ursprünglich mit 350 Kanonen bestückt waren, von denen sich noch etwa 150 in dem Gewirr von Kasematten und Verteidigungsplattformen befinden. Die schönen Gravierungen (Abb. 95) auf den Geschützen geben oft Aufschluß über ihr Alter und ihre Herkunft. Noch heute lagern etwa 45 000 Kanonenkugeln verschiedenen Kalibers innerhalb der Festung oder liegen zu großen Pyramiden gestapelt vor ihrer Südseite. Die Kanonen gaben niemals einen Schuß ab, da kein Feind mehr die Festung bedrohte. Um den geräumigen Innenhof gruppieren sich Quartiere für 5000 Soldaten, Vorratslager, der Gouverneurstrakt und ein Pulvermagazin

(Abb. 99), dessen Giebel 1818 bei einer Explosion weggesprengt wurde. In der Mitte des Innenhofs wurde König Henri I., der Bauherr dieser Festung, nach seinem Selbstmord beigesetzt. Auf der steinernen Grabplatte ist sein Wahlspruch »Ich werde aus meiner Asche wiedergeboren werden« verewigt. Ein ausgeklügeltes Leitungsnetz verteilte das in sechs Zisternen gesammelte Regenwasser. Heute gilt die Zitadelle La Ferrière als ein Kulturdenkmal ersten Ranges, das z. Zt. mit internationaler Hilfe vor dem Verfall gerettet wird.

Jacmel

Etwa 104 km von Port-au-Prince entfernt liegt in einer landschaftlich reizvollen Umgebung die Bezirksstadt Jacmel. Die Innenstadt hat ähnlich wie in Cap Haïtien ihre Kolonialarchitektur aus dem vergangenen Jahrhundert bewahrt. Sehenswert sind die zahlreichen kleinen Kaffeeverarbeitungsbetriebe und eine Markthalle, die mit ihrer Gußeisenarchitektur dem Marché de Fer in Port-au-Prince sehr ähnelt. Historische Bedeutung gewann Jacmel, als der südamerikanische Freiheitskämpfer Simón Bolívar dort 1816 seine Armee vor ihrer Einschiffung nach Venezuela aufstellte. Östlich von Jacmel erstrecken sich die kilometerlangen Palmenstrände von Carretour Raymond.

Jérémie

Fast am Ende der südlichen Halbinsel Sud-Ouest, an der Mündung des Flusses Grande Anse, liegt die 30000 Einwohner zählende Stadt Jérémie. Dort wurde 1762 Alexandre Davy de la Pailleterie geboren. Er war der Vater des weltbekannten Romanschriftstellers Alexandre Dumas, des Autors der Bücher »Die drei Musketiere« und »Der Graf von Monte Christo«. In Jérémie empfiehlt sich ein Rundgang durch das vom Baustil der Kolonialzeit geprägte Stadtzentrum und ein anschließender Badeaufenthalt an den schönen, noch wenig erschlossenen Stränden westlich des Ortes.

Les Cayes

Etwa 90 km von Jérémie entfernt liegt an der Südküste der gleichen Halbinsel die Ortschaft Les Cayes. Das Stadtbild unterscheidet sich von dem der beiden anderen Orte durch breitere Straßen und Parkanlagen. Les Cayes hat sich durch seine Zuckerproduktion und als Exporthafen für Kaffee zu einem wichtigen Wirtschaftszentrum des Landes entwickelt. Westlich der Stadt erstreckt sich eine fruchtbare Ebene mit dem Namen Plaine des Cayes, wo verfallene Zuckerfabriken aus dem vorigen Jahrhundert zu besichtigen sind. Die zwischen den Ruinen befindlichen Überreste von Wasserrädern und Siedeanlagen zeugen noch heute vom hohen technischen Stand der damaligen Zuckerproduktion. Lohnend ist auch ein Ausflug zur ca. 11 km entfernten Ile à Vache, auf der sich im 16. und 17. Jahrhundert französische Seeräuber eingenistet hatten. Von hier aus brach 1671 der englische Pirat Henry Morgan mit seiner Flotte zur Plünderung von Panamá Vieja (Panamá) auf.

Der englische Pirat Henry Morgan

Saint-Marc

96 Kilometer nordwestlich der Hauptstadt Port-au-Prince erreicht man die alte, am Fuß der Berge der Chaîne des Matheux gelegene Hafenstadt Saint-Marc. Interessanter als die Stadt selbst ist ihre Umgebung, wo sich eines der neun unter Henri Christophe erbauten Schlösser befindet, das Palais des 375 Portes, das inzwischen stark verfallen ist. Nicht weit davon entfernt sind die Überreste des Fort de la Crête à Pierrot zu besichtigen, das 1802 in die haitianische Geschichte eingegangen ist, als es erfolgreich gegen den Angriff des französischen Generals Leclerc und seiner Truppen verteidigt werden konnte.

Gonaïves

Etwa 80 Kilometer nördlich von Saint Marc liegt Gonaïves an einer landschaftlich schönen Bucht, die den Namen der Stadt trägt. Auch Gonaïves ist ein wichtiger Ausfuhrhafen für landwirtschaftliche Produkte (Baumwolle, Kaffee, Reis), macht aber mit seinen vielen Elendsvierteln einen recht ärmlichen Eindruck. Historische Bedeutung gewann Gonaïves, als dort 1804 von Jean Jacques Dessalines die Unabhängigkeit Haitis proklamiert wurde. Hinter der Stadt erstreckt sich ein großes Trockengebiet, die Plain des Gonaïves, das in Küstennähe mit Hilfe künstlicher Bewässerung mühevoll für den Reis- und Zuckerrohranbau genutzt wird. Das ganze Gebiet ist – wie fast überall in Haiti – in Parzellen aufgeteilt, die von Kleinbauern bewirtschaftet werden. Diese Struktur geht auf die nach den Unabhängigkeitskriegen durchgeführte Verteilung des Großgrundbesitzes an die ehemaligen Sklaven zurück. Eine moderne Bewirtschaftung mit technischen Hilfsmitteln ist daher kaum möglich; die geringen Ernteerträge können nur noch schwer den Nahrungsbedarf der ständig wachsenden Bevölkerung decken.

Der Aufenthalt in Haiti beginnt in der Regel mit einem Besuch der Hauptstadt Port-au-Prince oder Cap Haïtien. Beide Städte verbindet eine gut ausgebaute Straße, die die Fahrzeit auf 4–6 Stunden verkürzt. Auf dieser Strecke bekommt man fast alle für Haiti typischen Landschaften zu sehen. Nördlich von Port-au-Prince erstrecken sich ausgedehnte Strände (Ibo-Beach) mit vorgelagerten Korallenriffen. In den Tiefebenen des Rivière del Artibonite herrschen, ausgenommen von einigen künstlich bewässerten Anbaugebieten, Dornbuschsavannen mit ausgedehnten Beständen vom Baumkakteen vor. Im Norden schließt sich die eindrucksvolle Gebirgslandschaft des Massif du Nord mit Pässen von mehr als 1000 m Höhe an. Vom ursprünglichen Waldbestand ist – wie fast überall im haitianischen Bergland – kaum noch etwas vorhanden. Nach Norden öffnet sich der Blick auf die Tiefebenen des Plaine du Nord mit fruchtbaren, landwirtschaftlich genutzten Gebieten und Restbeständen früherer Regenwälder.

Landschaftlich ebenso eindrucksvoll ist die fast 300 km lange südliche Halbinsel Sud-Ouest, deren Gebirge sich im Westteil mehr als 2000 m erheben. Ausgedehnte Strände, an manchen Stellen von vorgelagerten Korallenriffen geschützt, findet man besonders entlang der Südküste.

Ohne allzugroßen Zeitaufwand ist von Port-au-Prince über Kenscoff das Gebirge des Massif de la Selle zu erreichen, dessen Gipfel 2680 m erreichen (Pic de la Selle). Im Nordosten, dicht an der Grenze zur Dominikanischen Republik, liegt der Etang Saumâtre, Haitis größter Binnensee. Sein stark salzhaltiges Wasser weist auf geologische Gemeinsamkeiten mit dem östlich gelegenen Lago Enriquillo hin.

Puerto Rico

Geographischer und geschichtlicher Überblick

Von den vier Inseln der Großen Antillen liegt Puerto Rico am weitesten im Osten und umfaßt eine Fläche von 8897 qkm. Zu Puerto Rico – einem mit den USA assoziierten Staat – gehören außerdem die vorgelagerten Inseln Vieques, Mona und Culebra. Die Hauptinsel besitzt eine fast rechteckige Gestalt und erstreckt sich etwa 175 km in westöstlicher Richtung. Wie ein Rückgrat durchzieht Puerto Rico ein Gebirge mit dem Namen Cordillera Central, dessen höchster Gipfel, der Cerro de Punta, 1338 m erreicht.

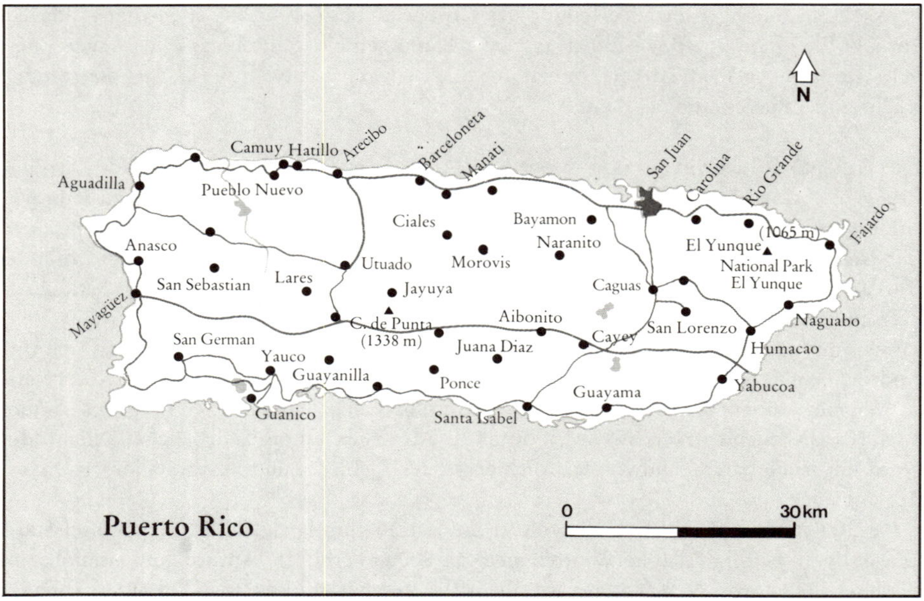

Dank des niederschlagreichen Klimas war Puerto Rico ursprünglich mit einem dichten Regenwald bedeckt, von dem ein Restbestand im Nationalpark El Yunque existiert. Nur die Südküste weist im Regenschatten der Cordillera Central einige Trockengebiete auf. Im nordwestlichen Inselteil haben sich, ähnlich wie auf Cuba, eindrucksvolle Kegelkarstlandschaften gebildet, die man am besten von Arecibo aus erreichen kann. Eingebettet in diese schöne Karstlandschaft liegen die beiden Stauseen Embalse Dos Bocas. Schöne Strände erstrecken sich entlang der Nordküste, zu denen auch der mittlerweile stark überlaufene Luquillo Beach gehört.

Obwohl Puerto Rico die kleinste Insel der Großen Antillen ist, läßt es sich in seiner kulturellen Bedeutung durchaus mit den Nachbarinseln Cuba und Hispaniola vergleichen. Die puertoricanische Literatur genießt Weltruf, die Insel hat international bekannte Orchester- und Theatergruppen hervorgebracht, ihre folkloristische Musik fand über den karibischen Raum hinaus Verbreitung, und die restaurierte Altstadt von San Juan ist ein hervorragendes Zeugnis kolonialer Baukunst der vergangenen Jahrhunderte.

Auch die kulturhistorischen Bindungen zur früheren Kolonialmacht Spanien blieben weitgehend erhalten. Unter allen karibischen Ländern weist Puerto Rico den höchsten Prozentsatz an weißer Bevölkerung auf. Etwa 95 % der Inselbewohner sind europäischer Abstammung. Im Gegensatz zu den benachbarten Inseln war hier die Zahl der Negersklaven nur sehr gering.

Spuren der ersten indianischen Besiedlung lassen sich auf Puerto Rico bis kurz nach der Zeitenwende zurückverfolgen. Vermutlich handelte es sich um Ciboney, auch Arcaicos genannt, da die Artefakte noch keine keramischen Bestandteile enthalten. Etwa 200 Jahre n. Chr. begannen die kulturell höher stehenden Igneri-Indianer Puerto Rico zu besiedeln, die schon Landwirtschaft betrieben und die Töpferkunst beherrschten. Von Puerto Rico drangen sie kurzfristig bis in die östlichen Teile der benachbarten Insel Hispaniola vor. Schon wenige Jahrhunderte später wurden sie von den nachrückenden Taino-Indianern verdrängt, die ebenso wie auf Hispaniola eine erstaunlich hohe Kulturstufe erreichten, wie noch heute die Zeremonienplätze und Grabungsfunde bei Utuado dokumentieren. Um 1400 n. Chr. ereigneten sich auf Puerto Rico die ersten Überfälle der kriegerischen Kariben-Indianer, die zu einer immer stärkeren Bedrohung der zwar kulturell höher stehenden, aber waffentechnisch unterlegenen Taino-Indianer wurden.

1493 entdeckte Columbus die Insel, aber erst 1508 landete der Conquistador Juan Ponce de León mit 50 weiteren Gefährten an der Westküste des günstig gelegenen Naturhafens der heutigen Hauptstadt San Juan und gründete hier die erste Siedlung Caparra, die wenige Jahre später in Puerto Rico umbenannt wurde. Schon bald versklavten die Spanier die auf der Insel lebenden Taino-Indianer, um sie als Arbeitskräfte bei der Goldsuche einzusetzen. Die Indianer leisteten anfangs keinen ernsthaften Widerstand, da sie die Eindringlinge für unsterblich hielten. Erst als sie den Spanier Diego Salcedo ertränkten und dieser entgegen ihren Erwartungen nicht wieder lebendig wurde, gingen sie ihrerseits zu Angriffen über. Aufgrund der zunehmenden Indianerüberfälle verlegte man die Siedlung 1521 in das Gebiet der heutigen Stadt San Juan. Die neue Lage im Westen der langgestreckten Halbinsel erwies sich als strategisch äußerst günstig nicht nur zur Abwehr der Indianerangriffe, sondern auch im Hinblick auf den Schutz vor Piratenüberfällen. Die ca. 30000 auf Puerto Rico lebenden Indianer wurden, wie fast alle ihre Verwandten auf den Westindischen Inseln, vollständig ausgerottet. Sie erlagen den durch die Europäer eingeschleppten Infektionskrankheiten und der permanenten Verfolgung durch die Spanier. Heute erinnern nur noch archäologische

Petroglyphen aus vorkolumbischer Zeit: Jayuya Barrio Cubey, Höhlen von Utuado, Puerto Rico

Funde sowie einige wenige Wörter, wie beispielsweise Borinquen, der alte indianische Name Puerto Ricos, an die Ureinwohner der Insel.

Obwohl die Erwartungen der Spanier auf große Goldvorkommen nicht erfüllt wurden, begann die nun in San Juan umbenannte Hauptstadt rasch zu wachsen, während der Rest der Insel, die jetzt den alten Stadtnamen Puerto Rico trug, weitgehend unbesiedelt blieb. Im Gegensatz zu den östlichen Nachbarinseln ging die landwirtschaftliche Erschließung Puerto Ricos während der folgenden 250 Jahre nur sehr langsam voran. Dies lag zum einen daran, daß sich die spanischen Conquistadoren möglichst schnell durch die Ausbeutung der Edelmetalle oder den Handel zu bereichern suchten und daher wenig Interesse an der landwirtschaftlichen Produktion zeigten. Zum anderen verhinderten Indianer- und später Piratenüberfälle eine Besiedlung außerhalb der befestigten Städte. Daher bestand auf Puerto Rico auch niemals ein großer Bedarf an Negersklaven, was den geringen Anteil an schwarzer Bevölkerung erklärt. Eine Volkszählung im Jahre 1765 ergab, daß von den 44 883 Inselbewohnern nur 5037 dunkelhäutig waren.

Im gleichen Jahr (1521), als San Juan an der heutigen Stelle neu gegründet wurde, erlag der schon genannte Eroberer der Insel, Juan Ponce de León, in Havanna einer Verletzung, die ihm Indianerpfeile bei seinen Eroberungszügen in Florida zugefügt hatten. Der Reichtum von San Juan beruhte vor allem darauf, daß sich die Stadt zu einem Umschlagplatz für die aus Panama, Kolumbien und Mexico ankommenden Goldtransporte entwickelte. Diese Tatsache verlockte in zunehmendem Maße französische, englische und holländische Piraten zu Überfällen. Die ursprünglich gegen Indianerangriffe errichteten Befestigungsanlagen wurden nach den Piratenüberfällen von 1595, 1598 und 1625 verstärkt und erweitert. Dank ihrer soliden Konstruktion und ausgezeichneten strategischen Position boten sie der Stadt über 300 Jahre lang wirksamen Schutz und sind bis heute nahezu unverändert erhalten geblieben.

Da Spanien seine Inselbesitzungen, darunter auch Puerto Rico, ausschließlich zur Erzeugung von Naturprodukten zwang und Gebrauchsgüter nur in unzureichendem Maße lieferte, entwickelte sich ein lebhafter Schmuggel zwischen den sich mittlerweile in englischem, französischem und niederländischem Besitz befindlichen Nachbarinseln. Besonders günstige Umschlagplätze waren die meist unbewachten Strände im Osten der Insel bei Fajardo, wo Vieh, Tabak, Kaffee und Gewürze gegen eingeschmuggelte Kleidung, Handwerksgüter und sogar Sklaven getauscht wurden. Da die landwirtschaftliche Produktion nur von untergeordneter Bedeutung war und höchstens zur Selbstversorgung der Inselbevölkerung diente, wuchs die Landbevölkerung nur sehr langsam. Auch die kleineren Städte, wie San Germán (gegr. 1528), Arecibo (gegr. 1556) und Ponce (gegr. 1692) blieben wegen der dominierenden Stellung des stark befestigten San Juan in ihrer Entwicklung weit zurück.

Die Aufhebung der Sklaverei im Jahre 1873 betraf weniger als 10 % der Gesamtbevölkerung und brachte kaum Veränderungen im gesellschaftlichen Gefüge mit sich. Wie in anderen lateinamerikanischen Kolonien entstand auch auf Puerto Rico eine Unabhängigkeitsbewegung, deren geistiger Führer der Schriftsteller und Patriot Luis Muñoz Rivera wurde. Die von ihm im Jahre 1897 durchgesetzte Autonomie-Charta verlieh der Kolonie den Status eines Dominions. Ein Jahr später – während des spanisch-amerikanischen Krieges – wurde

Puerto Rico von US-Truppen besetzt und ist bis zum heutigen Tage den Vereinigten Staaten angegliedert. Trotz der erneuten kolonialen Bevormundung gewährten die USA größere innenpolitische Freiheiten und verbesserten die Sozialstruktur und das Bildungswesen. Wieder war es Muñoz Rivera, der 1917 die Aufhebung des Kolonialstatus erreichte; die Puertoricaner erhielten nun die amerikanische Staatsbürgerschaft, sind allerdings bei den US-Wahlen nicht stimmberechtigt.

Später als die Nachbarinseln wurde Puerto Rico zu einem bedeutenden Zuckerproduzenten mit allen negativen Erscheinungen, die eine Monokultur mit sich bringt. In den fünfziger Jahren wurden Agrarreformen und Strukturveränderungen in der Landwirtschaft durchgeführt, um deren Krisenanfälligkeit zu mindern und die Selbstversorgung zu verbessern. Das rasche Bevölkerungswachstum trug aber zu einer steigenden Arbeitslosigkeit bei, und die Zahl der Auswanderer in die USA nahm sprunghaft zu. Dieser Entwicklung sollte durch ein 1950 ins Leben gerufenes Wirtschaftsprogramm mit dem Namen »Operation Bootsstrap« begegnet werden. Durch Investitionshilfen und Steuerbefreiungen für alle auf Puerto Rico hergestellten Produkte wollte man ein ehrgeiziges industrielles Entwicklungsprogramm verwirklichen.

In den Jahren nach der cubanischen Revolution erhielt Puerto Rico neue wirtschaftliche Impulse durch den nun auf diese Insel umgelenkten Touristenstrom. Fehlerhafte Planung und Mißmanagement führten auch in diesem Wirtschaftszweig zu Problemen, die durch zahlreiche nicht fertiggestellte oder unzureichend belegte Hotels spürbar werden.

Eine große soziale und ökonomische Belastung stellt noch immer das enorme Bevölkerungswachstum dar. Mit seinen fast 3,5 Millionen Einwohnern ist Puerto Rico die am dichtesten besiedelte Insel der Großen Antillen. Allein im Ballungsraum von San Juan konzentrieren sich mehr als 1 Million Menschen. Trotz seiner vielen sozialen Probleme erwirtschaftet Puerto Rico ein Sozialprodukt, das zu den höchsten Lateinamerikas zählt.

1952 erhielt die Insel den Status eines den USA assoziierten autonomen Staates mit eigenständiger Innenpolitik und Kulturhoheit. Die bisher durchgeführten Volksentscheide, in denen über eine vollständige Unabhängigkeit abgestimmt werden sollte, fielen bisher zugunsten des derzeitigen Status aus.

Kunst und Kultur

Architektur

Puerto Rico, Cuba und die Dominikanische Republik weisen als frühere spanische Kolonien viele architektonische Gemeinsamkeiten auf. Bemerkenswert ist die Dominanz von San Juan, die schon bis zur Stadtgründung zurückzuverfolgen ist. So konzentrieren sich in der Inselhauptstadt fast alle historischen Bauwerke Puerto Ricos.

Auch in San Juan geht die Baugeschichte bis zur Spätgotik zurück, wie die Chorpartie von San José noch deutlich zu erkennen gibt. Mehr als in anderen Städten der Karibik wird das Stadtbild San Juans von gewaltigen Festungsanlagen beherrscht. Sie geben noch heute Zeugnis von der Genialität spanischer und italienischer Militärarchitekten. Im Schatten der profanen Architektur stehen die Kirchen und Klöster, welche nur wenig die Dächer der Altstadt überragen. Einflüsse des Plateresco- und Mudéjarstils lassen sich in San Juan kaum nachweisen. Der Barock beschränkt sich im Gegensatz zu Havanna auf schlichte Stilelemente (Dominikanerkloster, La Capilla del Cristo). Zu den beachtenswerten Bauwerken des Neobarock und Neoklassizismus zählen die Kathedrale, das Rathaus und die Real Intendencia (ehem. königliches Schatzamt). Wenige westindische Städte weisen eine vergleichbare Vielfalt an Bürgerhäusern über einen Zeitraum von mehreren Jahrhunderten auf wie San Juan. Die moderne Architektur manifestiert sich nicht nur in San Juan (Condado Convention Center), sondern auch in Ponce (Museo del Arte) und Fajardo (Hotel »El Conquistador«).

Bildende Kunst und Kunstgewerbe

Die bildenden Künste Puerto Ricos haben nicht die internationale Anerkennung gefunden, wie es bei der Vielzahl begabter Maler, Graphiker und Bildhauer gerecht gewesen wäre. Vielleicht liegt dies daran, daß aufgrund der starken Nachfrage aus den USA nur wenige puertoricanische Kunstwerke in dritte Länder gelangen. Dank gezielter Förderung von Ausbildung, Ausstellungen und Verkauf der Arbeiten durch staatliche und private Organisationen sind für die Künstler recht gute Arbeitsbedingungen gegeben. Diese Initiativen gehen bis auf das Jahr 1940 zurück, als die Künstlerin Irene Delano mit staatlicher Unterstützung eine Graphikwerkstatt einrichtete, die 1949 der División de Educación de la Comunidad (kommunale Erziehungsbehörde) angegliedert wurde. Bekannt wurde die Werkstatt durch ihre Leinwandposter und die Entwicklung phantasievoller Drucktechniken bei der Reproduktion moderner graphischer Werke. Mit dieser Institution verbinden sich Namen bekannter Künstler wie Lorenzo Homar, Rafael Tufiño und Hernández Acevedo.

Um die Förderung der Künste machte sich auch das 1955 gegründete, im ehemaligen Dominikanerkloster untergebrachte Instituto de Cultura Puertoriqueña verdient. In den Arkadengängen des Innenhofs werden ständig Ausstellungen mit Werken einheimischer Künstler veranstaltet. Gegenwärtig dominieren die Arbeiten der Graphiker Lorenzo Homar und José Alegría, aber auch die figurativen, von starken Farbkontrasten gekennzeichneten Bilder Roberto Moyas die puertoricanische Kunstszene. Mit den Gestaltungsmöglichkeiten von Keramik befassen sich die Künstler Jaime Suarez, Augustin Andino und Raul Acero. Ihre stark ins Abstrakte tendierenden Plastiken greifen meist Motive aus der Natur auf.

In kaum einer anderen Stadt der Karibik konzentriert sich eine derartig große Zahl von Kunstgalerien und Museen wie in San Juan. An dieser Stelle sollen nur einige der wichtigsten genannt werden:

- Art Student League (gegenüber von der Kirche San José)
- Museo de Bellas Artes (Calle Cristo)
- San Juan Museum of Art and History (Calle Norzagarey)
- City Hall Gallery (Plaza de Armas)

- Museo de Grabados (Plaza San José)
- Galería San Juan (Calle Norzagarey)
- Galería Palomas (Calle San José)
- Galería San José (Calle Cristo)
- University of Puerto Rico (Río Piedras)

Auch das Kunstgewerbe hat in den letzten Jahren durch das Instituto de Cultura Puertoriqueña starke Impulse erfahren. Wichtigstes Ziel seiner Arbeit ist eine Wiederbelebung alter kunstgewerblicher Traditionen sowie die Abgrenzung gegenüber der pseudokünstlerischen Massenproduktion von verkitschten Souvernirs.

Das bekannteste Ausstellungs- und Verkaufszentrum ist das Centro de Arte Popular neben der Kirche San José. Dort werden u. a. aus Holz geschnitzte, von den Einheimischen »Santos« genannte Heiligenfiguren angeboten. Mit ihnen verbindet sich eine alte Tradition, d. h. man schenkt den Kindern zum Namenstag die Figur des jeweiligen Tagesheiligen. Bereichert wird das Angebot des Centro durch Weihnachtskrippen, Kreuzigungsdarstellungen sowie Hähne, die in grellen Farben bemalt sind. Oft handelt es sich dabei um Nachbildungen berühmter Kampfhähne.

Die puertoricanische Volkskunst schließt auch den Bau von Saiteninstrumenten wie Gitarren, Bordonuás, Tres und Cuatros ein. Abweichend von der herkömmlichen Form haben die Klangkörper gelegentlich die Gestalt eines Fisches. Intarsienarbeiten aus Holz und Perlmutt steigern oft noch den künstlerischen Wert dieser Instrumente.

Literatur

Ähnlich wie Cuba und die Dominikanische Republik besitzt Puerto Rico eine bis ins 17. Jahrhundert zurückreichende literarische Tradition. Am Anfang steht die »Descripción de la Isla y Ciudad de Puerto Rico« (Beschreibung der Insel und Stadt Puerto Rico) des Pater Diego de Torres Vargas (1590–1649). Doch es vergingen noch mehr als 200 Jahre, bis sich eine eigenständige puertoricanische Literatur herauszubilden begann. Starke Impulse erhielt das literarische Schaffen durch die Aufführungen des 1832 in San Juan eröffneten Tapia-Theaters, das zu einem der ersten in Amerika gehört. Jene Epoche wurde von der Romantik und einem beginnenden Nationalbewußtsein bestimmt. Alejandro Tapia y Rivera (1827–1882), der sowohl Gedichte als auch Theaterstücke und Romane verfaßte, gehörte zu den herausragendsten Literaten seiner Zeit. Zu seinen bekanntesten Werken zählen der Roman »Póstumo el Trasmigrado«, die Dramen »Camoens« und »Vasco Nuñez de Balboa« sowie das vertonte Theaterspiel »Guaironex«.

Wegen seiner Kritik am bestehenden Kolonialsystem mußte der Schriftsteller und Soziologe Eugenio Matía Hostos (1839–1903) Puerto Rico verlassen und den größten Teil seines Lebens im Exil verbringen. In seinen bekanntesten Werken »Moral Social« und »Tratados de Sociología« trat er nicht nur für die Unabhängigkeit seines Landes und eine gerechte Sozialordnung ein, sondern propagierte auch eine Konföderation der Antillen.

Bekanntester Vertreter des Naturalismus war der Romanschriftsteller Manuel Zeno Gandía (1855–1930). Seine meistgelesenen Romane »Crónicas de un Mundo Enfermo«, »El Negocio« und »Redentores« beziehen sich auf die sozialen Mißstände seiner Heimatinsel. Luis Muñoz Rivera (1859–1916) wurde als Freiheitskämpfer, Politiker und Schriftsteller zu einer der bekanntesten Persönlichkeiten Puerto Ricos. In seinen Dichtungen »Cantos de Rebeldía« und »Pomarrosas« bringt er nicht nur den Wunsch nach einer vollständigen Unabhängigkeit Puerto Ricos zum Ausdruck, sondern auch seine Begeisterung über die Naturschönheiten der Antillen.

Die 1903 gegründete Universität von San Juan in Río Piedras entwickelte sich rasch zu einem der bekanntesten Kulturzentren im gesamten karibischen Raum und zog auch viele bedeutende Schriftsteller an. Zu ihnen gehörte Luis Lorens Torres (1878–1944) als Hauptvertreter des Modernismo. Er gab die Zeitschrift »Revista de las Antillas« heraus; viele der Werke, die später in den »Voces de la Campaña Mayor« und »Sonetos Sinfónicos« gesammelt wurden, waren dort zuerst erschienen.

Wie in Cuba, Haiti und der Dominikanischen Republik entwickelten sich auch auf Puerto Rico afro-antillische Strömungen, die sich in den Werken von Luis Pales Matos (1899–1949), einem der größten Poeten der Insel, niederschlugen. In seiner Prosasammlung mit dem Titel »Tuntun de Pasa y Grifería« prangert er die rassische Diskriminierung und soziale Benachteiligung der schwarzen Bevölkerung an. Insbesondere die Dichter und Schriftsteller der jüngeren Generation greifen erneut die Frage der nationalen Unabhängigkeit ihrer Insel auf und sehen in Cuba ihr Vorbild. Zu ihnen gehört der Erzähler José Luis González, der als Professor für Lateinamerikanische Literatur an der Nationaluniversität in Mexiko City lehrt und bisher u.a. die gesammelten Erzählungen »El Hombre en la Calle«, »Paisa«, »La Galería« und »En este Lado« veröffentlichte.

Musik

Die puertoricanische Musikfolklore weist viele Gemeinsamkeiten mit derjenigen der früher ebenfalls spanischen Kolonien Cuba und Hispaniola (heute Dominikanische Republik) auf. Sie wird aber weniger als dort von afrikanischen Einflüssen geprägt, denn die Mehrheit der Bevölkerung ist, wie schon erwähnt wurde, spanischer Abstammung. Die Anfänge der puertoricanischen Musikfolklore lassen sich bis ins 17. Jahrhundert zurückverfolgen, als der aus Spanien importierte Gruppentanz Seis rasch die Insel eroberte und sich vor allem an kirchlichen Festtagen großer Beliebtheit erfreute. Etwa zur gleichen Zeit entstand der heute noch beliebte Bomba-Tanz, dessen afrikanische Rhythmen unverkennbar sind. Meist bilden dabei die Zuschauer einen Kreis um die Tanzenden. Unter Trommelbegleitung antwortet der Chor dem Vorsänger mit Refrains, während der Vortrommler einen der Tänzer zu immer neuen improvisierten Schritten auffordert.

Cubanischer Einfluß macht sich bei der Plena bemerkbar, einem Tanzgesang im Stile des Son und Bolero mit aktuellen, oft satirischen Texten. Cuba kann auch als Ursprungsland der Danza Puertoriqueña gelten, die sich zu Beginn des vorigen Jahrhunderts aus der Contradanza Cubana entwickelte und während der darauffolgenden Jahrzehnte zum populärsten Tanz der Insel wurde. Mehr außerhalb der Städte sind die Jibaras verbreitet, die als ländliche Volkslieder sowohl inhaltlich als auch in ihren Melodien den cubanischen Guajiras entsprechen.

Auch bei der modernen Musikfolklore bestehen rege Wechselbeziehungen zu den benachbarten spanisch sprechenden Staaten. Besonders großen Einfluß üben Exilcubaner auf die heutige Tanz- und Unterhaltungsmusik der Insel aus. Etwas später als auf Cuba errang die Salsa auch auf Puerto Rico große Popularität. International machte die puertoricanische Salsa der cubanischen bald den führenden Rang streitig. Bei fast einer Million Puertoricaner in New York entwickelte sich dort eine regelrechte Salsa-Szene, die mit ihren Produktionen allmählich auch auf den europäischen Schallplattenmarkt vordringt. Höhepunkte der New Yorker Salsa-Festivals sind die Fania-All-Stars-Veranstaltungen im Yankee-Stadium, bei denen berühmte Stars wie Eddie Palmieri, Willie und Hector Colón, Johnny Pacheco oder die Exilcubanerin Celia Cruz auftreten. In diesem Zusammenhang muß die Grupo Folklórico y Experimental Nueva Yorquina erwähnt werden, die sich in ihrer Kreativität hinsichtlich neuer Ausdrucksformen durchaus mit der cubanischen Grupo Iraceré vergleichen läßt. Nicht nur auf Puerto Rico, sondern im gesamten karibischen Raum sind die Salsagruppen Dimensión Latina, Corporación Latina und El Gran Combo nicht mehr aus den Radioprogrammen wegzudenken. Bei Einheimischen und Touristen gleichermaßen beliebt ist das regelmäßig in San Juan stattfindende Le-Lo-Lai-Festival mit seinen abwechslungsreichen Darbietungen puertoricanischer Folklore.

Eine bedeutendere Rolle als auf den meisten anderen karibischen Inseln kommt auf Puerto Rico der klassischen Musik zu. Zentrum der Ausbildung des musikalischen Nachwuchses ist die Universität von San Juan in Río Piedras. Hier werden auch Festivals veranstaltet wie die international bekannten, alljährlich stattfindenden Casals-Festspiele, die dem weltberühmten Cellisten gewidmet sind.

Die auf Puerto Rico verwendeten Musikinstrumente unterscheiden sich nur wenig von denen Cubas und der Dominikanischen Republik, so daß nur drei für diese Insel typische Saiteninstrumente erwähnt zu werden brauchen. Es sind die Bordonuá, die Tiple und die Cuatro, deren Ursprünge sich bis auf die Vihuela, ein während der Renaissance entstandenes Gitarreninstrument zurückverfolgen lassen. Ein recht altertümliches Instrument ist die 6-saitige Bordonuá, die etwas größer und tiefer gestimmt ist als eine Gitarre. Ihr Klangkörper ähnelt einem umgekehrten Schlüsselloch. Bei der Cuatro und der Tiple ist die Verwandtschaft zur Gitarre unschwer zu erkennen, sie sind beliebte Begleitinstrumente bei Plena- und Jibara-Gesängen, Tiple (5 Saiten, manchmal 5 Doppelsaiten) und Cuatro (4 einfache bzw. 4 Doppelsaiten) kommen von den Kanarischen Inseln.

Kulte und Gebräuche

Von den alten Bräuchen Puerto Ricos haben nur wenige bis zum heutigen Tage überlebt, dazu gehören die Aguinaldos, Weihnachtslieder einheimischen Ursprungs. Sie werden von

Kindern gesungen, die am Heiligen Abend unter Musikbegleitung von Cuatros, Tiples und Maracas von Haus zu Haus ziehen. Karneval und Dreikönigsfest entwickeln sich wie überall im karibischen Raum immer mehr zu touristischen Massenveranstaltungen und verlieren dabei zunehmend an religiösem Gehalt. Die am 8. September stattfindenden Wallfahrten in Hormigueros zu Ehren der Jungfrau von Montserrat haben mit ihren farbenprächtigen Umzügen die alte Tradition bis heute bewahrt.

Zu den beliebtesten Veranstaltungen auf dem Lande gehören Hahnenkämpfe, die in speziell zu diesem Zweck hergerichteten Arenen stattfinden. Die Kampfhähne aus puertoricanischer Zucht zeichnen sich durch besonders gute Leistungen aus und sind daher auch auf den Nachbarinseln sehr gefragt.

Städte und Landschaften

San Juan

Die oft etwas überschwenglich als Juwel oder Kleinod der Karibik bezeichnete Altstadt von San Juan präsentiert sich heute wieder in ihrer alten Schönheit, nachdem in jahrelanger Restaurierungsarbeit Straßenzug um Straßenzug mit großem Aufwand und architektonischem Einfühlungsvermögen in seinen ursprünglichen Zustand zurückversetzt wurde (Abb. 67, 71, 78 u. 82).

San Juan ist schon deshalb einzigartig unter den karibischen Städten, weil sein Bild von zahlreichen und monumentalen Festungsbauten geprägt wird. Die noch fast vollständig erhaltenen Wallanlagen, die Forts und vorgelagerten Festungsbollwerke sind das Ergebnis einer fast 350 Jahre währenden Bautätigkeit. Sie wurden durch ständige architektonische Veränderungen den sich im Laufe der Jahrhunderte wandelnden militärischen Erfordernissen angepaßt. Geschickt nutzte man dabei die günstigen topographischen Verhältnisse, wie die Anlage des Castillo del Morro auf einem Felsenkap oder auch die Plazierung des Castillo San Cristóbal an der Landenge im Osten der Altstadt zeigen.

Die Geschichte der Stadt und ihres Befestigungssytems begann im Jahre 1521, als auf dem hügeligen Gelände im Westen der Altstadt an der Stelle der Casa Blanca ein Fort angelegt wurde. Zwei Jahre später ließ sich García Troche, der Schwiegersohn und Nachfolger des Inselgouverneurs Juan Ponce de León hier eine Residenz errichten, die über 250 Jahre im Familienbesitz blieb und ihren noch heute gebräuchlichen Namen »Casa Blanca« (Weißes Haus) erhielt. Seit einigen Jahren befindet sich in dem häufig umgebauten Gebäudekomplex eine Filiale des Instituto de Cultura Puertoriceñia. Die Angriffe der Kariben-Indianer und Überfälle durch die Corsaren machten den Bau eines weiteren Forts notwendig, das südöstlich der Casa Blanca entstand und den Namen La Fortaleza erhielt. In seinem Zentrum befand sich ursprünglich nur ein massiver Turm, dem später jedoch weitere Gebäude angefügt wurden. Bald jedoch erwies sich die Lage des Forts wegen der fehlenden Sicht auf das offene Meer als ungünstig. La Fortaleza (Farbt. 32) wurde deshalb schon 1539 zum Sitz des Inselgouverneurs, während gleichzeitig die Bauarbeiten an der neuen Festung El Morro (Farbt. 34; Abb. 89) begannen. 1846 erfolgte anläßlich des Besuches der damaligen spani-

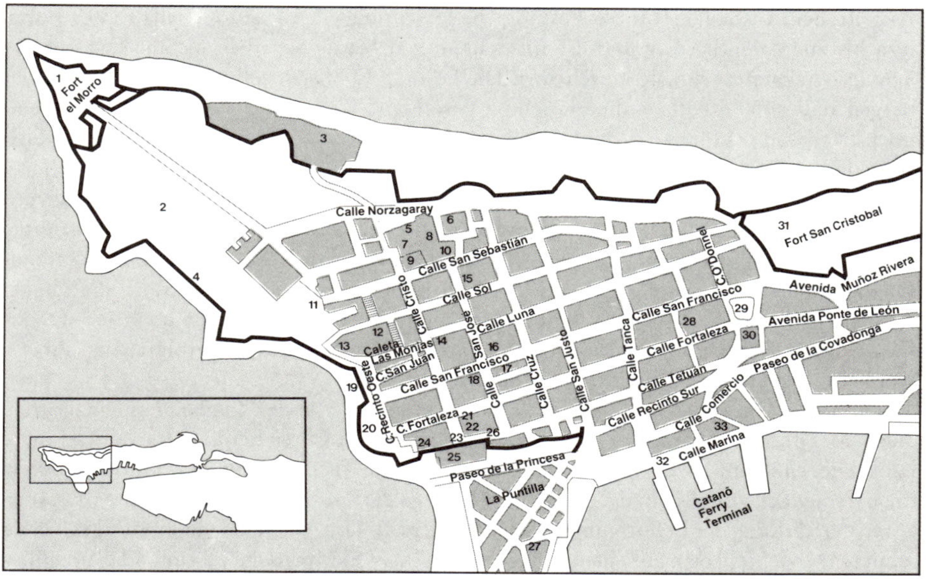

Alt-San Juan
1 Fort El Morro 2 Museo del Niño 3 Friedhof von Alt-San Juan 4 Stadtmauer 5 Dominican Convent (Dominikaner-Kloster) 6 San Juan Museum für Kunst u. Geschichte 7 San José-Kirche 8 Pablo Casals Museum 9 Plaza de San José 10 La Casa de los Contrafuertes 11 Casa Blanca 12 Treppen-Straßen 13 Plazuela de la Rogativa 14 Kathedrale 15 Museo del Indio 16 Rathaus, Information 17 Plaza de Armas 18 La Intendencia 19 San Juan-Stadttor 20 La Fortaleza 21 Museum für puertoricanische Kunst 22 La Casa del Libro 23 Cristo-Kapelle 24 Parque de las Palomas 25 Gefängnis La Princesa 26 Bastión de las Palmas 27 El Arsenal 28 La Casa del Callejón 29 Plaza de Colón 30 Tapia-Theater 31 Fort San Cristóbal 32 Museo del Mar 33 La Plazoleta del Puerto

schen Königin Isabella II. eine völlige Umgestaltung der Residenz, bei der sie ihr heutiges Aussehen erhielt.

Das neu errichtete Fort El Morro gewann in dem Maße an Bedeutung, wie sich englische Piraten für die zum Abtransport nach Spanien gehorteten Gold- und Silberschätze interessierten. Als Francis Drake mit seinen Beutezügen die gesamte Karibik unsicher zu machen begann, reagierte König Philipp II. von Spanien mit der Entsendung seines Verteidigungsexperten Juan de Tejeda sowie des berühmten italienischen Militäringenieurs Juan Bautista Antonelli, der bereits im Zusammenhang mit der Geschichte Havannas erwähnt wurde. Sie erarbeiteten für den westindischen Raum ein Verteidigungskonzept, das 10 Festungsanlagen umfassen sollte, wobei San Juan eine Schlüsselstellung zugedacht war.

1589, ein Jahr nach dem englischen Sieg über die für unschlagbar gehaltene spanische Armada, trafen Tejeda und Antonelli abermals in San Juan ein und nahmen drei Projekte in

Angriff: den Ausbau der Morro-Festung, die Errichtung eines Festungswalls von La Fortaleza bis zur Atlantikküste und die Blockade der Bahía de San Juan bis auf eine nur den Spaniern bekannte schmale Durchfahrt. Die Festung El Morro sollte 1500 Soldaten beherbergen und 3000 Stadtbewohnern Schutz gewähren. Wichtigster Neubau war das heute noch existierende Hornwerk mit seinen beiden Halbbastionen. Damit war die bedeutendste Befestigungsanlage der östlichen Karibik fertiggestellt. Sie sollte sich schon sechs Jahre später bei einem Angriff von Francis Drakes Flotte bewähren. Drake hatte in Erfahrung gebracht, daß große Mengen an Gold und Silber für den Abtransport nach Spanien bereitlagen und plante deshalb einen Überfall auf San Juan. Der spanische Admiral Pedro Tello de Guzmán, der sich zu dieser Zeit auf den Kanarischen Inseln aufhielt, erfuhr von Drakes Absicht und eilte San Juan zu Hilfe. Seine Flotte erreichte die Stadt noch vor Drake. Gemeinsame Abwehrvorkehrungen ließen den Angriff des sonst so erfolgreichen Piraten scheitern. Die Morro-Festung widerstand den Attacken.

Schon drei Jahre später (1598) wurde San Juan erneut von den Engländern angegriffen, dieses Mal durch Admiral Cumberland, der die Stadt von Osten her über die ungeschützte Landseite einnahm. Nach der Plünderung zwangen Tropenkrankheiten die englischen Eroberer jedoch zum Rückzug. Schon 1599 kehrten die Spanier zurück und bauten San Juan unter Verstärkung der Befestigungsanlagen wieder auf. Um die Hafeneinfahrt wirksamer zu schützen, errichtete man auf einer Insel gegenüber von El Morro die Festung El Cañuelo.

Bereits 1625 kam es erneut zu militärischen Auseinandersetzungen, als der holländische Admiral Hendrik mit seiner Kriegsflotte Puerto Rico zu erobern und den westindischen Besitzungen einzuverleiben versuchte. Trotz Einnahme, Plünderung und Brandschatzung der Stadt gelang es den Holländern nicht, die vom spanischen Inselgouverneur Haro gehaltene Festung El Morro zu bezwingen.

Der Wiederaufbau San Juans mit seinem bis heute größtenteils erhalten gebliebenen Befestigungssystem war schon 1650 vollendet. Man verbesserte die Verteidigungsanlagen durch die Festung San Cristóbal, die, seit 1634 im Osten der Altstadt errichtet, Überfälle von der Landseite abwehren sollte (Abb. 96). Im Ostteil der Insel, heute in unmittelbarer Nachbar-

Befestigungssysteme von San Juan, Ende des 18. Jahrhunderts

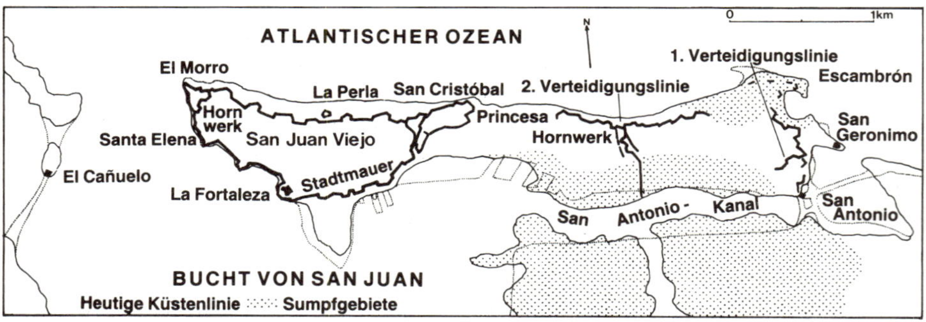

schaft vom Hilton Caribe-Hotel, wurde als Vorposten das kleine Fort San Jerónimo errichtet. Beim Bau von San Cristóbal stützte man sich auf die neuesten Erkenntnisse der Festungsarchitektur: Das Fort wurde auf einem der Altstadt vorgelagerten Hügel errichtet mit freiem Blick nach allen Seiten und zusätzlich durch ein weit vorgeschobenes System von Hornwerken, Bastionen, Wällen und Gräben gesichert. Außerdem verband man Teile der Festungsanlage durch ein weit verzweigtes Tunnelsystem miteinander. Die erhaltenen Teile von San Cristóbal bedecken noch heute eine Fläche von 11 ha!

Etwa ein Jahrhundert später zwang die Gefahr eines erneuten militärischen Konflikts mit England die spanische Regierung die Verteidigungsanlagen von San Juan zu modernisieren. 1765 erhielten zwei in der spanischen Armee dienende Iren, der Feldmarschall Alexander O'Reilly und der Militäringenieur Thomas O'Dayly, den entsprechenden Auftrag. Unter Leitung dieser beiden spezialisierten Militärarchitekten wurde San Juan zur stärksten Festung Amerikas ausgebaut. Weitere Verteidigungsplattformen, die Verstärkung und Erhöhung der Schutzmauern sowie der Bau neuer Arsenale und Unterkünfte gaben El Morro seine heutige Gestalt. Wie die damaligen Kriegsschiffe besaß El Morro übereinander liegende mit Kanonen bestückte Plattformen. Es war nun möglich, angreifende Schiffe in ihrer gesamten Höhe zwischen Wasserlinie und Takelage unter Beschuß zu nehmen. Ähnlich umfangreich waren auch die Erweiterungsbauten bei San Cristóbal, an denen täglich 400 Bauarbeiter und Sklaven beschäftigt waren.

Nach 25jähriger Bauzeit verfügte San Juan über ein Festungssystem, das nach dem damaligen Stand der Technik nahezu perfekt war. Den innersten Verteidigungsring bildeten die beiden Festungen El Morro und San Cristóbal sowie eine lückenlose Stadtmauer mit drei Toren. Pufferfunktion hatten die vorgeschobenen Verteidigungslinien im Osten der Insel zwischen San Cristóbal und der Zugbrücke über den Boquerón-Sund. Der äußere Verteidigungsring bestand aus den Festungsvorposten San Jerónimo und El Cañuelo.

Der befürchtete Angriff erfolgte 1797, als der englische Flottenführer Sir Abercromby mit 60 Schiffen und 7000 Mann am Strand des heutigen Santurce landete, nachdem Spanien England den Krieg erklärt hatte. Mit der gleichen Taktik wie 200 Jahre vor ihm sein Landsmann Cumberland versuchte er die Stadt in einer Zangenbewegung sowohl vom Osten als auch von der westlichen Hafeneinfahrt her einzunehmen. Warum ihm dies trotz militärischer Überlegenheit nicht gelang, konnte bis heute nicht befriedigend geklärt werden. Das in diesem Zusammenhang oft erwähnte »Wunder von La Rogativa« mag wohl mehr in den Bereich der Legende gehören: Es heißt, die Lichter einer durch die Stadt zur Kathedrale ziehenden Bittprozession seien von den Angreifern für die Fackeln eines von der Landseite her kommenden spanischen Ersatzheeres gehalten worden – diese vermeintliche Übermacht hätte die Engländer zum Abzug bewogen.

Während der nächsten 100 Jahre blieb San Juan dank seiner nahezu unüberwindlichen Festungsanlagen von weiteren Angriffen verschont. Nachdem Mexico nach der Revolution im Jahre 1821 verlorengegangen war, gewann die militärische Brückenfunktion San Juans für die Spanier noch mehr an Bedeutung. Die Anlagen wurden in gutem Zustand gehalten, und die Festung El Morro erhielt den heute noch existierenden Leuchtturm.

Die Stadt selbst verkam allmählich. Auch behinderten die Verteidigungsanlagen ihre weitere Entwicklung. Eine wachsende Bevölkerung drängte sich in der von Festungsanlagen umgebenen Altstadt, bis schließlich 24000 Menschen in nur 926 vorhandenen Wohngebäuden leben mußten.

Zum letzten Mal wurden die Festungen El Morro und San Cristóbal von den während des spanisch-amerikanischen Krieges nach San Juan entsandten US-Kriegsschiffen angegriffen. Mit der Übergabe von San Juan endete die fast 400jährige Geschichte Puerto Ricos als spanische Kolonie.

Während der beiden Weltkriege dienten die Festungen als Verteidigungsstellungen gegen eventuelle deutsche Angriffe. 1949 stellten die USA nicht nur die Altstadt von San Juan, sondern auch sämtliche Festungsanlagen unter Denkmalsschutz. Seitdem unterstehen El Morro und San Cristóbal dem US National Park Service, und das Instituto de Cultura Puertoriqueña sorgt für die historisch getreue Erhaltung der Anlagen.

Zwischen den beiden Festungen liegt die Altstadt von San Juan. Als günstigster Ausgangspunkt für eine Besichtigung bietet sich die **Plaza de Colón** am Ostende des Stadtkerns an. Hier enden alle Buslinien, die San Juan mit den meisten seiner Vororte sowie den Hotelstränden verbinden. In der Mitte des Platzes steht auf einem hohen Podest ein Standbild von Columbus, das 1893 anläßlich des 400. Jahrestages der Entdeckung Puerto Ricos errichtet wurde. Den Sockel schmücken gußeiserne Relieftafeln mit Szenen der Entdeckungsgeschichte, dichtbelaubte Bäume umgeben das Denkmal.

Auf der Ostseite des Platzes befindet sich das 1913 im pompösen Stil der damaligen Zeit erbaute alte **Casino.** Den Süden der Plaza beherrscht der klassizistische Bau des **Tapia-Theaters,** das in der Zeit zwischen 1826 und 1832 errichtet wurde und damit zu den ältesten Theaterbauten der Neuen Welt gehört. Das Theater erhielt seinen jetzigen Namen 1937 nach dem bekannten puertoricanischen Theaterdichter Alejandro Tapia y Rivera (1827–1882) und wurde vor wenigen Jahren völlig renoviert. Die nordöstliche Ecke der Plaza de Colón wird von dem mächtigen **Castillo San Cristóbal** beherrscht, von dem bereits ausführlich die Rede war (s. S. 308f.).

Von der südwestlichen Ecke des Platzes aus folgt man der **Calle Fortaleza.** Die enge Bebauung mit Häusern aus verschiedenen Zeit- und Stilepochen ist nicht nur für diese Straße, sondern für den gesamten Altstadtbereich charakteristisch. Der turbulente Straßenbetrieb, die vielen Läden und Boutiquen lassen kein Gefühl musealer Eintönigkeit aufkommen. An der ersten Ecke auf der rechten Straßenseite trifft man auf ein schlichtes, erst kürzlich restauriertes Gebäude, das den Namen **Casa del Callejón** trägt. Wann es erbaut wurde, ist nicht bekannt, die hölzernen Fenstergitter – auch Rejas genannt – und die schmucklose Fassade erinnern jedoch an südspanische Stadthäuser aus dem 17. Jahrhundert. Seit einigen Jahren beherbergt es das **Museo de la Arquitectura Colonial** (Museum der Kolonialarchitektur), das **Museo de la Familia Puertoriqueña** (Puertoricanisches Familienmuseum) und eine Kunstgalerie.

Setzt man den Weg durch die Calle Fortaleza fort, geben die Seitenstraßen linker Hand den Blick auf den Fähr- und Passagierhafen frei. Durch eine dieser Nebenstraßen gelangt man auf die Calle Tetuán, welche direkt auf die **Bastion de las Palmas** zuführt. Von dort ergibt sich ein schöner Blick auf den Binnenhafen bis zum gegenüberliegenden Ufer von Cataño.

Wenige Schritte weiter endet die Calle Tetuán direkt vor der kleinen **Capilla del Santo Cristo.** Der zierliche Barockbau mit seinem kleinen aufgesetzten Glockenturm wurde zum Gedenken an einen angeblich durch göttliche Fügung geretteten Reiter errichtet. Am Johannistag des Jahres 1753 veranstaltete man nach alter Tradition ein Wettreiten zu Ehren des Schutzpatrons der Stadt. Es begann an der Morro-Festung und sollte auf der Calle Cristo enden. Einem der teilnehmenden Reiter, namens Baltasar Montañez, gelang es nicht, sein Pferd am Ende der Straße vor dem Steilufer zum Stehen zu bringen. Er überlebte den Absturz nur, so erzählt man, weil ein geistlicher Würdenträger während des Sturzes für ihn gebetet hatte. Seitdem versperrt die an der Absturzstelle errichtete Capilla del Santo Cristo den Zugang zu dem gefährlichen Steilhang.

Gleich neben der Kapelle liegt der kleine **Parque de las Palomas,** der 1678 als Teil der Festungsanlagen entstand und heute ein beliebter Familientreffpunkt ist. Hauptattraktion, vor allem für die Kinder, sind Schwärme von zahmen Tauben, die hier schon seit Generationen gefüttert werden und dem Park seinen Namen gaben. Hier, wie auch in anderen Straßen der Altstadt von San Juan, fallen die glatten, bläulichen Pflastersteine auf. Sie wurden in Spanien aus bei der Kupferverhüttung anfallenden Schlacken hergestellt und seinerzeit als Ballast nach San Juan verschifft.

In der Calle Cristo befindet sich das **Museo de Artes,** in dem die Werke moderner puertoricanischer Künstler ausgestellt sind. Biegt man links in die unmittelbar nach dem Museum kreuzende Calle Fortaleza ein und folgt dieser, so trifft man auf die schon erwähnte Gouverneursresidenz (La Fortaleza), ein weißes Gebäude mit sehenswerten Frontgittern.

In der Calle Cristo, jenseits der Kreuzung mit der Calle Fortaleza, befindet sich die **Kathedrale von San Juan.** Das etwas vom Straßenrand zurückgesetzte Bauwerk überragt die benachbarten Häuser nur wenig. Bereits 1521, im Gründungsjahr, wurde hier unter Leitung des damaligen Bischofs Alfonso Manso eine Kirche errichtet. Fünf Jahre später zerstörte jedoch ein Hurrican das hölzerne Bauwerk. Erst 1540 begann man mit dem Bau einer gotischen Bischofskirche, von der heute nur noch die auf beiden Seiten des Chores liegende Sakristei sowie einige Seitenkapellen mit spätgotischen Kreuzgewölben und der Turm auf der Südostseite erhalten geblieben sind. Der weitaus größte Teil des heutigen Bauwerks ist zwischen 1809 und 1852 im schlichten Neobarock errichtet worden. Trotz des reichlichen Stuckwerks und der neobarocken Deckenmalereien wirkt der Innenraum nicht überladen und harmoniert mit der für eine Bischofskirche eher sparsamen Ausstattung. In der Kathedrale befindet sich auch das Grab von Juan Ponce de León, des Eroberers der Insel. Seine Gebeine wurden 1908 von der Kirche San José hierher überführt.

Vor der Kathedrale erstreckt sich ein schmaler, stark abschüssiger Platz mit dem Namen Plazuela de las Monjas. Seine rechte Seite wird vom früheren **Karmeliterinnenkloster** eingenommen, das zu einem modernen, jedoch dem historischen Stil der Altstadt angepaßten Hotel umgebaut wurde. Das dreistöckige Klostergebäude mit seinem arkadenumsäumten

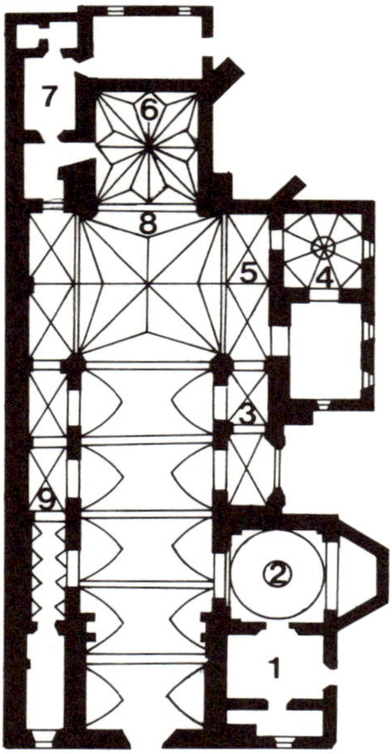

San Juan: San José

1 Eingang und Information
2 Rosario-Kapelle
3 Santa Teresa-Kapelle
4 Bethlehem-Kapelle
5 Heilig-Herz-Kapelle
6 Hauptaltar
7 Grabkapelle des Juan Ponce de León
8 Mittelschiff
9 Kapelle des unbefleckten Herzens

Innenhof und der seitlich angefügten Kapelle wurde 1651 eingeweiht. Nachdem es Anfang dieses Jahrhunderts nur noch neun Nonnen beherbergte, löste ein bischöflicher Erlaß die Klostergemeinschaft auf. In den folgenden Jahrzehnten diente das Gebäude als Notunterkunft für etwa 100 Familien und verfiel allmählich. 1957 sollte es abgebrochen werden, um Raum für einen Parkplatz zu schaffen. Gerade noch rechtzeitig verhinderte Dr. Ricardo Alegría, der damalige Direktor des Instituto de Cultura Puertoriqueña, den Abriß. Ihm gelang es auch, die für eine Restaurierung erforderlichen Geldmittel zu beschaffen. Daraus entwickelte sich ein Modellprojekt, das Vorbild für die nachfolgenden Restaurierungen in der Altstadt von San Juan wurde. Von der einfühlsamen Arbeit der Restaurateure zeugen die mühsam wieder zusammengesetzten Kachelbilder auf dem Innenhof, die originalgetreu nachgebildeten Türen sowie die im altspanischen Stil zurückversetzte Ausstattung der früheren Kapelle, die heute als Hotelrestaurant und Konzertraum dient.

Vom Hotel aus gelangt man in eine der reizvollsten Gassen von Alt-San Juan, die **Caleta las Monjas** (Farbt. 50) mit ihren schmalen blumengeschmückten Häuserfronten. Auf der linken Straßenseite befindet sich ein kleiner Platz, der zum Steilufer hin von den Mauern einer Bastion begrenzt wird. In seiner Mitte wurde vor einigen Jahren das Denkmal »La Rogativa« zur Erinnerung an die schon erwähnte Bittprozession (1797) errichtet. Von der fast 30 m über dem Meer gelegenen Brüstung oder den kleinen erkerförmigen Wachttürmchen hat man einen unvergleichlich schönen Blick auf die befestigte Altstadt mit der früheren Residenz »La Fortaleza« im Vordergrund. Von diesem Platz aus kann man über einige

Treppen abwärts das älteste Stadttor von San Juan erreichen und dort seinen Weg auf einer schmalen Straße zwischen Stadtmauer und Ufer bis zum Hafen fortsetzen.

Die nun steil ansteigende Caleta las Monjas führt hinauf zur **Casa Blanca,** wo 1521 San Juan nach Aufgabe von Caparra neu gegründet wurde. In ihr und in einigen Nebengebäuden befinden sich das Denkmalsamt und ein kleines historisches Museum, dessen Ausstellungen der Epoche des 16. und 17. Jahrhundert gewidmet sind.

Die Caleta las Monjas mündet schließlich in die Calle Sol, die nach ca. 200 m auf die Plaza de San José trifft. Hier empfiehlt sich eine Besichtigung der Kirche **San José,** die trotz ihres schlichten Äußeren zu den interessantesten und ältesten noch erhaltenen Kirchenbauten der Neuen Welt gehört; nur die Kathedrale von Santo Domingo (Dominikanische Republik) ist älter. Die Planungen lassen sich bis 1523 zurückverfolgen, die Bauarbeiten wurden aber erst 1532 abgeschlossen. Wie die aus der gleichen Zeit stammenden Kirchen von Santo Domingo wurde San José im Stil der isabellinischen Spätgotik errichtet. Bis zu ihrer Säkularisierung im Jahre 1838 diente sie als Klosterkirche des Dominikanerordens und trug den Namen Santo Tomás, danach wurde sie in San José umbenannt. Die wertvolle Innenausstattung ging bis auf wenige Reste im Laufe der bewegten Stadtgeschichte verloren. Um so klarer kommt die architektonische Gliederung des Bauwerks zum Ausdruck: Die Kirche besteht aus einem Hauptschiff mit geradem Chorabschluß (Farbt. 52), zwei sehr schmalen Seitenschiffen sowie den später angefügten Kapellen im Bereich des südlichen Seitenschiffs. Chor und Vierung besitzen ein spätgotisches Sterngewölbe, während in Teilen der Seitenschiffe noch Kreuzgewölbe zu sehen sind. Das Langhaus erhielt 1773 bei umfassenden Renovierungsarbeiten ein barockes Tonnengewölbe. Architektonische Übereinstimmungen mit der vom gleichen Orden erbauten Dominikanerkirche in Santo Domingo werden sowohl beim Grundriß der verbliebenen Gebäudeteile als auch bei der Anordnung der fast identischen Rosenkranzkapellen an den südlichen Seitenschiffen sichtbar. Möglicherweise sind beide Kirchen das Werk desselben anonym gebliebenen Architekten, denn mit dem Bau der Dominikanerkirche in Santo Domingo wurde nur ein Jahr später als mit der Errichtung von San José begonnen. Letzte Veränderungen erfuhr San José durch eine Neugestaltung des jetzigen Portals während der zweiten Hälfte des vorigen Jahrhunderts. Eines der wenigen erhaltengebliebenen Kunstwerke ist das Altargemälde in der Kapelle der Jungfrau von Bethlehem, das diese im Stil der flämischen Schule des ausgehenden 16. Jahrhunderts darstellt. Der Maler dieses im gesamten karibischen Raum einmaligen Kunstwerks ist leider unbekannt. Sehenswert ist auch die im gleichen Jahrhundert entstandene Kreuzigungsgruppe »El Cristo de los Ponce y del Nazareno«. San José diente als Begräbniskirche des Conquistadors und ersten Gouverneurs der Insel Juan Ponce de León und seiner Familie. Er schenkte dem Dominikanerorden das Gelände für den Bau des Klosters und erwarb für sich und seine Nachfolger das Patronat. Obwohl er 1521 in Havanna verstarb, wurden seine sterblichen Überreste 1559 nach San Juan überführt und in der Familiengruft beigesetzt. 1908 bettete man ihn in die Kathedrale um, wo ein Grabmal auf seine letzte Ruhestätte hinweist.

Vor der Kirche, auf der Plaza San José, befindet sich ein Standbild von Ponce de León, das aus den eingeschmolzenen Kanonen des englischen Admirals Abercromby gegossen wurde.

Ursprünglich auf der Plaza Colón errichtet, mußte es elf Jahre später dem neuen Columbusdenkmal weichen und erhielt seinen jetzigen Platz.

An der Kirche schließt sich direkt das ehemalige **Dominikanerkloster** an. Gleich links vom Hauptportal befindet sich der frühere Klostereingang, durch den man heute in ein sehenswertes Kunstgewerbezentrum mit dem Namen »Centro de Artes Populares« gelangt. Die weiträumige Klosteranlage mit ihrem arkadenumsäumten Innenhof entstand während der Wende des 17. zum 18. Jahrhundert und beherbergte bis 1838 den Dominikanerorden. Von 1898 bis 1916 befand sich hier das Hauptquartier des US-Antillenkommandos. Nach umfangreichen Restaurierungsarbeiten wurde das Kloster Sitz des Instituto de Cultura Puertoriqueña, das für alle öffentlichen Kulturveranstaltungen und für die Denkmalpflege zuständig ist. Ferner beherbergen die ehemaligen Klostergebäude das städtische Museum für Geschichte und Kunst, ein kleines Kirchenmuseum sowie eine umfangreiche historische Bibliothek. Im unteren Arkadengeschoß stellen Laienkünstler ihre Arbeiten aus, und auf dem weiträumigen Innenhof finden regelmäßig Konzerte und Folkloreveranstaltungen statt.

Direkt neben dem Kloster, an der Avenida de Valle (Calle Norzagaray), liegt die **Casa los Contrafuertes,** die zu den ältesten Gebäuden der Stadt gehört. Hinter ihren mächtigen Mauern verbergen sich ein Apothekenmuseum, eine Sammlung sakraler Kunstwerke und eine Graphikgalerie.

Nicht versäumen sollte man den Besuch des **Casals-Museum** an der Ostseite der Plaza San José. In dem kleinen, fast 200 Jahre alten Gebäude mit seinen vorgesetzten Holzbalkons wird eine große Sammlung von Manuskripten, Fotografien, Musikinstrumenten und persönlichen Gegenständen des weltberühmten Cellisten Pablo Casals (1876–1973) gezeigt. Casals, der aus seinem Heimatland Spanien emigrierte, verbrachte die letzten 20 Jahre seines Lebens in San Juan.

Folgt man der von der Plaza San José in westlicher Richtung zur Morro-Festung führenden Avenida de Valle, bietet sich ein Blick zum unterhalb gelegenen **Friedhof von San José,** der 1865 zwischen den Festungsmauern und der Küste des Atlantik angelegt wurde. In seiner Mitte befindet sich eine runde Kapelle mit umlaufendem Arkadengang und schlichter Kuppel.

Auf dem Wege zur **Festung El Morro** durchquert man ausgedehnte Grünflächen, die vor allem an Wochenenden und Feiertagen ein beliebter Treffpunkt und Spielplatz für Kinder sind. Der ständig wehende Passatwind hat das Drachensteigen hier zu einem beliebten Volkssport werden lassen. Die Festung selbst liegt am westlichen Ende der Altstadt, das von einem steilen Felsvorsprung gebildet wird. Eine Brücke führt über den tiefen Wallgraben zum Haupteingang. Der zentrale Innenhof wird von schattigen Arkadengängen umgeben, von denen aus man in die Kasematten und ehemaligen Pulvermagazine gelangt. Über ein Labyrinth von Treppen und Rampen führt der Rundgang zu den in vier Ebenen angeordneten Verteidigungsplattformen. Alte Kanonen und zu Pyramiden aufgeschichtete Kanonenkugeln erinnern an die ursprüngliche Funktion des gewaltigen Verteidigungsbauwerkes. Ein kleines, im Innenhof untergebrachtes Museum mit interessanten Ausstellungsstücken informiert den Besucher über die Geschichte von El Morro.

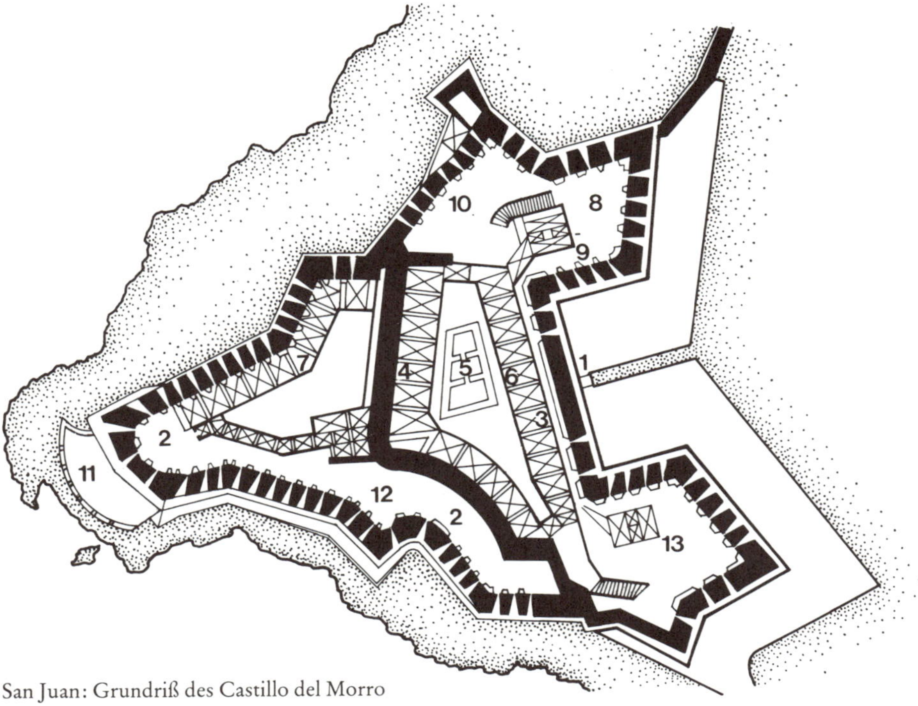

San Juan: Grundriß des Castillo del Morro

1 Brücke und Eingang 2 mittlere Verteidigungsplattform 3 Kapelle 4 Verliese 5 Zisternen 6 Museum 7 Quartiere und Küche 8 Tejeda-Bastion 9 Leuchtturm 10 Carmen-Bastion 11 untere Verteidigungsplattform 12 Sta.-Barbara-Bastion 13 Austria-Bastion

Nicht weit von der Morro-Festung entfernt liegt mitten in den Grünanlagen das **Museo del Niño** (Kindermuseum), in dem die Ausstellungsstücke von den jungen Besuchern angefaßt werden dürfen. Auf dem Rückweg in die Altstadt über die Calle Cristo und Calle Luna gelangt man in Höhe der Calle San José zur Casa de los Dos Zaguanes, in der das **Museo del Indio** zu besichtigen ist. Die hier ausgestellten archäologischen Fundstücke vermitteln interessante Einblicke in die Vorgeschichte der Insel.

Der Weg führt weiter entlang der Calle San José bis zur **Plaza de Armas,** dem Zentrum von Alt-San Juan. Der schattige Platz ist beliebter Treffpunkt und Veranstaltungsort für Straßentheater und improvisierte Folkloreaufführungen. An jedem seiner vier Eckpunkte sind Figuren aufgestellt, welche die Jahreszeiten symbolisieren. An der Plaza de Armas liegt das alte, 1602 erstmals erwähnte Rathaus. Seine heutige Gestalt mit den beiden Türmen an der Vorderfront erhielt es nach Erweiterungen und Umbauten in den Jahren 1799 und 1841. Im unteren Geschoß befindet sich die Touristeninformation und gleich nebenan der Durchgang zum sehenswerten Patio (Innenhof). Die Westseite der Plaza nimmt die kürzlich restaurierte Real Intendencia (ehemaliges königliches Schatzamt) ein, deren Frontseite im schlichten klassizistischen Stil gestaltet wurde.

Über die Calle San Francisco, eine der beiden Hauptgeschäftsstraßen von Alt-San Juan, kehrt man zum Ausgangspunkt des Stadtrundgangs zurück. Auf der linken Straßenseite befindet sich die **Kirche San Francisco,** deren schlichte Fassade in die Häuserfront integriert ist. Von dem sich früher hier befindlichen Franziskanerkloster ist kaum noch etwas erhalten geblieben. Die Kirche selbst ist ein Neubau, der Anfang unseres Jahrhunderts anstelle eines 1653 erstmals erwähnten Gotteshauses errichtet wurde. Beachtenswert sind die holzgeschnitzten Figurenreliefs an den Kirchentüren, die biblische Szenen darstellen.

Kulturhistorisch weniger interessant, aber dennoch lohnend, ist ein Besuch der neueren Stadtteile. Von der Plaza de Colón aus kann man sie problemlos mit Bussen erreichen.

Etwa einen Kilometer von der Altstadt entfernt liegt in östlicher Richtung das 1925 erbaute, dem Washingtoner Capitol nachempfundene Kuppelgebäude des **Capitolio,** das Sitz von Regierung und Parlament des den USA assoziierten Inselstaates ist. Nur wenige Stationen weiter trifft man auf eine nach dem bekannten puertoricanischen Dichter und Patrioten **Luis Muñoz Rivera** benannte parkähnliche **Plaza.** Die hier zu sehenden Wälle und das ehemalige Pulvermagazin waren einst Teil des vorgelagerten Festungssystems. Unmittelbar hinter diesem Platz erblickt man die Hochhaussilhouette des Hilton, Holiday Inn und anderer Großhotels. Nur ein bis zwei Busstationen weiter endet die frühere Insel von San Juan, die inzwischen durch Brücken und Dämme mit dem Festland verbunden worden ist. Überquert man die Puente dos Hermanos in Richtung des Hotelvorortes Condado, so hat man einen schönen Blick auf die kleine Festung San Jerónimo, die ihr heutiges Aussehen durch einen Umbau im Jahre 1788 erhielt. Einige Kilometer weiter östlich entstand vor wenigen Jahren das hochmoderne Condado Convention Center, das über 4000 Besuchern Platz bietet und zu den größten Veranstaltungszentren Amerikas zählt.

Mit dem Bus in Richtung Río Piedras erreicht man nach etwa 45 Minuten Fahrzeit die **Universität** und die **Estación Experimental Agricola** (landwirtschaftliche Versuchsstation). Der von ausgedehnten Parkanlagen umgebene Universitätskomplex bildet eine Stadt für sich. Zu den der Universität angeschlossenen kulturellen Einrichtungen zählen einige Museen (Archäologie, Geschichte, Kunst) sowie ein Universitätstheater, das Stätte für die alljährlich stattfindenden Casals-Festspiele ist. An das Universitätsgelände grenzt die weiträumige Estación Experimental Agricola, der ein **Botanischer Garten** mit einem für den karibischen Raum einmalig reichen Bestand an tropischen Pflanzenarten angegliedert ist.

Ponce

Außerhalb von San Juan hat Puerto Rico nur wenig an kulturhistorischen Sehenswürdigkeiten zu bieten. Dies gilt auch für Ponce, die zweitgrößte Stadt der Insel. Eher als eine Kuriosität ist das grellbunt bemalte Feuerwehrhaus zu betrachten, das gerade deshalb zu einem touristischen Markenzeichen der Stadt geworden ist. Von großem kulturellen Interesse ist dagegen das über Puerto Rico hinaus bekannt gewordene **Museo del Arte** an der Avenida Americas, das vom früheren Großunternehmer und Gouverneur Luis A. Ferré gestiftet worden ist. Der Architekt Eduard Durell Stone, nach dessen Plänen auch das New Yorker Museum of Modern Art gebaut wurde, konzipierte dieses Museum in seinem unverkennbar eigenwilligen Stil. Noch sehenswerter als das Gebäude ist die Sammlung von Gemälden weltberühmter Maler wie Van Dyck, Rubens, Murillo, Velázquez, Reynolds und Gainsborough. Etwas im Schatten dieser Meister stehen die nicht weniger beachtenswerten Arbeiten einheimischer Künstler.

Arecibo

Die Stadt an der Nordküste wurde berühmt durch das größte Radioteleskop der Welt. Die in einem trogförmigen Tal installierte Parabolantenne weist einen Durchmesser von über 400 m auf und nimmt eine Fläche von ca. 8 ha ein. Drei 180 m hohe Masten halten den mit Drahtseilen verspannten Reflektor in der Schwebe.

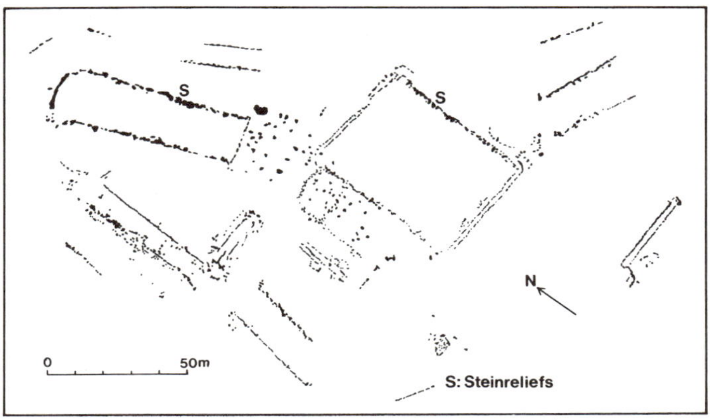

Utuado, archäologische Stätte Capa: Steinbegrenzungen der Kultstätten

Arecibo ist auch der Ausgangsort für den Besuch von zwei interessanten archäologischen Stätten. In der **Cueva del Indio** haben sich Felszeichnungen aus vorkolumbischer Zeit erhalten, und im **Parque Ceremonial** bei **Utuado** (Abb. 22, 24, 25 u. 26) sind die steinernen Einfassungen indianischer Ballspielplätze sowie Überreste von Kultstätten zu besichtigen.

San Germán

Das am westlichen Ende der Insel gelegene San Germán, dessen Gründung auf das Jahr 1510 zurückgeht, ist der zweitälteste Ort Puerto Ricos. Nach mehrfachen Zerstörungen durch französische Piraten wurde das heutige San Germán 1570 am Rio Guanajibo neu gegründet. Sehenswert ist dort die **Kapelle Santa Coeli,** das älteste kirchliche Bauwerk außerhalb von

San Juan. Sie wurde 1606 erbaut, 1976 gründlich restauriert, und dient jetzt als Kirchenmuseum, das sakrale Kunstwerke aus der spanischen Kolonialzeit zeigt. San Germán ist auch Sitz der privaten Inter-American University, an der annähernd 10000 Studenten eingeschrieben sind.

Ein Blick auf die Landkarte läßt schon erkennen, daß Puerto Rico eine überaus abwechslungsreiche Landschaft bietet. Dies verdankt die Insel insbesondere dem zentralen Bergland, das von dicht besiedeltem Kulturland umgeben ist. Die Begrenzung zum Meer wird durch einen Gürtel von ausgedehnten Badestränden, Mangrovenlagunen und Steilküsten gebildet.

Die zentrale Berglandschaft der Cordillera Central lernt man am besten während einer Fahrt entlang der »Ruta Panorámica« (Straße 143) kennen, die sich in ostwestlicher Richtung durch die ganze Insel zieht. Ein Zwischenstop im Toro Negro Nationalpark mit seinem interessanten Baumbestand sollte eingeplant werden. Ein weiterer sehenswerter Nationalpark mit dem Namen »El Yunque« befindet sich in der Sierra de Luquillo im Nordosten Puerto Ricos. Dort wurde einer der letzten Regenwaldforste unter Naturschutz gestellt. Die nordwestliche Gebirgsregion zeichnet sich zwischen Arecibo und Aguadilla durch eine bizarre Kegelkarstlandschaft aus.

Nicht weniger reizvoll ist die Küstenlandschaft. Neben der Luquillo-Beach – von der schon die Rede war – findet man besonders im Nordosten und Südwesten der Insel weitläufige Strände. Größere Korallenriffe mit guten Tauchmöglichkeiten haben sich an der Südküste vor La Paguera sowie im Nordosten bei Fajardo gebildet. Im äußersten Südwesten der Insel, unweit von Boquerón, lohnt sich schließlich ein Besuch der Mangrovenlagune »Laguna Rincón«, wo bisher mehr als 100 Brutvogelarten gezählt wurden.

Jamaica

Geographischer und geschichtlicher Überblick

Jamaica ist mit einer Fläche von 10991 qkm nach Cuba und Hispaniola die drittgrößte Insel der Großen Antillen. Sie liegt ca. 150 km südlich von Cuba und markiert die unterseeische Verbindung zwischen dem mittelamerikanischen Festland und der Insel Hispaniola. Ihre längste Ausdehnung erreicht sie in westöstlicher Richtung mit ca. 240 Kilometern. In gleicher Richtung wird Jamaica von einem Gebirge durchzogen, das im Ostteil der Insel eine Höhe von 2229 m (Blue Mountain Peak) erreicht. Große Teile des zentralen Gebirgsmassivs werden von einem stark erodierten Karstplateau gebildet. Besonders eindrucksvoll ist die Dolinenlandschaft südöstlich von Montego Bay mit dem Namen Cockpit Country. Ausgedehnte Niederungen sind den Gebirgen im Norden, Süden und Westen Jamaicas vorgelagert. Bemerkenswert sind die reichen Bauxitvorkommen an den Nord- und Südhängen des zentralen Gebirgsteils, die zu den größten der Welt gehören.

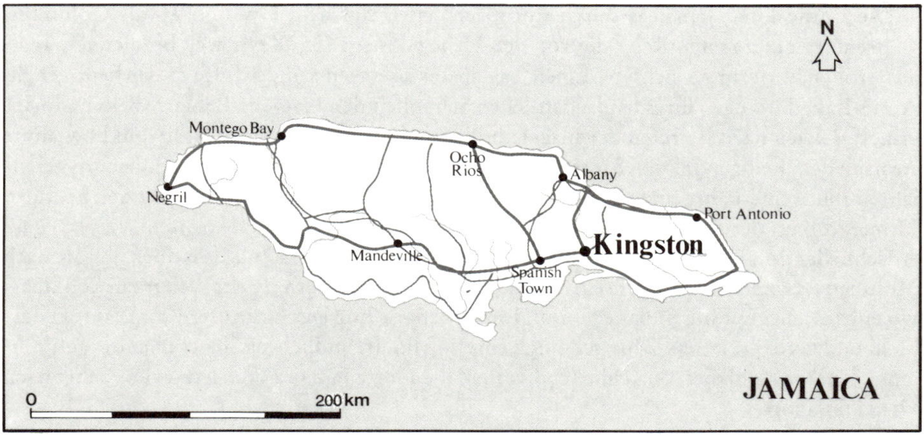

Das Klima Jamaicas wird stark vom Passat und den Gebirgen beeinflußt. Während der Nordost-Passat der Nordküste und dem südöstlichen Inselteil reichliche Niederschläge bringt, sind die südlichen, im Regenschatten der Gebirge gelegenen Gebiete z. T. sehr trocken. Angenehme Kühle findet man überall im zentralen Bergland.

Auch auf Jamaica haben sich von der ursprünglichen Bewaldung nur noch Restbestände erhalten, die sich auf die Bergregionen des östlichen Inselteils konzentrieren. Ausgedehnte Strände mit vorgelagerten Riffgebieten erstrecken sich entlang der Nordküste. Wegen ihrer landschaftlichen Schönheit geben sie der Insel einen besonderen Reiz und ziehen viele Touristen an.

Die Vorgeschichte Jamaicas läßt sich bis etwa 700 Jahre n. Chr. zurückverfolgen, als arawakstämmige Subtaino-Indianer mit ihren seetüchtigen Einbäumen die Insel von Cuba und Hispaniola her zu besiedeln begannen. Funde – Keramikarbeiten, Steinwerkzeuge sowie erhaltengebliebene Höhlenmalereien – weisen auf das hohe kulturelle Niveau ihrer präkolumbischen Bewohner hin. Es empfiehlt sich daher ein Besuch der Fundstätten von White Marl und Mountain River Caves bei Spanish Town. Dank ihres hochentwickelten Ackerbaus stieg die Bevölkerungszahl zeitweise auf 60 000.

Gegen Ende des 14. Jahrhunderts erwuchs den Subtaino – wie schon einige Jahrzehnte vorher ihren Stammesverwandten auf den östlichen Inseln – eine ernste Gefahr durch die Kariben-Indianer, die mit ihren wendigen Einbäumen von Insel zu Insel übersetzten und die Küstensiedlungen der Taino-Indianer attackierten. Die 1494 auf Jamaica eingedrungenen spanischen Conquistadoren kamen den in Bedrängnis geratenen Tainos nicht etwa zur Hilfe. Ganz im Gegenteil beschleunigten sie durch Versklavung und eingeschleppte Krankheiten auch hier deren Untergang. Möglicherweise überlebten noch einige versprengte Gruppen bis gegen Ende des 17. Jahrhunderts, die sich mit entflohenen Negersklaven vermischten und als Cimarrones bezeichnet wurden.

Die Entdeckung Jamaicas durch Europäer datiert auf dem 3. Mai 1494, als Columbus während seiner zweiten Reise die von den Urbewohnern als »Xaymaca« bezeichnete Insel aus großer Entfernung sichtete. Einen Tag später ankerten seine Schiffe in der heutigen St. Ann's Bay, die wegen ihrer landschaftlichen Schönheit den Namen »Bahía de Santa Gloria« erhielt. Gleich nach Betreten der Insel nahm er sie für seinen König in Besitz und benannte sie nach dem heiligen Jakob »Santiago«. Unliebsame Begegnungen mit den Indianern veranlaßten ihn, seine Fahrt fortzusetzen bis zur weiter westlich gelegenen Bucht des heutigen Montego Bay, der er den Namen »Golfo de buen Tiempo« (Golf des guten Wetters) gab. Anschließend nahm Columbus Kurs auf Cuba und kehrte im Juli desselben Jahres nach Montego Bay zurück. Er hielt sich dort nicht lange auf, sondern segelte weiter zur Südküste, wo er friedlich gesinnte Indianer antraf. Ein farbenprächtig geschmückter Kazike mit Federkleid und goldverziertem Brustschmuck empfing ihn freundlich als Sieger über die gefürchteten Kariben-Indianer. Anschließend verließ die Flotte Jamaica und setzte ihre Fahrt nach Hispaniola fort.

Zehn Jahre vergingen bis zum nächsten Besuch, als Columbus während seiner vierten und letzten Reise Jamaica unter dramatischen Umständen anlaufen mußte. Seine drei Schiffe waren von Bohrmuscheln so stark zerfressen, daß die »Vizcaya« im Golf von Darién (Panama) aufgegeben werden mußte. Hispaniola konnte mit den beiden verbliebenen Schiffen nicht mehr erreicht werden, und so entschloß man sich, in der Bucht von Santa Gloria abermals zu ankern und an Land zu gehen. Die Aufgabe der letzten beiden Schiffe zwang Columbus und seine Mannschaft, auf der Insel zu bleiben. Die Schiffbrüchigen litten Hunger und es kam zur Meuterei. Es dauerte etwa ein Jahr, bis Columbus und die etwa 100 Überlebenden mit Hilfe eines von Hispaniola entsandten Schiffes Jamaica unter dramatischen Umständen verlassen konnten.

Erst 1509 begann die Besiedlung der Insel, zu deren Gouverneur Juan de Esquivel ernannt wurde. Die erste Siedlung wurde an der Stelle gegründet, wo sich heute St. Ann's Bay befindet. Sie mußte aber wegen des ungesunden Klimas 15 Jahre später wieder aufgegeben werden. Danach entstand 1525 im Süden der Insel, an den Ufern des Río Cobre Villa de la Vega, das heutige Spanish Town. Der Platz, in einer fruchtbaren Gegend und nicht weit entfernt von einem günstigen Naturhafen gelegen, war gut gewählt. Villa de la Vega entwikkelte sich innerhalb weniger Jahre zu einer der wohlhabendsten Städte Westindiens. Es wird berichtet, daß sich um 1630 in ihren Mauern etwa 500 Häuser, sechs Kirchen und ein Kloster befanden. Eine weitere Besiedlung Jamaicas unterblieb dagegen, und die Reichtümer der Insel wurden kaum erschlossen.

Bis 1655 konnten sich die spanischen Siedler der englischen und französischen Attacken gut erwehren. Dann jedoch erfolgte der Angriff des Admirals Cromwell, der aus Verbitterung über seine Niederlage vor Santo Domingo mit seiner Flotte von 38 Schiffen und starken Truppen weiter nach Jamaica segelte. Villa de la Vega fiel im Handstreich und wurde danach völlig zerstört, da nur etwa 200 spanische Soldaten Widerstand leisteten. Eine drei Jahre später versuchte Rückeroberung durch die Spanier blieb erfolglos, und im Vertrag von Madrid wurde Jamaica 1670 den Engländern zugesprochen. An das spanische Erbe erinnern

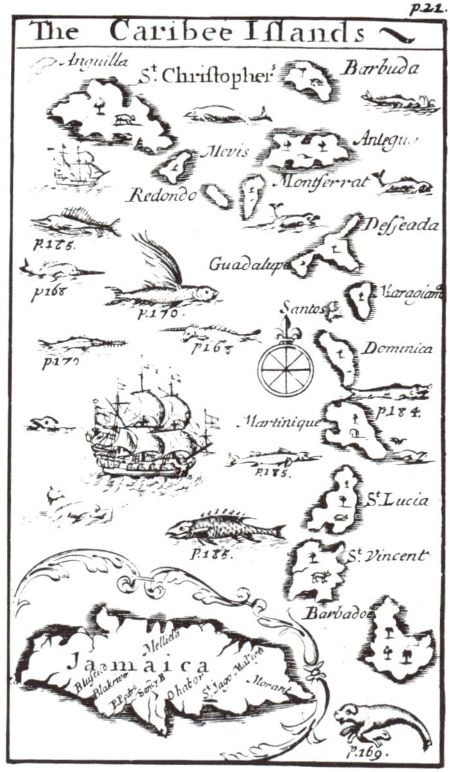

Jamaica und die Kleinen Antillen, Karte aus dem 17. Jahrhundert

außer einigen Orts- und Flußnamen sowie wenigen Ruinenresten nur noch Fundstücke in den Museen.

Zuckerrohranbau und Freibeuterei brachten der Insel während der folgenden Jahrzehnte einen enormen Reichtum. Der berühmt-berüchtigte Pirat Henry Morgan wurde sogar Gouverneur von Jamaica und attackierte von dort aus die umliegenden spanischen Besitzungen bis nach Panama. Inzwischen war am westlichen Ende der langgestreckten Palisadoes-Halbinsel vor dem heutigen Kingston die Stadt Port Royal gegründet und zum stärksten Piratenstützpunkt Westindiens ausgebaut worden. An keinem anderen Ort häufte sich so großer Reichtum, sei es von den Spaniern erbeutetes Gold und Silber oder Schmuggelgut aller Art. Glaubt man der Geschichtsschreibung, so entwickelte sich Port Royal zur sündigsten und rechtlosesten Stadt der Welt, in der auf jeden zehnten Einwohner eine Spelunke kam. Als eine Strafe des Himmels, die über dieses Sündenbabel gekommen sei, begriff man das schreckliche Erdbeben vom 7. Juni 1692, bei dem die Stadt fast restlos in den Fluten des Meeres versank, und das kaum jemand überlebte. Feuersbrünste in den Jahren 1702 und

1816 sowie Hurricans machten alle Wiederaufbauarbeiten zunichte, und so siedelte man allmählich in das an der gegenüberliegenden Küste entstandene Kingston über.

Eine kritische Situation entstand im Jahre 1782 für Jamaica, als der französische Admiral Count de Grasse im Bündnis mit den Spaniern eine Invasion auf Jamaica plante. Dieses Vorhaben wurde aber durch den englischen Admiral George Rodney vereitelt, der die feindliche Flotte schon vor der Insel Guadeloupe abfing.

Die ständig steigende Zuckerproduktion machte Jamaica gegen Ende des 18. Jahrhunderts zur wohlhabendsten Kolonie Englands. Damit wuchs auch der Bedarf an Arbeitssklaven, deren Zahl man bis zur Aufhebung der Sklaverei im Jahre 1833 für Jamaica auf fast eine Million schätzt. Ihr Widerstand gegen die Kolonialherren wuchs, besonders bei den geflüchteten Sklaven, den sog. Maroons. Während dreier Aufstände in den Jahren 1760, 1795 und 1831 entlud sich der ganze Haß auf die weißen Unterdrücker, und es kam zu Ausschreitungen, die an Grausamkeit kaum zu überbieten waren. Die Aufstände erzwangen schließlich 1807 die Abschaffung des Sklavenhandels und 26 Jahre später die Aufhebung der Sklaverei. Die Folge war, daß der Zuckerrohranbau rapide zurückging; der Mangel an Arbeitskräften konnte auch nicht durch den Einsatz indischer Kulis ausgeglichen werden. Es kam zu großen Hungersnöten und schließlich 1862 zum Morant Bay-Aufstand, der mit der Hinrichtung von mehr als 400 Teilnehmern einschließlich ihres Anführers Paul Bogle endete.

Die Reformen vom Jahre 1870 führten zu einer allmählichen Besserung der wirtschaftlichen Verhältnisse. Beschleunigt wurde diese Entwicklung durch zunehmende Investitionen US-amerikanischer Fruchtkonzerne. Diese wandten sich dem weniger arbeitsintensiven Bananenanbau zu, der sich über ganz Jamaica auszubreiten begann und schließlich eine beherrschende Stellung einnahm.

1938 kam es infolge einer Wirtschaftskrise auf der ganzen Insel zu schweren Unruhen, bei denen auch politische Forderungen erhoben wurden. Diese wurden teilweise durch die 1944 gegebene Verfassung erfüllt. 1959 erhielt Jamaica eine innere Autonomie; die Mitgliedschaft in der 1957 gegründeten Federation of the West Indies, dem Zusammenschluß aller britischen Kolonien im karibischen Raum, wurde in einer Volksbefragung jedoch abgelehnt. Daraufhin entließ Großbritannien Jamaica 1962 in die völlige Unabhängigkeit, und zum ersten Ministerpräsidenten des neuen Inselstaates wurde Alexander Bustamente, Führer der Jamaican Labour Party, ernannt. Die beschleunigte Industrialisierung und der Abbau der riesigen Bauxitlagerstätten verhalf nur der Oberschicht zu mehr Wohlstand, was zu weiteren sozialen Spannungen führte.

Bei der Wahl im Jahre 1972 ging der linksgerichtete Michael Manley als Sieger hervor. Dem Beispiel Cubas folgend begann er, auch ausländische Großunternehmen zu verstaatlichen, woraufhin die USA als größter Handelspartner einen Wirtschaftsboykott über die Insel verhängte und damit einen rapiden Devisenschwund verursachte. Der drohende Staatsbankrott führte zu neuen politischen Unruhen, die auf der ganzen Insel terroristische Gewalttätigkeiten auslösten und den Tourismus als wichtigste noch verbliebene Devisenquelle fast zum Erliegen brachten. Diese Situation wurde 1978 noch durch Auseinandersetzungen zwischen der regierenden People's National Party und der oppositionellen Jamaican

Labour Party verschärft, in deren Verlauf in der Innenstadt von Kingston schwere Schäden angerichtet wurden. Erst Edward Seaga, 1980 mit überwältigender Mehrheit zum neuen Ministerpräsidenten gewählt, erreichte eine vorübergehende politische Stabilisierung. Mit seiner westlich orientierten Wirtschaftspolitik ist er ebensowenig in der Lage die sozialen Spannungen abzubauen wie sein Vorgänger Michael Manley. Gewaltkriminalität und Diebstahl – Reaktionen auf soziale Ungerechtigkeiten – beeinträchtigen auch weiterhin den Tourismus.

Kunst und Kultur

Architektur

Wer auf Jamaica nach architektonischen Zeugen der Vergangenheit sucht, wird enttäuscht sein. Die Voraussetzungen für eine städtebauliche Entwicklung, wie sie in Havanna, San Juan und Santo Domingo gegeben waren, haben seit der englischen Okkupation im Jahre 1655 nicht mehr existiert. Wie die übrigen westindischen Besitzungen Englands entwickelte sich Jamaica zu einer Agrarkolonie; darüber hinaus haben Erdbeben, Feuersbrünste und Hurricans nur wenige Reste historischer Bauwerke übriggelassen.

Von der spanischen Epoche zeugen nur noch wenige Ruinenreste des einstigen Sevilla Nueva unweit von St. Ann's Bay, die aber keine Aufschlüsse mehr über die verwendeten Baustile geben.

Eine große Zahl historischer Bauwerke Jamaicas ist vom georgianischen Baustil geprägt, einer englischen Sonderform des Klassizismus während des 18. und 19. Jahrhunderts. Bis auf wenige Ausnahmen handelt es sich um profane Bauwerke wie beispielsweise die Bauten um den Square in Spanish Town. Im Stil des georgianischen Klassizismus entstanden auch einige der prächtigen Landhäuser, zu denen das Rose Hall Great House bei Montego Bay und das Marlborough Great House (Manchester) gehören.

Englische Einflüsse zeigt auch die Architektur des 19. und beginnenden 20. Jahrhunderts. Zu den markantesten Bauwerken jener Zeit zählen zahlreiche, im neugotischen Stil errichtete Kirchen mit Einturmfassaden. Als eines der wenigen Bauwerke Jamaicas im Jugendstil ist das 1912 in Kingston erbaute Ward Theatre zu nennen.

Obwohl in den letzten Jahrzehnten zahlreiche moderne Bauwerke entstanden sind, darunter die meisten Hotels und Ferienzentren, haben sich nur wenige durch architektonische Besonderheiten hervorgetan wie einige Gebäude der University of West Indies in Kingston.

Bildende Kunst und Kunstgewerbe

Eine eigenständige Kunst begann sich auf Jamaica erst einige Jahre vor der Unabhängigkeit zu entwickeln. Die Malerei der vergangenen Jahrhunderte wurde ausschließlich vom Geschmack der weißen Kolonialherren bestimmt. Familienportraits, Landschaften, Szenen aus der Landwirtschaft sowie Stadt- und Hafenansichten waren daher die Hauptmotive der meisten Maler des letzten Jahrhunderts. Zu den bekanntesten Künstlern jener Zeit gehörten Isaac Mendes Belisario und Bartholomew Kidd.

Erst die Gründung der Jamaica School of Arts im Jahre 1950 und die Aktivitäten des Künstlerkreises um Edna Manley, der Mutter des ehemaligen Ministerpräsidenten Michael Manley, schufen die Voraussetzungen für eine unabhängige kreative Kunst. In der Nationalgalerie, die zur Zeit noch im Devon House untergebracht ist, kann eine beachtliche Sammlung von Gemälden moderner Künstler der Insel besichtigt werden, darunter auch Bilder von Eugene Hyder (Expressionist), Barrington Watson (Impressionist) und David Boxer (Surrealist).

Im Gegensatz zu Haiti steckt die naive Malerei noch in ihren Anfängen, ihre Erfolgsaussichten scheinen aber ähnlich günstig zu sein. Einer der berühmtesten Künstler dieser Stilrichtung war der Friseur John Dunkley, der seinen Erfolg selbst nicht mehr miterlebte. Erst nach seinem Tod wurde der Wert seiner Bilder erkannt, die heute zu fünfstelligen Preisen gehandelt werden. Zu den bekanntesten »Locals« der Insel – wie diese Künstler genannt werden – zählen außerdem Gaston Tabois und Albert Artwell. Ihre Bilder sind daher fast immer heimatbezogen: Szenen von Märkten und aus dem ländlichen Leben sowie Themen aus dem Rastafari-Kult.

In den Armenvierteln von Kingston entwickelt sich seit einigen Jahren eine neue Kunstform, die mit den Busmalereien Haitis vergleichbar ist. Wer zuerst auf die Idee kam, die tristen Slumgebäude mit bunten Malereien zu beleben, bleibt unbekannt. Diese Idee löste einen wahren Wettbewerb aus, der inzwischen auch Teile der verslumten Innenstadt erfaßt hat. Das Spektrum reicht von Produktwerbungen über großflächige Portraits berühmter Reggae-Stars bis hin zu Symbolen des Rastafari-Kults.

Das Kunstgewerbe paßt sich leider auch auf Jamaica dem Geschmack der Touristen an, und so wird es schwierig, in dem Massenangebot noch echte Volkskunst zu entdecken. Bei der Suche nach schönen handwerklich gefertigten Artikeln sollte man besonders auf Flechtarbeiten und Holzschnitzereien achten. Sehr zu empfehlen ist auch der Kauf von nachgebildeten Tropenfrüchten aus Edelholz. Ein großes Angebot findet man in Kingston auf dem Victoria Crafts Market, in Montego Bay auf dem Straw Market und bei den Andenkenständen an den Dunn's River Falls. Erst in neuerer Zeit beginnt sich auf Jamaica die Batikkunst auszubreiten, obwohl diese Tradition schon sehr alt ist. Sie geht auf indische Plantagenarbeiter zurück, die sich im letzten Jahrhundert auf der Insel ansiedelten.

Literatur

Im Vergleich zu den Nachbarinseln begann sich auf Jamaica erst relativ spät eine eigenständige Literatur herauszubilden. Das mag mit daran liegen, daß die Insel als letzte der Großen Antillen erst 1962 ihre Unabhängigkeit erhielt. Vergleichbare Entwicklungen zeigen sich in den jungen afrikanischen Staaten, die ebenfalls erst in jüngster Zeit anfangen, die Weltliteratur mit hervorragenden Beiträgen zu bereichern.

Einer der größten Schriftsteller Jamaicas war zweifellos der Lyriker und Erzähler Claude McKay (1891–1948). Er verbrachte allerdings den größten Teil seines Lebens in den USA, wo er sich in verschiedenen Veröffentlichungen mit der Rassendiskriminierung befaßte. Am bekanntesten wurde er durch seine Romane »Home to Harlem«, »Banana Bottom« und »Banjo«, in denen erste Anzeichen der beginnenden Negritudebewegung spürbar werden. Die Rückbesinnung auf afrikanische Kulturtraditionen setzte sich in den Werken von Claude Thomson (»Spring Planting«) und Vic Reid (»The Leopard«) fort. Sozialkritische Themen greift Roger Mais (1905–1955) in seinem Roman »The Hills were joyful together« auf, in dem er das Leben gescheiterter Existenzen in der Unterwelt von Kingston schildert. Für die Wiederbelebung nationaler Kulturtraditionen wird neuerdings auch die Patois-Sprache in Dichtung und Prosa wiederverwendet. Diese Sprache bildete sich während der letzten Jahrhunderte aus einer Verbindung des Englischen mit westafrikanischen Idiomen heraus. Für Besucher ist Patois wegen der Verwendung altenglischer Vokabeln und der Sprechweise, die den afrikanischen Sprachen angepaßt ist, schwer verständlich. In seinem Roman »New Day« macht sich der schon erwähnte Schriftsteller und Journalist Vic Reid die Umgangssprache seiner Landsleute zueigen.

Musik

Ob der Reggae in seiner heutigen Form noch zur jamaicanischen Musikfolklore gerechnet werden kann, darf allmählich bezweifelt werden. Seit Anfang der achtziger Jahre begann diese Musik auch Europa zu erobern. Sie ließ vergessen, daß auf Jamaica noch eine recht lebendige Musikfolklore existiert.

Wie auf den anderen Westindischen Inseln mit überwiegend schwarzer Bevölkerung ist auch hier das afrikanische Erbe unverkennbar. Dies gilt u. a. für die Burru-Musik, deren Rhythmen für den Reggae stilbildend werden sollten. Sie wurde von den Sklavenhaltern geduldet, da ihre monotonen Gesänge und Rhythmen den Arbeitstakt vorgaben. Nach Aufhebung der Sklaverei verloren viele der ehemaligen Sklaven ihre Arbeit. Auf der Suche nach einer neuen Beschäftigung zogen sie in die Slums von Kingston. Dort hielten sie sich in den Zeiten der Arbeitslosigkeit als Straßenmusikanten und Bänkelsänger über Wasser. Allmählich bürgerte sich die Sitte ein, freigelassene Häftlinge mit Burru-Rhythmen zu begrüßen. Unter den Freigelassenen waren in den dreißiger Jahren zunehmend Rastafaris, und so entstand eine Verbindung zwischen den Burru-Musikanten und den Sektenanhängern. Zu den Rastas gehörte auch der auf Jamaica legendäre Musiker Count Ossie, der die neu entstandene Rasta-Musik mit Burru-Trommelrhythmen bereicherte.

Die Rasta-Musik entwickelte sich rasch zur kultischen Begleitmusik. Diese basiert auf dem Zusammenspiel dreier verschiedener Trommeln, der sog. »Riddims« mit den Bezeichnungen »Bass Drum«, »Fundeh« und »Repeater«. In den Schlagrhythmen soll der Sieg der schwarzen Bevölkerung über ihre Unterdrücker und der Wiederaufstieg unter der Führung der Rastafaris symbolisiert werden. Als Count Ossie der Rasta-Musik weitere Begleitinstrumente wie Posaune, Baß, Flöte und Saxophon hinzufügte, war der Schritt zum Reggae nicht mehr weit. Auch die Mento-Musik hatte wesentlichen Einfluß auf die Entstehung des Reggae, deren Ursprünge auf die Musik der europäischen Kolonialherren zurückgeht. Seinerzeit mußten die Sklaven bei Gesellschaften ihrer Herren englische, spanische und französische Salontänze wie Quadrille, Contredanse oder Squaredance aufführen, deren Rhythmen noch heute in den Melodien der Mento-Lieder nachklingen. Die Texte sind oft recht anzüglich, nehmen aber auch kritischen Bezug auf aktuelle Ereignisse. Noch heute kann man besonders in Touristenvierteln Mento-Bands antreffen, die ihre Lieder mit Gitarren, Maracas, Bongos und der merkwürdigen Rumbabox, einem Holzkasten mit tongebenden Metallzungen, begleiten.

In den fünfziger Jahren begann das sogenannte Sound System die Mento-Musik zurückzudrängen. Es entstand als Reaktion auf das einfallslose Radioprogramm ohne die beliebten Rhythm- und Blues-Melodien. Da sich das Gros der Bevölkerung keine Schallplatten leisten konnte, und außerdem beliebte Titel Mangelware waren, installierte man überall riesige Lautsprecheranlagen, um das Bedürfnis nach Musik zu befriedigen. Verfeinert wurde das Sound System durch elektronische Effekte wie Echo, Hall etc. Als Anfang der sechziger Jahre das Interesse am Rhythm und Blues nachließ, drohte auch das Sound System zu verschwinden. Eine Wiederbelebung erfolgte durch den neu entstandenen Ska, dessen Schöpfer der aus Cuba emigrierte Laurel Aitken war. Bald wurde der Ska als Tanzmusik über die Grenzen von Jamaica hinaus populär, weil er die Mento-Melodik, die abrupte Rhythmik und den Klang der für den Son typischen Blasinstrumente vereinigt. Zum »König des Ska« stieg der Posaunist Drummond auf, der Mitbegründer der in den sechziger Jahren sehr beliebten Skatalites-Group.

Bereits 1966 überschritt der Ska seinen Höhepunkt und wurde allmählich vom Rocksteady abgelöst. Der Rhythmus verlangsamte sich, Rockelemente fanden verstärkt Eingang, und man reduzierte die Zahl der Instrumente, wodurch die seinerzeit von Count Ossie eingeführten – Posaune, Baß, Saxophon – wieder zu dominieren begannen. Die Texte verloren an religiösem Inhalt und griffen zunehmend zeitkritische Themen auf. Der Rocksteady begann eine Brücke zum Reggae zu bilden, der Ende der sechziger Jahre in den Slums von Kingston zur populärsten karibischen Musik wurde. Charakteristisch für den Reggae ist der Viervierteltakt mit besonderer Hervorhebung des zweiten und vierten Taktes sowie eine stark modifizierte Rhythmik. Es sind in erster Linie die von den Begleitinstrumenten getragenen rhythmischen Wiederholungen, die den Reggae so spannungsgeladen machen. Wie beim Rocksteady ist der Baß das beherrschende Instrument, daneben kommen Gitarre, Schlagzeug, Elektro-Orgel und Synthesizer zum Einsatz. Woher der Name Reggae kommt, läßt sich nicht mit Sicherheit ermitteln. Eine Schallplatte des später so erfolgreichen Toots Hibbard mit dem Titel »Do the Reggae« kam 1967 in den Handel und könnte evtl. zum Namengeber geworden sein. Ob sich das Wort vom afrikanischen Ragga-Stamm oder der gleichnamigen jamaicanischen Gassenjungenmusik herleitet, ist ebenfalls umstritten. Was den Reggae so populär machte, sagt treffend der bereits erwähnte Toots Hibbard:

»Wer Reggae sagt, meint die Mehrheit, er meint auch Armut, die Leiden des Volkes, Rastafari, alles. Ghetto. Er ist die Musik von Rebellen, von Leuten, was sie haben wollen«.

Fast zehn Jahre blieb der Reggae eine echte Volks- und Protestmusik, die bald alle Bevölkerungsschichten des Inselstaates begeisterte. Durch zunehmende Ideologisierung, Verquickung mit der Drogenszene sowie durch einen übertriebenen Starkult entfremdete er sich allmählich von der jamaicanischen Musikfolklore, bevor er Ende der siebziger Jahre auch Europa eroberte. Der Reggae entwickelte sich regelrecht zum Musikkult, und eine immer größer werdende Anhängerschaft begann die Stars wie Heilige zu verehren. Das große Geschäft blühte, die Schallplattenauflagen der bekanntesten Stars (Bob Marley, Peter Tosh, Dennis Brown, Jimmi Cliff) stiegen binnen kurzer Zeit in die Millionen.

Der nun schon legendäre Bob Marley wurde bis zu seinem Tode im Jahre 1981 als ein Messias der Musik verehrt. 1964 gründete der ehemalige Schweißer zusammen mit Peter Tosh und Bunny Livingstone die Ska-Band »The Wailers«, die mit ihrem Titel »Rude Boy« schlagartig die Slums von Kingston eroberte. Nachdem Bob Marley von einem kurzen Zwischenaufenthalt in den USA zurückgekehrt war, formierten sich »The Wailers« neu und entwickelten mit Hilfe von Keyboards und Synthesizer einen neuen Sound. 1974 gelang ihm mit der LP »Natty Dread« der internationale Durchbruch. Marley wurde zur Symbolfigur der Dritten Welt. Es war nicht allein seine Ausstrahlungskraft, die ihn so erfolgreich machte. Er füllte auch Lücken in der internationalen Popmusik, die von den Beatles, Rolling Stones oder Jimi Hendrix hinterlassen worden waren. Während seiner zweiten Deutschlandtournee im Jahre 1977 erzielte er auch bei uns seinen Durchbruch. Seine Platten »Exodus« und »Natty Dread« erhielten den deutschen Schallplattenpreis.

Schon damals begann sich die Problematik des Marihuanakonsums bei vielen Reggaestars, darunter auch bei Bob Marley, abzuzeichnen. Er wurde Mitglied der Rastafari-Sekte und trug seitdem aus äußeres Zeichen einen Bart und »dread locks«, schulterlange gedrehte Haare. Reggae-Musik, Rastafari-Kult und Drogenkonsum verschmolzen durch sein Mitwirken auf Jamaica zu einer Einheit und schufen neue innenpolitische Probleme. Hits wie »Rastafarian Vibration« und »Survival« steigerten Bob Marleys Popularität, die 1980 auf ihren Höhepunkt zusteuerte, als er bei einem Konzert während der Festlichkeiten zur Unabhängigkeit vom Zimbabwe in geradezu triumphaler Weise gefeiert wurde. Nur ein Jahr später starb der 36jährige, betrauert von Millionen seiner Verehrer. Ohne Zweifel gehörte Bob Marley zu den größten internationalen Musikstars der letzten Jahrzehnte, er hat die moderne Popmusik ganz wesentlich mitgeprägt.

Kulte und Gebräuche

Nur wenige Länder zeigen ein derart breites Spektrum unterschiedlichster Religionen und Kulte wie Jamaica. Natürlich dominiert auch auf dieser Insel das Christentum, aber aufgespalten in mehrere Dutzend Richtungen. Die meisten gehören protestantischen Glaubensrichtungen an (Anglikanische Kirche, Baptisten, Church of God). Daneben findet man Gemeinden der Adventisten, Katholiken, Methodisten und eine große Zahl kleinerer Sekten. Eine Sonderstellung nimmt zweifellos die Rastafari-Religion ein, worüber noch ausführlicher zu berichten sein wird.

Trotz der konfessionellen Vielfalt haben sich im Laufe der Zeit, ähnlich wie auf den Nachbarinseln, synkretistische Kulte gebildet, deren Ursprünge ebenfalls in Afrika zu suchen sind. Viele Gemeinsamkeiten mit den Vodou zeigt der Kumina-Kult, dessen Wurzeln wahrscheinlich bei den Ashanti zu finden sind, die im heutigen Ghana leben. Auch bei diesem Kult existieren neben dem christlich inspirierten Hauptgott eine größere Zahl untergeordneter Gottheiten, die entweder erdgebunden sind, dem Himmel angehören oder die Seelen der Verstorbenen verkörpern. Das Ritual des Kumina unterscheidet sich nur wenig von dem des Vodou. Hier wird die spiritistische Zusammenkunft »Session« genannt und von einem »King« oder »Captain« geleitet. Auch beim Kumina-Kult haben die Trommeln eine hervorragende Bedeutung. Mit ihrer Hilfe werden die Geister herbeigerufen und die Mitglieder in einen Trance-Zustand versetzt. Wichtigster Bestandteil der rituellen Handlungen ist ein Ziegenopfer, bei dem zugleich die Anwesenden sowie die gespielten Trommeln mit Rum bespritzt werden. Stärker vom Christentum beeinflußt ist der Pocomania-Kult, bei dem die symbolische Reinigung des Körpers und der Seele in Gesängen und Waschungen ihren Ausdruck findet.

Das sicherlich interessanteste religiöse Phänomen Jamaicas ist der Rastafari-Kult, dessen Einfluß auf die Reggae-Musik schon erwähnt wurde. Wie groß seine Bedeutung mittlerweile geworden ist, kann man daran erkennen, daß sich von den ca. zwei Millionen Jamaicanern fast 150000 zu der neuen Bewegung bekennen. Die Glaubensgrundsätze lassen sich wie folgt zusammenfassen:

Haile Selassie, der Ras Tafari, ist der König und Messias, denn er ist direkter Nachkomme von König Salomon.
Haile Selassie gilt als der im Buch der Offenbarung prophezeite wiedergekehrte Erlöser.
Für einen Rasta gibt es keinen Tod, denn Haile Selassie lebt wie Jesus weiter fort.
Die Urheimat der Schwarzen ist Äthiopien, sie entspricht dem gelobten Land.
Eine baldige Rückkehr ins gelobte Land ist prophezeit.
Alle Schwarzen sind Auserwählte und stehen über den Weißen.
Die Bibel ist das wichtigste Glaubensdokument.
Die Lebensweise der Rastas wird durch folgende Regeln wesentlich mitbestimmt:
Zur Meditation gehört der Genuß von Marihuana.
Eine geregelte Arbeit wird abgelehnt.
Die westliche Zivilisation wird als Babylon verdammt.
Die materiellen Bedürfnisse eines Rasta sollen das Existenzminimum nicht überschreiten.
Das Essen muß rein sein, d.h. natürlich, möglichst fleischlos und frei von chemischen Zusätzen.
Alkohol wird gemieden.

Ein Rastafari läßt sich sofort an den äußeren Symbolen seiner Religionsgemeinschaft erkennen (Farbt. 60). Es sind die langen gedrehten Locken, die als »dread locks« bezeichnet werden, und an das mächtige Haupthaar Simsons erinnern sollen. Ein noch wichtigeres

Symbol ist der Bart, als sichtbares Zeichen seines Bündnisses mit dem Gotte Jah. Sehr oft wird das Haar bedeckt von ballonförmigen Strickmützen in den Farben der äthiopischen Nationalflagge rot, grün, gelb.

Die Rastafari fühlen sich weder an Kirchen noch Gottesdienste gebunden, halten aber Kontakte zur koptischen Kirche. Sie treffen sich in Slums oder auf dem Lande in eigenen Camps. Den Mittelpunkt ihrer Zusammenkünfte bilden Bibellesungen und Wechselgespräche unter der Leitung eines »Leading Brother«, dem aber jegliche priesterlichen Befugnisse fehlen. Der liturgische Rahmen wird durch die bereits erwähnte Rasta-Musik geschaffen, die aber zunehmend dem Reggae weicht. In der Regel schließen sich Meditationen an, wobei das Rauchen von Marihuana – in der Rasta-Sprache »Ganja« – eine zentrale Bedeutung hat. Ganja ist das Tor zur Zwiesprache mit ihrem Messias Ras Tafari und dem Gotte Jah. Es soll jenes Kraut sein, das Gott Noah und dessen Söhnen als Speise gab. Das Ganja wird aus dem gleichen Hanfgewächs *(Cannabis sativa)* gewonnen wie andere Marihuanasorten und Haschisch. Mit dem Marihuanakonsum werden Probleme geschaffen, in die auch häufig Touristen hineingezogen werden. Dazu gehört vor allem die Gewaltkriminalität, die im engen Zusammenhang mit den Aktivitäten der internationalen Rauschgiftmafia steht. Die an sich recht strengen gesetzlichen Bestimmungen werden von den staatlichen Organen oft sehr willkürlich ausgeführt, schon wegen des Einflusses der Rastafari-Religion. Touristen trifft dagegen schon beim Besitz geringer Mengen von Ganja die ganze Härte des Gesetzes.

Ob der schwarze Jamaicaner Marcus Garvey (1887–1940) Gründer der Rastafari-Bewegung war, ist aufgrund ihrer verworrenen Geschichte umstritten. Fest steht jedoch, daß er die ideologischen und religiösen Fundamente geschaffen hat. Garvey griff die Auffassung seiner schwarzen Vorfahren auf, daß nicht die weißen Israeliten das auserwählte Volk seien, sondern die afrikanischen Äthiopier, die Nachkommen des König Salomon. Daraus entwikkelte er die Idee, daß alle Menschen schwarzer Hautfarbe wieder in ihr Stammland am oberen Nil zurückkehren müßten. Während seiner Emigration in den USA gründete er eine der einflußreichsten Negerorganisationen mit dem Namen »Universal Negro Improvement Association« (UNIA), die das Ziel verfolgte, ein »Empire of Africa« zu gründen. Auf seiner Heimatinsel blieb ihm ein ähnlicher Erfolg jedoch versagt. 1940 starb er im Londoner Exil.

Auslösend für die Entstehung der Rastafari-Bewegung war die Krönung des Negus Ras Tafari Haile Selassie I. zum König von Äthiopien im Jahre 1930. Eines der Gründungsmitglieder, der später zum einflußreichsten Sektenführer aufgestiegene Leonhard Howell, sah darin die Erfüllung einer Prophezeiung, nämlich die Rückkehr des Messias auf die Erde. Diese Nachricht und das Versprechen, daß käuflich zu erwerbende Selassie-Amulette die Übersiedlung nach Äthiopien ermöglichen würden, löste in den Slums von Kingston große Begeisterung aus. Obwohl dieses Versprechen nicht eingelöst wurde, verloren Howell und seine Sekte nur wenig an Ansehen. Es waren vielmehr seine Haßpredigten auf die Weißen, die zu seiner Inhaftierung führten. Nach seiner Entlassung zog er sich auf das Pinnacle-Landgut zurück und gründete dort ein Rasta-Camp, das 1954 wegen des Anbaus von Marihuana geräumt wurde. Zunehmende Gewalttätigkeiten und steigender Marihuanakonsum brachten die Rastas immer stärker mit der Polizei in Konflikt.

Mit Claudius Henry tauchte 1959 ein neuer Rasta-Prophet auf. Unter seinem Einfluß entstand die neue »African Reformed Church«. Er selbst betrachtete sich als schwarzen Moses und wiederholte das Angebot, sich und seine schwarzen Mitbrüder ins gelobte Land des Haile Selassie zu führen, was sich ebenfalls als leeres Versprechen herausstellte.

Der Staatsbesuch Haile Selassies im Jahre 1966 sollte in die Geschichte der Rastafari eingehen, denn zum erstenmal begab sich der leibhaftige Messias nach Jamaica, wo er von etwa 100000 Menschen enthusiastisch empfangen wurde. Zu ihrer großen Enttäuschung ließ sich aber der Negus nicht auf eine Masseneinwanderung der Rastas in sein Land ein. Die Kompromißlösung hieß von nun an »Liberation from the Colonialism before the Emigration«. Die Tatsache, daß es sich bei ihrem Idol um einen der rücksichtslosesten Despoten Afrikas handelte, wird übrigens bis heute verdrängt.

Je mehr die sozialen Spannungen wuchsen, umso mehr radikalisierten sich auch die Rastafari. Neue Unruhen entstanden 1966, als durch das sogenannte »clean-up-project« Elendsviertel von Kingston gewaltsam eingeebnet wurden. Dieses Ereignis und weitere Maßnahmen gegen die Slumbewohner führten zu einer Politisierung der Rasta-Bewegung, die sich in der Gründung der »Rastafarian Movement« manifestierte. Während der Regierungszeit des Sozialisten Michael Manley gewann diese Organisation zwar politischen Einfluß, konnte aber aufgrund interner Auseinandersetzungen kein Regierungspartner werden.

Gegenwärtig verliert die Rasta-Bewegung an Überzeugungskraft, weil sie durch zunehmende Verquickung mit dem Rauschgifthandel dem eigenen Land schadet, keinen sozial integrierenden Einfluß mehr ausübt und ihre Reggae-Idole längst wohletabliert sind.

Städte und Landschaften

Kingston

Obwohl Kingston nur wenige touristische Attraktionen aufweist und darüber hinaus den Ruf hat, die Stadt mit der höchsten Kriminalität im karibischen Raum zu sein, sollte der Weg an der Hauptstadt Jamaicas nicht vorbeiführen. Kingston bietet – wenn auch auf andere Weise – ebensoviel Sehenswertes wie die Hauptstädte der Nachbarinseln. Es ist vom touristisch erschlossenen Norden (Montego Bay, Port Antonio) aus über zwei Eisenbahnstrekken zu erreichen, die durch landschaftlich schöne Gebiete führen.

Ausgangspunkt des Stadtrundgangs soll daher der Bahnhof an der Pechon St. sein, der im Grenzgebiet zwischen den sich westwärts ausbreitenden Slums und dem Stadtzentrum liegt. Die ersten Eindrücke – Menschgewühl, dröhnende Reggae-Musik, zahllose Straßenverkäufer, brodelnder Verkehr – sind für Auge und Ohr gleichermaßen verwirrend. Diese Situation

Kingston
1 Crafts Market 2 Information 3 Parish Church 4 Ward Theatre 5 Coke Church 6 Institute of Jamaica 7 Headquarters House 8 Gordon House 9 Anlegestelle für die Boote nach Port Royal ▷

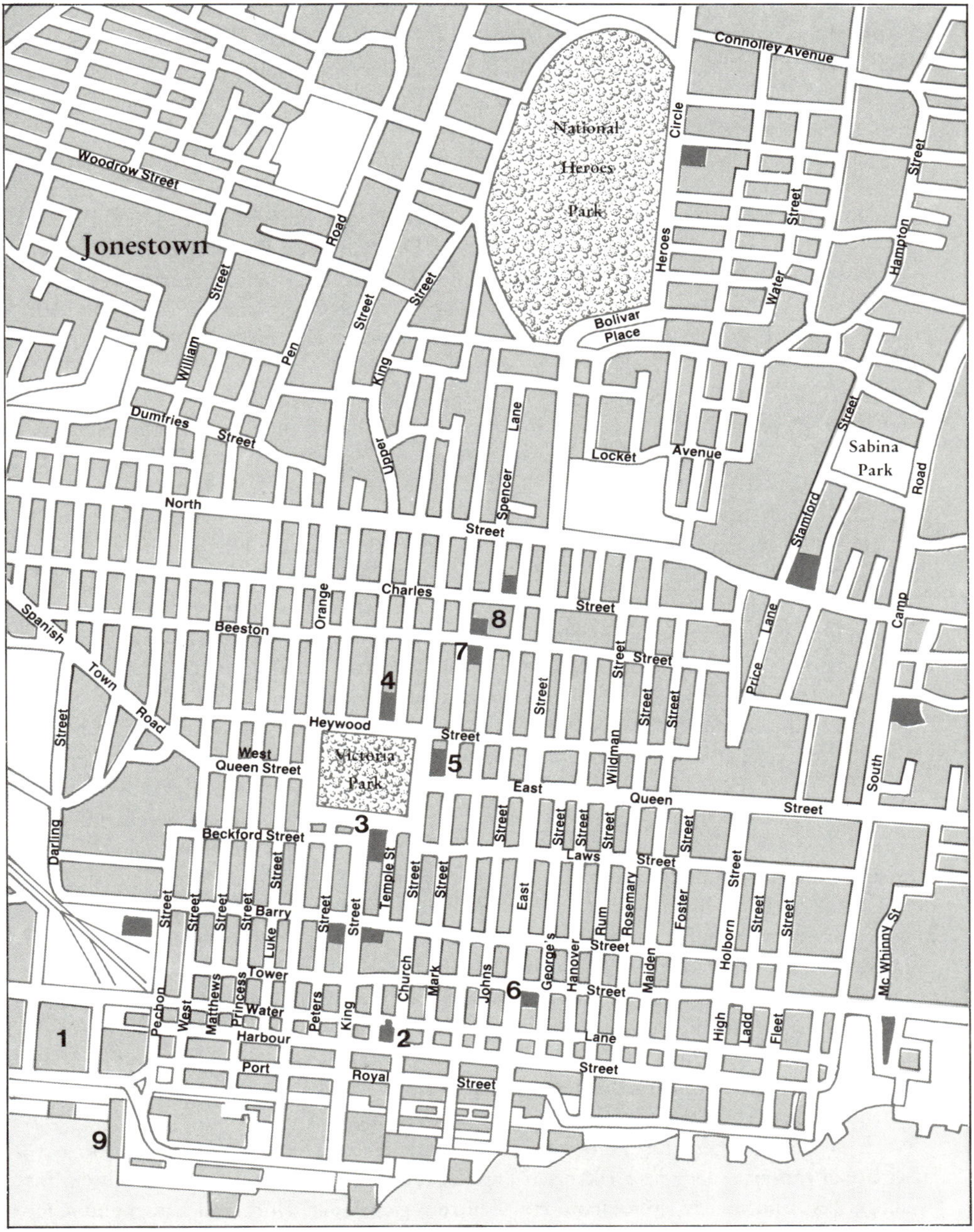
Connolley Avenue
National Heroes Park
Circle
Street
Street
Hampton
Woodrow Street
Road
Jonestown
Heroes
Water
Street
Street
Bolivar Place
William
Pen
King
Upper
Dumfries Street
Lane
Spencer
Locket Avenue
Street
Sabina Park
Road
Stamford
North Street
Orange
Charles
Street
Camp
8
Beeston
Spanish Town Road
7
Street
Street
Lane
Price
4
Street
Street
Street
Heywood
Street
Street
West Queen Street
Victoria Park
5
Wildman
East
Queen
Street
South
Darling
Beckford Street
3
Temple St
Laws Street
Street
Street
Street
Street
Street
Street
Street
Street
Street
Street
Street
Street
Barry
Luke
Street
Street
East
Rum
Rosemary
Foster
Holborn
Street
Street
Tower
Church
Mark
Johns
George's
Hanover
Street
Maiden
Mc Whinny St
6
Street
Pechon
West
Matthews
Princess
Water
Peters
King
1
Harbour
2
Lane
High
Ladd
Fleet
Port
Royal
Street
Street
9

nutzten die Straßendiebe gerne aus. Sie kommen, meist von bitterer Armut getrieben, aus den Elendsvierteln, den Shanty Towns, westlich des Bahnhofs.

Nur wenige Schritte rechts vom Bahnhof liegt an der Water Lane der **Victoria Crafts Market,** wo man neben dem üblichen Touristenkitsch geschmackvolle Holz- und Flechtarbeiten finden kann. Dieser Markt bildet die westliche Begrenzung des früheren Hafenviertels und endet an dem neuen Handelshafen Port Bustamente. Auf dem Weg zum modernen Einkaufs- und Geschäftszentrum am Ocean Boulevard passiert man den Anlegepier für die Fährschiffe nach Port Royal sowie mehrere große freie Plätze, auf denen sich einst die Slums dieses berüchtigten Hafenviertels befunden hatten. Das **Roy West Building** ist Mittelpunkt des neuen Einkaufs- und Geschäftszentrums und beherbergt z. Zt. Sammlungen des Institute of Jamaica. Von dem neu angelegten Platz aus hat man einen schönen Blick über den lagunenartigen Kingston Harbour zur gegenüberliegenden Palisadoes-Halbinsel, auf der sich die Reste der früheren Hafenstadt Port Royal befinden.

Den östlichen Abschluß bildet das Hochhaushotel des »Intercontinental«, wo die Hauptgeschäftsstraße, die **King St.,** beginnt. Sie führt zunächst durch ein übriggebliebenes Slumgebiet und kreuzt dann die Harbour St., die nach der King St. wichtigste Geschäftsstraße. Schon dort fällt das schachbrettartige Straßensystem auf, das auch in Kingston auf eine planmäßige Stadtentwicklung hinweist. Die King St. wird auf beiden Seiten von Bank- und Bürogebäuden gesäumt. Auf der linken Seite befindet sich u. a. die Hauptpost und gleich daneben eine Busstation. Weiter in Richtung zum Victoria-Park nimmt die Zahl der Geschäfte zu, deren Eingänge von unzähligen Straßenhändlern blockiert werden, die sich im Schatten überdachter Gehsteige niedergelassen haben. An der Ecke zum Victoria Park fällt der Blick auf einen schlichten Kirchturm, der zur **Kingston Parish Church** gehört, die an Stelle einer 1907 bei einem Erdbeben zerstörten Kirche errichtet wurde.

Der gegenüberliegende **Victoria Park** (Abb. 110) war bis 1870 Paradeplatz und ist heute ein beliebter Treffpunkt der Jugend. Die Statue der Königin Victoria ließ man aus Pietät stehen, hat ihr aber die Denkmale der beiden Unabhängigkeitskämpfer Alexander Bustamente und Norman Manley zugesellt. Hinter dem Park erhebt sich die geschwungene Vorderfront des 1912 erbauten Charles Ward Theatre (Abb. 69), das sich durch seine Pantomimenvorführungen über die Grenzen von Jamaica hinaus einen Namen gemacht hat. Auf der Ostseite des Parks befindet sich eine weitere Busstation und die **Coke Church** (Abb. 54) mit ihrer streng wirkenden Ziegelarchitektur. Von dort aus gelangt man über die Duke St. zum **Gordon House,** dem heutigen Sitz des Parlaments. Nicht weit entfernt, an der Beeston St., verdient das **Headquarter's House** Erwähnung. Es wurde im Landhausstil des 18. Jahrhunderts errichtet und diente von 1870 bis 1960 als Regierungssitz. Der Duke St. in gleicher Richtung folgend, trifft man auf den **National Heroes Park,** dessen ausgedehnten Grünflächen früher als Pferderennbahn dienten. Auf der Westseite des Parkes erstreckt sich eines der größten Armenviertel der Stadt mit dem Namen Trenchtown.

Nach dem Abstecher zum National Heroes Park erreicht man über die East St. das **Institute of Jamaica,** dem das afrikanisch-karibische Institut angeschlossen ist. 1871 wurde es als geistes- und naturwissenschaftliches Zentrum gegründet. Dort sind naturkundliche und archäologische Sammlungen sowie eine kleine Kunstgalerie zu besichtigen. Nicht weit entfernt vom Institute of Jamaica liegt an der Duke St. etwas versteckt die **St. Andrew Church** (Abb. 53). Die Kirche, die einen oktogonalen Grundriß besitzt, wurde nach ihrer Zerstörung durch das Erdbeben von 1907 originalgetreu wiederaufgebaut.

Weitere Sehenswürdigkeiten trifft man im **Half-Way-Tree-Viertel** an, das zum Wohngebiet bessergestellter Schichten geworden ist. Bis 1870 stand an der Kreuzung von der Hope Road und Half Way Tree Road auf halbem Wege zwischen Kingston und den umliegenden Dörfern eine Ceiba (Kapokbaum). Vorbeiziehende Landarbeiter und Händler machten gern unter ihrem Schatten Rast. Nicht weit von dieser Stelle entfernt steht die St. Andrew Parish Church, die bereits 1666 erwähnt wurde. Von dem ursprünglichen Bau sind heute kaum noch Überreste vorhanden. An der Hope Road liegt das **Devon's House** (Farbt. 44), das im Jahre 1881 für George Stiebel, einer der wohlhabendsten Schwarzen auf der Insel, erbaut wurde. Der ländliche Repräsentationsbau orientiert sich wahrscheinlich an Vorbildern aus den Südstaaten der USA. Durch eine schöne schmiedeeiserne Pforte gelangt man in die weiträumigen Parkanlagen, die das Haus umgeben. Seine Räume, in denen heute Festempfänge stattfinden, vermitteln Einblicke in die Wohnkultur des letzten Jahrhunderts. Im gleichen Gebäude ist z. Zt. die National Gallery of Jamaica untergebracht, die ihre neuen Räume demnächst im Neubauviertel an der Waterfront erhalten soll. Ganz in der Nähe entstand während der letzten Jahre eine moderne Geschäftsstadt mit dem Namen **New Kingston,** in der auch mehrere Luxushotels errichtet wurden.

Im Nordosten von Kingston liegt einer der schönsten botanischen Gärten Westindiens. Er trägt den Namen **Hope Gardens** und befindet sich an der Old Hope Road, einer Verlängerung der Hope Road. Hinter dem Botanischen Garten verläuft ein langer Aquädukt, der 1758 für die Versorgung der umliegenden Siedereien erbaut wurde und noch heute die Gartenanlagen bewässert. Ganz in der Nähe entstand 1948 auf dem Gelände einer Zuckerfarm die **University of the West Indies.** Zwischen den modernen Universitätsgebäuden trifft man noch Überreste alter Verarbeitungsstätten an, wie zum Beispiel ein ehemaliges Lagerhaus, das zur Universitätskapelle umgebaut worden ist.

Port Royal

Während eines Aufenthaltes in Kingston sollte man auf keinen Fall den Besuch von Port Royal versäumen. Von der bereits erwähnten Anlegestelle nahe dem Victoria Crafts Market, fahren halbsstündig Fährschiffe nach Port Royal. Schon die Hinfahrt ist wegen des prächtigen Bergpanoramas ein Erlebnis. Je mehr man sich Port Royal nähert, um so deutlicher wird die Hanglage Kingstons an der Südseite der über 2000 m hohen Blue Mountains sichtbar. Die Reste der 1692 durch ein Erdbeben untergegangenen Stadt liegen am Westende der fast 15 km langen Palisadoes-Halbinsel, auf der vor wenigen Jahren der neue Flughafen angelegt wurde. Hinter einer breiten Zone von Mangrovendickicht taucht schließlich der etwas versteckt gelegene Morgan's Harbour auf. In den einfachen Restaurants kann man preiswert frisch gefangene Fische und Langusten essen.

Hinter der Siedlung liegen einige historisch interessante Gebäude. Das **archäologische Museum** im früheren Marinehospital ist eine wahre Fundgrube für die Geschichte von Port Royal. Alte Fundstücke wie Schmuck, Waffen und Gebrauchsgegenstände, die z. T. von Tauchern geborgen wurden, sowie informative Stiche und Illustrationen geben aufschlußreiche Einblicke in das Schicksal der untergegangenen Stadt. Hier starb 1688 der berüchtigte Pirat und Gouverneur von Jamaica, Henry Morgan, friedlich an Land. Vier Jahre später holte sich das Meer dennoch seinen Leichnam, als auch der Friedhof beim Erdbeben unterging.

Nicht weit entfernt liegt **Fort Charles** (Abb. 91), das 1696, vier Jahre nach der Naturkatastrophe, erbaut wurde und durch seine zwei Bastionen gegen Angriffe vom Meer Schutz bieten sollte. 1779 hatte Lord Nelson die Festung kommandiert, um einen Angriff der Franzosen abzuwehren. Die gut erhaltene Anlage beherbergt ein kleines **meereskundliches Museum** und eine große Zahl alter Kanonen unterschiedlichsten Kalibers. In der Nähe von Fort Charles ist das schief stehende **Giddy House** zu besichtigen, das beim Erdbeben von 1907 zur Seite gekippt wurde. Schließlich sollte man einen Besuch der 1725 erbauten **St. Peter's Church** nicht versäumen. Ihr schlichter Innenraum ist mit einer hölzernen Empore ausgestattet, deren Verzierungen Sklaven geschnitzt haben sollen. Auf dem Rückweg von der St. Peter's Church kann man Teile der alten Stadtbefestigung sehen, die vor einigen Jahren freigelegt wurden.

Vor der Rückfahrt nach Kingston sollte man den nur wenige Schritte von der Anlegestelle entfernten 15 m hohen **National Trust Tower** besteigen, der eine gute Aussicht über die Halbinsel auf das gegenüberliegende Kingston bietet.

Spanish Town

Ohne großen zeitlichen Aufwand läßt sich nach einer ca. halbstündigen Bahn- oder Busfahrt Spanish Town erreichen. Wie der Name schon andeutet, reicht die Geschichte der Stadt bis in die Zeit der spanischen Kolonisation zurück. Trotz der auch dort angerichteten Zerstörungen sind in Spanish Town mehr Baudenkmale erhalten geblieben als auf der übrigen Insel (Abb. 77). Nach Bauten aus der spanischen Zeit wird man jedoch vergeblich suchen, zu gründlich war 1655 die Verwüstung des ehemaligen Villa de la Vega durch die Engländer.

Das neue Spanish Town blieb bis 1872 Verwaltungssitz der englischen Kolonie und wurde Ende des 18. Jahrhunderts zu einer kleinen Residenzstadt ausgebaut. An diese Zeit erinnert im Stadtzentrum ein geschlossener Gebäudekomplex im Stil der georgianischen Epoche Englands. Der in seiner Mitte gelegene parkartige Square wird auf der Ostseite von dem 1762 erbauten **House of Assembly** begrenzt, in dem sich heute das Parish Council Office befindet. Das dreigieblige Haus mit den rundbogigen Arkaden erscheint wegen der strengen Ziegelbauweise fast wie ein Fremdkörper in seiner tropischen Umgebung. Nahezu verspielt wirkt dagegen die Architektur des benachbarten **Rodney Memorial** (Abb. 61 u. 88) an der Nordseite des Platzes, das 1819 von dem bekannten englischen Architekten John Bacon erbaut wurde. Der kuppelgeschmückte Pavillon, der durch geschwungene Säulenarkaden mit den beiden seitlichen Querflügeln verbunden ist, läßt Einflüsse des europäischen Rokoko erkennen. Mehrere Reliefs an den Stirnseiten des Pavillons stellen Szenen vom Sieg des Admiral Rodney über die Franzosen im Jahre 1782 dar. Auf der vorgelagerten Plattform sind einige noch sehr gut erhaltene Kanonen zu besichtigen, deren Guß und Gravuren den hohen Stand des damaligen Gießerhandwerks veranschaulichen. Heute ist in dem Gebäude das Archives Office untergebracht, das eine große Sammlung historischer Dokumente aus der Kolonialzeit enthält. Die Westseite wird von der langgestreckten Fassade des **King's House** (Abb. 68) eingenommen, die ein Überrest des 1925 bei einem Brand zerstörten Gebäudes ist. Erbaut wurde das King's House 1762 im strengen Stil des georgianischen Klassizismus und diente als Residenz des Inselgouverneurs. Ein schlichter Säulenportikus belebt die etwas eintönige Ziegelfassade, hinter der sich heute eines der interessantesten Freilichtmuseen von Jamaica verbirgt. Das vierte Gebäude, das 1819 erbaute **Court House,** liegt an der Südseite des Platzes und dient noch heute als Gericht. In seiner Bauweise ähnelt es dem benachbarten House of Assembly. Die Fassade wirkt aber durch einen turmartigen Vorbau aufgelockerter, der möglicherweise als architektonisches Gegengewicht zum gegenüberliegenden Rodney Memorial gedacht war.

Einige Straßenzüge südöstlich vom Square Park liegt die **Cathedral Church St. James,** die 1714 auf den Fundamenten der zerstörten spanischen Kirche San Jago de la Vela errichtet worden ist. Die schlichte, aus Ziegelsteinen erbaute Kirche hat einen kreuzförmigen Grundriß. Ihr massiver Turm aus dem Jahr 1817 trägt einen spitzen Helm, der an Vorbilder in den Oststaaten der USA erinnert. Eine Besichtigung der Kirche lohnt wegen ihrer schlichten Raumgestaltung und der Familiengräber aus der frühen Kolonialzeit.

Ein weiteres interessantes Baudenkmal in der Nähe von Spanish Town ist die **Iron Bridge** über den Río Cobre. Sie wurde 1801 erbaut und ist die älteste erhaltene Eisenbrücke der Neuen Welt!

Etwa 30 km westlich von Spanish Town trifft man bei Old Harbour auf die Ruinen von **Colbeck Castle.** Mit seinen vier Ecktürmen kann es als typisches Beispiel für ein Wehrhaus zum Schutz gegen die Angriffe von Piraten und Maroons gelten. Ebenfalls in der Nähe von Spanish Town befinden sich die **Mountain River Caves** mit gut erhaltenen Höhlenmalereien der Arawak. Damit verbinden sollte man einen Besuch des **White Marl Arawak Museum,** das über die Straße zwischen Kingston und Spanish Town leicht zu erreichen ist.

Montego Bay und Umgebung

Touristenzentrum Nummer 1 ist noch immer Montego Bay an der Nordküste der Insel. Dank seiner landschaftlich schönen Lage, der weiten Strandgebiete, des internationalen Flughafens und eines neuen Anlegepiers für Kreuzfahrtschiffe sind die Bedingungen für den Tourismus günstiger denn je.

Der Ort selbst bietet bis auf die **St. James Parish Church** wenig Sehenswertes. 1775–1782 wurde sie im schlichten georgianischen Baustil errichtet, 1957 bei einem Erdbeben zerstört und anschließend originalgetreu wieder aufgebaut.

Zur größten Sehenswürdigkeit der näheren Umgebung von Montego Bay gehört das **Landhaus von Rose Hall.** Es wurde 1770 für den damaligen Regierungsvertreter John Palmer erbaut, den bald darauf seine Ehefrau ermordete. Zwei weitere Ehemänner sowie einige Haussklaven ereilte das gleiche Schicksal, bis die Mörderin selbst das Opfer ihrer aufgebrachten Bediensteten wurde. Diese Ereignisse gingen als Legende von der »White Witch« (weiße Hexe) in die Lokalgeschichte ein.

Ein interessantes Denkmal früherer Industrialisierung ist das riesige Wasserrad auf der ehemaligen Zuckerrohrplantage von **Tryall,** das zur Versorgung der Verarbeitungsanlagen diente. In der näheren Umgebung von Tryall kann man noch kegelförmige Turmstümpfe ehemaliger Windmühlen sowie Kamine der verfallenen Siedereien erblicken. Überreste alter Fabrikanlagen sind auch in **Sandy Bay** zu finden. Von Montego Bay aus läßt sich auch die eindrucksvolle Berglandschaft von **Cockpit Country** mit ihren stark zerklüfteten Karstformationen erreichen.

Ocho Rios und Umgebung

Das Touristenzentrum Ocho Rios verdankt seine Entstehung ähnlich günstigen Voraussetzungen wie Montego Bay. Die Hauptsehenswürdigkeiten liegen außerhalb des Badeorts. Dazu zählen die **Dunn's River Falls,** deren herrlich kühlende Wasserkaskaden durch große Parkanlagen zum nahegelegenen Meer herabströmen. In den Wasserfällen kann man unter Aufsicht einheimischer Führer gefahrlos baden.

Für James-Bond-Fans ist das Haus **Golden Eye in Oracabessa,** wo sich der Autor der Romane vier Jahre lang aufhielt, zum Wallfahrtsort geworden.

Der landschaftlich schönen Küste weiter in westlicher Richtung folgend, gelangt man nach **Sevilla Nueva.** Dort erinnert eine Columbusstatue, die aus Genua, der Heimatstadt des Entdeckers stammt, an die erste spanische Siedlung. Unweit von St. Ann's Bay sind noch Wälle und vereinzelte Ruinen aus spanischer Zeit zu besichtigen.

In **Runaway Bay** sollte man unbedingt die Kalksteinhöhlen (Abb. 11) und den Höhlensee von Green Grotto besuchen. Weiter westlich führt die Straße an riesigen Bauxitverladeanlagen vorbei. Nicht weit entfernt liegt unmittelbar an der Küstenstraße der **Columbus Park** mit einem kleinen Freilichtmuseum, das über die frühere Zuckerherstellung informiert. Die etwas landeinwärts errichtete **Grabkapelle von Bob Marley** hat sich zu einer Wallfahrtsstätte der Reggae-Fans entwickelt.

Port Antonio

Als drittes Touristenzentrum ist Port Antonio zu nennen, das ganz im Osten der Insel, an einer ihrer schönsten Buchten entstanden ist. Eine Floßfahrt auf dem Río Grande nahe Port Antonio gehört zu den bleibenden Erinnerungen an Jamaica. In dieser Region entstand das größte Bananenanbaugebiet der Insel. Der Export ist aber rückläufig, seitdem sich die US-Fruchtkonzerne zurückgezogen haben. Zu den eindrucksvollsten Höhlenbildungen Jamai-

Dorf auf Jamaica

cas gehören die 8 km von Port Antonio entfernten **Nonsuch Caves.** Bei der Blue Lagoon unweit von Boston Bay handelt es sich offensichtlich um eine eingestürzte Höhle. Die große Tiefe und das extrem klare Wasser sind für die intensiv blaue Farbe verantwortlich.

Negril

Jüngster Touristenort ist Negril am äußersten westlichen Ende der Insel, das sich durch weite, z. T. noch wenig besuchte Strandgebiete auszeichnet. Vorgelagerte Korallenriffe schützen die Strände vor der Brandung und bieten gleichzeitig gute Tauchgelegenheiten. Östlich von Negril erstrecken sich bis nach Savannah la Mar die größten Zuckerrohranbaugebiete. Von dort wird der Zucker über große Verladungsanlagen verschifft.

Sehenswertes im Inneren der Insel

Das 700 m hoch gelegene **Mandeville** befindet sich bereits in angenehmer Kühle. Während der letzten Jahrzehnte entwickelte es sich zum Zentrum des Bauxitabbaus. Heute gehört Jamaica zu den größten Bauxitexporteuren der Welt und beliefert auch unsere Wirtschaft mit dem wichtigen Aluminiumrohstoff.

In den Bergen der Blue Mountains, nicht weit von der kleinen Ortschaft Content Gap entfernt, liegt das **Charlottenburg House,** ein guterhaltenes Greathouse (Herrenhaus) mit altem Mobiliar aus der Kolonialzeit. Von dort empfiehlt sich ein Abstecher zum **Cinchona Botanical Garden,** der sich schon inmitten der Regenwälder befindet. In dieser Region konzentrieren sich dank des günstigen Bergklimas große Kaffeeanbaugebiete.

Ein interessantes Nebelwaldgebiet kann man im **Hollywell Forest Park** erwandern, wo u. a. dichte Baumfarnbestände gedeihen.

Die eindrucksvolle Landschaft Jamaicas lernt man am besten während einer Eisenbahnfahrt quer durch die Insel von Kingston nach Montego Bay kennen. Sie führt größtenteils durch das Hochland, dessen Oberfläche im zentralen Teil von bizarren Karstbildungen zerfurcht ist (Cockpit Country). Durch die immer mehr um sich greifende Besiedlung ist die Bewaldung bis auf wenige Restbestände zurückgedrängt worden. An der Nordküste erstrecken sich ausgedehnte Palmenstrände, die an vielen Stellen von Korallenriffen vor der Brandung geschützt werden. Unterbrochen werden die Strände von zahlreichen Gebirgsflüssen, zu denen auch der Dunn's River mit seinen klaren Wasserfällen gehört.

Im Osten der Insel erhebt sich in unmittelbarer Nachbarschaft von Kingston die Bergkette der Blue Mountains. Ihr höchster Gipfel erreicht 2229 m (Blue Mountain Peak); um ihn zu besteigen, wird ein guter Führer benötigt. An den steilen Berghängen haben sich geschlossene Nebelwaldbestände mit einer überaus reichen Flora erhalten.

Touristisch nicht so gut bekannt, aber kaum weniger reizvoll ist die Südküste. Auch dort mangelt es nicht an weitläufigen Badestränden, die oft in Lagunen mit dichtem Mangrovendschungel übergehen.

Kleine Antillen

Geographischer und geschichtlicher Überblick

Den östlichen Bereich des westindischen Inselbogens, der mit den Virgin Islands im Norden beginnt und mit den Niederländischen Antillen (Bonaire, Curaçao, Aruba) im Süden endet, bilden die Kleinen Antillen. Unterschiede im Klima und in der geologischen Beschaffenheit gestalten die Landschaft der einzelnen Inseln außerordentlich abwechslungsreich.

Die Virgin Islands sind größtenteils altvulkanischen Ursprungs mit längst erloschenen Aktivitäten. Von dort an beginnen sich die Kleinen Antillen in einen inneren und äußeren Bogen aufzugliedern. Der äußere, meist von flachen Inseln gebildete Bogen, beginnt bei Anguilla, berührt den inneren Bogen auf Guadeloupe und endet mit Barbados. Gemeinsam ist diesen Inseln ein Kalkplateau, das auf der Osthälfte von Guadeloupe und auf Barbados z. T. stark verkarstet ist.

Der innere Bogen ist größtenteils jüngeren vulkanischen Ursprungs, wie die immer noch aktiven Vulkane auf Guadeloupe, Martinique und St. Vincent erkennen lassen. Auch die hohen Bergkegel auf Saba, St. Eustatius, Montserrat und St. Kitts weisen darauf hin, daß der Vulkanismus erst in jüngerer Zeit erloschen ist. Auf einigen Inseln wie Guadeloupe, Martinique, St. Lucia, Grenada und St. Vincent erreichen die Vulkangebirge Höhen von mehr als 1000 m.

Trinidad und Tabago sowie die Inseln Bonaire, Curaçao und Aruba zeigen durch ihre Nachbarschaft zu Südamerika starke geologische Gemeinsamkeiten.

Das Klima der Kleinen Antillen wird maßgeblich vom Nordost-Passat und den Inselgebirgen geprägt. So erhalten die luvseitigen, d. h. die quer zur Passatrichtung liegenden, Inseln in der Regel mehr Niederschläge; sie werden daher auch als »Inseln über dem Wind« (Virgin Islands bis Trinidad) bezeichnet. Wesentlich geringer ist die Regenmenge auf den »Inseln unter dem Wind» (Isla Margarita bis Aruba), die meistens eine Dornbusch- und Kakteenvegetation aufweisen. Geläufiger ist inzwischen die englische Unterteilung in »Leeward Islands« (Virgin Islands bis Guadeloupe) und »Windward Islands« (Dominica bis Trinidad), die sich aus der Kolonialgeschichte ableitete.

Bei der prähistorischen Besiedlung Westindiens kam den Kleinen Antillen als Inselbrücke zwischen dem südamerikanischen Festland und den Großen Antillen wichtige Bedeutung zu. Arawak- und Kariben-Indianer hinterließen auf fast allen Inseln der Kleinen Antillen Spuren ihrer Besiedlung. Das höchste kulturelle Niveau erreichten die arawakstämmigen Igneri- und Taino-Indianer, sie fertigten kunstvolle Keramik und Steinarbeiten. Überreste von präkeramischen Kulturen sind dagegen äußerst spärlich, da der Verdrängungsprozeß durch die nachrückenden Arawak hier wesentlich früher einsetzte als auf den Großen Antillen.

Die erste arawakische Einwanderungswelle wird um die Zeitenwende vermutet. Im Laufe der nachfolgenden Jahrhunderte schufen die Igneri die erste Keramikkultur der Antillen, worauf Grabungsfunde auf fast allen Inseln zwischen Hispaniola und Curaçao hindeuten. Archäologische Funde der Taino, der kulturell am höchsten entwickelten Arawak-Gruppe, sind im Bereich der Kleinen Antillen bisher nur auf den US Virgin-Islands gemacht worden.

Weniger als 200 Jahre vor der spanischen Entdeckung begannen sich die kriegerischen Kariben-Indianer (Abb. 23) aus dem heutigen Surinam und Guayana auf den Antillen auszubreiten. In rascher Folge okkupierten sie von Süden her eine Insel nach der anderen und waren zur Zeit der spanischen Entdeckung bereits bis zu den Großen Antillen vorgedrungen. Sie verdrängten die Igneri-Indianer nach Tobago und auf kleine Refugien im Osten Trinidads.

Die spanische Conquista und die nachfolgende Inbesitznahme der Kleinen Antillen durch England, Frankreich, die Niederlande und Dänemark bedeutete auch für die Kariben-Indianer Unterwerfung und Ausrottung, so daß heute nur noch auf der Insel Dominica etwa 1000 Nachkommen des Stammes leben.

Die Geschichte der Kleinen Antillen nach der europäischen Entdeckung ist von den ständig wechselnden Machtinteressen der Kolonialmächte gezeichnet. Mehr als 300 Jahre lang machten sich Spanier, Engländer, Franzosen, Niederländer und Dänen ihren Kolonialbesitz gegenseitig streitig. Die überwiegende Mehrzahl der Kleinen Antilleninseln wechselte während dieser Zeit mehrmals den Besitzer.

Die Entdeckungsgeschichte der Kleinen Antillen beginnt mit der zweiten Reise von Columbus. Zwischen 1493 und 1496 erreichte er Dominica, Guadeloupe, Marie Galante, Desirade, Montserrat, Antigua, Nevis, St. Kitts, St. Barthélemy, Sint Maarten, Sint Eustatius, Saba, die Virgin Islands und Jamaica. Während seiner dritten Reise (1498–1500) entdeckte er Trinidad und schließlich auf seiner vierten (1502–1504) Martinique, St. Lucia und die Cayman Islands. Ungeklärt ist, ob er im Verlauf seiner zweiten Reise auch die Inseln St. Vincent und Grenada gesichtet hat.

Der 1494 mit Portugal geschlossene Vertrag von Tordesillas sicherte Spanien den neu entdeckten Archipel zu. Besiedelt wurde jedoch nur Trinidad, während die Unzugänglichkeit vieler Inseln und die heftigen Abwehrkämpfe der Kariben-Indianer eine weitere Landnahme verhinderten.

England, Frankreich und die Niederlande erkannten jedoch den Vertrag von Tordesillas niemals an und begannen sich seit der ersten Hälfte des 17. Jahrhunderts auf diesen Inseln niederzulassen. Der erste Schritt vollzog sich mit Gründungen von Piratenstützpunkten und Schmuggelbasen, die für Spanien eine ernste Bedrohung darstellten.

Sehr bald aber erkannten die neuen Kolonialmächte den wirtschaftlichen Wert dieser Inseln für den Tabakanbau und die Salzgewinnung. Rasch hatte sich die indianische Sitte des Tabakrauchens in Europa verbreitet, und die Kolonien in Guayana konnten die wachsende Nachfrage nicht mehr befriedigen. Die Niederlande verloren 1621 im Krieg mit Spanien ihre Salinen an der Küste von Venezuela und fanden Ersatz dafür auf Bonaire, Curaçao und Sint Maarten.

Allmählich gelang es den drei westeuropäischen Ländern, ihre Machtpositionen in Westindien ohne größere Konflikte mit den Spaniern zu festigen. Ein weit größeres Hindernis für

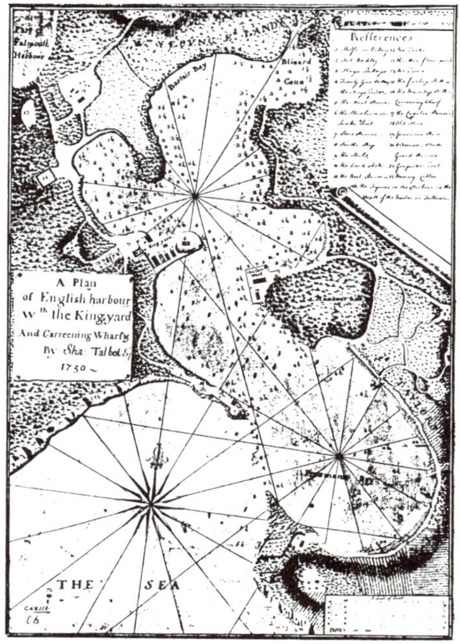

Plan von English Harbour auf Antigua aus dem Jahre 1750

ihre Besitzergreifung war die Gegenwehr der kämpferischen Kariben-Indianer, die u. a. 1605 den ersten Siedlungsversuch auf St. Lucia zum Scheitern brachten. Die europäischen Interessen verlagerten sich daher auf die weniger unzugänglichen Inseln über dem Wind (Virgin Islands bis Guadeloupe). Dort leisteten die Indianer geringeren Widerstand, und man war näher an den spanischen Schiffahrtsrouten.

Während sich die Niederländer mehr dem Handel und der Piraterie zuwandten, interessierten sich die Engländer und Franzosen zunächst für eine landwirtschaftliche Erschließung der von ihnen besetzten Inseln. 1622 begannen englische und französische Siedler auf St. Kitts (St. Christopher) mit dem Tabakanbau, und sieben Jahre später lebten dort schon fast 3000 Einwanderer. Ähnlich vollzog sich die Besiedlung auf Barbados, wo ab 1627 englische Siedler eintrafen, deren Zahl bis 1629 bereits auf 1800 angewachsen war. Danach wurden Barbuda, Nevis, Antigua und Montserrat in Besitz genommen. 1634 begann Frankreich aktiv zu werden und sandte Guillaume d'Orange aus, um die Inseln Guadeloupe, Martinique und Dominica zu erkunden. Ein Jahr später folgten ihm bereits 550 Einwanderer nach Guadeloupe, während gleichzeitig 100 Franzosen von St. Kitts nach Martinique übersiedelten. Engländer, Franzosen, Niederländer und Dänen ließen sich 1625 auf St. Croix (US Virgin Islands) nieder, das 1650 französisch wurde.

Zur gleichen Zeit bemühten sich die Niederländer, mit ihrer 1621 gegründeten Holländisch-Westindischen Kompanie ein Handelsmonopol zu schaffen und suchten in dieser

Region nach neuen Stützpunkten. Sint Maarten bot dafür die günstigsten Voraussetzungen und entwickelte sich zum größten Handelsplatz. Bei der Aufteilung dieser Insel im Jahre 1648 soll folgendes geschehen sein: Von einem vereinbarten Punkt aus schritten ein Niederländer und ein Franzose in entgegengesetzter Richtung entlang der Küste. An der Stelle, wo sie sich wieder trafen, sollte die Grenze gezogen werden. Da der Franzose schneller war, gehört der größere Teil der Insel bis heute zu Frankreich. 1666 kamen die Dänen in den Besitz von St. Thomas (US Virgin Islands) und machten die Hauptstadt Charlotte Amalie für die folgenden Jahrzehnte zum Zentrum des westindischen Sklavenhandels.

Mit den Besitzergreifungen der Inseln waren vollendete Tatsachen geschaffen worden, die nur noch einer formellen Anerkennung durch das spanische Königreich bedurften. Dies geschah gegenüber den Niederländern im Rahmen des Westfälischen Friedens von 1648. Elf Jahre später wurden den Franzosen durch den Pyrenäen-Vertrag und 1670 den Engländern durch den Vertrag von Madrid ihre Gebietsansprüche zugesichert. Damit waren die Voraussetzungen für einen wirtschaftlichen Aufstieg der nördlichen Inseln über dem Wind gegeben. Die Niederländer übernahmen die Versorgung der Kolonien mit lebenswichtigen Gütern aus Europa und die Verschiffung des Tabaks nach Europa.

Wesentlich schwieriger erwies sich die Besiedlung der südlichen Inseln über dem Wind (der gebirgigen Westhälfte von Guadeloupe bis nach Grenada). Durch den noch ungebrochenen Widerstand der Kariben-Indianer verzögerte sich die Besitzergreifung um fast 100 Jahre. Auch Regen- und Trockenzeiten, Hurricans, Erdbeben und Tropenkrankheiten erschwerten die europäische Einwanderung und machten manche Siedlungsvorhaben zunichte.

Englands Expansionsdrang wuchs in dem Maße, wie Spaniens Macht im karibischen Raum schwand. 1655 versuchte eine englische Armada von 38 Schiffen mit 4000 Soldaten unter der Führung von Oliver Cromwell, Hispaniola in ihren Besitz zu bringen. Der Angriff auf Santo Domingo wurde jedoch erfolgreich abgewehrt. Mit einem Sieg endete dagegen nur wenige Wochen später die Invasion auf der Nachbarinsel Jamaica, die ohne größeren Widerstand von den Spaniern an die Engländer abgetreten wurde.

Die steigende Nachfrage nach tropischen Agrarprodukten in Europa führte zu einer Steigerung der landwirtschaftlichen Produktion auf den Inseln. Angebaut wurde nicht mehr allein Tabak, sondern auch Baumwolle, Indigo, Kakao, Kaffee und Ingwer. Bald schon begann der Zuckerrohranbau in der Landwirtschaft zu dominieren. Er bestimmt das Geschick vieler Westindischer Inseln bis zum heutigen Tag und war Anlaß zu kriegerischen Auseinandersetzungen. 1636 drang der Zuckerrohranbau durch Holländer und Portugiesen von Brasilien zunächst nach Barbados vor und verbreitete sich dann über ganz Westindien. Der zunehmende Konsum von Kaffee, Tee und Kakao in Europa führte in Westindien zu einer gesteigerten Nachfrage nach Zucker, die nur durch eine Intensivierung des Zuckerrohranbaus befriedigt werden konnte. Damit wuchs auch der Bedarf an Arbeitskräften, d. h. an Sklaven aus Westafrika. Zwischen den Kontinenten entwickelte sich ein florierender Handel: Kattun, Schnaps und Flinten wurden von Europa nach Afrika verkauft, Negersklaven von Afrika nach Westindien, schließlich Zucker, Rum, Baumwolle, Gold und Silber von

Westindien nach Europa exportiert. Dieser berüchtigte Dreieckshandel führte Europa immense Reichtümer zu und entzog den betroffenen Regionen Afrikas und Amerikas die Möglichkeit einer eigenständigen wirtschaftlichen Entwicklung.

Durch den Drang der Kolonialmächte nach ökonomischer Vorherrschaft in Westindien wuchs die Gefahr von Konflikten. Im Verlauf von mehreren kriegerischen Auseinandersetzungen in der zweiten Hälfte des 17. Jahrhunderts brachen England und Frankreich die niederländische Vormachtstellung im Handel, was 1674 zur Auflösung der Holländisch-Westindischen Handelskompanie führte. Im Frieden zu Utrecht (1713) wurde zwischen Frankreich und England die gegenseitige Rückgabe der eroberten Kolonien vereinbart. Dieser Friede war aber nur von kurzer Dauer wie auch die Vereinbarungen von Aachen (1748), Versailles (1783) und Amiens (1802). Die Sinnlosigkeit der Kriege zeigte sich darin, daß trotz ständiger Gebietsverschiebungen keine der beiden Parteien größere Territorialgewinne für sich verbuchen konnte. Allein St. Lucia wechselte von 1660 bis 1803 vierzehnmal den Besitz zwischen England und Frankreich. Erst der im Jahre 1814 geschlossene Friede von Paris, der die napoleonischen Kriege beendete, brachte eine dauerhafte Festlegung des territorialen Kolonialbesitzes: Spanien behielt Cuba, Puerto Rico und die Osthälfte von Hispaniola; England konnte seinen früheren Besitz und die dazugewonnenen Gebiete sichern (Jamaica, Cayman Islands, British Virgin Islands, St. Kitts, Nevis, Antigua, Montserrat, Barbuda, Anguilla, Dominica, St. Lucia, St. Vincent, Grenada, Barbados, Trinidad und Tobago); bei Frankreich verblieben Guadeloupe und die Nachbarinseln, Martinique sowie die nördliche Hälfte von Sint Maarten; die Niederlande blieben weiterhin im Besitz ihrer alten Kolonien (Curaçao, Aruba, Bonaire, südlicher Teil von Sint Maarten, Saba, Sint Eustatius), ebenso Dänemark (Virgin Islands: St. Thomas, St. Croix, St. John) und Schweden, dem die kleine Insel Barbuda gehörte.

Die napoleonischen Kriege und die Kontinentalsperre hatten Westindien durch die Unterbrechung der Handelsverbindungen schwere wirtschaftliche Verluste gebracht. Eine Folge des Handelsembargos war der forcierte Anbau von Zuckerrüben in Europa, wodurch ein großer Teil der Absatzmärkte für Rohrzucker unwiederbringlich verlorenging. Die Landwirtschaft vieler Inseln, die auf Monokulturen von Zuckerrohr ausgerichtet war, geriet in eine schwere Krise. Die Abschaffung der Sklaverei durch England (1833), Frankreich (1847), die Niederlande (1863) und schließlich auch Spanien (1880) trug zu einer wesentlichen Verschärfung der wirtschaftlichen Situation bei.

Den schwindenden Einfluß der europäischen Kolonialmächte machten sich die jungen Vereinigten Staaten durch eine gezielte Ausweitung ihrer wirtschaftspolitischen Interessensphäre zunutze. Als politische Grundlage diente die 1823 verkündete Monroe-Doktrin, in der die USA eine Vormachtherrschaft in der Neuen Welt beanspruchten. Der Bau des Panamakanals veranlaßte die Vereinigten Staaten, ihre militärische Präsenz im karibischen Raum auszuweiten. Aus diesem Grund erwarben sie 1917 von Dänemark die Virgin Islands St. Thomas, St. Croix und St. John.

Die Entkolonialisierung der Kleinen Antillen führte zu schweren wirtschaftlichen Problemen. Großbritannien unternahm mit seiner 1958 geschaffenen Westindischen Föderation zwar den Versuch einer Vereinigung der karibischen Kolonien, die aber nur von kurzer Dauer war. Trinidad und Tobago erhielten 1962 als erste britische Kolonien der Kleinen Antillen die Unabhängigkeit. 1966 folgte Barbados, 1974 Grenada, 1978 Dominica, St. Vincent und St. Lucia, 1981 Antigua und Barbuda, 1983 schließlich St. Kitts und Nevis. Eine innere Autonomie erwarben inzwischen die Niederländischen Antillen (Curaçao, Aruba, Bonaire, Sint Maarten, Sint Eustatius und Saba), während die französischen Antillen (Guadeloupe und Nachbarinseln, Martinique, St. Barthélemy und Sint Maarten = St. Martin) den Status eines Überseedepartements haben. Großbritannien besitzt jetzt nur noch die Cayman Islands, die British Virgin Islands, Anguilla und Montserrat. Zu den USA gehören nach wie vor Puerto Rico und die US-Virgin Islands. Die Entlassung in die Unabhängigkeit und die Bildung von Kleinstaaten hat keineswegs die alten Probleme beseitigt, sondern zusätzliche geschaffen, vor allem auf ökonomischem Gebiet. Da ein Überleben ohne wirtschaftlichen Zusammenschluß kaum möglich ist, kam es 1973 zur Bildung der karibischen Freihandelszone (CARICOM), der inzwischen alle ehemaligen englischen Kolonien Westindiens beigetreten sind. Zwei Jahre später wurde in Lomé (Togo) die sog. AKP-Konvention paraphiert, die eine Assoziierung afrikanischer, karibischer und pazifischer Entwicklungsländer mit der europäischen Gemeinschaft (EG) ermöglicht. Trotzdem ist die wirtschaftliche Abhängigkeit von den USA ungebrochen, was seinen deutlichsten Ausdruck im Tourismus findet. Noch stärker als bisher geraten die jungen Staaten der Kleinen Antillen in den Konfliktbereich der beiden Supermächte, wie das Beispiel der Insel Grenada zeigt.

Kunst und Kultur

Architektur

Die wechselvolle koloniale Vergangenheit der Kleinen Antillen drückt sich besonders in der Architektur aus. England, Frankreich, die Niederlande und Dänemark hinterließen auf fast allen Inseln mehr oder weniger stark ausgeprägt ihre Baustile.

Auf den früheren britischen Antillen waren der georgianische Klassizismus sowie die Neogotik stilprägend, wie man in St. George's (Grenada), Bridgetown (Barbados), Port of Spain (Trinidad) und Kingstown (St. Vincent) am deutlichsten sieht.

Die französischen Antillen weisen charakteristische Stilmerkmale des napoleonischen Klassizismus (Empire) und der Neugotik auf, die man insbesondere an den Gebäuden in Fort-de-France (Martinique) und Pointe-à-Pitre (Guadeloupe) findet.

Holländische Architektur prägt viele Gebäude auf den Niederländischen Antillen. Ein besonders schönes Beispiel ist Willemstad auf Curaçao, dessen Stadtbild noch heute den niederländischen Barock und Klassizismus – wenn auch in stark vereinfachter Form – widerspiegelt. Auch Dänemark hat in seiner früheren Kolonie, den heutigen US-Virgin Islands, seine architektonischen Spuren hinterlassen. Christiansted (St. Croix) und Charlotte Amalie (St. Thomas) besitzen noch eine größere Anzahl von Gebäuden im Stil des dänischen Barock und Klassizismus.

Die Festungsarchitektur hat auf den jahrhundertelang stark umkämpften Kleinen Antillen monumentale Bauwerke hervorgebracht, wie beispielsweise die Festung Brimstone Hill (St. Kitts), das Fort St. Louis in Fort-de-France (Martinique) und das Fort Amsterdam in Willemstad (Curaçao).

Weniger stilgebunden, aber nicht minder reizvoll sind die Wohnbauten des 19. und beginnenden 20. Jahrhunderts mit ihrer verschnörkelten Holzarchitektur und den gußeisernen Balkonkonstruktionen. Hierzu gehören auch einige stileklektizistische Repräsentationsbauten in Port of Spain (Trinidad) und Bridgetown (Barbados).

Die moderne Architektur beschränkt sich fast ausschließlich auf Zweckbauten wie Hotels und Verwaltungsgebäude. Zu den wenigen architektonisch interessanten Bauten gehört die Markthalle in Willemstad auf Curaçao.

Bildende Kunst und Kunstgewerbe

Kunstwerke aus den vergangenen Jahrhunderten sind auf den Kleinen Antillen weitaus seltener anzutreffen als auf ihren großen Nachbarinseln. Auf den sog. Pflanzerinseln, zu denen die Kleinen Antillen gehörten, bestand von Seiten der europäischen Kolonialmächte kein Interesse an der Entwicklung einer eigenständigen Kultur. So sind die wenigen vorhandenen Kunstwerke jener Epoche, wie Gemälde und Kirchenausstattungen, europäischen Ursprungs. Dazu zählt auch der schöne Holzschnitzaltar aus dem 17. Jahrhundert in der Sta. Ana-Kirche von Noord (Aruba), den der niederländische Meister van Geld schuf.

Erst die Entkolonialisierung während der letzten Jahrzehnte schuf neue Freiräume für eigenständige Kunstrichtungen. Der literarische Indigenismus, die Rückbesinnung auf die ethnische Herkunft, übertrug sich ebenfalls auf die einheimische Malerei. Auch Einflüsse der haitianischen naiven Malerei sind bei vielen modernen Künstlern unverkennbar. Trotzdem – vielleicht zu Unrecht – fanden die bildenden Künste der Kleinen Antillen bisher nur regionale Anerkennung. Wie in Haiti wird die Malerei häufig von Laienkünstlern ausgeübt. Zu den Bekanntesten gehören u. a. Ivan Payne, Clifford Hobbs (beide Barbados), Elinus Cato (Grenada), Patrick Chu Jons und Carlisle Changs (beide Trinidad).

Leider gerät das Kunstgewerbe auch auf den Kleinen Antillen immer mehr in den Sog des Tourismus. Korb- und Flechtarbeiten sowie Töpferwaren sind bisher noch am wenigsten vom Touristenkitsch beeinflußt. In den letzten Jahren entstanden jedoch auf einigen Inseln (St. Kitts, St. Lucia, Dominica) Manufakturen, die sich eine Wiederbelebung der Volkskunst zum Ziel setzten. Mit wachsendem Erfolg führten sie die Batikmalerei ein, die auch bei den Einheimischen zunehmend an Popularität gewinnt.

Literatur

Die Literatur der Kleinen Antillen erwarb sich in den letzten Jahrzehnten über ihre Grenzen hinaus ein erstaunlich großes Ansehen. Namen wie George Lamming, Saint John Perse und Vidiadhar Surajprasad Naipaul haben in der internationalen Weltliteratur ihren festen Platz.

Die literarische Tradition läßt sich auf den Französischen Antillen bis ins 17. Jahrhundert zurückverfolgen, sie war aber bis zur Aufhebung der Sklaverei im letzten Jahrhundert fast ausschließlich von den weißen Siedlern und dem Klerus bestimmt. Zu den ersten Chronisten gehörte der Dominikanerpater Jean-Baptiste du Tertre (1610–1687), dessen Werk »Histoire générale des Isles de St. Christophe, de la Guadeloupe, de la Martinique et autres l'Amériques« 1684 erschien und heute großen dokumentarischen Wert besitzt. An diese Chronik knüpft der schon an anderer Stelle erwähnte, von 1690–1705 entstandene Bericht des Jean Baptiste Labat (1663–1738) über die Sklaverei, der auch in deutscher Sprache erschienen ist (Edition Erdmann, 1984) an. Der Verfasser gehörte ebenfalls dem Dominikanerorden an und beschrieb in einer sachlich präzisen, aber zugleich fesselnden Dokumentation die Lebensweise und Kultur der Negersklaven.

Einige bedeutende Schriftsteller, die von den französischen Antillen stammten, suchten aber ihr literarisches Wirkungsfeld in Europa. Zu ihnen gehörte der 1887 auf Guadeloupe geborene Dichter und Politiker Saint John Perse, der den größten Teil seines Lebens in Frankreich, England und den USA verbrachte. Seine meist lyrischen Werke zeichnen sich durch eine bildhafte Sprache und ungewöhnliche Stilformen aus; zu seinen bekanntesten Romanen zählen »Anabasis«, »Exil« und »Eloges«. 1960 wurde er mit dem Nobelpreis für Literatur ausgezeichnet. Er starb 1975 in Frankreich.

Zu Beginn dieses Jahrhunderts griff die Negritude-Bewegung auch auf die französischen Antillen über. Einer ihrer bedeutendsten Anhänger sollte der 1915 auf Martinique geborene Joseph Zobel werden. Nach einem langen Frankreichaufenthalt lebt und lehrt er seit 1958 im Senegal, wo er auch ein Zentrum für afrikanisches Theater gründete. Zu seinen bekanntesten Werken gehören »La rue Cases-Nègres«, »La soleil partagé« und »La fête à Paris«.

Aber auch die übrigen Inseln der Kleinen Antillen brachten Schriftsteller von überregionaler Bedeutung hervor; zu den Bekanntesten gehören Owen Campbell und George Lamming. Owen Campbell wurde 1929 auf St. Vincent geboren und veröffentlichte 1954 seine auf den Kleinen Antillen viel gelesene Lyriksammlung »Shango Drums«. Der 1927 auf Barbados geborene Schriftsteller George Lamming lebt seit 1957 in England, fühlt sich in seinen Werken aber noch immer seiner Heimatinsel verbunden. Der Roman »In the Castle of My Skin« beschreibt seine Jugendzeit auf Barbados. Ein weiteres Werk, »The Emigrants«, befaßt sich mit den Problemen der westindischen Einwanderer in London.

Zu den wenigen Schriftstellern, deren Werke auch in unsere Sprache übersetzt wurden, gehört der 1894 auf Dominica geborne Jean Rhys. Er wanderte ebenfalls nach Europa aus und lebte in Paris, zeitweise auch in Wien. In deutscher Übertragung erscheinen seine Romane »Quartett« (Fischer Taschenbuch) und »Wide Sagasso Sea« (Rogner & Bernhard).

Abschließend ist noch der 1932 auf Trinidad geborene Schriftsteller Vidiadhar Surajprasad Niapaul zu nennen, dessen Vorfahren indische Einwanderer waren. Seit seinem Literaturstudium lebt er ebenfalls in England; dort schrieb er seine in mehrere Sprachen übersetzten Romane und Erzählungen. In deutscher Ausgabe erschienen u. a. »Meine Tante Goldzahn« (Kiepenheuer & Witsch), »Guerillas«, »Blaue Karpfen im Calypsoland« (Erdmann) und »Sag mir, wer mein Feind ist« (rororo Taschenbuch).

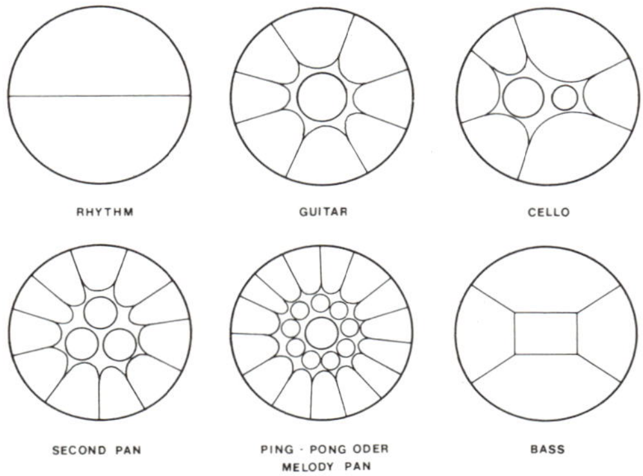

Klangtypen bei Stahltrommeln

Musik

In keiner anderen Region Westindiens konzentriert sich eine vielfältigere Musikfolklore als auf den Kleinen Antillen. Calypso, Limbo und Steelbandmusik sind inzwischen auch in unserer Unterhaltungsmusik populär geworden.

Wie auf den anderen westindischen Inseln ist auch auf den Kleinen Antillen die Musikfolklore Ausdruck der ethnischen Pluralität und einer bewegten Geschichte. Sie vereinigt in ihren Liedern und Tänzen Elemente europäischen, afrikanischen, ja sogar orientalischen Ursprungs. Von der Musik der bis auf wenige Reste ausgerotteten indianischen Urbevölkerung ist selbst bei den wenigen noch auf Dominica lebenden Kariben-Indianern nichts überliefert worden.

Mit den europäischen Einwanderern gelangten aus England Reels und Jigs nach Westindien; Contredanse, Quadrille und die ursprünglich polnische Mazurka kamen aus Frankreich; schließlich brachten spanische Siedler Tänze ihrer Heimat wie Flamenco, Fandango, oder Bolero nach Trinidad mit. Dominierend in der Musikfolklore der Kleinen Antillen ist jedoch der afrikanische Einfluß. Rhythmen der Congo-, Yuca- und Calendatänze erklingen noch heute in den meisten Liedern und Tänzen. Der schon erwähnte französische Pater Labat schilderte 1698 wahrscheinlich als erster den damals besonders auf den Französischen Antillen sehr beliebten Calenda-Tanz:

»Kein Tanz gefällt ihnen aber besser und ist mehr unter ihnen eingeführt als der Calenda. Er kommt von der Küste Guineas, wahrscheinlich aus dem Königreich Arda. Die Spanier haben ihn von den Negern gelernt und tanzen ihn in ganz Amerika auf die gleiche Art ... Die Tänzer stehen in zwei Reihen einander gegenüber, in einer Reihe die Männer, in der anderen die Weiber. Die Zuschauer bilden einen Kreis um die Tänzer und Trommelschläger. Der geschickteste unter ihnen singt nun ein selbstgefertigtes Lied über ein beliebtes Thema, dessen Schlußreim von allen Zuschauern wiederholt und von einem starken Händeklopfen begleitet wird.«

Von den Kleinen Antillen stammt auch der Calypso, der ebenfalls Nordamerika und Europa eroberte. Der Name Harry Belafonte ist mit dieser Musik eng verbunden, die sich aber durch eine Kommerzialisierung weitgehend von ihrer folkloristischen Tradition gelöst hat. Der Name Calypso hat nichts mit der gleichnamigen Nymphe aus der griechischen Mythologie zu tun, sondern ist wahrscheinlich auf das Wort »kai-so« zurückzuführen, das in der Kreolensprache etwa dem Beifallsruf »Bravo« entspricht. Mit großer Wahrscheinlichkeit entstand er auf Trinidad, wofür die Rhythmik, die zeitbezogenen improvisierten Liedtexte und choreografischen Übereinstimmungen sprechen. Seine erste große Blüte erlebte der Calypso zwischen der Jahrhundertwende und 1940. Einerseits erfreute er sich steigender Beliebtheit bei Karnevalsumzügen und im Rundfunk, andererseits fanden die gegen die koloniale Unterdrückung gerichteten Liedtexte immer größere Sympathien bei der Bevölkerung.

Nach einer kurzen Phase des Abstiegs verhalf die Steelbandmusik (Farbt. 62) dem Calypso zu einer noch nie dagewesenen Popularität. Interessant ist die Entstehungsgeschichte der merkwürdigen Musikinstrumente aus leeren Ölfässern, von den Einheimischen »Pans« genannt. Schon vor 1945 hatten sich unter der armen Bevölkerung Calypso-Bands gebildet, die auf sogenannten Tamboo-Bamboo-Trommeln spielten. Wie schon der Name verdeutlicht, handelte es sich um Bambusrohre, da Trommeln als heidnische Instrumente afrikanischen Ursprungs von der kirchlichen Obrigkeit nicht gern gesehen wurden. Dazu improvisierte die afrikastämmige Bevölkerung mit leeren Flaschen, Kochtöpfen und Dekkeln. Während des Zweiten Weltkriegs kam die Tamboo-Bamboo-Musik fast völlig zum Erliegen. Als am 8. Mai 1945 die Friedensnachricht auch nach Trinidad gelangte, wollte man dieses freudige Ereignis mit Musik und Tanz feiern. Da die mehrere Jahre nicht benutzten Bambusinstrumente inzwischen verrottet waren, behalf man sich mit leeren Keksdosen, Kochtöpfen und auch Benzinfässern. Mitglieder der Hell-Yard-Band entdeckten, daß man bei Benzinfässern durch Veränderung der Bodenwölbung die Töne modifizieren kann. Diese Technik wurde weiterentwickelt bis hin zur Einteilung der Faßoberfläche in unterschiedlich gewölbte Felder, wodurch der Tonumfang erheblich vergrößert werden konnte. Schlagstöcke, mit Gummi umwickelt, entlocken den Pans die angenehm weich klingenden Töne. Heute gehören zu jeder größeren Steelband folgende Arten von Pans:

Name der »Pan«	*Zahl der Felder*	*Funktion*
Ping-Pong oder Melody Pan	25	Melodieführung
Second Pan	14 (Sopran)	Melodieführung
Cello	8 (Tenor)	Melodieführung
Guitar	6–8 (Alt)	Melodieführung
Boom	4 (Baß)	Begleitung
Rhythm	2 (Baß)	Rhythmus

Die Herstellung der Instrumente ist recht kompliziert, wie schon die kunstvoll bearbeiteten Felder erkennen lassen. Zunächst wird die Oberfläche der Blechtonne mit einem Schmiedehammer nach innen gewölbt und die gewünschte Sektoreneinteilung aufgezeichnet. Danach werden mit einem Locheisen entlang der Linien in dichter Folge kleine Vertiefungen geschlagen, um die Töne gegeneinander abzugrenzen. Durch sorgfältiges Hämmern erfolgt schließlich die Einwölbung der Tonfelder. Um den Stahl zu härten, wird die Oberfläche mit brennendem Öl übergossen und anschließend in kaltes Wasser getaucht. Zuletzt erhält die Tonne durch Kürzung des Blechmantels ihre gewünschte Klanghöhe.

Die Beliebtheit der Steelbands wuchs unaufhaltsam, sei es bei Karnevalsumzügen, Tanzveranstaltungen oder dem Empfang von Kreuzfahrtschiffen. Bald gab es keine Insel der Kleinen Antillen mehr, auf der nicht mindestens eine Steelband vorhanden war. Interessanterweise fanden die neuen Stahltrommeln auf Puerto Rico, Cuba, in der Dominikanischen Republik und den spanischsprachigen Anrainerstaaten der Karibik bislang wenig Resonanz. Die heutigen Steelbands sind in ihrer Größe recht unterschiedlich; normalerweise bestehen sie nur aus vier bis sechs Spielern. Bei Aufführungen von Sätzen aus Beethovens 5. Symphonie, Ouvertüren von Verdi oder Tschaikowski erhöht sich die Spielerzahl auf 30 und mehr. Solche Darbietungen beeindrucken umso mehr, wenn man bedenkt, daß das Spielen nach Noten so gut wie unbekannt ist, und auch schwierige Partituren aus dem Gedächtnis wiedergegeben werden. Auf Trinidad, Antigua und anderen Inseln entstanden sogar Steelbandschulen, die besonders vor der Karnevalssaison großen Zulauf haben.

Interessante Musikinstrumente sind auch das »Tock-Tock« und die kleinere »Belly«. Beide entstanden aus den Wänden von Benzinkanistern mit Querverstrebungen im Innenraum, an denen verschieden große Triangel befestigt sind. Meist umfassen sie sieben oder 14 verschiedene Töne. Eine ebenso kuriose Zweckentfremdung ist das sogenannte »Iron«, eine ausgediente Bremstrommel, die zur Begleitung der Steelbands mit Eisenstäben geschlagen wird.

Der Calypso erfreut sich heute, ob mit oder ohne Steelband, noch immer größter Beliebtheit und brachte eine große Zahl von Bands und Interpreten mit international bekannten Namen hervor, wie beispielsweise »The Mighty Sparrow«, »Lord Kitchener« oder Rose McCarthy Lewis, genannt »Calypso Rose«. Sie bezeichnen sich alle als »Calypso Shouter« und sind am ehesten mit unseren Liedermachern vergleichbar. Ihre meist sehr zeitkritischen Texte werden von der Obrigkeit toleriert.

Weniger als Tanz, sondern eher als artistische Darbietung ist der Limbo aufzufassen. Er gehört inzwischen zum festen Repertoire touristischer Veranstaltungen auf den Kleinen Antillen und Jamaica. Wahrscheinlich entstand der Limbo auf Trinidad während der spanischen Kolonialzeit. Im Spanischen bedeutet die Redewendung »estar en el limbo« soviel wie »geistesabwesend sein«, was auf den transzendenten Gehalt dieses Tanzes hindeuten könnte. Man nimmt an, daß der Limbo auf afrikanische Traditionen zurückgeht und bei Begräbnissen aufgeführt wurde. Der Tanz unter der Stange hindurch, ohne mit dem Körper den Boden zu berühren, erfordert immer größere Geschicklichkeit, je tiefer der Stab gelegt wird. Auf diese Weise soll die beschwerliche Reise von der Erde zum Himmel symbolisiert werden, besonders dann, wenn der Verstorbene gesündigt hat.

Mit Mazurken und Polkas hat sich, wenn auch mit afrikanisch abgewandelter Melodik, in den Béguine-Tänzen europäisches Musikerbe auf den Französischen Antillen erhalten. Der Name Masoucs, auf St. Lucia gebräuchlich, weist auf die Herkunft des Tanzes hin. Fast unübersehbar sind die regionalen Entwicklungen auf den einzelnen Inseln, von denen nur einige interessante Beispiele erwähnt werden können. Dazu gehören Squaredances sowie schottische Reels und Jigs, die sich in ihrer ursprünglichen Form auf Tobago und den Grenadinen erhalten haben. Enge Verwandtschaft zeigen noch heute der Béle (Dominica, Französische Antillen), der Kéle (St. Lucia), der Bongo (Trinidad) und der Big Drum Dance (Cariacou). Allen gemeinsam ist die westafrikanische Rhythmik sowie die Dominanz der Trommelbegleitung. Die Musikfolklore der Inseln Curaçao, Aruba und Bonaire ist von niederländischen Volksweisen beeinflußt worden, wie beispielsweise noch heute aus den Curaçao Valses herauszuhören ist. In Willemstad und Umgebung trifft man häufig auf Straßenmusikanten, die auf Kurbelklavieren mit Schraperbegleitung spielen.

Kulte und Gebräuche

Musikfolkloristische Höhepunkte sind auch in diesem Teil Westindiens die Karnevalsveranstaltungen. Am aufwendigsten feiert man den Karneval auf Trinidad (Farbt. 63–65,

Alte Darstellung eines Dorfes auf den Kleinen Antillen

Umschlaginnenklappe), der in seinen Massenveranstaltungen und in seiner Farbigkeit nur von Rio übertroffen wird. Mit großer Wahrscheinlichkeit geht die Karnevalstradition auf französische Siedler zurück, woran noch heute die französischen Namen der närrischen Tage erinnern. Zentrum des Karnevals ist die Inselhauptstadt Port of Spain, die aus diesem Anlaß alljährlich große Touristenscharen anlockt. Der religiöse Gehalt als katholisches Fastenfest ist auf Trinidad ebenso verlorengegangen wie in Rio, Köln oder Rom.

Schon viele Monate vor den närrischen Tagen wird mit dem Entwurf und der Herstellung der fantastisch anmutenden Kostüme sowie mit den Steelband- und Calypsowettbewerben begonnen. Während der letzten acht Tage vor dem Karnevalsfest häufen sich die Ausscheidungskämpfe. Austragungsort für die meisten dieser Veranstaltungen ist der Queen's Park Savannah. Eine Woche vor Karnevalssonntag finden die sogenannten Steelband Preliminaries, die Vorrundenwettbewerbe statt, woran sich etwa 50 Bands beteiligen. Eine Steigerung erfahren die Wettbewerbe, wenn während der Friday Night Panorama Show die 14 besten Steelbands ihren Platz für das Semifinale und in der darauffolgenden Nacht für das Finale erkämpfen. Parallel zur Friday Night Panorama Show findet die Calypso Fiesta statt, auf der die 20 besten Calypso Shouters gegen den Sieger des Vorjahres, den »King of Calypso«, antreten. Die Karnevalsstimmung wächst, wenn in der Nacht zum Jour Ouvert (Rosenmontag) während des Finale der neue »King of Calypso« ermittelt wird. Höhepunkt der Karnevalsveranstaltungen ist der farbenprächtige Umzug vom Queen's Park Savannah durch das Stadtzentrum von Port of Spain. An diesem Tag findet eine große Kostümparade statt, die an Einfallsreichtum und Farbenpracht kaum zu überbieten ist. Der Mardi Gras (Fastnachtdienstag) gehört den Steelbands und Calypso Shouters. Mit Riesenbands von 200 und mehr Pan-Spielern paradieren sie an den großen Tribünen im Queen's Park Savannah vorbei und spielen dann bis zum Beginn des Aschermittwochs in allen Teilen von Port of Spain. Sehenswert ist auch der Kinderkarneval am Fastnachtsonnabend.

Auch die islamischen und hinduistischen Minderheiten Trinidads haben ihre Feste. Im Oktober feiern die Hindus das Divali-Fest, bei dem sie eine unübersehbare Zahl von Lichtern vor ihren Häusern und Tempeln aufstellen. Viele Mohammedaner begehen im Muharram, dem ersten Monat des islamischen Mondjahres, das Hosein-Fest und veranstalten anläßlich dieses Tages farbenprächtige Umzüge, auf denen sie kleine Nachbildungen von Moscheen, sog. »tadjahs«, mitführen.

Von der Vielzahl praktizierter Kulte soll nur der Shango erwähnt werden, der mit seinen Synkretismen viele Gemeinsamkeiten mit dem Santería- und Vodou-Kult zeigt. Hauptverbreitungsgebiet ist Trinidad, sein Einfluß reicht aber über Grenada und St. Lucia bis zur Dominikanischen Republik. Auch der Shango ist afrikanischen Ursprungs und geht wahrscheinlich auf Traditionen der Yoruba, Fon und Ashanti zurück. Später flossen katholische, protestantische und sogar hinduistische Glaubensinhalte ein. Der Hauptgott Shango gilt als Wahrsager, Heiler und Hexer, der durch Blitz und Donner seine Gegenwart kundtut. In Anlehnung an die Apostel sind ihm zwölf Diener – Obas genannt – beigeordnet. Während der Zeremonien ruft der als Teacher bezeichnete Priester je nach Bedarf einige seiner Obas und Powers (übernatürliche Kräfte) herbei.

Die Inseln

Cayman Islands

Etwas abseits, im Seegebiet zwischen Cuba und Jamaica, liegen die Cayman Islands mit ihren etwa 18000 Einwohnern. Der Archipel umfaßt die drei Inseln Grand Cayman (196 qkm), Little Cayman (27 qkm) und Cayman Brac (36 qkm). Sie werden von den Gipfeln einer unterseeischen Schwelle gebildet, die als Fortsetzung der cubanischen Sierra Maestra in Richtung des mittelamerikanischen Staates Belize verläuft. 1503 von Columbus entdeckt, erhielten sie zunächst wegen der großen Vorkommen von Seeschildkröten den Namen »Islas Tortugas«. Etwa 30 Jahre später wurde die Inselgruppe nach den damals dort noch vorkommenden Caiman-Krokodilen benannt. In den darauffolgenden Jahren wählten Piraten wie Francis Drake, Henry Morgan und Edward Teach (»Blackbeard«) die Inseln als Stützpunkt für ihre Beutezüge. 1670 ergriffen die Engländer Besitz von den Cayman-Islands, und eine allmähliche Besiedlung mit Einwanderern überwiegend schottischer Herkunft setzte ein. 1972 wurden die Cayman Islands zur Kronkolonie erhoben und gehören heute zu den wenigen Großbritannien verbliebenen Besitzungen.

Hauptstadt ist das etwa 7700 Einwohner zählende **George Town** an der Westküste von GRAND CAYMAN. Zu den wenigen Sehenswürdigkeiten gehören die im letzten Jahrhundert erbaute *Elmslie Memorial Church* und das *Fort George* aus dem 17. Jahrhundert. Die Beschaulichkeit des kleinen Städtchens wird immer mehr durch moderne Bank- und Geschäftsbauten beeinträchtigt, da sich die Cayman Islands wegen ihrer günstigen Steuergesetze zu einem Finanzzentrum entwickelt haben, wovon auch die große Zahl der Briefkastenfirmen zeugt. Nördlich von George Town erstreckt sich der *Seven Mile Beach*, dessen landschaftliche Schönheit allmählich der Bauwut von Investitionsgesellschaften zum Opfer fällt. Ganz im Norden des als Halbinsel endenden westlichen Inselteiles liegt eine *Zuchtanlage für Seeschildkröten.* Man muß aber immer noch auf Gelege gefangener Weibchen zurückgreifen und leistet daher kaum einen Beitrag zum Schutz der von der Ausrottung bedrohten Tiere, wie in der Werbung behauptet wird. Einziges Relikt aus spanischer Zeit ist das *Pedro Castle* an der Südküste von Grand Cayman, das 1780 von den Engländern ausgebaut wurde und heute ein kleines Museum beherbergt.

Virgin Islands

Nur wenige Inseln der Karibik haben eine so wechselvolle Vergangenheit wie die östlich von Puerto Rico gelegenen Virgin Islands. Ihre strategisch exponierte Lage im äußersten Nordosten der karibischen See machte sie über Jahrhunderte hinweg zum Zankapfel der europäischen Kolonialmächte. 1493 wurden sie von Columbus entdeckt und erhielten ihren Namen zu Ehren der Jungfrauen und Gefährtinnen von St. Ursula. Schon bald hatten die spanischen Eroberer die Kariben-Indianer und die von ihnen bedrängten Arawak restlos ausgerottet. 1666 gelangten die drei Inseln St. Thomas, St. Croix und St. John in den Besitz von Däne-

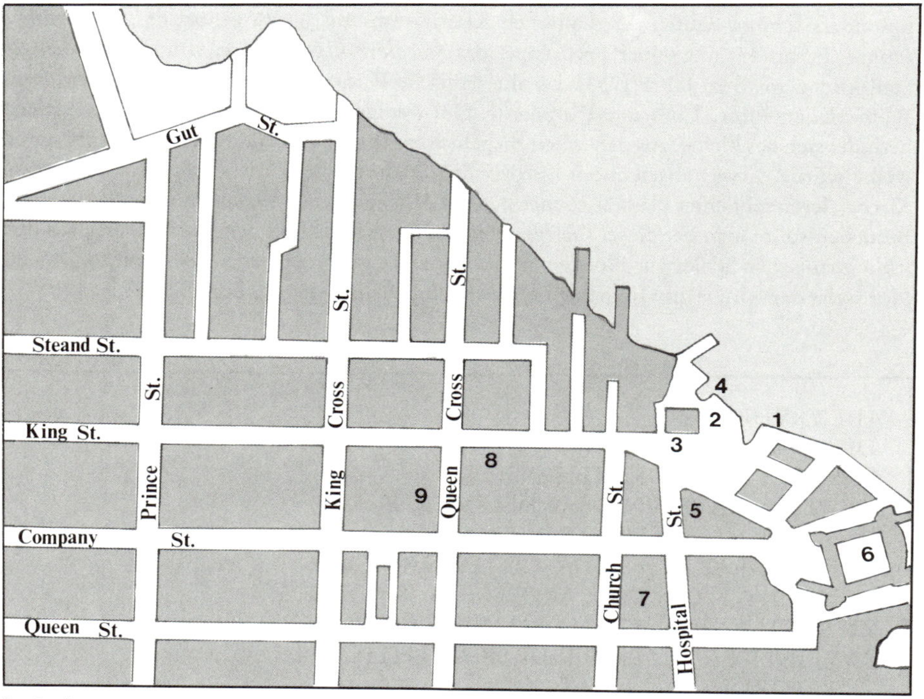

St. Croix

1 Alter Hafen 2 Old Scale House 3 Old Customs House 4 Anlegestelle für die Boote zur Buck Island 5 Company Warehouse 6 Fort Christiansvaern 7 Steeple Building 8 Government House 9 Lutherische Kirche mit Friedhof

mark und blieben dänische Kolonie, bis sie 1917 für 25 Millionen Dollar an die USA verkauft wurden.

Mit einer Fläche von 212 qkm ist ST. CROIX die größte der Inseln. Fruchtbarer Boden und günstiges Klima schufen ideale Voraussetzungen für den Zuckerrohranbau, der sie zu einer der wohlhabendsten Pflanzerinseln machte. An den einstigen Reichtum erinnern noch heute die Gebäude von Christiansted sowie die z. T. noch gut erhaltenen Greathouses (Herrenhäuser) auf dem Lande. Die dänische Vergangenheit – schon die beiden Städenamen deuten daraufhin – ist noch heute überall zu verspüren.

Die Bauten der beiden Kleinstädte Christiansted und Frederiksted sind größtenteils Zeugnisse dänischer Stadtarchitektur aus dem letzten und vorletzten Jahrhundert. Mit ihren roten Ziegeldächern, pastellfarben getünchten Backsteinfronten und Arkadengängen erinnern sie trotz der tropischen Umgebung an Stadtbilder, die uns aus Dänemark und Schleswig-Holstein vertraut sind. Das sorgfältig restaurierte Stadtzentrum von **Christiansted** weist besonders schöne Bauten des dänischen Klassizismus auf. Dazu gehört das *Government House* (Farbt. 45) mit seiner Freitreppe, das *Steeple Building Museum* in der ehemaligen Stadtkirche aus dem Jahre 1753, das alte dänische *Postamt* und das 1760 erbaute *Danish Westindia & Guinea Company Warehouse.* Nur wenige Schritte vom Stadtzentrum entfernt befindet sich das kleine, aus dänischen Ziegeln erbaute *Fort Christiansvaern,* das 1760 eingeweiht wurde. Etwas abseits vom historischen Stadtkern liegt die *evangelisch-lutherische Kirche,* deren schlichter klassizistischer Bau auf das beginnende 19. Jahrhundert zurückgeht. Besuchen sollte man bei dieser Gelegenheit den alten Kirchhof, dem auch Siedler aus dem früher dänischen Schleswig-Holstein ihre letzte Ruhe gefunden haben. Ein Grabstein an der Nordseite der Kirche gibt folgende Lebensgeschichte in deutscher Sprache wieder:

HIER RVHEN
DIE ENTSELTEN GEBEINE
DES HERRN FRIEDRICH HENSLERS
GEWESEN KAVF- VND HANDELSMANNS
ZV ST: THOMAS IN WESTINDIEN
DER VERKLÄRTE SICH DAS LICHT DER WELT
DEN 18sten IVN DES 1739sten JAHRS
ZU KALTENKIRCHEN IN DEM HERZOGTHVM HOLSTEIN
AVS EINER EDLEN BEGIERDE SEIN ZEITLICHES GLVCK
ZV BEFÖRDERN
SEIN VATERLAND VERLIES VND SICH IN DIESEM WELTTHEILE
DER HANDLVNG BEFLEISSIGTE
HAT SICH DER GVTIGE VON DEM ALLE GVTER DER ERDEN KOMMEN
SEINE GESCHÄFTE HAT REDLICH GESEGNET UND IHN
VIEL GVTES IN DIESEM LANDE DER LEBENDIGEN
ERFAHREN LASSEN
DIESES ZEITLICHE GLVCK WVRDE DVRCH EINE GEDOPPELTE EHE
NOCH MEHR ERHÖHET
NACHDEM ER SICH MIT DER FRAV ADRIANA DORLOW
DIE IHM ABER BEY EINEM DASEYN IM FATERLANDE
ZV SEINEM GRÖSSTEM LEIDWESEN VON DER SEITE GERISSEN
VND DEM TODE VBERGEBEN WARD
VERHEYRATET HATTE
SO SETZTE ER DIESE EHE MIT DER FRAV
ANNA MARIA GEBORENE DE WINT FORT
VND HATTE DIE FREVDE IN DIESER LETZTEN EHE
EINE TOCHTER ZV SEHEN

DOCH DA ER EBEN IM BEGRIFFE WAR
SEIN VATERLAND WIEDER ZV SVCHEN
VND DIE FRVCHTE SEINES FLEISSES IN DER STILLE
ZVR EHREN SEINES SCHÖPFERS ZV GENIESSEN
GEFIEL ES DIESEM HERRN VBER LEBEN VND TOD
DIESEN GEFASSTEN ENTSCHLVSS PLÖTZLICH ZU VERNICHTEN
VND IHN DEN 22sten MÄRZ DES 1776sten JAHRES
NACHDEM ER SEIN IRDISCHES LEBEN NICHT VBER 36 JAHR
9 MONATE VND 4 TAGE GEBRACHT HATTE
ZVR INNIGSTEN BETRVBNIS EINER ENTFERNTE BETAGTEN MVTTER
EINER ZÄRTLICHEN EHEGATTIN VND DER GETREVESTEN
FVNF BRVDER VND VIELER FREVNDE
VND DES NACHRVHMS EINES GVTEN CHRISTEN GETREVEN EHEMANNES
GEHORSAMEN SOHNES DES TREVESTEN BRVDERS VND AVFRICHTIGSTEN FREVNDES
DEN SEINIGEN ZV ENTZIEHEN VND IN DAS HERRLICHE REICH
DAS IHM VON SEINEM ERLÖSER IST ERWORBEN WORDEN
DVRCH EINEN GESEGNETEN TOD EINLZUFVHREN

In **Frederikstedt** sind nach dem verheerenden Großfeuer von 1878 nur noch wenige historische Gebäude aus dänischer Zeit übriggeblieben. Dennoch wirkt die beschauliche Kleinstadt mit ihren schlichten Bürgerhäusern im Stil des ausgehenden 19. Jahrhunderts sehr anziehend auf den Besucher, weshalb sie auch häufig von Kreuzfahrtschiffen angelaufen wird. Ein Relikt ehemaliger Plantagenkultur ist das *Whim Great House* aus dem Jahre 1751, das einst Zentrum einer Zuckerrohrfarm war. Heute dient es als Museum, das Einblicke in die Wohnkultur der ehemaligen Plantagenbesitzer gibt. Auf dem zugehörigen Plantagengelände wurden die alten Zuckerverarbeitungsanlagen restauriert.

Wer an der Unterwasserwelt interessiert ist, sollte mit einem der vielen Charterboote die der Ostspitze von St. Croix nördlich vorgelagerte **Buck Island** besuchen. Das kleine Eiland ist von einem ausgedehnten Lagunensaumriff umgeben und wurde vom US National Park Service zum Naturschutzpark erklärt.

Wesentlich lebendiger als auf St. Croix geht es auf der 83 qkm großen Insel ST. THOMAS zu. Hier konzentriert sich der Handel mit zollfreien Waren aus aller Welt, und Hunderttausende von Kreuzfahrttouristen aus den USA besuchen alljährlich diese Insel, um billig einzukaufen. Die Innenstadt von **Charlotte Amalie** gleicht daher einem großen Einkaufszentrum. Trotzdem hat man die alte Bausubstanz konsequent erhalten, und hinter den Mauern alter Ställe und Lagerhäuser verbergen sich klimatisierte Geschäfte und Boutiquen mit einem internationalen Angebot an Kosmetika, Modeartikeln, Kameras, Schmuck, Spirituosen etc. Zu den Gebäuden, die in ihrem Baustil sonst nur in dänischen oder norddeutschen Kleinstädten zu finden sind, gehören das *Government* House, die *evangelisch-lutherische Kirche St. Frederik* und das *Postamt.* Das 1671 erbaute *Fort Christian* diente zeitweise als Regierungssitz und Residenz des dänischen Gouverneurs. Heute ist in einigen Räumen das Virgin Islands Museum mit interessanten Sammlungen aus der vorkolumbischen Periode sowie der dänischen Kolonialzeit untergebracht.

In die höher gelegenen Stadtteile gelangt man über zahlreiche Treppengassen und hat von dort aus schöne Ausblicke auf die Altstadt von Charlotte Amalie und die tief eingeschnittenen Buchten der Insel. Oberhalb der Stadt sind noch Reste des *Blackbeard's Castle* (erbaut 1688) zu besichtigen, in dem während des 17. Jahrhunderts der berüchtigte Pirat Edward Teach residierte, der damals unter dem Namen Blackbeard in ganz Westindien gefürchtet war.

Nur vier Kilometer trennen die östlich von St. Thomas gelegene Insel ST. JOHN. Heute sind weite Teile der ca. 49 qkm großen Insel Naturschutzgebiet. Die Initiative dazu ging von Lawrence A. Rockefeller aus, der St. John 1956 aufkaufte und etwa 2/3 der Insel dem US National Park Service vermachte. Für den Besucher bietet sich eine Unterkunft im luxuriösen Caneel Bay Plantation Hotel, in das mit viel Einfühlungsvermögen die Gebäudereste einer alten Zuckerfarm integriert wurden. Einen wesentlich preiswerteren Aufenthalt ermöglicht der Campingplatz des National Park Service in der idyllisch gelegenen Trunk Bay. Dort wurde in einem der schönsten Riffgebiete ein Unterwasserlehrpfad angelegt. Im Innern der Insel erinnern Überreste alter Zuckerfarmen an einen Sklavenaufstand, der sich 1733 ereignete und dem fast alle weißen Siedler zum Opfer fielen. Danach kam der Zuckerrohranbau allmählich zum Erliegen, und die ursprüngliche Inselvegetation breitete sich wieder aus.

Den östlichen Teil des Archipels nehmen die BRITISH VIRGIN ISLANDS mit den Inseln Tortola, Virgin Gorda und Anegada ein. Kaum zu zählen sind die vielen Felseilande und Klippen im Bereich der größeren Inseln. Wer Ruhe und Abgeschiedenheit sucht, findet in den zahlreichen idyllischen Buchten hervorragende Bade-, Tauch- und Segelmöglichkeiten.

Niederländische Antillen

Heute befinden sich nur noch wenige Westindische Inseln im Kolonialbesitz, dazu gehören die Niederländischen Antillen. Zu ihnen zählen die im nördlichen Antillenbogen gelegenen Inseln Sint Maarten, Sint Eustatius und Saba sowie Curaçao, Aruba und Bonaire vor der Küste Venezuelas.

CURAÇAO ist mit 444 qkm die größte und zugleich bedeutendste Insel der Niederländischen Antillen. Sie wurde 1499 zusammen mit Aruba von dem Spanier Alonso Ojeda entdeckt und war damals von den Caiquetio-Indianern, einer zur Sprachfamilie der Aruak gehörenden Gruppe, besiedelt. Höhlenzeichnungen sowie Funde von Steinwerkzeugen und Keramikgefäßen zeugen von einem hohen kulturellen Niveau der Urbewohner, deren Existenz sich bis 2500 v. Chr. nachweisen läßt. Das geringe Intersse der Spanier an Curaçao läßt sich aus der damaligen Bezeichnung »Isla Inútil« (unnütze Insel) schließen. 1634 eroberten die Niederlande Curaçao und die beiden Nachbarinseln und gründeten auf der kargen Insel eine der wichtigsten Niederlassungen der Holländisch-Westindischen Handelskompanie. Im Dreieckshandel zwischen Europa, Afrika und Westindien nahm Curaçao bald eine hervorragende Stellung ein. Einer ihrer ersten Gouverneure war der berühmte Peter Stuyvesant, der die Kolonie von 1647 bis 1664 leitete und später die gleiche Position in Neu-Amsterdam, dem heutigen New York innehatte. Nach dem Verlust der Niederländischen Besitzungen in Brasilien fanden viele Sephardim (iberische Juden) auf Curaçao eine neue Heimat. Bald gewannen sie maßgeblichen Einfluß auf den westindischen Handel.

Bis 1816 versuchten sowohl die Engländer als auch die Franzosen mehrmals, jedoch ohne dauerhaften Erfolg, die niederländischen Inseln in ihren Besitz zu bringen. Hundert Jahre später setzte mit dem Bau der ersten Ölraffinerie auf Curaçao ein starkes wirtschaftliches Wachstum ein. Heute befinden sich auf dieser Insel und dem benachbarten Aruba zwei der größten Raffinerien der Welt, die venezolanisches Öl verarbeiten. Diesem Wirtschaftszweig und dem Freihandel verdankt Curaçao den höchsten Lebensstandard im gesamten karibischen Raum.

Willemstad, Curaçao, im 18. Jahrhundert

Politisches Zentrum und gleichzeitig größte Stadt der Niederländischen Antillen ist **Willemstad** (Farbt. 39) mit seinen etwa 60000 Einwohnern. Es erstreckt sich zu beiden Seiten eines binnenwärts weit verzweigten Naturhafens mit dem Namen Schottegat. Der nur wenige Hektar große Altstadtkern, von den Einheimischen Punda genannt, macht Willemstad zu einer touristischen Attraktion ersten Ranges. Dazu trägt die fast unveränderte niederländische Stadtarchitektur des 17. bis 19. Jahrhunderts bei.

Ausgangspunkt der Stadtbesichtigung ist die außergewöhnliche *Königin Emma-Brücke*, die über die schmale St. Anna Baai führt. Sie ruht auf mehr als einem Dutzend Pontons und

Willemstad
1 Penha-Haus 2 Reformierte Kirche 3 Stadhuis 4 Theater de Tempel (frühe Emanu-El-Synagoge) 5 Mikve Israel Synagoge 6 Information

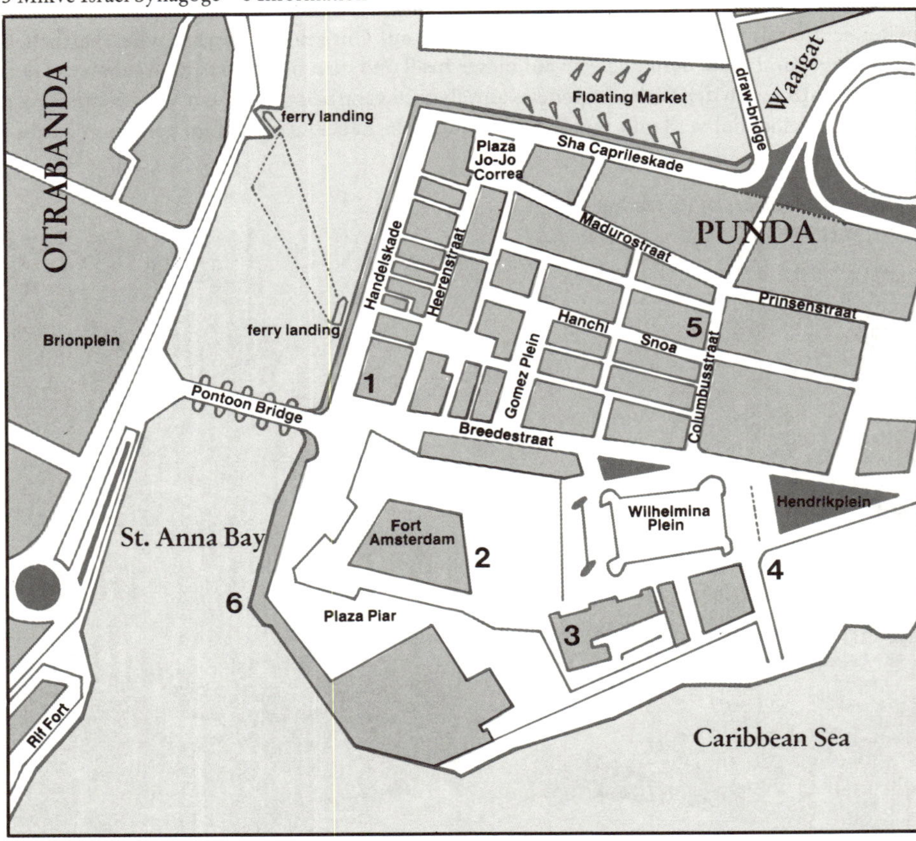

wird mit Hilfe eines starken Schiffsmotors zur Seite geklappt, um die Durchfahrt zum Handels- und Ölhafen zu öffnen. Die Idee für diese ungewöhnliche Brückenkonstruktion stammt aus dem Jahre 1888 vom amerikanischen Konsul L. B. Smith. Die Pontonbrücke wurde 1937 erneuert.

Gleich rechts von der Brücke liegt das älteste Bauwerk der Stadt, das noch immer gut erhaltene *Fort Amsterdam.* Durch ein Tor gelangt man in den ausgedehnten Innenhof, der auf beiden Seiten von Regierungsgebäuden umgeben wird. Der interessanteste Bau ist die 1763 im schlichten niederländischen Barock erbaute *Reformierte Kirche* gegenüber dem Toreingang. Nur der aufgesetzte Dachreiter läßt erkennen, daß es sich um einen Sakralbau handelt. Den Innenraum der Kirche erreicht man über eine doppelte Freitreppe. Eine ähnliche Treppenanlage befindet sich auf der gegenüberliegenden Torseite, die sicher ein architektonisches Gegenstück zur Kirchentreppe sein sollte. Der schlichte Kirchenraum ist im Stil einer niederländischen Seemannskirche gestaltet. Vier massive Säulen gliedern den Bau in drei Schiffe. Wie bei der Reformierten Kirche üblich, ist die Innenausstattung aus naturfarbenem Holz bewußt einfach gehalten. Gleich links vom Eingang befindet sich auf einer Empore die prächtige Barockorgel. Ihr strenger Werkaufbau in Hauptwerk, zwei flankierende Pedaltürme und Rückpositiv läßt niederländische Orgelbautraditionen des 18. Jahrhunderts erkennen. Eine kürzlich erfolgte Restaurierung versetzte das ganze Instrument in den authentischen Zustand der Erbauungszeit.

Südlich vom Fort Amsterdam und vor dem architektonisch wenig gelungenen Hochhaus des Hotels Curaçao Plaza liegt die *Plaza Piar.* Dieser Platz war früher Bestandteil eines starken Befestigungssystems und wird noch heute auf seiner Seeseite von 3–5 m dickem Mauerwerk geschützt. Von der Plaza Piar gelangt man stadteinwärts vorbei am Fort Amsterdam zu dem am parkartigen Wilhelmina Plein gelegenen *Stadhuis,* das zwischen 1857 und 1858 im klassizistischen Stil erbaut wurde und ursprünglich Sitz der Kolonialverwaltung war. Über eine doppelte Freitreppe erreicht man den von einem Säulenportikus geschmückten Haupteingang. Vier Säulen tragen einen Dreiecksgiebel, dessen Mitte vom heutigen Staatswappen geschmückt wird, ein Hinweis darauf, daß in diesem Gebäude das Parlament der Niederländischen Antillen tagt. Links vom Stadhuis befindet sich ein kirchenähnlicher Bau aus dem Jahre 1864, die ehemalige *Emanu-El-Synagoge,* die früher im Besitz einer jüdischen Sekte war. Heute beherbergt das Gebäude ein Kino und Räume für kulturelle Darbietungen.

Während des Rundganges durch die schmalen Gassen fallen die sauberen, pastellfarbenen Anstriche der meisten Altstadtgebäude auf. Diese Farbgebung, die auf einen behördlichen Erlaß von 1817 zurückgeht, sollte eine weniger schädliche Wirkung auf die Augen ausüben als der ursprünglich weiße Anstrich. Der Rundgang setzt sich entlag der Columbusstraat bis zur *Mikve Israel Synagoge* (Abb. 51) fort. Das in beigen Pastellfarben getünchte Gotteshaus hebt sich trotz des fehlenden Turmes deutlich von den umliegenden Gebäuden ab. Es wurde 1733 im schlichten Kolonialbarock erbaut und gilt als die älteste noch existierende Synagoge der Neuen Welt. Durch eine schmale Pforte betritt man einen kleinen Innenhof und hat dort Zugang zur Synagoge. Ihr Innenraum ist dreischiffig, mit Emporen in beiden Seitenschiffen sowie einer Orgelempore. Der klassizistische Orgelprospekt läßt vermuten, daß dieses Instrument Anfang des vorigen Jahrhunderts erbaut worden ist. Nach Verlassen der Synagoge sollte man noch das jüdische Museum besuchen, das einen interessanten geschichtlichen Abriß über das Judentum auf den Niederländischen Antillen vermittelt. 1651 erlaubte die Holländisch-Westindische Handelskompanie 50 sephardischen Juden die Ansiedlung auf Curaçao. Die Gemeinde vergrößerte sich bald durch Emigranten aus dem portugiesischen Brasilien und gab sich den Namen »Mikve Israel«, was frei übersetzt »Die Hoffnung auf Israel« bedeutet. Nach Mißerfolgen in der Landwirtschaft ließ sich ein Großteil dieser Juden in Willemstad nieder und gewann erheblichen Einfluß auf den Überseehandel.

Die Bürgerhäuser in der *Breedestraat* (Abb. 112) und *Heerenstraat* sind aufschlußreiche Beispiele für die an das tropische Klima angepaßte niederländische Stadthausarchitektur des 17.–19. Jahrhunderts. Unter Beibehaltung des spitzgiebligen Satteldachs erhielt das Obergeschoß eine umlaufende Galerie, die als Sonnenschutz und zur Verbesserung der Luftzirkulation diente. (Häuser »El Louvre« und »Van der Ree« in der Breedestraat.) Viele der Galerien wurden später, nach dem Einbau von Klimaanlagen, mit Fenstern versehen, um zusätzlichen Raum zu gewinnen (Penha-Haus in der Breedestraat). Heute befinden sich in den Häusern der beiden Straßen fast ausschließlich Geschäfte mit einem internationalen Angebot an zollfreien Luxusgütern. Die eleganten Boutiquen, Juweliergeschäfte und Parfümerien können durchaus mit denen vieler Weltstädte konkurrieren.

Eine kleine Unterbrechung empfiehlt sich auf dem *Gomezplein,* einem kleinen Platz mit Straßencafés, die vorzügliche Mixgetränke anbieten. An der Ecke zur Breedestraat erklingt stündlich ein Glockenspiel, das ebenfalls auf niederländische Tradition zurückgeht. Der Rundgang durch die Altstadt endet am *schwimmenden Markt* (Floating Market, Farbt. 49, Abb. 16) an der Ruyterkade. Bis in die Nachmittagsstunden hinein machen dort überwiegend venezolanische Küstensegler fest und bieten unter aufgespannten Segeln, die als Sonnenschutz dienen, ihre Waren an. Angeboten werden vor allem Obst und Gemüse, deren Anbau sich auf Curaçao wegen des permanenten Wassermangels kaum lohnt. Unmittelbar hinter dem schwimmenden Markt erblickt man den Rundbau der neuen Markthalle.

Falls es die Zeit noch erlaubt, sollte man auch das gegenüberliegende *Otrabanda* in den Stadtrundgang einbeziehen. Es ist leicht über die schon erwähnte Pontonbrücke oder auch mit der Fähre zu erreichen, falls die Brücke zurückgeklappt sein sollte. Dort verläuft das Leben in den leicht ansteigenden Gassen noch relativ unbeeinflußt vom Tourismus. Die Häuser sind meist einstöckig, und in ihrer Bauweise erinnern sie oft an norddeutsche Kleinstädte (St. Martinsteeg, Schrijnerwerkersstraat).

Nicht weit entfernt von Otrabanda befindet sich das in einem ehemaligen, 1853 erbauten Landhaus das *Curaçao-Museum.* Sehenswert ist die archäologische Abteilung, außerdem vermittelt es ein Bild der Wohnkultur der beiden letzten Jahrhunderte. Im 19. Jahrhundert errichtete Luxusvillen von Kaufleuten kann man im benachbarten Scharloo und Pietermaai sehen.

Seit 1974 beherrscht die *Königin-Juliana-Brücke* (Abb. 76) mit ihrem weiten Spannbetonbogen das Stadtbild von Willemstad. Von dort aus hat man aus ca. 50 m Höhe einen schönen

Ausblick auf die seewärts gelegene Altstadt und in die entgegengesetzte Richtung auf den Schottegat-Hafen mit seinen ausgedehnten Ölraffinerien.

Wenig reizvoll ist die steppenartige Hügellandschaft der Insel mit ihrer Dornbusch- und Kakteenvegetation. Fast zum Wahrzeichen von Curaçao, Aruba und Bonaire sind die Divi-Divi-Bäume *(Caesalpina coriaria)* (Farbt. 7) mit ihren bizarren, vom Nordost-Passat geformten Windflüchterkronen geworden. Gelegentlich trifft man in dieser kargen Landschaft auf alte Gutshäuser aus dem 18. und 19. Jahrhundert (Farbt. 40). Zu den bekanntesten gehört das ca. vier Kilometer von Willemstad entfernte *Landhuis Chobolobo,* in dem eine Destillerie für Curaçao-Likör untergebracht ist. Dieses in aller Welt bekannte Getränk wird mit Extrakten aus den Schalen unreifer Pomeranzen *(Citrus aurantium)* versetzt und erhält dadurch sein unverwechselbares Aroma. Weitere Sehenswürdigkeiten der Insel sind das *Landhuis Jankok* mit seinem kleinen kolonialgeschichtlichen Museum, der *St. Christofel Nationalpark* und die indianischen Felszeichnungen in der *Hato-Grotte.* Schließlich bietet die Insel ausgezeichnete Badestrände und Riffgebiete zum Tauchen, u. a. in der Knip-Bay, der Daaibooibaai und an der Playa Jeremi.

ARUBA ist mit einer Fläche von 193 qkm die kleinste der drei Inseln, aber durch seine Ölraffinerien von ebenso großer wirtschaftlicher Bedeutung wie die Nachbarinsel Curaçao. Wer auf Aruba und Bonaire nach historischen Bauwerken sucht, wie er sie von Curaçao kennt, wird enttäuscht sein. Die Hauptstadt **Oranjestad** hat kaum bauliche Sehenswürdigkeiten vorzuweisen, dafür aber ausgedehnte Badestrände im Norden der Stadt (Palm Beach, Eagle Beach) mit zahlreichen amerikanischen Luxushotels. Ganz im Nordwesten der Insel bieten ausgedehnte Korallenriffe ausgezeichnete Möglichkeiten zum Tauchen. Sehenswert ist auch ein in unmittelbarer Nähe gelegenes Brandungstor, das gefahrlos überschritten werden kann. In der St. Anna Kerk von **Noord** kann man einen Altar mit Holzschnitzereien eines unbekannten niederländischen Meisters aus dem 17. Jahrhundert besichtigen.

BONAIRE, das sich landschaftlich kaum von den beiden Nachbarinseln unterscheidet, hat eine Fläche von 288 qkm und liegt ca. 30 km östlich von Curaçao. Auch die Hauptstadt **Kralendijk** bietet wenig an sehenswerten Gebäuden, dafür aber ebenfalls gute Bademöglichkeiten in unmittelbarer Stadtnähe. Wer an der Tierwelt interessiert ist, sollte einen Besuch der beiden *Flamingokolonien* an der Lagune Goto Meer sowie in der Nähe der Salzlagune von Pekelmeer nicht versäumen. Sehr gut erhaltene indianische Felszeichnungen aus vorkolumbischer Zeit sind in den Höhlen von Onima zu besichtigen.

Sint Maarten, Saba und Sint Eustatius bilden die nördliche Gruppe der Niederländischen Antillen, die sich östlich der Virgin Islands befindet.

Die größte der Inseln, SINT MAARTEN, ist stark zerklüftet und umfaßt 91 qkm. Sie ist aber nur zu ca. ⅓ in niederländischem Besitz, der andere Teil gehört zu Frankreich (s. S. 342). Abgesehen von der unterschiedlichen Sprache und Währung ist von der Zweistaatlichkeit dieser Insel kaum etwas zu spüren. Das ca. 3800 Einwohner zählende **Philipsburg,** die Hauptstadt des niederländischen Inselteils, verfügt über alle Einrichtungen eines internatio-

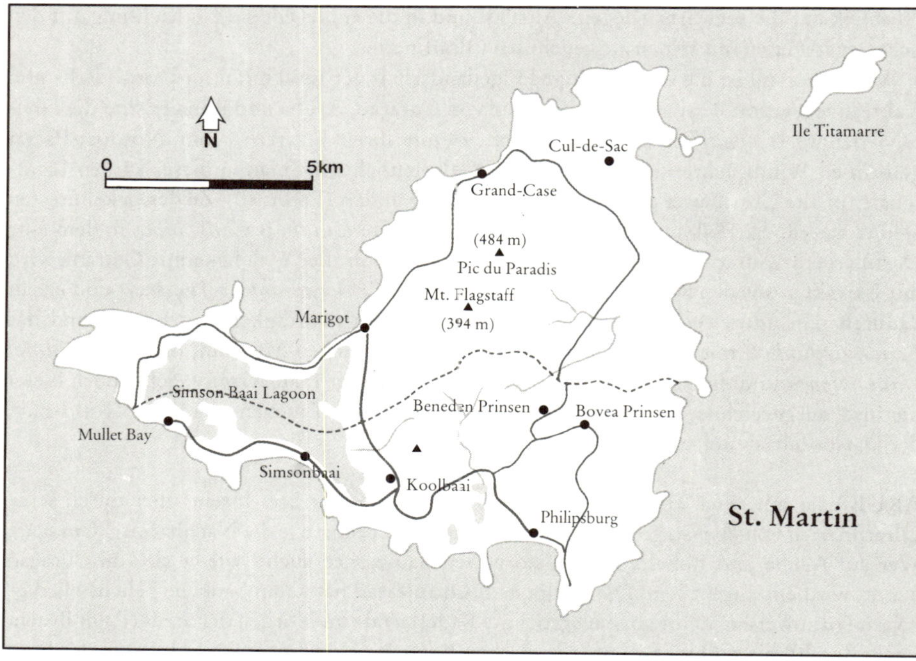

nalen Touristenzentrums. Von Luxushotels über dutyfree shops und Spielkasinos bis hin zu hervorragenden Badestränden reicht das attraktive Angebot dieser an sich beschaulichen Kleinstadt. Einmalig ist die Lage von Philipsburg auf einer ca. 2 km langen Nehrung, die eine Salzlagune vom Meer trennt.

Die nur 21 qkm große Insel SINT EUSTATIUS hat schon bessere Zeiten erlebt, als sich dort einer der größten Warenumschlagplätze Westindiens befand. Für die Landwirtschaft bot die überwiegend trockene, aus einem fast 600 m hohen Kegel eines erloschenen Vulkans bestehende Insel keine günstigen Voraussetzungen. Das Ende der Blütezeit kam, als der englische Admiral Rodney 1781 die Insel eroberte und die seinerzeit fast 4000 Einwohner zählende Handelsmetropole **Oranjestad** plünderte. Wesentlich katastrophaler wirkte sich wenige Jahre später ein Seebeben aus, das den größten Teil der Stadt zerstörte. Noch heute kann man an den verbliebenen Ruinen ihre frühere Ausdehnung erkennen.

SABA ist mit einer Fläche von nur 13 qkm die kleinste der Niederländischen Antillen. Die Insel besteht wie Sint Eustatius aus dem Kegel eines erloschenen Vulkans. Er trägt den Namen Mount Scenery und steigt so abrupt aus dem Meer, daß bis vor wenigen Jahren die Insel nur mit großer Mühe von kleinen Booten angelaufen werden konnte. Heute ermöglichen ein kleiner Hafen und eine Landebahn für Kleinflugzeuge den gefahrlosen Zugang nach

Saba. Die etwa 1000 Bewohner, deren Vorfahren schon seit vielen Generationen auf diesem Eiland lebten, tragen meist die Familiennamen Hassel und Johnsson. Früher waren die drei Orte **Bottom, St. John's** und **Hell's Gate** nur über Treppenwege zu erreichen; heute verbindet sie eine moderne asphaltierte Straße.

Französische Antillen

Keine der wenigen verbliebenen Überseebesitzungen in Westindien ist so fest an ihr Mutterland gebunden wie die Französischen Antillen. Die Inseln Guadeloupe, Martinique, St. Martin (St. Maarten), St. Barthélemy, Marie Galante, Desirade, Ile Saintes bilden ein Überseedepartement und sind somit politisch und wirtschaftlich voll in den französischen Staat integriert.

Die nördlichste Insel SAINT MARTIN (Sint Maarten) teilt sich – wie schon erwähnt – Frankreich mit den Niederlanden. Der größere Teil, 54 qkm der Insel, ist in französischem Besitz. Marigot, der größte Ort und Verwaltungssitz, zählt ca. 3000 Einwohner. Grenzprobleme kennt man nicht; ganz im Gegenteil werden die Feiertage beider Inselteile gemeinsam begangen.

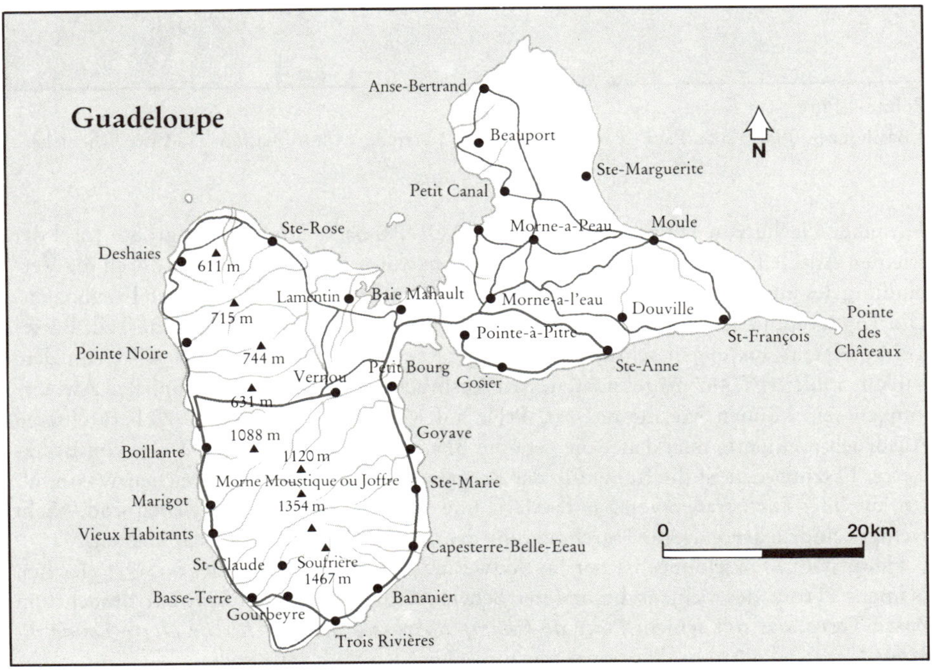

Pointe-à-Pitre
1 Basilique St. Pierre et St. Paul 2 Marché Central 3 Marché 4 Information 5 Musée Schoelcher

Mit einer Fläche von 1513 qkm ist GUADELOUPE nach Trinidad die größte Insel der Kleinen Antillen. Die merkwürdige Schmetterlingsform der Insel entstand durch die Verbindung des inneren mit dem äußeren aus gehobenem Korallenkalk gebildeten Inselbogens. Die Topographie beider Inselteile ist aber sehr unterschiedlich. Der westliche Teil, Basse-Terre, besteht aus einem schroffen Vulkangebirge. Sein höchster Gipfel wird von dem Vulkan Soufrière (1467 m) gebildet, dessen Ausbrüche von ähnlich katastrophalen Auswirkungen sein können wie die des Mt. Pelée auf Martinique. Bei dem 1976 befürchteten Ausbruch evakuierte man daher die gesamte Bevölkerung des südlichen Teiles von Basse-Terre. Faszinierend ist die Romantik der Bergregenwälder mit den zahlreichen Wasserfällen, die über Stichstraßen von Sainte-Marie und Saint-Saveur aus zu erreichen sind. Nicht weniger eindrucksvoll ist die Durchquerung der Insel von Petit Bourg nach Mahaut.

Hauptstadt Guadeloupes ist der im Südwesten von Basse-Terre gelegene Ort gleichen Namens. Trotz des Fehlens besonderer Sehenswürdigkeiten lohnt sich ein Besuch von **Basse-Terre,** das mit seinem *Place de Champ d'Arbaud* und der *Kirche Notre Dame du Mont-Carmel* die Atmosphäre einer französischen Kleinstadt vermittelt.

Mit über 40000 Einwohnern ist **Pointe-à-Pitre** die größte Stadt und das wirtschaftliche Zentrum von Guadeloupe. Dies verdankt sie ihrer idealen Lage an der Nahtstelle beider Inselteile, wo sich ein Naturhafen gebildet hat. Hurricans, Feuersbrünste und zahlreiche feindliche Überfälle haben kaum etwas an historischer Bausubstanz übrig gelassen. Die heutige Innenstadt von Pointe-à-Pitre ist daher kaum älter als 100 Jahre. Hier findet sich eine Vielzahl von Gebäuden aus der Zeit um die Jahrhundertwende mit geschnitzten Holzfassaden und gußeisernen Balkonen (Abb. 111). Ein beliebter Treffpunkt ist die baumumstandene *Place de la Victoire,* die am alten Hafen endet. Touristische Anziehungspunkte sind auch die gußeiserne Halle des *Marché Central* (Zentralmarkt, Abb. 109), die im Jahre 1847 errichtete *Basilique Saint-Pierre-et-Saint-Paul* (Abb. 53) mit ihrer interessanten Innengestaltung aus vorgefertigten Eisenteilen.

Etwa 4 km südöstlich von Pointe-à-Pitre liegt der Badevorort **Gosier,** wo sich Hotels aller Preisklassen an romantischen Buchten mit Sandstränden konzentrieren. Dieser Ort befindet sich schon auf dem flacheren Inselteil Grande-Terre, der sich infolge ständiger Erosionstätigkeit in eine interessante Karstlandschaft verwandelt hat.

Zum Verwaltungsbereich von Guadeloupe gehören die vorgelagerten Inseln MARIEGALANTE (15,8 qkm), DESIRADE (21 qkm) und die ILES LES SAINTES (14 qkm). Diese Inseln zeichnen sich durch eine Trockenvegetation aus, die nur während der Regenzeiten grünes Laub trägt. Auf den Inseln trifft man mit Ausnahme der Iles les Saintes schöne, vom Tourismus wenig berührte Strände.

Weiter nördlich von Guadeloupe und näher bei den Niederländischen Antillen liegt die 21 qkm große Insel ST. BARTHÉLEMY. Ihre Geschichte unterscheidet sich von der der übrigen Antillen – sie war von 1785 bis 1878 in schwedischem Besitz. Die überwiegend hellhäutige Bevölkerung stammt von bretonischen und schwedischen Einwanderern ab und hat einige ihrer folkloristischen Traditionen bewahrt. Der Hauptort ist das nur wenige hundert Einwohner zählende **Gustavia,** dessen Naturhafen gern von Yachtseglern aufgesucht wird.

Die bekannteste Insel der Französischen Antillen ist ohne Zweifel MARTINIQUE, die zwischen Dominica im Norden und St. Lucia im Süden liegt. Sie hat eine Fläche von 1102 qkm, besonders die südliche Küste ist stark zerklüftet. An der Westküste liegt eine große Bucht, an deren Nordseite die Hauptstadt **Fort-de-France** mit ca. 100000 Einwohnern errichtet wurde. Ihre Innenstadt, besonders der Bereich zwischen der Kathedrale und dem Palais de Justice, weist starke Übereinstimmungen mit dem französischen Baustil des 19. Jahrhunderts auf. Die *Kathedrale St. Louis* ist wie die von Pointe-à-Pitre ein Bau aus vorgefertigten Eisenteilen; 1895 wurde sie von dem Baumeister Henry Pick errichtet. Noch im Stil des Empire sind das *alte Rathaus* und das *Palais de Justice* erbaut worden. Eine Mischung zwischen Jugendstil und dem spanischen Modernismo zeigt die nicht weit vom La Savanne-Park gelegene auffällig angestrichene *Bibliothéque Schoelcher.* Der *Park La Savanne,* der direkt an der Hafenbucht endet, gehört mit seiner Vielzahl an tropischen Gewächsen zu den schönsten Anlagen im gesamten karibischen Raum. Auf seiner Westseite steht eine Marmorstatue der Kaiserin Josephine, der Gemahlin Napoleons I., die 1763 in Les

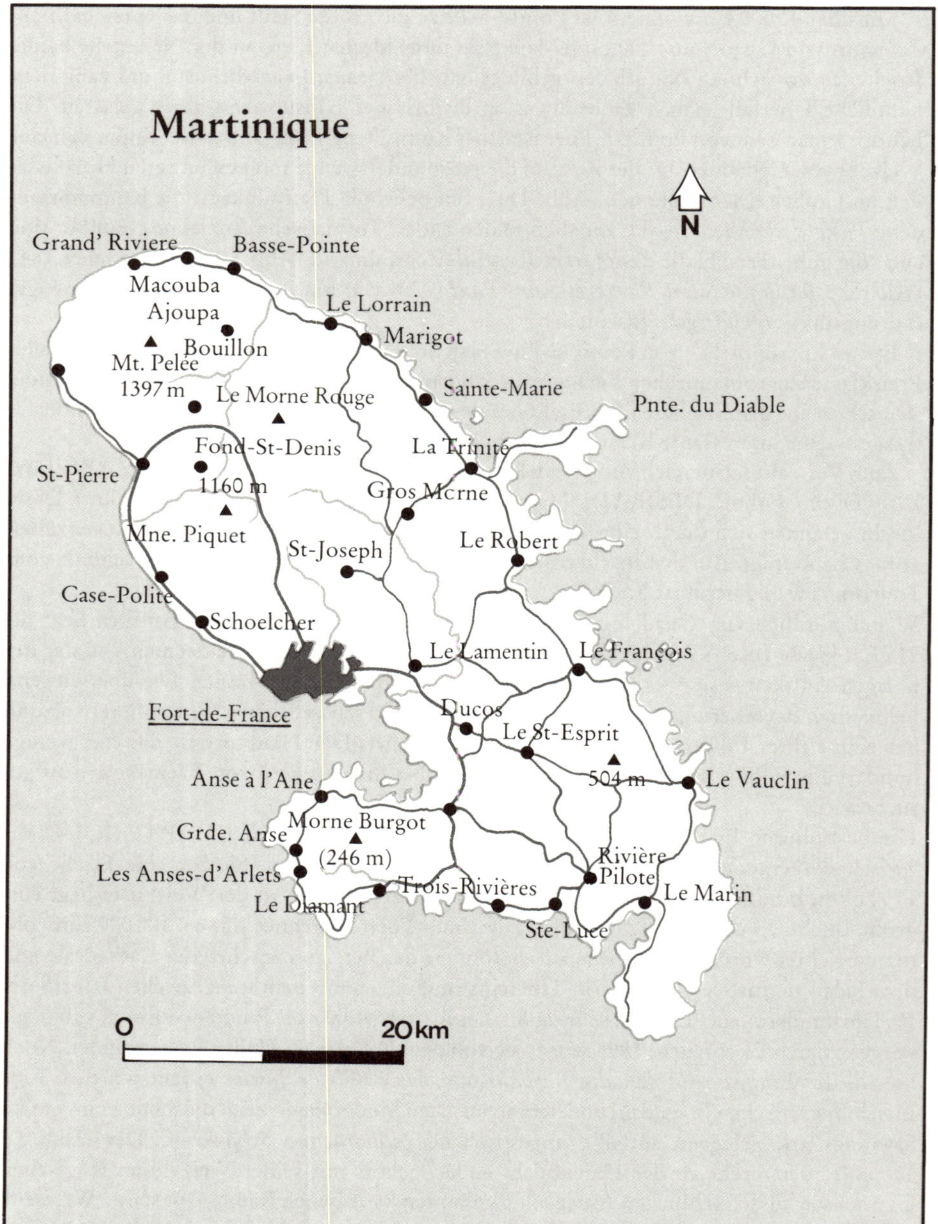
Martinique
N
Grand' Riviere
Basse-Pointe
Macouba
Ajoupa
Bouillon
Le Lorrain
Marigot
Mt. Pelée
1397 m
Le Morne Rouge
Sainte-Marie
Pnte. du Diable
Fond-St-Denis
La Trinité
St-Pierre
1160 m
Gros Morne
Mne. Piquet
Le Robert
St-Joseph
Case-Polite
Schoelcher
Le Lamentin
Le François
Fort-de-France
Ducos
Le St-Esprit
504 m
Anse à l'Ane
Le Vauclin
Morne Burgot
Grde. Anse
(246 m)
Les Anses-d'Arlets
Rivière
Pilote
Trois-Rivières
Le Marin
Le Diamant
Ste-Luce
0
20 km

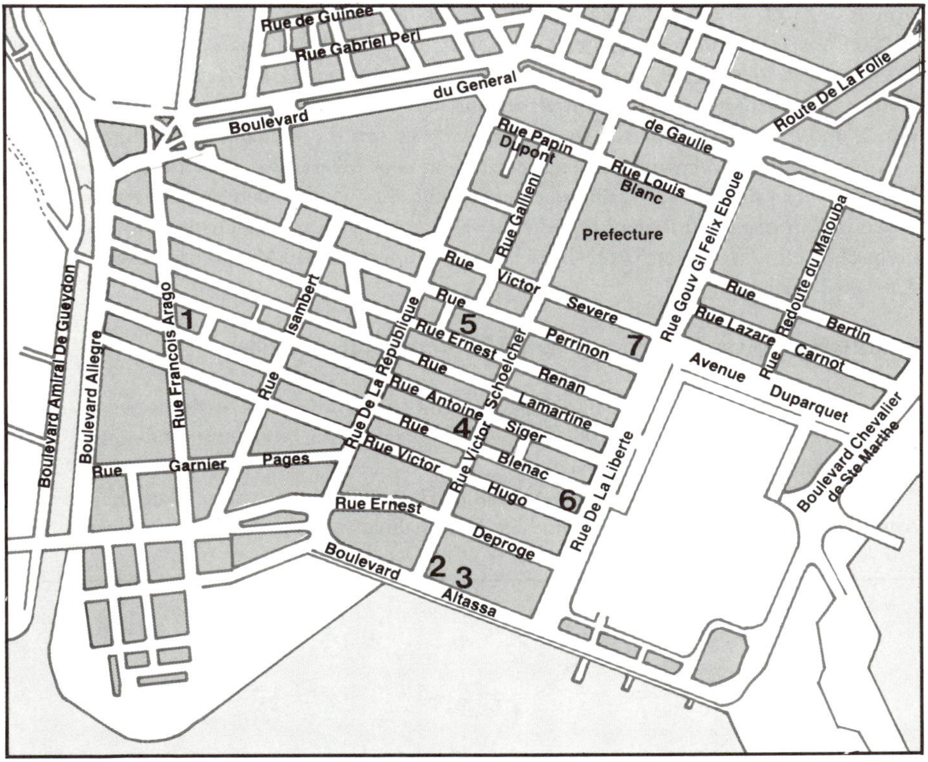

Fort-de-France

1 Marché Central 2 Centre d'Art 3 Office Départemental du Tourisme 4 Cathedrale St. Louis 5 Palais de Justice 6 Musée Départemental de la Martinique 7 Bibliothéque Schoelcher

Trois-Ilets südlich von Fort de France geboren wurde. In unmittelbarer Nähe an der Rue de la Liberté befindet sich das *Musée Départemental de la Martinique* mit sehenswerten vorgeschichtlichen Sammlungen der Insel. Die Uferpromenade, der Boulevard Altassa, verbindet das Marktviertel, den La Savanne-Park und das mächtige *Fort St. Louis,* dessen Anfänge in das 17. Jahrhundert zurückgehen. Entlang des Boulevards findet man sowohl in den Geschäften als auch unter den schattigen Alleebäumen ein reichhaltiges Angebot an kunstgewerblichen Arbeiten und naiven Malereien.

In den Bergen oberhalb von *Fort-de-France* erhebt sich inmitten tropischen Regenwalds das weißgetünchte Gotteshaus *Sacré-Cœur-de-Balata,* ein verkleinerter Nachbau der berühmten Sacré-Cœur-Kirche auf dem Montmartre in Paris.

Eindrucksvolle Berglandschaften und Regenwaldgebiete durchquert man auf der Fahrt nach dem kleinen Städtchen **St. Pierre,** das 1902 auf tragische Weise während eines Ausbruchs des 1397 m hohen Vulkans Mt. Pelée zerstört wurde (s. S. 27ff.). Nur zwei der ca. 30000 Einwohner überlebten damals die Katastrophe. In dem ehemals als »Klein Paris« bezeichneten St. Pierre leben heute nur noch ca. 7000 Menschen. Das *Vulkanmuseum* über den Ruinen der zerstörten Stadt vermittelt anhand alter Fotos, durch Hitze verformter Gegenstände und Augenzeugenberichten eine Vorstellung über die Vulkankatastrophe von 1902.

An der Südküste Martiniques liegt, etwa 2 km vom Meeresufer entfernt, der Rocher du Diamant, der 1804 bis 1805 während einer Seeschlacht zwischen den Engländern und Franzosen von strategischer Bedeutung war. Etwa 10 km östlich von Le Diamant findet man im bergischen Hinterland von Sainte-Luce Felszeichnungen der auf Martinique ausgestorbenen Kariben-Indianer.

St. Kitts und Nevis, Antigua und Barbuda, Montserrat, Anguilla

St. Kitts und Nevis, Antigua und Barbuda, die früher zu den British Leeward Islands gehörten, errangen 1981 bzw. 1983 ihre Unabhängigkeit; nur Montserrat und Anguilla sind weiterhin mit Großbritannien assoziiert.

Die sechs Inseln litten in den vergangenen Jahrhunderten ebenso unter den kriegerischen Auseinandersetzungen der europäischen Kolonialmächte wie ihre Nachbarinseln. Ihre

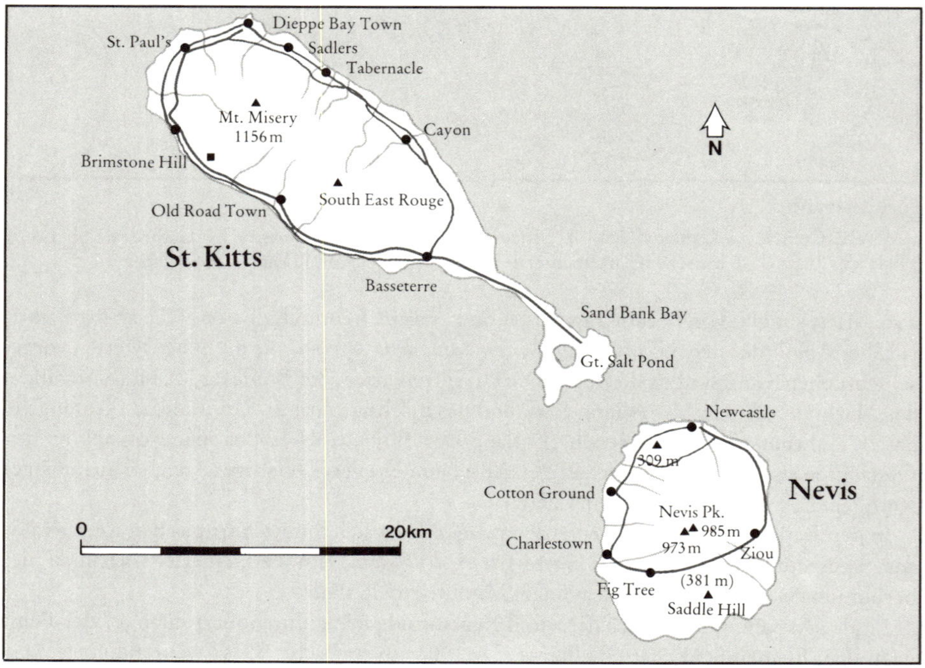

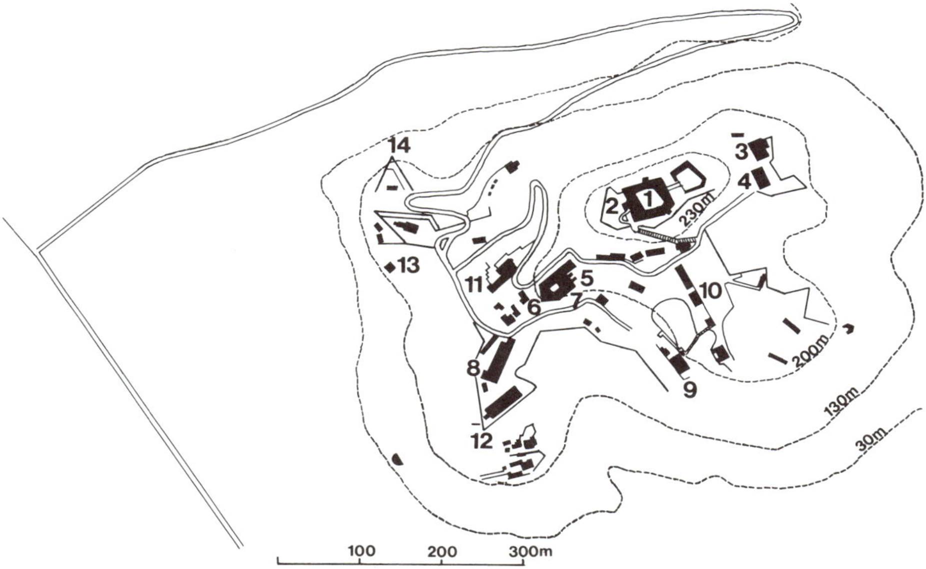

St. Kitts, Festung Brimstone Hill

1 Fort George 2 Hospital 3 Kaserne Nr. 4 4 Kaserne Nr. 5 5 Wach-Haus 6 Artillerie-Magazin 7 Pulvermagazin 8 Ordonanzgebäude 9 Artillerie-Kaserne 10 Regimentsgebäude für Offiziere 11 Verfügungsgebäude 12 Orillon-Bastion 13 Magazin-Bastion 14 Barrier-Bastion

Ureinwohner, die Kariben-Indianer, wurden auch hier vollständig ausgerottet und durch Negersklaven ersetzt. Dank der fruchtbaren Böden aus vulkanischen Ablagerungen entwikkelte sich bald ein profitabler Zuckerrohranbau (Farbt. 29), der ihnen die Bezeichnung der Pflanzerinseln gab. Noch heute ist der Zuckerrohranbau der wichtigste Wirtschaftszweig dieser Inseln. An zweiter Stelle folgt der Tourismus, da alle sechs Inseln über ausgezeichnete Badestrände, Korallenriffe zum Tauchen und Naturhäfen für Hochseesegler verfügen.

ST. KITTS (ST. CHRISTOPHER) und NEVIS wurden 1983 unabhängig, gehören aber weiterhin dem britischen Commonwealth an. Beide Inseln weisen noch Merkmale früherer vulkanischer Aktivitäten (Abb. 1) auf; der letzte Ausbruch des 1156 m hohen Mount Misery auf St. Kitts ereignete sich im 18. Jahrhundert. Die vom britischen Kolonialstil (Abb. 75) des vergangenen Jahrhunderts geprägte Hauptstadt **Basseterre** zählt etwa 15900 Einwohner. Sehenswert ist die 1868 aus Vulkangestein erbaute *St. George's Church* (Abb. 52) im Stil der englischen Neugotik. Das berühmteste Bauwerk der Insel ist jedoch die mächtige Festung auf dem *Brimstone Hill* (Abb. 92, 93, 97), einem kleinen, ca. 250 m hohen erloschenen Nebenvulkan des Mount Misery. Diese Anlage unterstreicht die strategische Bedeutung von St. Kitts im Nordosten des Antillenbogens, das auch als »Gibraltar der Karibik« bezeichnet wurde. Die Geschichte von Brimstone Hill geht bis auf das Jahr 1690 zurück, als Großbritannien die von den Franzosen besetzte Insel zurückeroberte. Anschließend begann man die Festungsanlagen auszubauen und bestückte sie mit weiteren 49 Kanonen. 1782 fand hier eine der größten Seeschlachten statt, die der karibische Raum jemals erlebte. Etwa 8000 Franzosen griffen mit 31 Kriegsschiffen St. Kitts an und belagerten Brimstone Hill. Dank der Unterstützung durch die Flotte unter Admiral Hood konnten die Engländer einen Großteil der französischen Schiffe versenken. Im 1783 geschlossenen Frieden von Versailles erhielt Großbritannien St. Kitts endgültig zugesprochen. Danach wurde Brimstone Hill abermals verstärkt und erhielt dabei seine heutige Gestalt. Auf der Bergkuppe entstand das Fort George, darunter liegen in verschiedenen Ebenen gestaffelt die Bastion Prince of Wales, diverse Magazine, Soldatenunterkünfte, Paradeplätze, Zisternen und Schutzwälle. Damit war eine der gewaltigsten Festungsanlagen des karibischen Raumes fertiggestellt, von der jedoch nie mehr ein Kanonenschuß zur Verteidigung abgegeben wurde. Hurricans und Erdbeben fügten der Festung in den darauffolgenden Jahrzehnten schwere Schäden zu, und die Bevölkerung der umliegenden Orte benutzte sie als Steinbruch für Baumaterial. Nach langjährigen Restaurierungsarbeiten sind heute noch große Teile von Brimstone Hill wieder zugänglich. Im Fort George wurde ein kleines Museum eingerichtet, das über interessante geschichtliche Dokumente verfügt. Von der obersten Plattform aus hat man einen weiten Blick auf ausgedehnte Zuckerrohrfelder und über das Meer bis zur Nachbarinsel Sint Eustatius mit ihrem markanten Vulkankegel. Auf dem Weg von Basseterre nach Brimstone Hill, gleich hinter Old Road Town, haben sich auf Findlingen Felszeichnungen der Kariben-Indianer (Abb. 23) erhalten.

Nur wenige Kilometer trennen St. Kitts (169 qkm) von der mit 93 qkm etwa halb so großen INSEL NEVIS mit ihrem fast 1000 m hohen Nevis Peak. In dem ca. 3000 Einwohner zählenden Charlestown wurde 1757 Alexander Hamilton geboren, der als berühmter Staatsmann in die Geschichte der USA einging.

Schon seit vielen Jahren gehört ANTIGUA (280 qkm) zu den beliebtesten Ferienzielen in der Karibik. Die stark zerklüftete Insel besitzt eine Vielzahl geschützter Strände, ausgezeichnete Segelreviere sowie Tauchgründe. Auch an historischen Sehenswürdigkeiten hat Antigua vieles zu bieten.

Hauptstadt der seit 1981 unabhängigen Insel ist **St. John's,** das im Nordwestteil der Insel am Ende eines ausgezeichneten Naturhafens liegt. Die etwa 25000 Einwohner zählende Stadt trägt noch viele architektonische Züge aus der englischen Kolonialzeit. Zu den Sehenswürdigkeiten von St. John's gehört die mächtige *Kathedrale,* deren Doppelturmfassade die ganze Stadt überragt (Abb. 102). 1845–1847 wurde sie als dreischiffige Basilika im georgianischen Stil erbaut. Ihr ganz in Holz gehaltener Innenraum mit Emporen in den Seitenschiffen beeindruckt durch die handwerkliche Kunst der damaligen Zimmerleute. 1974 richtete ein Erdbeben schwere Schäden an, die aber inzwischen weitgehend behoben werden konnten.

Höhepunkt der Inselrundfahrt ist ein Aufenthalt in **English Harbour** (Farbt. 4), das an einer der vielen tief landeinwärts reichenden Buchten liegt. Hier entstand von 1726 an eine

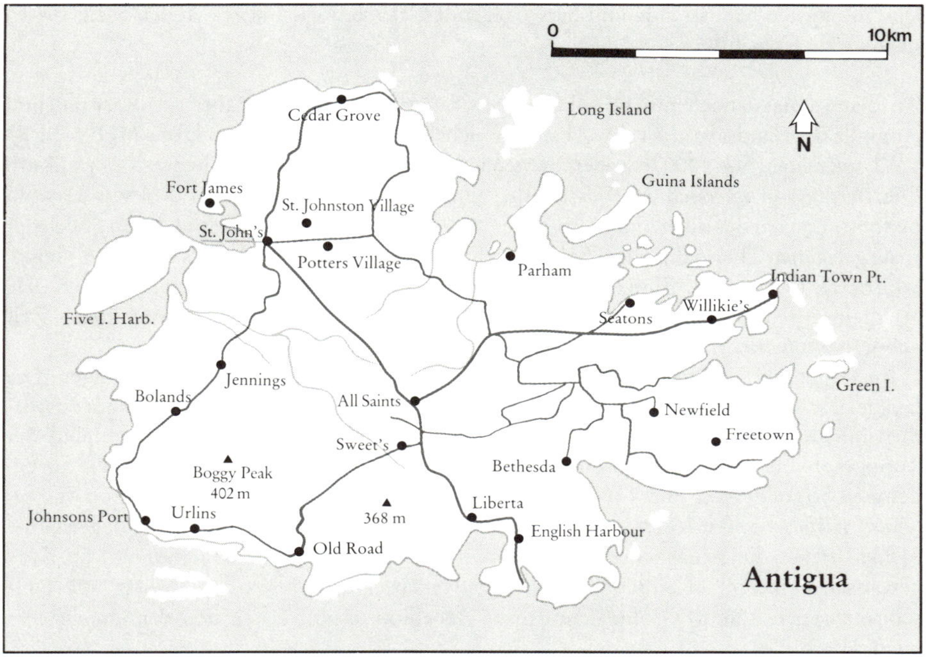

der bedeutendsten Flottenbasen Westindiens, die niemals von einer fremden Macht eingenommen wurde. Zentrum von English Harbour ist das *Nelson's Dock Yard,* dessen früheren Magazine, Wohngebäude und Kasernen inzwischen restauriert wurden. Direkt vor dem Gebäudekomplex befindet sich die frühere Hafenpier, die heute als Anlegepunkt für Segelyachten dient. Berühmtheit erlangte English Harbour, als sich Admiral Nelson, der Sieger in der Schlacht von Trafalgar (1805), von 1784–1787 dort aufhielt. Auch die Admirale Rodney und Hood benutzten English Harbour als Operationsbasis für ihre Eroberungen. Das *Admiral's House* dient heute als Museum, und im *Admiral's Inn* ist ein Hotel untergebracht. Oberhalb von English Harbour liegt das *Clarence House,* das im Stil eines englischen Greathouse (Herrenhaus) für den späteren König William IV. erbaut wurde, als er sich 1787 einige Wochen auf Antigua aufhielt. Danach diente es als Landsitz des Inselgouverneurs. Heute ist es für Besichtigungen freigegeben und vermittelt einen guten Einblick in die koloniale Wohnkultur. Auf einem Plateau oberhalb von English Harbour befinden sich Überreste der *Festungsanlagen von Shirley Hill.* Vom Block House aus, einem früheren Aussichtsposten, hat man einen herrlichen Blick auf den weitverzweigten Naturhafen von English Harbour.

Die 162 qkm große Insel BARBUDA gehört politisch zu Antigua und liegt ca. 40 km nördlich der Hauptinsel. Ihre Oberfläche besteht aus einem flachen Korallenplateau, und im Nordwesten haben sich Nehrungen mit flachen Lagunengewässern gebildet. Wenig bekannt sind die weiten Sandstrände und hervorragenden Tauchmöglichkeiten in den Riffgebieten nordwestlich der Insel.

Zu den wenigen noch mit Großbritannien assoziierten Inseln gehören Montserrat und Anguilla. Die landschaftlich abwechslungsreichere Insel ist das 102 qkm große MONTSERRAT mit seinen fast 1000 m hohen Bergen vulkanischen Ursprungs (Chances Peak 914 m). Die Bergregion ist reich an Wasserfällen und wird noch zum großen Teil von Urwald bedeckt. Zeugen der noch immer existierenden vulkanischen Aktivität sind die im Süden der Insel gelegenen Thermalquellen, Solfataren und Schlammkrater (Galwey's Soufrière, Gage's Soufrière). Der ca. 3000 Einwohner zählende Hauptort **Plymouth** trägt ebenfalls noch viele architektonische Züge aus der britischen Kolonialzeit. Zu den Gebäuden aus jener Zeit gehören das *Court House* und die *Methodist Church.*

Im Gegensatz zu Montserrat besteht ANGUILLA aus flachen Kalkablagerungen. Die langgestreckte Insel dehnt sich etwa 20 km in ostwestlicher Richtung aus und umfaßt zusammen mit der 5 qkm großen Insel Sombrero eine Fläche von 96 qkm. Entsprechend der Topographie herrscht eine eintönige Buschlandschaft vor. Um so schöner sind die ausgedehnten Strandgebiete und Tauchgründe in den vorgelagerten Korallenriffen. Von den ca. 6500 Inselbewohnern leben etwa 1000 in der Inselhauptstadt **The Valley.** 1967 geriet die kleine Insel in die Schlagzeilen der Weltpresse, als sie sich einer Assoziation mit St. Kitts gewaltsam widersetzte und sich unabhängig erklärte. Erst durch den Einsatz von Fallschirmtruppen konnte Großbritannien die Rebellion unterdrücken und den alten Status wieder herstellen.

Dominica, St. Lucia, St. Vincent, Grenada, Grenadinen-Inseln

Diese Inseln bildeten bis vor wenigen Jahren die britische Kolonie der Windward Islands. Sie zeichnen sich ausnahmslos durch vulkanische Gebirgslandschaften aus. Von den Inseln dieser Gruppe ist DOMINICA mit einer Fläche von 751 qkm die größte und gebirgigste. Sie bietet kaum Flächen zur landwirtschaftlichen Nutzung, und so sind es fast ausschließlich bäuerliche Kleinbetriebe und Selbstversorger, die sich in Küstennähe oder auf Lichtungen im dichten Regenwald angesiedelt haben. Zitrusfrüchte (Limonen, Pampelmusen, Orangen), Bananen, Kakao und Yamswurz werden entlang der oft halsbrecherischen Pisten angebaut.

Von allen Inseln der Kleinen Antillen ist Dominica immer noch die urwüchsigste, obwohl die beiden Hurricans David und Frederik Ende der siebziger Jahre auch in den Regenwäldern schwere Sturmschäden anrichteten. Verborgen im Dschungel und daher fast unzugänglich sind die höchsten Berge Morne Diablotin (1419 m), Morne Pitons (1423 m) und Microtin (1186 m). Auf den vulkanischen Ursprung der Inseln deuten der erst 1922 entdeckte *Boiling Lake*, ein etwa 500 qkm großer kochender See sowie Solfataren und Schwefelquellen hin. Weitere empfehlenswerte Sehenswürdigkeiten sind der etwa 6400 ha große *Morne Trois Pitons Nationalpark* mit dem Emerald Pool und einem Naturlehrpfad sowie die *Trafalgar*

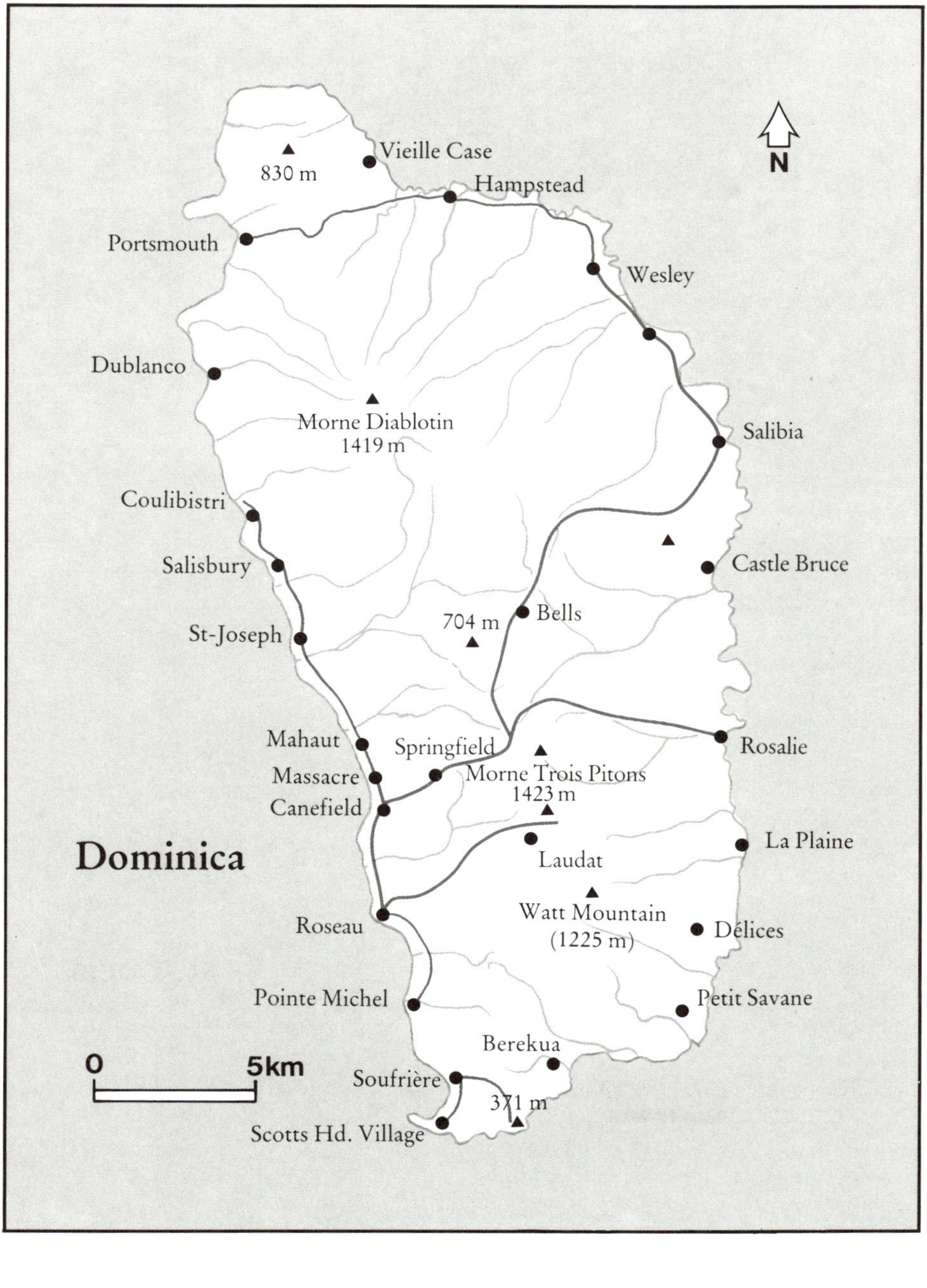

Dominica
N
830 m
Vieille Case
Hampstead
Portsmouth
Wesley
Dublanco
Morne Diablotin
1419 m
Salibia
Coulibistri
Castle Bruce
Salisbury
Bells
704 m
St-Joseph
Mahaut
Springfield
Rosalie
Massacre
Morne Trois Pitons
1423 m
Canefield
La Plaine
Laudat
Watt Mountain
(1225 m)
Roseau
Délices
Pointe Michel
Petit Savane
Berekua
0
5km
Soufrière
371 m
Scotts Hd. Village

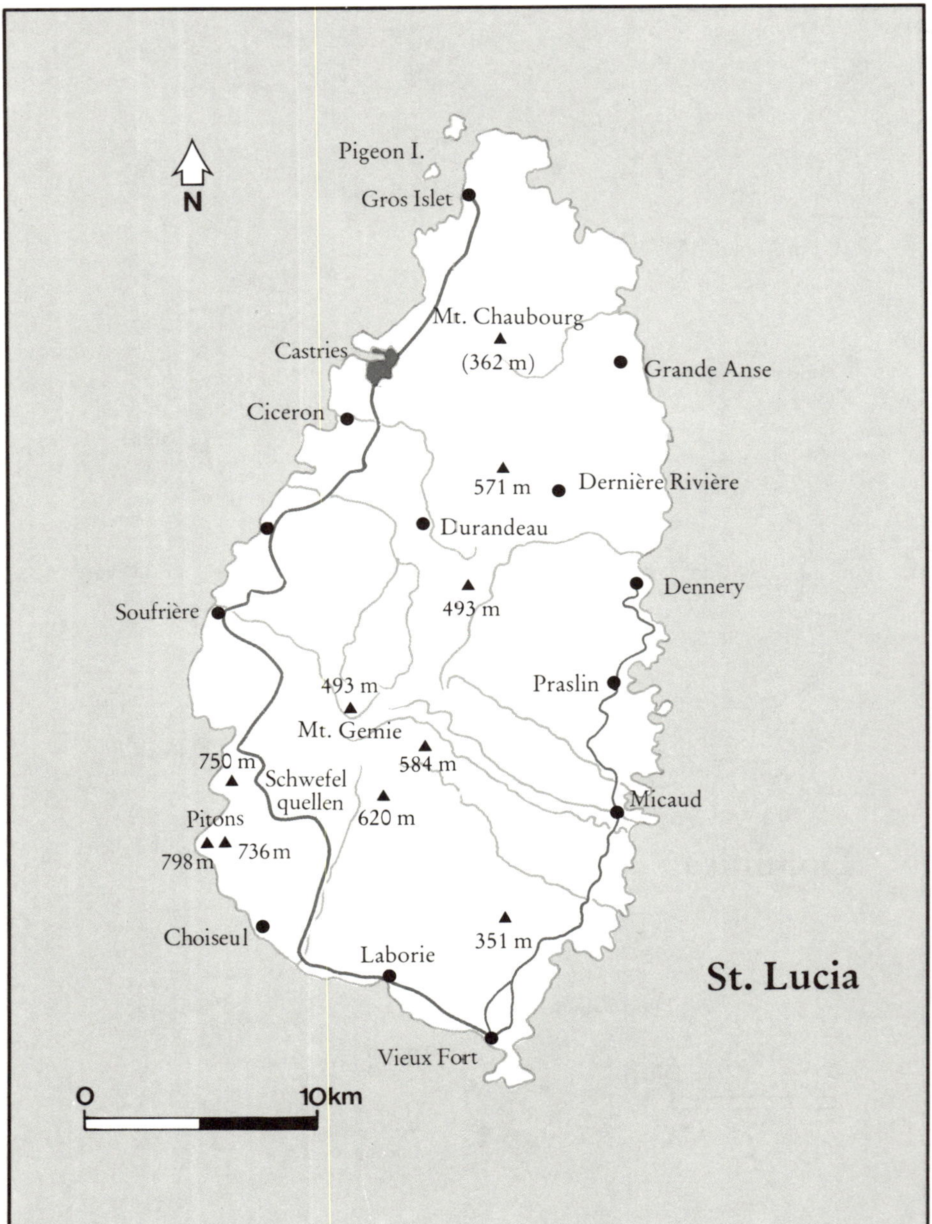
Pigeon I.
N
Gros Islet
Mt. Chaubourg
(362 m)
Castries
Grande Anse
Ciceron
571 m
Dernière Rivière
Durandeau
Dennery
Soufrière
493 m
Praslin
493 m
Mt. Gemie
584 m
750 m
Schwefel
quellen
620 m
Micaud
Pitons
798 m
736 m
Choiseul
351 m
Laborie
Vieux Fort
0
10km
St. Lucia

Falls und das schluchtartige Tal des *Layon Rivers.* Auf der Ostseite Dominicas, in der Nähe des Dorfes Salibia, liegt das 1800 ha umfassende Reservat der wenigen noch überlebenden Kariben-Indianer (s. S. 121).

Hauptstadt der seit 1978 unabhängigen Inselrepublik ist **Roseau** mit ca. 18600 Einwohnern. Wenn auch die beiden schon erwähnten Hurricans Ende der siebziger Jahre die Stadt schwer verwüsteten, so sind doch noch immer Gebäude im Stil der englischen Kolonialarchitektur des vorigen Jahrhunderts erhalten geblieben; dazu gehören die neugotischen *Kirchen St. George's* (1820) und die *Cathedral of our Lady* (1841) sowie das *Court House.* Die größte Sehenswürdigkeit ist jedoch der **Botanische Garten** mit einem interessanten Bestand von tropischen Baumarten aus allen Kontinenten.

Wesentlich bekannter bei den Reiseveranstaltern ist die seit 1979 unabhängige Insel ST. LUCIA, die südlich von Martinique liegt und eine Fläche von 616 qkm umfaßt. Diese ebenfalls sehr gebirgige Insel bietet alles, was die anspruchsvolle Tourist erwartet. Dazu gehören Hotels aller Kategorien, ein gutes Straßennetz, schöne Strände und eine wilde Berglandschaft mit üppiger Tropenvegetation. Wahrzeichen der Insel sind die beiden 798 bzw. 736 m hohen Pitons (Farbt. 1 u. 3). Ihre kegelförmigen Gipfel sind stehengebliebene Schlote früherer Vulkane. An die frühere vulkanische Aktivität auf St. Lucia erinnern eindrucksvoll die in einem alten Vulkankrater gelegenen *Sulphur Springs* (Abb. 9), die sogar mit dem Auto erreicht werden können. Übelriechende Schwefelquellen und kochende Schlammseen vernebeln oft das Tal und haben an vielen Stellen die Vegetation völlig zurückgedrängt.

Hauptstadt des jungen Inselstaats und beliebtes Anlaufsziel für Kreuzfahrtschiffe ist das 45000 Einwohner zählende **Castries.** Eine verheerende Feuersbrunst im Jahre 1948 hat fast alle älteren Gebäude zerstört, lediglich die *Kathedrale* (Abb. 113) wurde wiederaufgebaut. Auf dem 255 m hohen Morne Fortune, oberhalb von Castries, sind noch Reste einer früheren *Festung* zu sehen, darunter das Old Powder Magazine und die Four Apostel Batterie. Von dort hat man einen sehr schönen Ausblick auf die Stadt und den Naturhafen.

Unbekannter, aber möglicherweise noch interessanter als St. Lucia ist die mit 345 qkm etwa halb so große Insel ST. VINCENT. Ihre höchste Erhebung ist der noch tätige Vulkan Soufrière (1178 m), dessen Ausbrüche von ähnlich katastrophaler Wirkung waren wie die auf Martinique und Guadeloupe. Während seiner letzten Eruption im Jahre 1979/1980 mußte die Bevölkerung des nördlichen Inselteils evakuiert werden. Durch gewaltige Gasexplosionen wurden damals Teile der Vulkankuppe einschließlich des Kratersees weggesprengt. St. Vincent weist ähnlich grandiose Berglandschaften mit dichter Dschungelvegetation auf wie St. Lucia und Dominica. Teilweise noch gut erhaltene indianische Felszeichnungen aus dem 6. bis 8. Jahrhundert n. Chr. sind bei den Ortschaften **Layon** und **Barraouallie** zu sehen. Im idyllischen *Mesopotamia Valley* konzentriert sich der Anbau von tropischen Nutzpflanzen wie Bananen, Zitrusfrüchten, Kakao, Maniok, Ananas und Straucherbsen.

Hauptstadt des seit 1979 unabhängigen Inselstaates ist **Kingstown,** das etwa 24000 Einwohner hat. Wie Castries auf St. Lucia liegt Kingstown an einem für Schiffe gut zugäng-

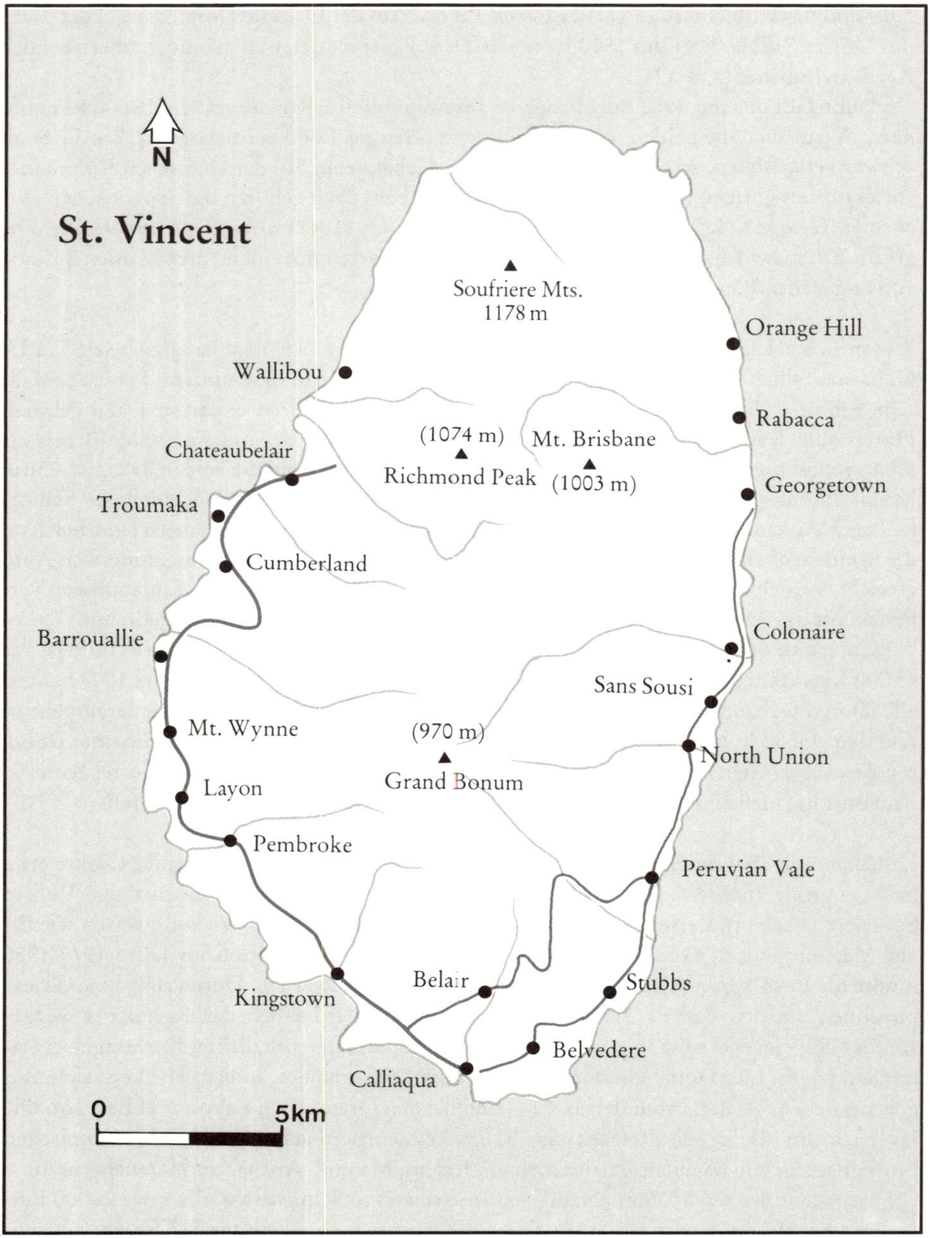
N
St. Vincent
Soufriere Mts.
1178 m
Orange Hill
Wallibou
Rabacca
(1074 m)
Mt. Brisbane
Chateaubelair
Richmond Peak
(1003 m)
Georgetown
Troumaka
Cumberland
Colonaire
Barrouallie
Sans Sousi
Mt. Wynne
(970 m)
North Union
Grand Bonum
Layon
Pembroke
Peruvian Vale
Belair
Stubbs
Kingstown
Belvedere
Calliaqua
0
5km

lichen Naturhafen und wird von steil aufragenden Bergen umgeben. Die Altstadt hat ihre koloniale Bausubstanz aus britischer Zeit weitgehend bewahrt. Neben der großen Zahl alter Wohn- und Lagerhäuser sind die beiden *Kirchen St. George's* und die katholische *St. Mary's Cathedral* erwähnenswert. Die zuletzt genannte wurde 1877–1882 von dem Belgier Carlos Verbeke in einem merkwürdigen Gemisch aus Baustilen der Gotik und Romanik errichtet. Sehenswert ist auch der älteste *Botanische Garten* Amerikas, der 1765 angelegt wurde und nicht weit entfernt vom Stadtzentrum liegt. Dieser Garten diente auch zur Aufzucht von Brotfruchtbäumen, die 1793 von Kapitän Bligh auf dem aus der Literatur bekannten Schiff »Bounty« von Tahiti eingeführt wurden. Heute bietet der Botanische Garten eine reichhaltige und gut ausgeschilderte Sammlung an Zier- und Nutzpflanzen aus allen Tropenregionen. Vom oberhalb der Stadt gelegenen *Fort Charlotte* hat man einen schönen Blick auf die Stadt mit ihrem Naturhafen.

Südlich von St. Vincent erstreckt sich die Inselgruppe der GRENADINEN, die aus acht größeren bewohnten und etwa 100 kleinen Eilanden besteht. Ausgezeichnete Naturhäfen, einsame Palmenstrände und günstige Passatwinde machen die Grenadinen zu einem der beliebtesten Segelreviere, und nirgendwo auf den Kleinen Antillen sind so viele Luxusyachten anzutreffen wie in diesen Gewässern. Die nördlichen Inseln von Bequia über Mustique bis zur Union Island gehören zu St. Vincent und bilden Refugien für finanzstarke und hochrangige Persönlichkeiten, darunter auch die englische Prinzessin Margaret, die auf Mustique eine Feriendomizil besitzt.

Weniger bekannt ist der traditionelle Walfang auf Bequia und Mustique, der immer noch mit Handharpunen ausgeübt wird. Er geht zurück auf das Jahr 1840, als sich schottische Walfänger in der Friendship Bay niederließen, um Jagd auf den Buckelwal zu machen. Zur Dezimierung dieser Großwalart trug weniger die Jagd der Inselbewohner mit Handharpunen bei als der kommerzialisierte Walfang. So kommt es heute nur noch selten vor, daß die Walfänger ihre schmalen Rundboote zum Fang klar machen.

Ein wahres Paradies für Taucher und Segler sind die Koralleneilande der Tobago Cays nordöstlich von Union Island.

In den Schlagzeilen der Weltpresse fand man in den letzten Jahren den Inselstaat GRENADA, der zunehmend in den Konfliktbereich der beiden Supermächte geriet. Eine gewaltsame Invasion der USA beendete 1983 den blutigen Streit zwischen linksgerichteten Revolutionsregierungen.

Grenada, das in Größe (305 qkm) und Landschaftsbild mit St. Vincent weitgehend übereinstimmt, erlangte 1974 seine Unabhängigkeit. Es hat sich vor allem einen Namen als Gewürzinsel gemacht und führt sogar die Muskatnuß in seiner Nationalflagge. Dieser Baum wurde im letzten Jahrhundert von den Molukken-Inseln eingeführt und kultiviert. Inzwischen ist Grenada zum zweitgrößten Exporteur von Muskatnüssen geworden. Bei Inselrundfahrten kann man fast überall den zierlichen Baum mit seinen pflaumengroßen gelben Früchten sehen, die bei der Reife an ihrer Längsachse platzen und die von einem roten

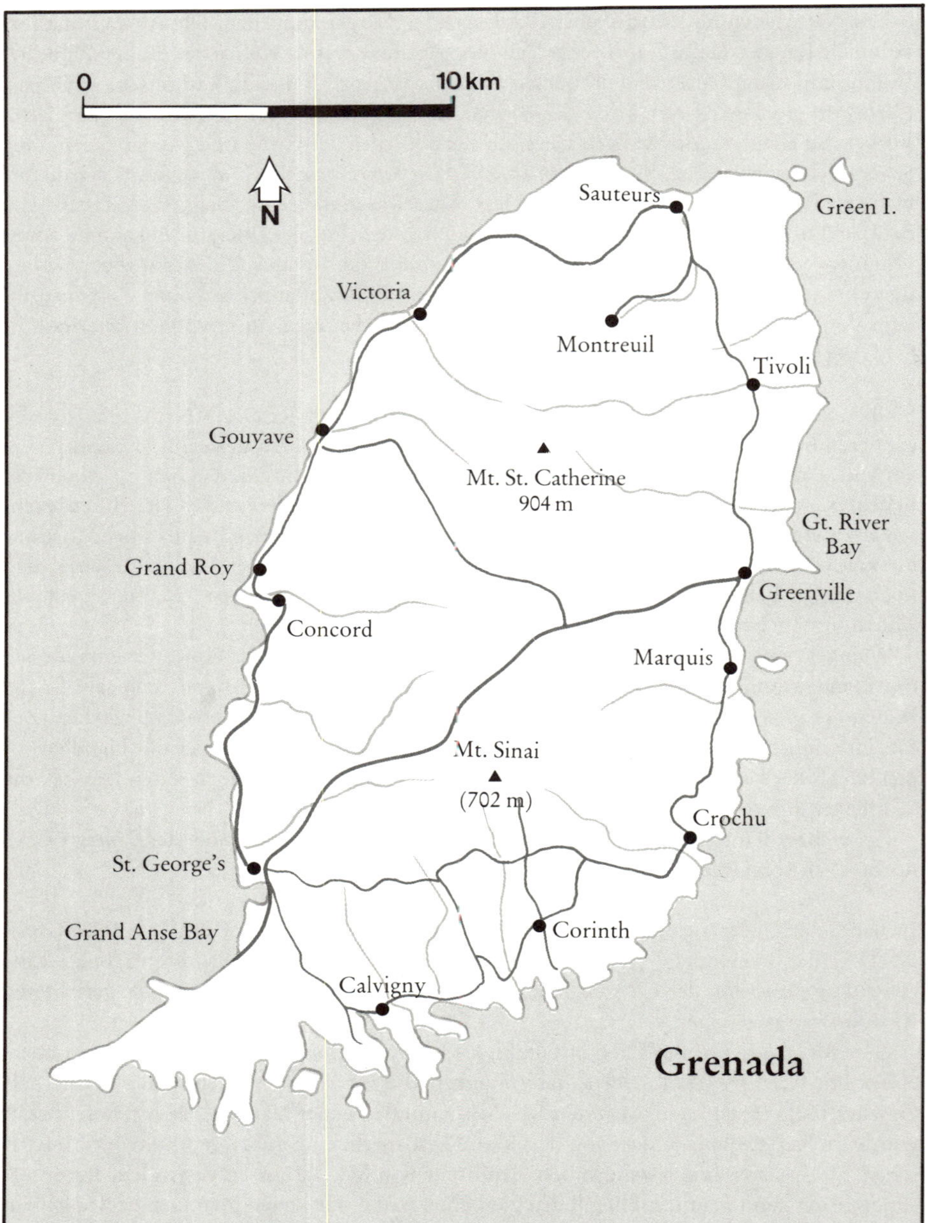
0
10 km
N
Sauteurs
Green I.
Victoria
Montreuil
Tivoli
Gouyave
Mt. St. Catherine
904 m
Gt. River
Bay
Grand Roy
Greenville
Concord
Marquis
Mt. Sinai
(702 m)
Crochu
St. George's
Corinth
Grand Anse Bay
Calvigny
Grenada

Samenmantel umgebene Nußfrucht freigeben. In kleinen geflochtenen Körbchen verpackt kann man Gewürze wie Zimt, Vanille, Ingwer, Gewürznelken, Safran und Pfeffer kaufen.

Neben Willemstad auf Curaçao ist Grenadas Hauptstadt **St. George's** sicher die schönste aller Städte auf den Kleinen Antillen. Dazu trägt auch ihre Lage in einer fjordähnlichen Bucht mit üppig grünen Hängen bei. Die westliche Seite des günstigen Naturhafens wird von einem dichtbesiedelten Bergrücken begrenzt, der die Altstadt in zwei Teile trennt. Mehr noch als in anderen Städten der Kleinen Antillen – ausgenommen Bridgetown auf Barbados – hat sich in St. George's das victorianische Stadtbild erhalten. Die schmale Bucht des *Carenage Harbour* ist von alten aus Backsteinen gemauerten Lagerhäusern gesäumt. Ihre westliche Seite wird von einer Halbinsel begrenzt, auf der sich Teile der Altstadt und das mächtige *Fort George*, das 1705 erbaut wurde, befinden. An der *Young Street*, deren Häuser in den letzten Jahren recht gut restauriert wurden, liegt das Nationalmuseum mit einer sehenswerten Sammlung vorkolumbischer Funde sowie einer kolonialgeschichtlichen Abteilung.

St. George's

1 Information 2 Markt 3 Museum 4 Fort George 5 St. George's Anglican Church 6 Markt 7 Supreme Court Building, Parlament 8 Katholische Kirche 9 Botanischer Garten und Zoo

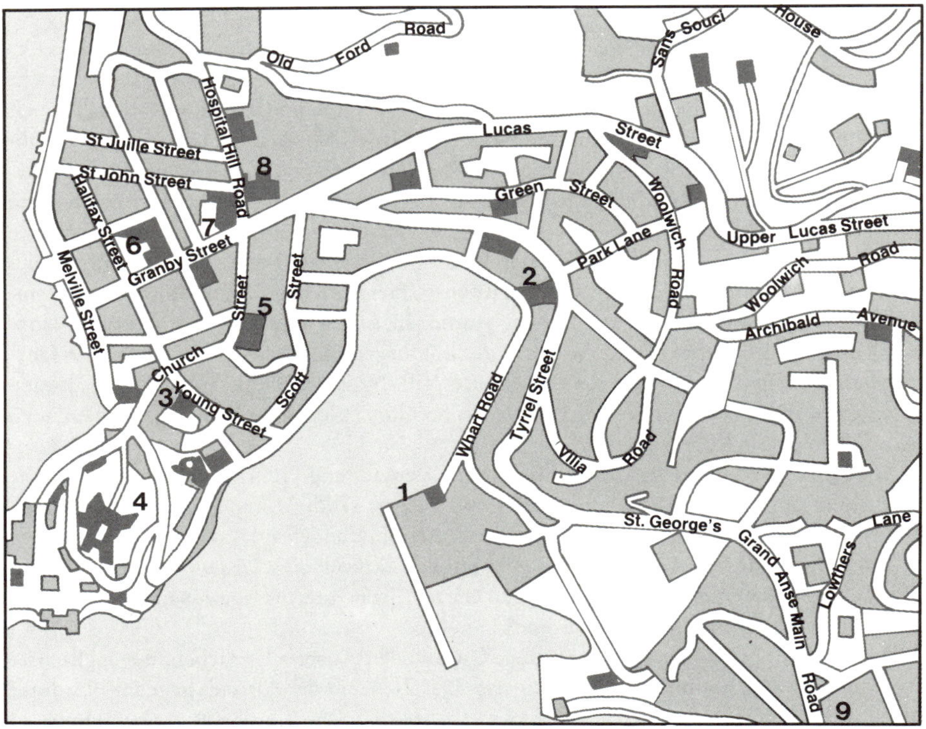

Weithin sichtbar ist der Turm der *anglikanischen Kirche* mit seinen vier neugotischen Fialen auf der obersten Plattform. Im Innern des 1826 erbauten Gotteshauses beeindrucken der Marmoraltar und die neugotischen Fensterverglasungen. Etwas oberhalb der Altstadt liegt die neoromanische *katholische Kirche* und ihr gegenüber das im strengen georgianischen Stil erbaute *Supreme Court-Gebäude.* Über die abschüssige Granby Street gelangt man zu einem der interessantesten und farbenprächtigsten Märkte der Karibik, wo alle auf Grenada angebauten Gewürze und eine kaum zu überbietende Auswahl an tropischen Früchten angeboten wird. Nur etwa drei Kilometer südlich von St. George's erstrecken sich die feinsandigen Strände der *Great Anse Bay.*

Zu Grenada gehören auch die südlichen Grenadinen, d.h. die Insel Carriacou sowie mehrere Dutzend kleine Eilande. Dank der jahrhundertelangen Abgeschiedenheit Cariacous konnte die fast ausschließlich schwarze Bevölkerung interessante musikfolkloristische und kultische Relikte aus Afrika bewahren.

Barbados

Etwas außerhalb des Antillenbogens, ca. 100 km östlich von St. Vincent, liegt Barbados. Die 431 qkm große Insel ist schon seit der Jahrhundertwende beliebtes Urlaubsziel und weist von allen Kleinen Antillen die höchste Besucherzahl auf. Nur wenige Inseln bieten so günstige Voraussetzungen für den Tourismus wie Barbados: lange Sandstrände, tropische Inselvegetation und eine gut entwickelte Infrastruktur. Obwohl Barbados nach St. Thomas (US-Virgin Islands) die am dichtesten bevölkerte Insel Westindiens ist, wird das Landschaftsbild kaum beeinträchtigt. Ausgedehnte Zuckerrohrplantagen erstrecken sich über das hügelige Kalkplateau, dazwischen befinden sich Restwälder, Palmenhaine, Herrensitze und verstreut liegende Siedlungen. Aus einem dieser Herrensitze entstand eine der schönsten Hotelanlagen, das an einer riffgeschützten Bucht gelegene Sam Lord's Castle. Zentrum des weitläufigen Hotelkomplexes ist ein Greathouse (Herrenhaus), das im Stil der georgianischen Repräsentationsarchitektur erbaut wurde. In seinen Gesellschaftsräumen gewinnt man einen Eindruck von der Wohnkultur der kolonialen Oberschicht des 18. und 19. Jahrhunderts. Sehenswert sind auch die Greathouses Villa Nova und Drax Hall. Eine der ältesten Bildungseinrichtungen der Neuen Welt ist das berühmte Codrington College, in dem noch heute Theologie gelehrt wird.

Auf einigen Teilen der Insel haben sich durch Verkarstung Höhlensysteme gebildet, wie z.B. die zugänglichen Höhlen von *Cole's Cave.* Einige, wie die *Animal Flower Cave,* setzen sich bis ins Meer fort und weisen ebenfalls Tropfsteinbildungen auf.

Zu den beliebtesten Ausflugszielen gehören die *Andromeda Gardens* mit ihrer großen Zahl an tropischen Ziergewächsen. Von den Gärten, die in ihrer Anlage einem Amphitheater gleichen, hat man einen schönen Ausblick zum Meer.

Die Hauptstadt **Bridgetown** kann ohne Zweifel den Anspruch erheben, die englischste Stadt im gesamten karibischen Raum zu sein. Das Zentrum der Altstadt liegt am Nordufer des *Carenage Harbour,* der vom Mündungstrichter des Constitution River gebildet wird

0
10 km
N
Barbados
Crabhill
Greenidge
Mt. Stepney
(245 m)
Speightstown
Belleplaine
(340 m)
Mose Bottom
Mt. Hillaby
Bathsheba
Hillcrest
Andromeda Gardens
Martin's Bay
Holetown
Mt. Misery
(326 m)
Bridgefield
Whitehaven
Jackson
Charles Rowe Bridge
Sam Lord's
Castle
Ivy
The Crane
Bridgetown
Worthing
Cane Vale
St. Lawrence
Inch Marlowe

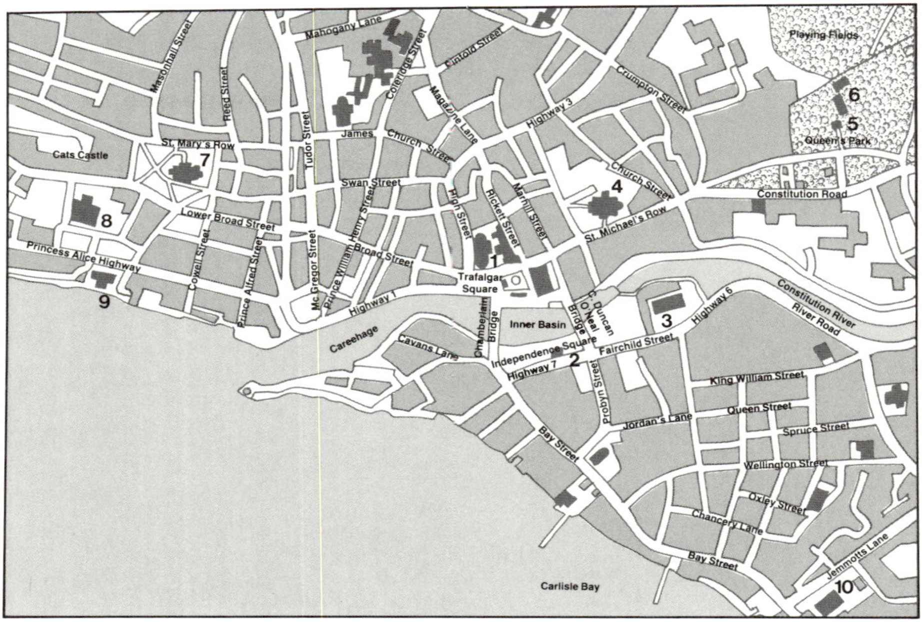

Bridgetown

1 Public Buildings 2 Information 3 Markt 4 St. Michael's Cathedral 5 Queen's Park 6 Affenbrotbaum 7 St. Mary's Church 8 Neuer Markt 9 Fischmarkt 10 St. Patricks Cathedral

(Abb. 105). Dort machen Küstensegler und kleine Frachter fest, um ihre Ware in unmittelbarer Nähe des Marktes zu entladen. Wo sich heute die *Chamberlainbridge* befindet, soll schon 1627 eine Brücke der indianischen Urbewohner existiert haben, die der Stadt ihren Namen gab. Etwas bescheidener in den Ausmaßen als sein Londoner Vorbild präsentiert sich der *Trafalgar Square* (Abb. 100 u. 101) mit den angrenzenden neugotischen Public Buildings aus den Jahren 1872 und 1874 (Abb. 114). Im Westflügel dieses umfangreichen Gebäudekomplexes befinden sich das Parlament sowie ein Postamt, während im Ostflügel verschiedene Behörden untergebracht sind. Das Bild des Platzes wird vom 1815 errichteten Nelson Monument und einem prachtvollen Brunnen aus dem Jahre 1865 geprägt. Haupteinkaufsstraße ist die *Broad Street* mit einer Vielzahl an Warenhäusern und Fachgeschäften, die auch anspruchsvolle Käufer zufriedenstellen. Zwei Straßenzüge östlich des Trafalgar Square gelangt man zur *St. Michael's Cathedral,* die 1789 im georgianischen Stil errichtet wurde. Von dort aus führt der Weg zum *Queen's Park* mit seinen weitläufigen Grünanlagen. Eine Rarität ist der mächtige, etwa 150 Jahre alte, aus Afrika stammende Affenbrotbaum (Abb. 3).

Etwas weiter vom Stadtzentrum entfernt, jenseits des Constitution River, liegt inmitten prächtiger Parkanlagen das 1702 erbaute *Government House.* Heute ist es Sitz des Vertreters der britischen Krone, denn Barbados ist noch immer Mitglied des Commonwealth. In südöstlicher Richtung erreicht man nach einem ca. halbstündigen Fußweg über die Bay Street die *St. Patrick's Cathedral* und die Ruinen der *Forts Charles* und *St. Anne.* Etwas weiter nordöstlich der beiden Forts empfiehlt sich ein Besuch des 1933 in einem ehemaligen Militärgefängnis eingerichteten *Barbados Museums.* Im gesamten karibischen Raum gibt es nur wenige Museen mit vergleichbar umfangreichen Sammlungen aus der Vorgeschichte und Kolonialepoche. In der Jubilee Gallery befinden sich eine naturgeschichtliche Abteilung und eine Graphiksammlung. Angegliedert sind dem Museum Räume für Kunstausstellungen und kulturelle Veranstaltungen.

Trinidad und Tobago

Obwohl beide Inseln die letzten Glieder des Antillenbogens bilden, gehören sie geographisch und geologisch schon zu Südamerika. Nur 15 km trennen TRINIDAD, das mit einer Fläche von 4827 qkm die größte Insel der Kleinen Antillen ist, von der venezolanischen Küste. Columbus entdeckte Trinidad 1498 auf seiner 3. Reise und benannte es nach drei markanten Berggipfeln, die ihn an die Dreieinigkeit denken ließen. 1962 erlangten Trinidad und Tobago als erste Inseln der Kleinen Antillen die Unabhängigkeit von Großbritannien.

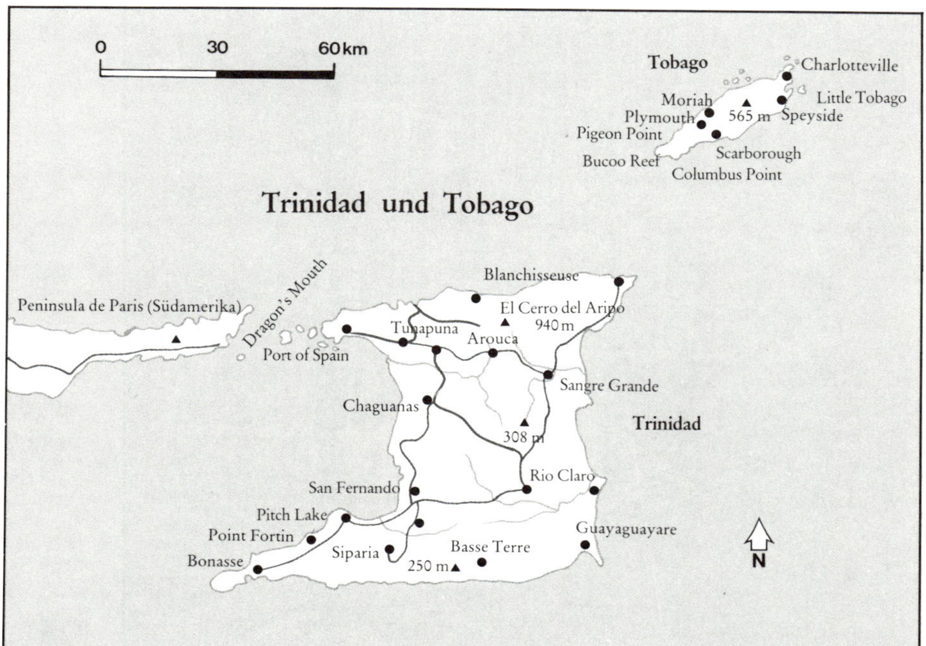

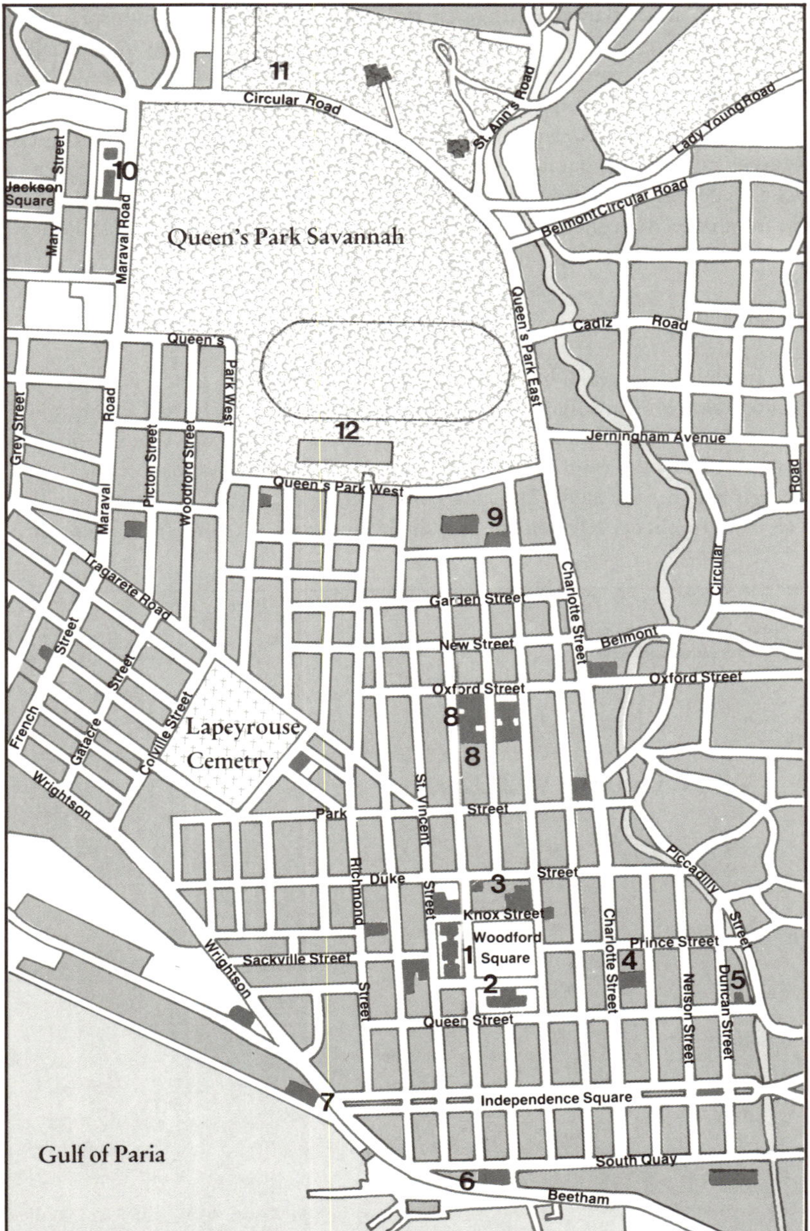
11
Circular Road
St. Ann's Road
Lady Young Road
10
Jackson Square
Mary Street
Maraval Road
Queen's Park Savannah
Belmont Circular Road
Queen's Park East
Cadiz Road
Queen's Park West
Grey Street
Road
Picton Street
Woodford Street
12
Jernigham Avenue
Road
Queen's Park West
Maraval
9
Tragarete Road
Charlotte Street
Circular
Garden Street
New Street
Belmont
Street
Street
Oxford Street
Oxford Street
French
Galacie
Colville Street
Lapeyrouse Cemetery
8
8
Wrightson
St. Vincent
Park
Street
Piccadilly
Richmond
Duke
Street
Street
3
Knox Street
Street
Charlotte Street
Woodford Square
1
Prince Street
Wrightson
Sackville Street
4
5
Street
2
Nelson Street
Duncan Street
Queen Street
7
Independence Square
Gulf of Paria
South Quay
6
Beetham

Die bis zu einer Höhe von 941 m ansteigenden Bergketten der Northern-, Central- und Southern Range auf Trinidad bilden eine Fortsetzung der venezolanischen Küsten-Cordillere. Wegen der Nähe zum südamerikanischen Festland sind Fauna und Flora auf dieser Insel viel artenreicher als auf den übrigen Antillen.

Auch hinsichtlich der ethnischen Zusammensetzung seiner Bevölkerung ist Trinidad einzigartig im westindischen Raum. Neben 57 % Neger und Mulatten sind 40 % indischer, und je 1 % chinesischer, libanesischer sowie europäischer Abstammung; hinzu kommt noch eine große Zahl venezolanischer Gastarbeiter. Dieser ethnischen Vielfalt entspricht die große Zahl der Religionen. Es ist daher nicht ungewöhnlich, in der Inselhauptstadt **Port of Spain** neben Kirchen Moscheen und Hindutempel anzutreffen.

Die an der Nordwestküste gelegene Stadt hat eine Einwohnerzahl von 120 000 und besitzt einen großen Hafen. Die Architektur des Stadtzentrums wurde während der letzten 150 Jahre, ähnlich wie in Kingston auf Jamaica, von den Briten geprägt. Das schachbrettartige Straßensystem und die vielen Parkanlagen sind Indizien dafür. Zentraler Platz der Innenstadt ist der parkartige *Woodford Square*, an dem das als Red House bezeichnete Parlamentsgebäude, die *Holy Trinity Cathedral* und die *Town Hall* liegen. Das mächtige *Red House* hebt sich – wie sein englischer Name schon sagt – durch seinen roten Anstrich deutlich von seiner Umgebung ab. In dem 1906 errichteten Monumentalgebäude vereinigen sich auf kuriose Weise indische Stilformen mit Elementen der Neorenaissance. Im neugotischen Stil wurde zwischen 1816 und 1826 die anglikanische *Holy Trinity Cathedral* erbaut. Sehenswert sind der Altar, das geschnitzte Chorgestühl und die Grabmäler hochgestellter Persönlichkeiten. Hinter der Kathedrale verläuft die Queen Street, die in östlicher Richtung direkt zur *Jama Masijd-Moschee* führt. An dem parallel verlaufenden alleeartigen *Independence Square* liegen der Hauptmarkt und die neugotische katholische Kathedrale mit ihrem merkwürdigen polygonalen Doppelturm.

Im Norden von Port of Spain erstrecken sich die weitläufigen Grünanlagen des *Queen's Park Savannah,* in dessen Zentrum sich nach alter britischer Tradition eine Pferderennbahn befindet. International berühmt wurde der Park als Veranstaltungsstätte des Karnevals (Farbt. vordere Innenklappe, 63–65). An der Westseite des Parks sind einige Prunkvillen von Interesse, die eine teilweise abenteuerliche Verbindung verschiedener Baustile zeigen. Bei der *White Hall Villa* hat sich der Architekt offensichtlich von arabischen Stilelementen inspirieren lassen; einer deutschen Burg ähnelt dagegen das *Stollmeyer Castle.* Am Empire und der italienischen Renaissance orientierten sich wahrscheinlich die Erbauer des *Rondal House* und der Residenz des Generalgouverneurs. Im südlichen Bereich des Queen's Park Savannah liegt das *Nationalmuseum* mit seinen sehenswerten Sammlungen zur Vor- und

◁ Port of Spain
1 Red House (Parlament) 2 Holy Trinity Cathedral 3 Town Hall (Rathaus) 4 Markt 5 Jama Masijd (Moschee) 6 Fort San Andres 7 Information 8 St. Joseph's Convent 9 National Museum Kunstgalerie 10 Stollmeyer Castle 11 Botanischer Garten und Zoo 12 Rennbahn

Kolonialgeschichte der Insel. Dem Museum angegliedert ist eine Kunstgalerie. Eine Fortsetzung der weiträumigen Parkanlagen bildet der gepflegte *Botanische Garten,* zu dem ein kleiner Zoo gehört.

Zu den Sehenswürdigkeiten der näheren Umgebung von Port of Spain gehört das 1804 erbaute *Fort George,* das einen Ausblick bis zur venezolanischen Küste bietet, sowie die *Jinnah Moschee* in **St. Joseph.** Keinesfalls versäumen sollte man den Besuch des *Pitch Lake,* eines Asphaltsees, dem die Insel ihr weit verzweigtes, fast 3000 km langes Straßennetz zu verdanken hat.

Schöne Badestrände gibt es u. a. an der *Maracas Bay, Trois Bay* und *Cedros Bay.* Für Tierliebhaber empfiehlt sich ein Ausflug zum *Caroni Bird Sanctuary,* einem Vogelschutzgebiet in den weitläufigen Mangrovensümpfen südlich von Port of Spain. Bei einem längeren Aufenthalt sollte man auch Fahrten in die Regenwälder der Gebirgsregionen im Innern der Insel unternehmen.

Etwa 40 km nordöstlich von Trinidad liegt TOBAGO. Die langgestreckte Insel verläuft von Südwesten nach Nordosten und hat eine Fläche von 301 qkm. Ihren Namen soll sie nach einer langen Tabakspfeife der längst ausgerotteten Ureinwohner erhalten haben. Flache, teilweise noch bewaldete Hügelketten aus Vulkan- und Kalkgestein sowie Palmenstrände vereinigen sich zu einer abwechslungsreichen Tropenlandschaft.

Für ruhesuchende Touristen, Sporttaucher und Segler bietet Tobago bessere Voraussetzungen als das benachbarte Trinidad. Besonders anziehend ist das Gebiet um *Pigeon Point* (Farbt. 2, Titelbild) im äußersten Südwesten der Insel, wo sich kilometerlange Sandstrände und Kokosplantagen erstrecken. Das im weiten Bogen vorgelagerte *Bucoo Reef* ist ideal für Schnorchler und Gerätetaucher. Auch bei Fahrten mit Glasbodenbooten kann man Eindrücke von den ausgedehnten Korallenriffen gewinnen.

Von Pigeon Point bis zur Inselhauptstadt **Scarborough** beträgt die Entfernung nur etwa 15 km. Als wichtigste Sehenswürdigkeit gilt dort das im 18. Jahrhundert erbaute *Fort King George.* Ansonsten hat das 19000 Einwohner zählende Städtchen wenig zu bieten.

Der landschaftlich schönste Teil erstreckt sich von Scarborough bis zu dem kleinen Ort **Speyside** im Nordosten der Insel. Von dort aus kann man sich mit kleinen Booten zur **Insel Little Tobago** übersetzen lassen, die schon seit Anfang unseres Jahrhunderts unter Naturschutz steht. Anlaß dafür war ein kleiner Bestand von Paradiesvögeln, die ein Sir William Ingram 1909 von Neuguinea eingeführt hatte. Ob heute noch Exemplare dieser prächtigen Tropenvögel dort vorkommen, darf bezweifelt werden. Trotzdem ist der Besuch der dicht bewaldeten Insel wegen anderer, z. T. seltener Vogelarten ein bleibendes Erlebnis.

Glossar

anthropomorph
In der Kunst und Archäologie Bezeichnung für menschengestaltig.

arides Klima
Die Verdunstung ist größer als die Wasserzufuhr durch Niederschläge.

Basilika
Wichtige Bauform der Kirchen. In der Anlage meist dreischiffig mit überhöhtem Mittelschiff, dessen oberen Wände oft von Fenstern durchbrochen sind. Römische Markthallen waren das Vorbild des basilikalen Bautypus.

Chor
Abschluß des Mittelschiffs und manchmal auch der Seitenschiffe. Er bildet den Raum für den Hauptaltar, in Bischofs- und Klosterkirchen auch für das Chorgestühl. Bei gotischen Kirchen meist polygonaler Chorabschluß.

Churriguerismus
Ultrabarocker Baustil des 16. u. 17. Jahrhunderts in Spanien und noch mehr in seinen lateinamerikanischen Kolonien. Benannt nach dem Architekten José Churriguera (1650–1725). Verknüpfung von Bautraditionen der italienischen Spätrenaissance, des Plateresco und Hochbarock zu oft übersteigerter Ornamentik. Charakteristisch für den Churriguerismus ist die Verwendung dekorativen Schmuckwerks, wie Säulen und Pilastern ohne tragende Funktion, rhombischen Fenstern, Nischen, Rocaillen (Muschelornamenten) und anderem Zierat. Höchste Entfaltung des Churriguerismus in Mexico und Peru; in den westindischen Kolonien Spaniens dagegen kaum verbreitet.

Depression
Einsenkungen unterhalb des Meeresspiegels.

Eklektizismus
Kunstrichtung des ausgehenden 19. und des beginnenden 20. Jahrhunderts. Verwendung überlieferter Stilformen ohne eigene Ideen zu entwikkeln. Im Gegensatz zur Neo-Gotik, Neo-Renaissance und zum Neo-Barock kreiert der Eklektizismus keinen eigenen Stil.

endemisch
Bezeichnung für Tier- und Pflanzenarten, deren Verbreitung auf ein bestimmtes, meist isoliertes Gebiet beschränkt ist.

Epitaph
Erinnerungsmal an Verstorbene, meist nicht an Gräber gebunden. Oft als Tafeln mit reichem Figurenschmuck in Kirchen und Kapellen.

Ethnie
Volksgruppe, die der gleichen Kultur angehört.

Fiale
Schlanker gotischer Zierturm ohne statische Funktion.

Geologische Formationen

Formation	Beginn vor Millionen Jahren
Präkambrium	4500
Kambrium	570
Ordovizium	550
Devon	395
Karbon	345
Perm	280
Trias	225
Jura	175
Kreide	130
Tertiär – Eozän	60
– Miozän	30
– Quartär	3

Georgianischer Klassizismus
Englische Sonderform des Klassizismus Ende des 18. und im 19. Jahrhundert. Häufig Einbeziehung der Ziegelarchitektur.

Hallenkirche
Im Gegensatz zur Basilika ist das Mittelschiff nicht oder nur wenig höher als die Seitenschiffe. Verbreiteter Bautyp während der Spätgotik.

humides Klima
Die Wasserzufuhr durch Niederschläge ist größer als der Wasserentzug durch Verdunstung.

Indigenismus
Lateinamerikanische Literaturrichtung, die sich an indianischen und afrikanischen Traditionen orientiert.

Isabellinische Gotik
Spanische Sonderform der Spätgotik, benannt nach der spanischen Königin Isabella von Kastilien-León (1451–1504). Verwandlung gotischer Grundelemente in einen flächenhaften Dekorationsstil, der sich besonders auf den Schaufronten sakraler und profaner Bauten des 14. und 15. Jahrhunderts findet.

Joch
Abschnitt eines Deckengewölbes, besonders stark bei gotischen Kreuz- und Sterngewölben ausgeprägt.

Karst
Verwitterungsformen bei wasserdurchlässigen Gesteinen, besonders bei Kalk- und Gipsgestein. Charakteristische Bildungen sind Dolinen (Krater durch eingestürzte Höhlen) und isolierte Felsen (Kegelkarst, Mogotes) als Folge fortgeschrittener Verkarstung.

Laibung
Innere Grenzflächen von Tür- und Fensteröffnungen.

Manierismus
Stilform der Spätrenaissance, als sogenannte »antiklassische Reaktion« bezeichnet. Aus der Hochrenaissance entwickeln sich z. T. widersprüchliche Stilformen. In der Baukunst äußert sich der Manierismus in stilistisch kontrastierenden Ausdrucksformen besonders bei der Gliederung des Baukörpers, er entfernt sich vom klassischen Idealstil der Hochrenaissance des 15. Jahrhunderts.

metamorphes Gestein
Auch metamorphile oder kristalline Schiefer genannt. Entstanden aus Erstarrungs- und Sedimentgesteinen durch Druck- und Temperatureinwirkung. Dazu gehören u. a. Gneise und Marmor.

Modernismus
Geistig-wissenschaftliche Strömung, entstanden um die Jahrhundertwende. Verknüpfung moderner Wissenschaften mit christlichen Reformideen und Soziallehren. In der Literatur des beginnenden 20. Jahrhunderts findet der Modernismus seinen stärksten Niederschlag. In Lateinamerika Abkehr von der vom Realismus beherrschten Literatur des 19. Jahrhunderts zu einer romantisch-ästhetischen Neuorientierung. Modernismus

oder Modernismo nennt man auch die spanische Variante des Jugendstils, der besonders starken Ausdruck in der Architektur findet. Weltbekannte Bedeutung durch Antoni Gaudí (1852–1926), dessen Bauwerke (Kathedrale »Sagrada Familia«, Casa Milá, Casa Battló) sich in Barcelona konzentrieren.

Monotheismus
Glaube an nur einen Gott (Christentum, Islam).

Mudéjar-Stil
Entstammt der ursprünglichen Bezeichnung für Mauren, die sich nach der Reconquista (Wiedereroberung) zum Christentum bekehren ließen. Spätere Übertragung dieses Begriffes auf die Kunst maurischen Ursprungs. In der Ziegel-, Kachel- und Holzarchitektur findet der Mudéjar-Stil seinen deutlichsten Ausdruck. Die »Alfarjes«, oft reich verzierte Holzdecken, sind mudejaren Ursprungs, ebenso Holzerker mit filigran durchbrochenen Wänden (Casa Velázquez in Santiago de Cuba).

Naive Kunst
Ursprünglich ausschließlich von Laienkünstlern ausgeübt. Für die Malerei charakteristisch grelle Farben, bewußte oder unbewußte Ignorierung der Perspektive und die Liebe zum Detail. Bevorzugte Themen: Heimat, häusliche Umgebung, Folklore, religiöse Anlässe und Natur (Blumen, Tiere).

Negritude
Rückbesinnung der Afrikaner und der afrikastämmigen Amerikaner auf die Kulturtraditionen ihres Heimatkontinents.

Pilaster
Mit der Wand verbundener Pfeiler.

Plateresco-Stil
Spanischer Kunststil des 15./16. Jahrhunderts. Leitet sich von »platería«, dem spanischen Wort für Silberschmiedekunst, ab. Vereinigt Elemente der spanischen Spätgotik (Isabellinische Gotik) und des Mudéjar-Stils zu einem flächenhaften Dekorationsstil. Die Westfassaden vieler im Plateresco-Stil erbauten Kirchen spiegeln die Pracht der Hauptaltäre wider. Peru und Mexico sind die Zentren des Plateresco in der Neuen Welt.

Polytheismus
Glaube an mehrere Gottheiten, die oft zu einer Gemeinschaft, dem Pantheon, vereint sind (Religionen des antiken Griechenlands und römischen Reichs).

profan
s. sakral

Quattrocento
Italienische Renaissance des 15. Jahrhunderts.

Retabel
Altaraufsatz

sakral
Kirchliche Kunst, im Gegensatz dazu profane, d. h. weltliche Kunst.

Schamanismus
Magisch-ekstatische Kulthandlungen, oft verbunden mit Tanz, Gesang sowie Verwendung bestimmter Requisiten und Genuß halluzinierender Getränke.

Sedimentgestein
Lockeres Schichtgestein, entstanden aus Sand, Schlick und Kies. Zu den Sedimentgesteinen gehören u. a. Sandstein, Grauwacke und Geschiebemergel.

sp. (bei Angabe von wissenschaftlichen Artennamen)
Abkürzung für »species« (Tier-, Pflanzenart), wenn die genaue Artzugehörigkeit nicht bekannt ist.

sukkulente Pflanzen
Pflanzen, die in ariden Gebieten leben und wasserspeichernde Gewebe bilden. Man unterscheidet Blatt- und Stammsukkulenz.

Synkretismus
Mischreligionen heidnischen und christlichen Ursprungs. Besonders stark ausgeprägt in Lateinamerika, wo sich durch Negersklaven importierte afrikanische Religionen mit dem Christentum vermischten (Vodou, Chango, Macumba).

Tektonik
Teilgebiet der Geologie, Lehre vom Bau der Erdkruste und ihrer Bewegungsvorgänge. Ergebnisse tektonischer Veränderungen sind z. B. Faltengebirge und Tiefseegräben.

Vierung
Kreuzungspunkt zwischen Längs- und Querschiff einer Kirche.

zoomorph
In der Kunst und Archäologie Bezeichnung für Tiergestalt.

Raum für Reisenotizen

Anschriften neuer Freunde, Foto- u. Filmvermerke, neuentdeckte gute Restaurants, etc.

Raum für Reisenotizen

Anschriften neuer Freunde, Foto- u. Filmvermerke, neuentdeckte gute Restaurants, etc.

Praktische Reisehinweise

Vor der Reise

Auskunft

In der BRD, Österreich und der Schweiz

Antigua und Barbuda
Caribbean Tourism Association Europe
6000 Frankfurt 1
Gutleutstr. 45
✆ 069–230441/44

Barbados
Caribbean Tourism Association Europe, s. o.

British Leeward Islands
The West India Committee
2000 Hamburg 70
Lomer Str. 28
✆ 040–6958846
Caribbean Tourism Association Europe, s. o.

Cayman Islands
The West India Committee, s. o.
Caribbean Tourism Association Europe, s. o.

Cuba
Kubanisches Fremdenverkehrsbüro
6000 Frankfurt 1
Schillerstr. 10
✆ 069–288322–23

Dominica
Caribbean Tourism Association Europe, s. o.

Dominikanische Republik
Dominikanisches Fremdenverkehrsamt
6000 Frankfurt 6
Große Bockenheimer Str. 6
✆ 069–287551
Caribbean Tourism Association Europe, s. o.

Französische Antillen
Französisches Verkehrsbüro
6000 Frankfurt 1
Westendstr. 47
✆ 069–752029/752020

Grenada
Caribbean Tourism Association Europe, s. o.

Haiti
Caribbean Tourism Association Europe, s. o.

Jamaica
Caribbean Tourism Association Europe, s. o.

Auf einen Blick: Wichtigste Daten über die Großen und Kleinen Antillen (Hauptstädt

Staat Name der Inseln	Fläche km²	Bevölkerung	Einwohner/km²	Wichtige Städte Stadt	Einwohner	Sprache
Antigua und	280	77.000	174	St. John's	25.000	englisch
Barbuda	162	1.000				patois
Barbados	431	266.000	617	Bridgetown	100.000	engl./patois
Brit. Leeward Islands						
– Anguilla	96	6.500	68	The Valley		englisch
– Montserrat	102	11.000	112	Plymouth	3.000	
Cayman Islands (Grand Cayman, Little Cayman, Cayman Brac)	259	18.000	69	George Town	7.700	englisch
Cuba	110.922	9.770.000	88	Havanna	1.925.000	spanisch
Dominica	751	84.000	112	Roseau	18.600	engl./patois
Dominikan. Republik	48.734	5.650.000	115	Sto. Domingo	1.104.000	spanisch
Französische Antillen						
– Guadeloupe	1.513	330.000	218	Basse Terre	13.700	französisch
– Martinique	1.102	308.000	280	Fort-de-France	100.000	créole
– Saint Martin	54	6.200	114	Marigot		
– Saint Barthélemy	22	3.000	136	Gustavia		
– Marie Galante	158	16.000	101	Grand-Bourg		
– Desirade	21	1.700	81	Grande Anse		
– Ile des Saintes	14	3.100	221	Terre de Haut		
Grenada und Cariacou	305	107.000	351	St. George's	27.000	engl./créole
(Grenadinen)	34	7.000	206	Hillsborough		
Haiti	27.750	5.100.000	184	Port-au-Prince	865.000	franz./créo
Jamaica	10.991	2.220.000	202	Kingston	431.700	engl./patois

Niederländische Antillen
Niederländisches Büro für Tourismus
5000 Köln 1
Laurenzplatz 1–3
✆ 0221–236262
Caribbean Tourism Association Europe, s. o.

Puerto Rico
Fremdenverkehrsamt Puerto Rico
6000 Frankfurt 1
Mendelssohnstr. 35
✆ 069–742550
Caribbean Tourism Association Europe, s. o.

St. Christopher (St. Kitts) u. Nevis
Caribbean Tourism Association Europe, s. o.

St. Lucia
St. Lucia Tourist Board

terstrichen); Fortsetzung s. S. 396

Polit. Status	Währung	Strom-spannung
unabhängig seit 1981	EC $	110–120
unabh. seit 1966	Barbados $	110
assoziiert mit Großbritannien	EC $	110 220–230
assoziiert mit Großbritannien	EC $	110
unabh. seit 1902	cuban. Peso	110
unabh. seit 1978	EC $	220–240
unabh. seit 1844	Dom. Peso	110
französisches Übersee-departement	franz. Franc	220
unabh. seit 1974	EC $	220
unabh. seit 1804	Gourde	110
unabh. seit 1962	Jamaica $	110–220

6000 Frankfurt 1
Bethmannstr. 33
✆ 069–215738
Caribbean Tourism Association Europe, s. o.

St. Vincent
Caribbean Tourism Association Europe, s. o.

Trinidad u. Tobago
Caribbean Tourism Association Europe, s. o.

Virgin Islands (US)
USVI Division of Tourism
6000 Frankfurt 1
Freiherr v. Stein Str. 24/26
✆ 069–725200
Caribbean Tourism Association Europe, s. o.

Virgin Islands (British)
The West Indian Committee, s. o.

Auf den Westindischen Inseln

Anguilla
Anguilla Tourist Board
The Valley

Antigua und Barbuda
Antigua Department of Tourism
Thames St., PO Box
St. John's

Aruba
Aruba Tourist Bureau
Oranjestad
Schuttestraat 2

Barbados
Barbados Board of Tourism
Bridgetown
Harbour Road

Bonaire
Bonaire Government Tourist Bureau
Kralendijk
One Breedestraat

Staat Name der Inseln	Fläche km²	Bevölkerung	Einwohner/km²	Wichtige Städte Stadt	 Einwohner	Sprache
Niederländ. Antillen						
– Curaçao	444	159.000	358	Willemstad	60.000	niederländ./
– Aruba	193	63.000	326	Oranjestad	21.000	papiamento
– Bonaire	288	9.000	31	Kralendijk	1.700	
– Sint Maarten	37	13.000	351	Philipsburg		
– Sint Eustatius	21	1.300	62	Oranjestad		
– Saba	13	1.000	77	The Bottom		
Puerto Rico und	8.897	3.680.000	413	San Juan	1.086.000	span./engl.
– Vieques	132	8.000	61	Isabel Segunda		
– Culebra	28	1.000	25	Dewy		
– Isla Mona	54					
St. Kitts und	169	31.000	183	Basseterre	15.900	engl./patois
Nevis	93	9.300	100	Charlestown	2.500	
St. Lucia	616	124.000	201	Castries	45.000	engl./créole
St. Vincent und	345	111.300	322	Kingstown	30.000	engl./patois
– Bequia	18	3.600	200	Port Elisabeth		
– Mustique	6	400	67	Lovell's Village		
– Union Island	7	1.800	257	Clifton		
– Canouan	8	700	88			
Trinidad und	4.827	1.145.000	237	Port of Spain	120.000	engl./span./
Tobago	301	45.000	150	Scarborough	19.000	franz./hind
Virgin Islands (US)						
– St. Thomas	83	52.000	626	Charlotte Amalie	15.000	engl./patois
– St. Croix	212	59.000	278	Christiansted	3.600	
– St. John	49	3.000	61	Cruz Bay		
Virgin Islands (Brit.)						
– Tortola	54	9.500	176	Roadtown	4.000	engl./patois
– Virgin Gorda	21	1.100	52	Baths		
– Anegada	39	300	8	Anegada		

Cayman Islands
Cayman Islands Department of Tourism
Grand Cayman
BWI, PO Box 67

Cuba
Intur
La Habana 4
Avenida de Malecón Calle G
Cubatur
La Habana Vedado
Calle 23 No. 156

Dominica
Dominica Tourist Board
Roseau
PO Box 73

Dominikanische Republik
Secretaria de Estado de Turismo

Polit. Status	Währung	Strom-spannung
Überseeprovinz der Niederlande	HFl	110
assoziiert mit USA	US $	110
unabh. seit 1983	EC $	230
unabh. seit 1979	EC $	220–230
unabh. seit 1979	EC $	220–240
unabh. seit 1962	Trinidad $	110–230
USA	US $	110 110
Großbritannien	EC $	110

Santo Domingo
Cesar Nicolás Pensón esquina Rosa Duarte, Apartado 479

Grenada
Grenada Tourist Board
St. George's
PO Box 293

Guadeloupe, St. Barthélemy, St. Martin
Office Departemental de la Guadeloupe
97110 Pointe-a-Pitre
Place de la Victoire

Haiti
Haiti Office National du Tourisme
Port-au-Prince
Avenue Marie Jeanne

Jamaica
Jamaica Tourist Board
Kingston
14–20, Port Royal St., Bldg. 11

Martinique
Office Departemental du Tourisme de la Martinique
Fort de France
Pavillon du Tourisme

Montserrat
Montserrat Tourist Board
Plymouth
PO Box 7

Puerto Rico
Puerto Rico Tourism Company
San Juan
Puerto Rico 00905
PO Box 3072
Old San Juan Station

St. Christopher (St. Kitts) u. Nevis
St. Christopher & Nevis Tourist Board
Basseterre
PO Box 132

St. Lucia
St. Lucia Tourist Board
Castries, PO Box 221

St. Vincent and the Grenadines
St. Vincent Department of Tourism
Kingstown
PO Box 834

Trinidad u. Tobago
Trinidad & Tobago Tourist Board
Port of Spain
56 Frederick St.

Virgin Islands (US)
USVI Department of Tourism
Charlotte Amalie
St. Thomas, USVI 00801
PO Box 6400

Virgin Islands (British)
BVI Tourist Board
Roadtown, Tortola

Botschaften und Konsulate

In der BRD, Österreich und der Schweiz

Barbados
Österreich
A 1040 Wien
Brucknerstr. 4
Zuständig für die BRD und die Schweiz
1050 Brüssel
14, Avenue Lloyd George

British Leeward Islands, British Virgin Islands, Cayman Islands (Großbritannien)
BRD
5300 Bonn 1
Friedr.-Ebert-Allee 77
Österreich
A 1030 Wien
Reisnerstr. 40
Schweiz
CH 3005 Bern
Thunstr. 50

Cuba
BRD
5300 Bonn-Bad Godesberg 2
Kennedy-Allee 22–24
Österreich
A 1130 Wien
Eitelberggasse 24
Schweiz
CH 3000 Bern
Seminarstr. 29

Dominikanische Republik
BRD
5300 Bonn 1
Königstr. 64
Österreich
A 1190 Wien
Görgenstr. 30
Schweiz
CH 1206 Genf
Avenue Dumas 2

Französische Antillen (Frankreich)
BRD
5300 Bonn 1
Kapellenweg 1 A
Österreich
A 1040 Wien
Technikerstr. 2
Schweiz
CH 3006 Bern
Schloßhaldenstr. 46

Grenada
BRD
2300 Kiel
Winterbeker Weg 78 (Konsulat)
Zuständig für die Schweiz und für
Österreich
1040 Brüssel
Av. des Arts, 24-Bte 2

Haiti
BRD
5300 Bonn 1
Bismarckstr. 2
Österreich
A 1010 Wien
Reichsratstr. 7
Schweiz
CH 3006 Bern
Elfenauweg 16

Jamaica
BRD
5300 Bonn 2
Am Kreuter 1
Schweiz
CH 4053 Basel, Güterstr. 141

Niederländische Antillen (Niederlande)
BRD
5300 Bonn 1
Sträßchensweg 10
Österreich
A 1020 Wien
Untere Donaustr. 13–15
Schweiz
CH 3000 Bern 6, Kollerweg 11

Puerto Rico u. US Virgin Islands (USA)
BRD
5300 Bonn 2
Deichmanns Aue
Österreich
A 1091 Wien IX
Boltzmanngasse 16
Schweiz
CH 3005 Bern
Jubiläumsstr. 93

Trinidad und Tobago
BRD
London SW 1
42 Belgrave Square
Schweiz
CH 3001 Bern
Laternauweg 15

Auf den Westindischen Inseln

Barbados
BRD
Bridgetown
37 Roebuck St.
Österreich
Bridgetown
Kays House 13/14, Roebuck St.

Cuba
BRD
La Habana
Marianao, Calle 28, No. 313
Österreich
La Habana
Miramar, Calle 4, No. 101
Schweiz
La Habana
5ta Avenida No. 2005, entre 20 y 22

Dominikanische Republik
BRD
Santo Domingo
Calle Lic. Juan Tomás Mejia y Cotes 37

Österreich
Santo Domingo
Calle José Desiderio Valverde 103
Schweiz
Santo Domingo
Calle José Garcia 26, PO Box 941

Französische Antillen
BRD
Fort de France (Martinique)
Acajou Lamentin
Pointe-à-Pitre (Guadeloupe)
Rue Henri

Haiti
BRD
Port-au-Prince
Cité de l'Exposition Estime Ave Marie-Jeanne, PO Box 44
Österreich
Port-au-Prince
Ave de Travail No. 8
Schweiz
Port-au-Prince
Rue de Fronts-Forts 6, PO Box 865

Jamaica
BRD
Kingston 10
Waterloo Road 10, PO Box 444
Österreich
Kingston 10
Ardenne Road 2
Schweiz
Kingston
111 Harbour St., PO Box 401

Niederländische Antillen
BRD
Willemstad (Curaçao)
Pietermaai 23, PO Box 6

Puerto Rico
BRD
San Juan
Puerto Rico 00905, Calle de la Fortaleza 253
Österreich
San Juan
Puerto Rico 00905, Calle del Cristo 201
Schweiz
San Juan
Puerto Rico 00905, Swiss Chalet,
Loiza Station

Trinidad u. Tobago
BRD
Port of Spain
90 Independence Square, PO Box 828
Österreich
Port of Spain, 24 Frederick St.
Schweiz
Port of Spain
18/20 Pembroke St.

Einreise- und Devisenbestimmungen

Devisenbestimmungen

Cuba
Cubanische Pesos dürfen weder ein- noch ausgeführt werden. Keine Einschränkungen bestehen dagegen bei westlichen Währungen wie US-$ und DM. Allerdings ist eine Devisendeklaration erforderlich. Bei der Ausreise können cubanische Pesos zurückgetauscht werden.

Dominikanische Republik
Dort gelten ähnliche Bestimmungen wie in

Cuba. Bei der Ausreise werden jedoch nur 50 % der Landeswährung zurückgetauscht.

Trinidad
Die Ein- und Ausfuhr von Trinidad-$ ist limitiert.

Bei den übrigen Inselstaaten existieren keine Devisenrestriktionen, wenn die mitgeführten Zahlungsmittel dem eigenen Reisebedarf dienen.

Allgemein gilt, daß der US-$ überall als heimliche Hauptwährung dient und gern in Zahlung genommen wird.

Vgl. Tabelle S. 402/403.

Medizinische Vorsorge

Impfungen sind nicht mehr vorgeschrieben – es sei denn, man reist aus Regionen ein, in denen Cholera und Gelbfieber verbreitet sind (trop. SO-Asien, äquatoriales Afrika und Südamerika). Genaue Auskünfte erteilen tropenmedizinische Institute und Impfanstalten. Unbedingt anzuraten ist eine Schluckimpfung gegen Kinderlähmung, eine Tetanusimpfung sowie evtl. eine Hepatitis und Typhusprophylaxe. Auf jeden Fall sollte man eine Auslandskrankenversicherung abschließen. Eine kleine Reiseapotheke läßt man sich am besten vom Hausarzt zusammenstellen. Wichtig ist die Mitnahme von verordneten Medikamenten in ausreichender Menge. Bei regelmäßiger Einnahme muß die Zeitverschiebung berücksichtigt werden!

Reisezeit

Das tropische Klima Westindiens ermöglicht eine ganzjährige Reisesaison. Dank der maritimen Lage ist das Klima der Inseln sehr ausgeglichen. Nur selten überschreiten die Temperaturen 30° C, und auf den meisten Inseln sorgt der Nordost-Passat für eine angenehme Abkühlung. Auch die Niederschläge sind mit wenigen Ausnahmen geringer als auf dem tropischen Festland. Länger anhaltende Regenfälle treten nur von August bis Oktober während der Hurrican-Saison auf. In den Monaten von Mai bis Oktober ist auf den meisten Inseln mit stärkeren Niederschlägen und höherer Luftfeuchtigkeit zu rechnen (nähere Informationen über Temperaturen und Niederschläge s. S. 31 ff.).

Die günstigste Reisezeit liegt in der Regel zwischen den Monaten Dezember und April. In diese Zeit fällt die Hochsaison, die vom 15. 12. bis 15. 4. dauert. Während dieser Zeit muß man mit wesentlich höheren Übernachtungs- und Dienstleistungskosten rechnen – sie schnellen oft um das Doppelte in die Höhe!

Kleidung, Reisegepäck

Um einen besseren Luftaustausch zu ermöglichen, muß die Kleidung in den Tropen möglichst leicht und luftig sein. Am besten eignen sich Stoffe aus Baumwolle und Baumwoll-Synthetikgewebe.

Man sollte sowohl an Ausgehkleidung als auch an sportliche Wanderkleidung denken.

Einreisebestimmungen der einzelnen Inselstaaten *(Stand 1985)*	**BRD**				
	kein Visum bis (×)				nicht erforderlich (×)
	Tage			6 Monate	
	14	30	90		
Antigua u. Barbuda	×	×			
Barbados	×	×	×		
Brit. Leeward Islands	×	×			
Cayman Islands	×	×	×	×	×
Cuba	28				* ×
Dominica	×	×			
Dominikan. Republik	×	×	×		
Französ. Antillen	×	×	×	×	×
Grenada	×	×	×	×	×
Haiti	×	×	×		
Jamaica	×	×	×	×	
Niederländ. Antillen	×	×	×		
Puerto Rico	Visum erforderlich**				
St. Christopher/Nevis	×	×			
St. Lucia	28 ×				
St. Vincent	×	×			
Trinidad u. Tobago	×	×	×		
Virgin Islands (US)	Visum erforderlich**				
Virgin Islands (Brit.)	×	×			

* Touristenkarte vom Reiseveranstalter oder Cubanischen Fremdenverkehrsbüro (Kubatur)
** bei Botschaften oder Konsulaten der USA
Für alle Inseln ist bei der Einreise ein gültiger Reisepaß und ein Weiter- oder Rückflugticket erforderlich

Österreich					Schweiz				
kein Visum bis (×)				nicht erforderlich (×)	kein Visum bis (×)				nicht erforderlich (×)
Tage			6 Monate		Tage			6 Monate	
14	30	90			14	30	90		
×					×	×	×		
×	×	×			×	×	×		
×					×	×	×		
×	×	×	×	×	×	×	×	×	×
28				×	28				×
×					×	×	×		
×	×	×			×	×	×		
×	×	×	×	×	×	×	×	×	×
×	×	×	×	×	×	×	×	×	×
×	×	×			×	×	×		
×	×	×	×		×	×	×	×	
×					×				
Visum erforderlich**					Visum erforderlich**				
×					×	×	×		
×28					×28				
×					×	×	×		
×	×	×			×	×	×		
Visum erforderlich**					Visum erforderlich**				
×					×	×	×		

* Touristenkarte vom Reiseveranstalter oder Cubanischen Fremdenverkehrsbüro (Kubatur)
** bei Botschaften oder Konsulaten der USA
Für alle Inseln ist bei der Einreise ein gültiger Reisepaß und ein Weiter- oder Rückflugticket erforderlich!

Kurze Hosen (Shorts) werden nur am Strand, nicht jedoch innerhalb von Orten und gar nicht in Kirchen und öffentlichen Gebäuden getragen. Sehr zu empfehlen ist der Kauf von Guayaberas, leichten kurzärmeligen Hemden mit aufgesetzten Taschen, die auf fast allen Inseln preiswert angeboten werden. Am Strand oder bei längeren Spaziergängen schützt eine leichte Kopfbedekkung (Strohhüte, Leinenmützen) gegen die intensive Sonnenstrahlung. Leichte Wollkleidung benötigt man in klimatisierten Hotels, Restaurants und gelegentlich an kühlen Abenden. Bei plötzlich auftretenden Regenfällen bewährt sich eine leichte Regenhaut.

Badekleidung und feste Schuhe dürfen im Reisegepäck nicht fehlen. Schnorchler und Gerätetaucher sollten an die Mitnahme von Flossen, Taucherbrillen und Schnorchel denken.

Das Reisegepäck wird je nach Bedarf um eine Kamera-Ausrüstung mit genügend Filmmaterial, ein kleines Transistorradio mit KW-Teil und einen kleinen Cassettenrecorder für Life-Aufnahmen bei Folkloreveranstaltungen ergänzt.

Brillenträger müssen an eine Ersatzbrille denken.

Nicht unbedingt notwendig, aber nützlich ist auch die Mitnahme eines Mehrzweckmessers mit Flaschenöffner, Waschmittels in der Tube, eines Sprachführers und von Ohropax für laute Hotels.

Papiere, Geldmittel, Kreditkarten

Der Reisepaß ist das wichtigste Einreisedokument. Vor Antritt der Reise muß seine Gültigkeitsdauer überprüft und evtl. an Visa (s. S. 402f.) gedacht werden. Im Hinblick auf einen Verlust sollte man sich von seinem Reisepaß eine Fotokopie machen. Für die meisten Inselstaaten ist das Flugticket ein ebenso wichtiges Einreisedokument; es muß für eine gültige Weiterreise oder für einen Rückflug ausgestellt sein.

An Zahlungsmitteln empfiehlt sich die Mitnahme von Dollars und Dollar-Reiseschecks (American Express, Bank of America). Euroschecks werden nur auf den Französischen Antillen und gelegentlich auf den Niederländischen Antillen eingelöst. Die einfachste und sicherste Zahlungsweise bilden Kreditkarten (American Express, Diner's Club, Mastercard). Auch die Eurocard wird fast überall akzeptiert, weil sie mit dem US-Kreditkartenunternehmen Mastercard liiert ist.

Für Autofahrer ist die Mitnahme eines international gültigen Führerscheines unerläßlich. Zu den Papieren sollte auch ein internationaler Unfallpaß gehören.

Praktische Informationen von A–Z

Anreise

Mit dem Flugzeug

Alle größeren Fluggesellschaften haben Linienflüge zu den karibischen Inseln auf ihrem Programm. Durch APEX-Tarife (Buchung und Bezahlung der Flüge müssen mindestens einen Monat vor dem geplanten Flug erfolgen) können die Flugkosten erheblich reduziert werden (Lufthansa, Air France, British Airways, Air Jamaica). Billige Flüge bieten u. a. die Caribbean Airways, Air Florida, Aeroflot, CSA und Bahamasair an. Schließlich gibt es noch Charterflüge bei Gruppenreisen.

Mit dem Schiff

Verschiedene Reedereien bieten Mitfahrmöglichkeiten auf Frachtschiffen an (u. a. Geest Lines, Lauro Lines, Hamburg-Süd, Polnische Staatsreederei). Zu beachten ist dabei, daß Fahrttermine und die Fahrtdauer sehr variabel sind. Nicht mehr ganz außergewöhnlich ist auch die Anreise mit Segelyachten. Nähere Auskünfte erteilen alle größeren Yachtclubs. Genaue Information über Kreuzfahrten s. S. 415 ff.

Einkäufe

Souvenirs

Bilder naiver Maler erhält man in Haiti, in der Dominikanischen Republik, auf den Französischen Antillen (Martinique, Guadeloupe) und auf Jamaica.

Das Angebot an *Holzschnitzereien* ist in Haiti, in der Dominikanischen Republik, auf den Französischen Antillen (Martinique, Guadeloupe), auf Jamaica und Puerto Rico recht groß. Schöne *Batik-* und andere *Textildrucke* findet man auf Jamaica, St. Kitts und St. Lucia.

Korb- und Flechtarbeiten sowie *Töpfereien* werden auf fast allen Märkten angeboten, eine besonders große Auswahl hat man in Santo Domingo, Kingston, Roseau (Dominica), Castries (St. Lucia) und Port of Spain (Trinidad).

Schallplatten

Die Vielfalt der karibischen Musikfolklore spiegelt sich in einem reichhaltigen Schallplattenangebot wider. Man sollte davon Gebrauch machen, zumal in vielen Inselstaaten (Haiti, Dominikanische Republik) die Preise für Schallplatten wesentlich niedriger sind als bei uns.

Kameras

Auf den Virgin Islands und Niederländischen Antillen kann man Kameras und Zubehör, Kurzwellenempfänger, Radiorecorder, Kosmetika, Zigaretten und Spirituosen oft wesentlich preiswerter kaufen als bei uns.

Schmuck

Eine große Auswahl an Schmuck wird ebenfalls zollfrei auf den US Virgin Islands und den Niederländischen Antillen geboten. Juweliergeschäfte der Weltfirmen Stern und Spritzer & Fuhrmann findet man in Charlotte Amalie (St. Thomas), Willemstad (Curaçao) und Philipsburg (Sint Maarten).

Bei der Einfuhr von gekauften Wertsachen sind unsere Zollbestimmungen zu beachten!

Essen und Trinken

Restaurants

Der starke Fremdenverkehr auf den karibischen Inseln bringt es mit sich, daß ein fast lückenloses Angebot von Restaurants aller Kategorien besteht. Cuba macht allerdings dabei auch hier eine Ausnahme – auf weiten Teilen der Insel herrscht gastronomische Unterversorgung. Es werden aber neuerdings große Anstrengungen unternommen, um dieses Defizit auszugleichen. Leider bestimmt fast überall der hohe Dollarkurs die Preise, das macht sich auch auf den Speisekarten der Restaurants bemerkbar. Preiswert speisen kann man nur noch in Haiti, Cuba und in der Dominikanischen Republik.

Selbstverpflegung

Oft zwingen die hohen Preise in den Restaurants zur Selbstverpflegung. Auch Yachtbesitzer und ihre Crews gehören in der Regel zu den Selbstverpflegern. Mit Ausnahme von Cuba bieten auf nahezu allen Inseln Supermärkte, Märkte oder eine Vielzahl kleiner Läden eine große Auswahl an Lebensmitteln, Obst und Gemüse.

Speisen und Getränke

Auch bei der karibischen Küche werden die Einflüsse der Rassen aus drei Kontinenten und der früheren Kolonialmächte spürbar. So läßt sich auf Cuba, Puerto Rico und in der Dominikanischen Republik – ehemals spanische Kolonien – der Einfluß iberischer Kochkunst herausschmecken.

Auf den Französischen Antillen dominiert dagegen die Küche des Mutterlandes, die aber – ähnlich wie in Haiti – stark afrikanisch unterwandert ist. Man spricht daher dort auch von der kreolischen Küche in Anspielung auf die weißen Einwanderer (Kreolen). Ähnlich kocht man auch auf Jamaica und den ehemaligen Britischen Antillen, wo allerdings die französische Küche weniger spürbar ist. Eine Sonderstellung nimmt Trinidad ein, die Insel mit der größten Rassenvielfalt. Dort werden die Speisekarten um indische und nahöstliche Gerichte bereichert.

Die Basis der einheimischen Gerichte ist meist Reis, aber auch tropische Knollengewächse (Maniok, Tao, Batate, Yams-Wurz) oder stärkehaltige Früchte (Brotfrucht, Kochbanane). Schweinefleisch, Huhn und Fisch wird als häufigste Fleischbeilage serviert. In der Regel sind die Gerichte stark gewürzt, besonders mit Chili, Pfeffer, Knoblauch und Curry. Hier einige der typischsten Gerichte:

Callaloo (grüne Suppe mit Krebsfleisch und Fisch), auf allen Kleinen Antillen und Jamaica

Sancocho (Fleisch-Gemüseeintopf), Dominikanische Republik, Curaçao

Pollo con arroz (Huhn mit Reis und verschiedenen Gemüsen), Cuba, Dominikanische Republik, Puerto Rico

Pepper Pot (Pfeffereintopf), Trinidad

Riz et pois (Rote Bohnen, Reis und Fleisch), Haiti

Stuffed Lobster (gefüllter Hummer), Jamaica

Nicht minder vielfältig ist das Angebot an Mixgetränken. Rum ist fast immer die alkoholische Basis, so auch bei den bekanntesten Cocktails wie Planter's Punch (Rum, Limonensaft, Grenadine, Muskatnuß), Piña colada (Rum, Kokosmilch, Ananas, Limone, Muskatnuß) und Daiquiri (Rum, Limone, Grapefruit).

Zu den größten kulinarischen Erlebnissen in den Tropen gehören die vielen Früchte: Mangos, Guayavas, Guanabanas (Soursack), Papayas, Maracuyas (Passionsfrüchte), Ananas, Zwergbananen, Zapotes, Cheremoyas, Avocados und auf Jamaica Akeefrüchte – so exotisch und wunderbar wie die Namen sind auch Duft und Geschmack.

Feste, Feiertage

Als allgemeine Feiertage gelten der Neujahrstag, Karfreitag, Ostern, Himmelfahrt, Pfingsten, 12. Oktober (Tag der Entdekkung, Tag der Rassen) und Weihnachten.

Antigua und Barbuda
1. 11. Unabhängigkeitstag
26. 12. Boxing Day

Barbados
1. Montag im August Emancipation Day
30. 11. Unabhängigkeitstag
26. 12. Boxing Day

British Leeward Islands
21. 4. Queen's Birthday
26. 12. Boxing Day

Cayman Island
21. 4. Queen's Birthday
1. Montag im Juli Constitution Day
26. 12. Boxing Day

Cuba
1. 1. Tag des Sieges der Revolution (1. 1. 1959)
28. 1. Geburtstag von José Martí (28. 1. 1853)
Juli Karneval
26. 7. Tag der Erstürmung der Moncada-Kaserne (27. 7. 1953)
8. 9. Tag der Schutzpatronin Cubas Virgen de la Caridad
2. 12. Tag der Landung der »Granma« (2. 12. 1956)

Dominica
1. Montag im August Emancipation Day
3. 11. Unabhängigkeitstag
26. 12. Boxing Day

Dominikanische Republik
Alle katholischen Feiertage
21. 1. Tag der Schutzpatronin Nuestra Señora de la Altagracia
26. 1. Geburtstag des Staatsmannes Juan Pablo Duarte
27. 2. Unabhängigkeitstag
16. 8. Tag der Staatsgründung
24. 9. Tag der Schutzpatronin Nuestra Señora de las Mercedes

Französische Antillen
Alle katholischen Feiertage
14. 7. Tag der Erstürmung der Bastille
21. 7. Gedenktag für Victor Schoelcher (1804–1883)

Grenada
7. 2. Unabhängigkeitstag
15. 8. Nationaltag
26. 12. Boxing Day

Haiti
Alle katholischen Feiertage
2. 1. Gedenktag für die Helden des Unabhängigkeitskampfes
14. 4. Panamerika-Tag
22. 5. Tag der Souveränität
17. 10. Todestag von Dessalines
24. 10. Tag der Vereinten Nationen
18. 11. Tag der Armee
5. 12. Tag der Entdeckung

Jamaica
23. 5. Tag der Arbeit
1. Montag im August Unabhängigkeitstag
3. Montag im Oktober Tag der Nationalhelden
26. 12. Boxing Day

Niederländische Antillen
30. 4. Geburtstag der Königin
15. 12. Nationaltag
26. 12. Boxing Day

Puerto Rico
Alle katholischen Feiertage
11. 1. Geburtstag von de Hostos
22. 3. Freiheitstag
4. 7. Unabhängigkeitstag der USA
25. 7. Verfassungstag
1. 9. Tag der Arbeit
2. Montag im Oktober Columbus-Tag
19. 11. Tag der Entdeckung

St. Christopher und Nevis
27. 2. Tag der Staatsgründung
26. 12. Boxing Day

St. Lucia
1. u. 2. 1. Neujahrstag
1. Montag im August Unabhängigkeitstag
1. Montag im Oktober Erntedanktag
13. 12. St. Lucia-Tag
26. 12. Boxing Day

St. Vincent
2. 1. Tag der Entdeckung
22. 1. St. Vincent-Tag
1. Montag im Juli CARICOM-Tag
1. Montag im August Tag der Freiheit
27. 10. Unabhängigkeitstag
26. 12. Boxing Day

Trinidad und Tobago
Alle katholischen Feiertage
1. 8. Tag der Entdeckung
24. 9. Tag der Republik
26. 12. Boxing Day
außerdem:
Divali-Fest der Hindus im Oktober/November
Hosein-Fest der Moslems in den Wintermonaten

Virgin Islands (US)
31. 3. Tag der Übergabe von Dänemark an die USA
16. 6. Tag der Autonomie
3. 7. Tag der Aufhebung der Sklaverei
4. 7. Unabhängigkeitstag der USA
1. Montag im September Tag der Arbeit
1. 11. Freiheitstag
Letzter Donnerstag im November Erntedanktag

Fotografieren

Für Besitzer von Spiegelreflexkameras empfiehlt sich die Mitnahme von Weitwinkelobjektiven (f=20, 25, 35 mm), Teleobjektiven (f=135, 200 mm und mehr) oder Objektiven mit veränderlicher Brennweite (Zoom-, Vario-Objektive). Zur weiteren Fotoausrüstung gehören Vorsatzlinsen oder Zwischenringe für Nahaufnahmen (Blumen, Insekten etc.) und ein Blitzlichtgerät (abendliche Folkloreveranstaltungen etc.).

Da in den Tropen allgemein kontrastreichere Lichtverhältnisse herrschen, kann man sich nicht immer auf die Belichtungsautomatik verlassen. Eine bessere Farbsättigung wird durch leichte Unterbelichtungen erreicht (ca. 1–2 DIN), was aber vorher durch Probeaufnahmen ermittelt werden muß. Gute Dienste leistet ein UV-Filter und Skylight-Filter (für Kodakfilme) bei Teleaufnahmen und am Strand. Außerdem bieten diese Filter Schutz gegen Spritzwasser und mechanische Beschädigungen.

Bei Aufnahmen von Einzelpersonen sollte man möglichst vorher um Erlaubnis bitten. Zu beachten ist, daß das Fotografieren von militärischen Einrichtungen, oft auch von öffentlichen Gebäuden, verboten ist. Eine vorherige Vergewisserung darüber ist immer ratsam.

Daß Filme im gesamten karibischen Bereich oft wesentlich teurer sind als bei uns, sollte man bei der Reiseplanung berücksichtigen. Es lohnt sich aber der Kauf von Kamera-Ausrüstungen auf den zollfreien US-Virgin Islands, Sint Maarten und Curaçao, wo die Preise z. T. erheblich unter den unsrigen liegen.

Bei Röntgenkontrollen auf Flughäfen ist es ratsam, die Filme vorher dem Handgepäck zu entnehmen und vom Zollbeamten selbst überprüfen zu lassen. Auch geringe Röntgendosen können sich bei mehrfachen Kontrollen aufaddieren und zu Schäden führen.

Geschäftszeiten

Banken

Von Insel zu Insel unterschiedlich. In der Regel zwischen 9 und 13 Uhr; gelegentlich nachmittags zwischen 15 und 17 Uhr.

Geschäfte

Sehr unterschiedlich. Meist ab 9 Uhr. Zwischen 12 und 15 Uhr fast immer geschlossen. Auf den früheren britischen Antillen bis 17–18 Uhr geöffnet, sonst bis in die Abendstunden. In Cuba bewegen sich die Öffnungszeiten zwischen 12 Uhr 30 und 19 Uhr 30 in Havanna, sonst von 9 bis 11 Uhr und 15 bis 19 Uhr.

Medizinische Versorgung

Auf fast allen Inseln ist eine medizinische Versorgung nach unserem Standard gewährleistet. So gibt es keine Probleme bei der ambulanten und stationären Behandlung bei Krankheiten und Unfällen. Eine Ausnahme bildet Haiti, das zu den ärmsten Ländern der Welt gehört, und wo vor allem auf dem Lande die medizinische Betreuung unzureichend ist.

Mietwagen

Mit Ausnahme von Cuba und Haiti gibt es keine Probleme bei der Beschaffung von Leihwagen. Große Firmen wie Hertz, Avis etc. sind auf fast allen Inseln vertreten.

Zu beachten ist, daß auf den ehemaligen Britischen Antillen und mit Großbritannien assoziierten Inseln Linksverkehr herrscht! Dazu gehören Jamaica, die Cayman Islands, Brit. Virgin Islands, Anguilla, Montserrat, Antigua u. Barbuda, St. Christopher (St. Kitts) u. Nevis, Dominica, St. Lucia, St. Vincent, Grenada sowie Trinidad u. Tobago.

Ein international gültiger Führerschein muß vorgelegt werden. Kautionen von unterschiedlicher Höhe sind üblich, die oft bei Vorlage von bestimmten Kreditkarten entfallen.

Radio, Fernsehen

Auf allen größeren Inseln existiert ein reiches Angebot an Radio- und Fernsehsendungen. Meist handelt es sich um kommerzielle Sender, die sich durch Werbung finanzieren. In Cuba sind alle Radio- und Fernsehanstalten in staatlicher Hand. Sehr beliebt ist dort der Sender »Radio Reloj«, der, wie auch die meisten auf den übrigen Inseln, viel karibische Musikfolklore sendet. Es empfiehlt sich daher, einen Radiorecorder mitzunehmen, weil zahlreiche UKW-Sender recht gute Aufnahmequalitäten bieten.

Der Empfang von Sendungen in deutscher Sprache ist nur auf Kurzwelle möglich:

Deutsche Welle
49 m Band (6100, 6145), 31 m Band (9545, 9610), 19 m Band (15105, 15275)

Österreich Radio
19 m Band (15115), 16 m Band (17840)

Schweiz Radio International
19 m Band (15305), 13 m Band (21420)
Sendezeit abends zwischen 20 und 24 Uhr.

Sicherheit

Auf vielen Inseln der Karibik herrschen krasse soziale Gegensätze, die zu Diebstahl und Gewalttätigkeiten verleiten. Davon bleiben auch die Touristen nicht verschont, so besonders auf Jamaica, wo der Rauschgifthandel blüht.

Allgemein gilt, sich möglichst nicht durch umfangreiche Kameraausrüstungen, auffällige Kleidung oder Schmuck als Tourist auszuweisen. Papiere, größere Geldbeträge und Wertsachen hinterlegt man im Hotelsafe oder verschließt sie in Koffern. Gürtel mit Geldfach oder Brustbeutel bieten den besten Schutz vor Taschendieben. Man sollte auch möglichst immer eine Kopie seines Reisepasses mit sich führen. Kreditkarten oder Reiseschecks sind der beste Schutz gegen Bargelddiebstähle. Bei Verlust von Ausweispapieren ist ein sofortiger Kontakt mit den Behörden und, wenn möglich, auch mit deutschen Dienststellen (Botschaften, Konsulaten) erforderlich.

Ob sich der Abschluß einer Reisegepäckversicherung lohnt, liegt im eigenen Ermessen.

Sport

Schwimmen, Tauchen, Golf und Segeln sind die beliebtesten Sportarten der Touristen in der Karibik. Auf fast jeder Insel gibt es einen oder mehrere Golfplätze, manchmal auch in Verbindung mit Luxushotels. Sogenannten Aktivurlaub bietet der Club Mediterrané in seinen weiträumigen Hotelanlagen auf den Französischen Antillen an. Als neuer Massensport hat sich auch in der Karibik das Windsurfen eingebürgert. Das Ausleihen von Surfbrettern bereitet auf den meisten Inseln keine Schwierigkeiten.

Segeln

Daß die karibischen Gewässer zu den weltbesten Segelrevieren gehören, ist allgemein bekannt. Dementsprechend groß ist die Zahl der Yachthäfen, die auf fast allen Inseln vorhanden sind. Fast verwirrend sind die Chartermöglichkeiten von Segel- und Motoryachten. Nähere Informationen, auch über benötigte Segelscheine, erhält man bei den örtlichen Yacht- und Segelclubs oder bei den genannten Fremdenverkehrsbüros (s. S. 393 ff.).

Hochseeangeln

Zu den exklusivsten Sportarten gehört das Hochseeangeln. Auf nahezu allen Inseln bestehen Chartermöglichkeiten von speziell dafür ausgerüsteten Motoryachten. Chartergebühren von 150 und mehr US $ pro Tag und Person sind keine Seltenheit. Beliebte Sportfischarten sind die Königsmakrele (King Mackerel, Sierra), die Spanische Makrele (Spanish Mackerel, Carite), der Bonito, Rote Thunfisch (Red Tuna, Atún), Segelfisch (Sail Fish, Pez Vela), Schwertfisch (Blue Marlin, Marlin Azul), Jack-Fisch (Umber Jack, Jurel) und der Tarpon.

Tauchen, Schnorcheln

Empfehlenswerte Tauch- und Schnorchelplätze

Anguilla ***
Saumriffe umgeben fast die gesamte Insel. Sehr gute Tauchgründe vor Dog Island, Sandy Island und Prickly Pear Cays

Antigua **, Barbuda ***
Antigua: Curtain Bluff, Hawksbill, Halfmoon Bay, Long Bay
Barbuda: ausgezeichnete Tauchmöglichkeiten im Nordwesten der Insel, wo sich ein großes Saumriff gebildet hat

Cayman Islands **
Früher Tauchparadies der Karibik. Auf Grand Cayman Rückgang der Korallenriffe durch Wasserverschmutzung

Cuba ***
Als größte karibische Insel besitzt es die ausgedehntesten Korallenriffe. Weiträumige Riffregionen sind in Archipiélago de Sabana, Archipiélago de los Jardines de la Reina und vor der Isla de la Juventud anzutreffen

Dominikanische Republik ***
La Caleta (beim Flughafen von Santo Domingo »Las Americas«), bei La Romana, Isla de Catalina, Saona und Beata, an der

Nordküste im Bereich der Halbinsel Samaná

Dominica *
Die steile vulkanische Insel bietet nur geringe Voraussetzungen für die Bildung größerer Korallenriffe

Französische Antillen
Guadeloupe ***: Westlich und südwestlich von Grande Terre, Pigeon Island (durch Filmaufnahmen von Cousteau berühmt geworden), in der Bucht von Grand Cal-de-Sac Marin und an der Südküste von St. Anne
Martinique **: Anses d'Arlets, Ilet Ramier, St. Pierre Precheur
Saint Barthélemy ***: Sehr gute Tauchmöglichkeiten vor der gesamten Insel
La Desirade, Marie Galante **: Saumriffe vor den Südküsten

Grenada *, Cariacou *:**
Grenada wie Dominica
Cariacou und die südlich angrenzenden Inseln sind von ausgezeichneten Riffregionen umgeben

Haiti ***
Sand Cay, Ounga Bay, Les Arcadins Insel, Ibo Beach, Kaliko Beach. Außerdem Riffregionen vor der Ile de la Tortue und vor Les Cayes

Jamaica ***
Ausgedehnte Riffgebiete vor der gesamten Nordküste (östlich von Montego Bay, vor Port Antonio, Ocho Rios, Negril, Runaway Bay, Pedro Bluff und Bracco)

Niederländische Antillen
Curaçao, Aruba, Bonaire ***: Besonders im Norden der Inseln ausgezeichnete Tauchgründe. Bonaire besitzt einen der schönsten Unterwasserparks (Bonaire Marine Park)
Sint Maarten **: Korallenriffe in den Buchten der Insel

Puerto Rico **
Icacos Island, bei Humacao, nordöstlich von Fajardo und La Paguera

St. Christopher (St. Kitts) u. Nevis *
Wie Dominica

St. Lucia *
Wie Dominica

St. Vincent *, Grenadinen ***
St. Vincent: Wie Dominica
Grenadinen (Bequia, Mustique, Union Island Canouan, Young Island, Palm Island, Tobago Cays): überall großflächige Riffbildungen mit exzellenten Tauchmöglichkeiten

Trinidad * und Tobago ***
Im Südwesten Tobagos ausgedehnte Saumriffe (Pigeon Point, Bucoo Reef)

Virgin Islands ***
Vielfältige Riffbildungen im gesamten Bereich. Unterwasser-Naturparks vor der Nordostküste von St. Croix (Buck Island) und der Nordküste von St. John (Trunk Bay).

---

* wenig Tauchmöglichkeiten
** gute Tauchmöglichkeiten
*** sehr gute Tauchmöglichkeiten

Hinweise zum Tauchen, Schnorcheln und Baden

Gute **Badestrände** findet man auf allen Inseln, oft mit vorgelagerten Saumriffen, die vor Brandung und gefährlichen Strömungen Schutz bieten. FKK-Strände gibt es nur auf den Französischen und Niederländischen Antillen.

Nicht nur beim Sonnenbaden am Strand, sondern auch während des Schnorchelns sollte man **Sonnenschutzmittel** mit hohem Lichtschutzfaktor verwenden. Noch besseren Schutz für Schnorchler bietet ein T-Shirt. Nicht vergessen, Nacken- und Halspartie mit Sonnenschutzmittel einzureiben!

Beim **Schnorcheln und Tauchen** gilt auch in der Karibik die Regel, daß man immer zu zweit sein sollte. Hai-Gefahr besteht normalerweise nur im Bereich der Riffaußenkanten und auf offener See. Attacken von Barrakudas sind bisher nur selten vorgekommen. Vor dem Baden und vor den Tauchgängen legt man besser stark blinkende Gegenstände (Armbanduhren, Schmuck) ab, die gelegentlich Raubfische anlocken. Wesentlich größer ist die anlockende Wirkung von harpunierten Fischen. Erfreulicherweise ist die Harpunenjagd mittlerweile auf fast allen Inseln verboten worden.

Die häufigsten **Verletzungen** rühren von abgebrochenen Stacheln des Diadema-Seeigels her. Die Stacheln verbleiben am besten in der Wunde, denn sie bestehen aus kohlensaurem Kalk und werden daher verhältnismäßig rasch vom Körper aufgelöst. Der Stichkanal muß aber möglichst mit einem Aseptikum behandelt werden. Gefährlich kann die Begegnung mit Segelquallen sein, deren bis 10 m langen Tentakel manchmal schwere Nesselverletzungen verursachen. Bei Schockzuständen ist sofortige ärztliche Hilfe erforderlich.

Sprache

Auf die Sprachenvielfalt wurde schon in den vorangegangenen Kapiteln hingewiesen (s. S. 91 ff.). Die Umgangssprachen der einzelnen Inselstaaten sind aus der Aufstellung auf S. 394 f. zu entnehmen.

Englisch wird auf fast allen Inseln verstanden und auf den meisten Inseln der Kleinen Antillen sowie auf Jamaica gesprochen. Ausnahmen machen Cuba und Haiti, wo man außerhalb der Großstädte und Touristenzentren mit Englisch Verständigungsschwierigkeiten haben kann.

Stromspannung

S. Übersicht auf S. 394 f.

Trinkgeld

In Hotels und Restaurants bewegen sich die Trinkgelder im allgemeinen zwischen 10 % und 15 % der Preise. Kofferträger in Hotels und auf Flughäfen erwarten pro Gepäckstück ½ bis 1 US $. Da das Bedienungspersonal fast immer den ärmsten Bevölkerungsschichten angehört, sollte in jedem Falle ein angemessenes Trinkgeld gezahlt werden. Taxifahrer erhalten nur bei zusätzlichem

Service ein Trinkgeld. In Cuba werden offiziell keine Trinkgelder erhoben, aber in zunehmendem Maße gern angenommen.

Unterkunft

Der karibische Raum gehört zu den touristisch am besten erschlossenen Regionen, dementsprechend groß ist auch das Angebot an Unterkunftsmöglichkeiten. Es reicht von Familienpensionen (Guesthouses, Residencias) über YMCA-Herbergen (YMCA=CVJM, Christlicher Verein Junger Männer) bis zu Luxushotels der großen Konzerne mit bekannten Namen wie Hilton, Holiday Inn und Sheraton.

Die Preise richten sich im allgemeinen nach folgenden Kategorien:

AP = American Plan (Vollpension)
MAP = Modified AP (Halbpension)
CP = Continental Plan (mit Frühstück)
EP = European Plan (ohne Verpflegung)

Auf die Übernachtungspreise wirkt sich auch die jeweilige Saison aus. Während der Wintersaison, der Hauptreisezeit zwischen Dezember und April, muß man mit bis zu 100 % höheren Preisen rechnen als in der Sommersaison (Mai bis November). Auf einigen Inseln, wie Puerto Rico und US Virgin Islands, kommt noch eine mehrprozentige Hoteltaxe hinzu.

Verkehrsmittel

Auf den Inseln

Busse sind auf allen Inseln die wichtigsten Massenverkehrsmittel. Ein umfangreiches Eisenbahnnetz weist nur Cuba auf. Touristisch interessante Eisenbahnstrecken existieren auch auf Jamaica. Für alle öffentlichen Verkehrsmittel der karibischen Insel gilt, daß unsere Vorstellungen über Pünktlichkeit und Zuverlässigkeit nicht übertragbar sind. Auf Cuba sind bei Überlandfahrten in der Regel Platzreservierungen notwendig.

Das Netz der Busverbindungen ist auf allen Inseln verhältnismäßig dicht. Eine Fahrt mit den bunt bemalten Tap-Tap-Bussen in Haiti ist ein Erlebnis für sich. Meist handelt es sich bei diesen Fahrzeugen um LKWs, die in Eigenarbeit zu Bussen umgebaut wurden.

Auf den größeren Inseln wie Cuba, Hispaniola (Haiti, Dominikanische Republik), Jamaica und Puerto Rico gibt es auch Flugverbindungen zwischen den größeren Städten und Touristenzentren.

Verkehrsverbindungen zwischen den Inseln

Die Verkehrsverbindungen zwischen den einzelnen Inseln werden fast ausschließlich von Fluglinien wahrgenommen. Fast alle Inseln sind durch ein dichtes Flugnetz verbunden, so daß bei der Planung von Rundflügen keine Schwierigkeiten auftreten dürften. Kostensparend kann die Buchung von Rundflügen in Kombination mit dem gebuchten Hin- und Rückflug sein (Air Florida u. andere). Oft werden günstige »Island Hopping«-Tarife angeboten.

Die wichtigsten Fluggesellschaften: Eastern Airlines; LIAT; ALM; Air Florida; Air Jamaica; Dominicana Airlines; Haiti Air Inter; Air BVI; Aero Virgin Islands; PRINAIR; BWIA

Leider ist Cuba immer noch nicht an das Netz der lokalen Fluglinien angeschlossen; nur einmal wöchentlich finden Flüge nach Kingston (Jamaica) statt.

Regelmäßige Schiffsverbindungen bestehen nur auf kurzen Distanzen, wie beispielsweise zwischen den US Virgin Islands, St. Thomas und St. John. Mitfahrgelegenheiten bieten sich auf Segelyachten und auf den z. T. recht abenteuerlichen Küstenfrachtern.

Zeitverschiebung

Minus 5 Stunden: Dominikanische Republik und alle östlich angrenzenden Inseln (Puerto Rico und Kleine Antillen)

Minus 6 Stunden: Haiti und alle westlich angrenzenden Inseln (Cuba, Jamaica, Cayman Islands)

A-B-C für Kreuzfahrten

Allgemeines

Kreuzfahrtschiffe lassen sich am besten mit schwimmenden Hotels vergleichen. Unterbringung und Gastronomie brauchen oft nicht den Vergleich mit Luxushotels zu scheuen. Die Kreuzschiffahrt ist noch relativ jung und ging aus der Linienschiffahrt hervor. Das Zeitalter der Düsenjets versetzte der traditionsreichen Linienschiffahrt in den sechziger Jahren den Todesstoß, denn die transozeanischen Reisezeiten schrumpften von Tagen auf Stunden zusammen. Die großen Reedereien gingen daher immer mehr dazu über, ihre brachliegenden Linienschiffe für Kreuzfahrten einzusetzen und das mit wachsendem Erfolg – besonders in Charterverträgen mit großen Reiseveranstaltern. Seit den sechziger Jahren steigt das Angebot an Schiffen und Fahrtprogrammen von Jahr zu Jahr. Die Reiserouten erstrekken sich bis tief in das Amazonasgebiet oder in die eisstarrende Antarktis. Billigreedereien aus dem Ostblock ermöglichen darüberhinaus seit einigen Jahren auch weniger betuchten Passagieren Kreuzfahrten zu attraktiven Preisen. So stieg die Zahl der Kreuzfahrtteilnehmer in den letzten Jahren allein in der BRD auf über 100000. Sie wissen die Annehmlichkeiten eines schwimmenden Hotels zu schätzen, das sie der Sorge bei der Suche um eine Bleibe und Gepäckbeförderung enthebt, sie bequem von Reiseziel zu Reiseziel bringt, ein vielseitiges Veranstaltungsprogramm bietet und schließlich mit einer gepflegten Gastronomie aufwartet. Ohne Zweifel gehört die Kreuzschiffahrt zur erholsamsten Reisesparte – und wen wundert es, daß die Zahl der Buchungen bei den Senioren besonders groß ist.

Nach dem Mittelmeer ist die Karibik das beliebteste Kreuzfahrtziel. Wie auf einer Perlenkette sind die Westindischen Inseln von Cuba im Norden bis Aruba dicht vor der südamerikanischen Küste aneinandergereiht. Die Fahrtzeiten von Insel zu Insel betragen oft nur wenige Stunden, und doch hat jede von ihnen ihre eigenen Reize. Gemeinsam ist allen eine überwältigende Tropenlandschaft, garniert mit exellenten Badestränden!

Praktische Tips

Ärztliche Versorgung

An Bord eines jeden Kreuzfahrtschiffes sorgen ein oder mehrere Ärzte für das gesundheitliche Wohl der Passagiere. Kleinere Behandlungen sind meistens kostenlos. Medikamente werden berechnet. Für stationäre Behandlungen steht ein Hospital zur Verfügung. In akuten Fällen sind auch zahnärztliche Behandlungen möglich. Ratsamer ist aber eine zahnärztliche Untersuchung vor Reiseantritt.

Bordinformationen

erfolgen durch
Tagesprogramme;
Durchsagen über Bordlautsprecher;
Radio;
Fernsehen auf Luxusschiffen

Bordkarte

Jeder Passagier erhält sie nach Abgabe seines Reisepasses, der meistens auf dem Schiff einbehalten wird. Die Bordkarte gilt bei Landgängen als Ersatz für den Reisepaß, sie enthält alle wichtigen Informationen über den Passagier und das Schiff.

Bordmanifest

Auf fast allen Kreuzfahrtschiffen erhält der Passagier eine Nummer, die in der Regel mit der Manifestnummer übereinstimmt. Die Plaketten mit der entsprechenden Nummer müssen bei Landgängen mitgenommen werden und nach Rückkehr wieder abgegeben bzw. an Tafeln aufgehängt werden. Auf diese Weise verschafft sich die Schiffsleitung eine Kontrolle, ob alle Passagiere wieder an Bord sind.

Brückenführung

Aus verständlichen Gründen sind die Kommandobrücke sowie alle technischen Einrichtungen des Schiffes für Passagiere nicht zugänglich. Es werden daher gruppenweise Brückenführungen veranstaltet, um den Passagieren die Schiffssteuerung und die Arbeit der Navigationsinstrumente zu demonstrieren.

Buchung

Nachdem die Idee einer Kreuzfahrt geboren ist, sollte zunächst das Angebot anhand von Prospekten überprüft werden. Nach Auswahl der Kreuzfahrtroute folgt der Kostenvergleich nach folgenden Kriterien:
Wieviele Betten pro Kabine (1-, 2-, 3-, 4-Bettkabine)?
Welches Deck (A, B, C-Deck)?
Veranstaltungsräume in Kabinennähe (Lärm)?
Außen- oder Innenkabine?
Mahlzeiten in 1 oder 2 Sitzungen?
Service an Bord (Zahlungsverkehr, Wäscherei, Einkaufsmöglichkeiten, Friseur)?
Veranstaltungsangebot?
Sportliche Einrichtungen (Schwimmbad innen – außen, Sauna, Fitnessräume, Sportdeck)?

Ärztliche Versorgung?
Stromspannung?
Unter welcher Flagge (wichtig für die Trinkgeldregelung)?
Anreisemöglichkeiten?

Einrichtungen auf dem Schiff

Je vielfältiger die Einrichtungen auf dem Kreuzfahrtschiff sind, umso mehr steigt der Wert gebotener Leistungen. Zur Grundausstattung gehören Klimaeinrichtung, Restaurants, Bars, Reisebüro, diverse Aufenthaltsräume, Reception, Hospital und ein Schwimmbad. Je nach Luxusklasse sind weitere Einrichtungen vorhanden, wie Veranstaltungsräume für künstlerische Darbietungen und Vorträge, Kino, Bibliothek, Clubräume, Kartenzimmer, Boutiquen, Friseur, Sportdeck, Innen-Schwimmbad, Sauna, Fitnessraum, Kapelle für Andachten. Da es auf Kreuzfahrtschiffen keine Klassen gibt, stehen alle Einrichtungen jedermann zur Verfügung.

Einschiffung

Sie beginnt mit der Anfahrt zum Kreuzfahrthafen. In der Regel werden vom Reiseveranstalter verbilligte Gruppenflüge, Bahn- oder Busfahrten angeboten. Dies schließt das Risiko aus, daß bei einer verspäteten Ankunft das Kreuzfahrtschiff schon abgelegt hat. Auch beim Zoll erfolgt meistens eine Gruppenabfertigung, was das Einchecken des Gepäcks sehr erleichtert und beschleunigt. Zur Einschiffung meldet man sich an der Bordreception und bekommt die gebuchte Kabine zugewiesen.

Feste

Zum Standardprogramm fast aller Kreuzfahrten gehören folgende Feste:
Captain's Welcome mit Vorstellung der Schiffs- und Reiseleitung
Captain's Dinner mit Lady-Wahl
Gala-Buffet
Kostümfest
Je-Ka-Mi-Abend (»Jeder kann mitmachen« mit eigenen Beiträgen wie Musik, Humor oder Artistik)
Abschied der Schiffs- und Reiseleitung mit Ehrung der »Wiederholer«

Kommunikation

Auf keiner Kreuzfahrt bei noch so großen Entfernungen braucht man auf die Verbindung mit den Daheimgebliebenen zu verzichten. Telefongespräche über Norddeich-Radio, Telegramme und Telexe ermöglichen eine rasche Verbindung. Briefe werden in der Regel von der Reiseleitung weiterbefördert. Mit den Reiseunterlagen erhält man Adressen, unter denen die Zuhausegebliebenen den Kreuzfahrtteilnehmer am besten erreichen können.

Kreuzfahrtziele

Zu den nun schon klassischen Kreuzfahrtzielen gehört die Karibik. Meistens werden Fahrten für die Kleinen Antillen mit Hin- und Rückflug angeboten. Die Großen Antillen sowie die mittel- und südamerikanischen Anrainerstaaten vervollständigen oft das Routenprogramm. Kenner der Kreuzschiffahrt schließen eine Atlantiküberquerung von Genua oder Bremerhaven oder in umgekehrter Richtung mit ein, dann entfallen die Probleme bei der klimatischen und zeitlichen Umstellung. Man sollte aber einigermaßen seefest sein, um in den Genuß der entspannenden Seetage zu kommen. Oft werden Zwischenaufenthalte auf Madeira, den Kanarischen Inseln, Azoren oder Kapverdischen Inseln angeboten. Auf der westlichen Atlantikseite findet man häufig die Bermudas und Bahamas im Angebot.

Landausflüge

Die meisten Prospekte bieten neben den Kreuzfahrten auch Ausflugsprogramme an. Die Ausflüge (Rundfahrten, Führungen etc.) werden von den örtlichen Reisebüros veranstaltet und sind daher nicht im Reisepreis eingeschlossen. Erfahrene Kreuzfahrttouristen organisieren ihre Landausflüge selbst per Taxi, Jeep oder Mikrobus. Dabei gilt aber zu bedenken, daß bei einer verspäteten Ankunft durch unvorhergesehene Ereignisse (Panne, Straßenschäden, Unfälle) das Schiff nicht wartet. Die daraus entstehenden Unannehmlichkeiten lassen sich unschwer vorstellen!

Paßformalitäten

Im Gegensatz zu anderen Reisen werden sämtliche Paßformalitäten vor Antritt der Kreuzfahrt vom Reiseveranstalter erledigt. Dies setzt voraus, daß Reisepaß und Impfausweis (sofern erforderlich) oder entsprechende Formulare rechtzeitig ausgefüllt an den Reiseveranstalter geschickt werden. Stellvertretend für den Reisepaß, der meist an Bord einbehalten wird, gilt bei allen Anlaufszielen die Bordkarte (s. dort).

Reisebüro

In der Regel unterhält die Reiseleitung auch ein Reisebüro, wo organisierte Landausflüge gebucht werden können. Bei einem sehr guten Service können per Telex über den örtlichen Schiffsagenten auch individuelle Ausflüge vorausgebucht werden. Das Reisebüro organisiert auch die Rückreisen.

Reiseleitung

Die Reiseleitung vertritt den Reiseveranstalter an Bord und ist u. a. für folgende Aufgaben zuständig:
Ein- und Ausschiffung der Passagiere
Veranstaltungsprogramm an Bord
Aktivitäten (Sport, Spiele)
Informationen (Tagesprogramm, Durchsagen etc.)
Reklamationen
Organisation der Landausflüge

Der Reiseleitung steht der Cruise Director vor; die übrige Crew besteht aus Reiseleitern, Reisebüroangestellten und Animateuren.

Reiseveranstalter

Zu den großen Reiseveranstaltern mit Karibik-Kreuzfahrtprogrammen gehören NUR (Flaggschiff »Maxim Gorkij«), TUI, HAPAG/LLOYD (Flaggschiff »Europa«), Seatours/NAC/Hanseatic Tours (»Vistafjord«, »Sagafjord«). Jedes auf Kreuzfahrten spezialisierte Reisebüro nennt weitere Veranstalter von Kreuzfahrten.

Reiseunterlagen

Sie bilden den Schlüssel für die gebuchte Kreuzfahrt. Von den eigenen Unterlagen müssen mitgenommen werden:

Reisepaß (mit gültigen Visa)
Impfausweis (falls vorgeschrieben)
sowie die vom Reiseveranstalter zugeschickten Dokumente:
Teilnehmerausweis (gebuchte Reise mit Kabinenreservierung)
Flugticket für An- und Abreise
Anschlußtickets für Bahn- oder Busfahrten
Tickets für vorausgebuchte Landausflüge
Gepäckanhänger

Zu empfehlen sind außerdem Reiseschecks, Kreditkarten, Euroschecks, Bargeld in DM und US $, Paßbilder.

Schiffsbesatzung

Sie ist traditionsgemäß und unabhängig von der jeweiligen Nationalität streng hierarchisch aufgebaut.
Zur Führungsmannschaft gehören:
Kapitän (4 Streifen)
Leitender Ingenieur (3, manchmal 4 Streifen)
1. Offizier (3 Streifen)
Oberzahlmeister oder Chief Purser (3 Streifen)
1. Funkoffizier (3 Streifen)
Arzt (3 Streifen)

Auf manchen Kreuzfahrtschiffen gehört ein Staff Captain zur Crew, er trägt dann 3½ Streifen.

Zu den niedrigeren Mannschaftsgraden gehören 2. Offiziere, 2. Ingenieure, 2. Funkoffizier, Chefsteward und Quartermaster (zuständig für Deck und Liegestühle!).

Schwimmwestenmusterung, Alarm

Sie ist international auf allen Kreuzfahrtschiffen vorgeschrieben und dient der Sicherheit der Passagiere. Während der Schwimmwestenmusterung werden alle wichtigen Alarmsignale gegeben, man übt das Anlegen der Schwimmweste; auf die Fluchtwege und Plätze in den Rettungsbooten bzw. Rettungsinseln wird hingewiesen.

Seekrankheit

Sie gehört zu den unangenehmsten Begleiterscheinungen einer Kreuzfahrt. Die Häufigkeit der Fälle wird aber weit überschätzt. Erfahrungsgemäß beginnen sich die ersten Anzeichen der Seekrankheit bei 5 Windstärken zu zeigen. Vorbeugend wirkt leichte Kost, Aufenthalt im Freien (möglichst mittschiffs) sowie Abstinenz von Alkohol und Nikotin. Außerdem gibt es eine Reihe prophylaktisch wirkender Präparate, die man sich am besten vor Reisebeginn vom Hausarzt verschreiben läßt. Sonst hält auch der Schiffsarzt geeignete Mittel gegen Seekrankheit zur Verfügung.

Sonnenbrand

Neben Seekrankheit kann Sonnenbrand die Freuden einer Kreuzfahrt ganz beträchtlich trüben, und dabei ist ihm so leicht vorzubeugen! Wichtigstes Gebot ist eine überlegte Dosierung des Sonnenbadens. Die ersten zwei Tage sollte man sich fast nur im Schatten aufhalten und dann allmählich in ½ bis 1 Stunden-Schritten der vollen Sonne aussetzen.

Das vorherige Eincremen mit Sonnenschutzmitteln (möglichst hoher Lichtschutzfaktor) ist ein Muß, auch nach dem Baden! Bei starkem Sonnenbrand muß unbedingt der Schiffsarzt aufgesucht werden.

Speisen

Unverzichtbarer Bestandteil jeder Kreuzfahrt ist traditionsgemäß eine gute Bordverpflegung. Sie kann sich auf vielen Schiffen mit der Gastronomie von Luxushotels messen! Es gehört schon ein starker Wille dazu, wenn man das Schiff nach Ende einer Kreuzfahrt ohne zusätzliche Pfunde verlassen will.

Der Speiseplan beginnt meistens mit dem Early Morning Breackfast gegen 7 Uhr für die Frühaufsteher;
dann folgen:
Hauptfrühstück (8–10 Uhr)
Warme Bouillon (gegen 11 Uhr)
Mittagessen zwischen 12 und 14 Uhr (meist 5–7 Gänge), an warmen Tagen ein zusätzliches kaltes Buffet auf den Schwimmbaddecks
Kaffee, Tee und Kuchen gegen 16 Uhr
Abendessen meist ab 19 Uhr mit 5–7 Gängen
Midnight Snacks werden zwischen 23 und 24 Uhr serviert

Captain's Dinner und Gala Buffets bilden die lukullischen Höhepunkte einer jeden Kreuzfahrt.

Tischreservierung

Falls man mit Angehörigen oder Bekannten gebucht hat, läßt sich bei einigen Reiseveranstaltern eine Tischreservierung schon vor Beginn der Kreuzfahrt vereinbaren. Auch bei Reservierung gleich zu Beginn der Kreuzfahrt werden individuelle Wünsche je nach Platzangebot berücksichtigt. Wichtig ist, daß die Reservierungen mit Ausnahme des Frühstücks für die ganze Reise gelten.

Trinkgelder

Dieses Thema löst bei den unerfahrenen Kreuzfahrern zunächst Verunsicherung aus. Daher folgende Tips:

Für die Vergabe von Trinkgeldern rechnet man 3–5 % des Kreuzfahrtpreises, die man am besten nach folgendem Schlüssel verteilt: Je ¼ für den Tischsteward, Getränkesteward und Kabinensteward. Das restliche Viertel verteilt man nach eigenem Ermessen an das Bar- und Deckpersonal. Um das Bedienungspersonal zu noch besserem Service zu stimulieren, sollte man gleich am Beginn der Kreuzfahrt die Trinkgelder etwas großzügiger bemessen. Bei Kreuzfahrtschiffen unter sowjetischer Flagge akzeptiert man seit einiger Zeit ebenfalls Trinkgelder, die aber intern unter der gesamten Besatzung aufgeteilt werden. Es empfiehlt sich daher, sich für besonders aufmerksamen Service mit kleinen persönlichen Geschenken zu revanchieren.

Veranstaltungen, Unterhaltung

Das Veranstaltungsangebot steigt in der Regel mit der Tonnage des Kreuzfahrtschiffes.

Große Luxusschiffe verfügen über mehrere Veranstaltungsräume, ein Theater mit Kino und diverse Clubräume. Entsprechend den räumlichen Gegebenheiten reicht die Palette der Veranstaltungen von Unterhaltungsdarbietungen bis zu Sportturnieren und Gottesdiensten. Zur ersten Kategorie gehören Künstlerabende, Quizveranstaltungen, Folkloreabende, lokale Folkloredarbietungen, Bingospiel, Meisterschaften im Kartenspiel etc. Lichtbildervorträge von Lektoren, Filmabende, Tanz- und Fotokurse, Tischtennis, Volleyball, Shuffleboard und schließlich ökumenische Gottesdienste vervollständigen das Veranstaltungsangebot. Eine bis mehrere Bordkapellen sorgen für die abendliche Musik.

Versicherung

Vor Beginn einer Kreuzfahrt sollte man unbedingt eine Auslandskrankenversicherung abschließen, da der Geltungsbereich unserer gesetzlichen und privaten Krankenversicherung normalerweise nur einige europäische Länder einschließt, nicht aber die karibische Region (für die französischen und niederländischen Antillen gelten besondere Regelungen). Der Abschluß einer Gepäck- und Unfallversicherung ist ebenfalls ratsam. Einige Versicherungsgesellschaften bieten preiswerte Kombinationspakete an. Eine Reiseausfallsversicherung ist meistens schon im Reisepreis eingeschlossen.

Zahlmeister (Purser)

Er gehört zur leitenden Schiffsbesatzung und läßt sich am besten mit einem Hoteldirektor vergleichen. Ihm untersteht die gesamte Gastronomie des Schiffes.

Zahlungsverkehr

Vor Antritt einer Kreuzfahrt sollte sich der Passagier unbedingt über die jeweilige Bordwährung erkundigen, die je nach Reederei unterschiedlich sein kann. Für die Karibik gilt sehr oft der US $ als Bordwährung, was auch den Zahlungsverkehr an Land erleichtert. Neben Bargeld in DM und US $ sollte man Dollar-Travellerchecks, Eurochecks (die aber an Land schwer einzulösen sind) und Kreditkarten (Eurocard, Diners Club, American Express) mit sich führen. An Bord kann man Getränke und besondere Serviceleistungen (Wäsche, Reinigung) oft anschreiben lassen, am Ende der Reise wird dann abgerechnet.

Verwendete und weiterführende Literatur

Arthaud C., Hébert-Stevens F., Cali F.: *Kunst der Konquistadoren,* Braun & Cie., Paris, 1960

Barnet M. (Hrsg.): *Der Cimarrón.* Suhrkamp, Suhrkamp Taschenbuch 346, Frankfurt, 1980

Blume H.: *Die Westindischen Inseln.* Westermann, Braunschweig, 1973

Bond J.: *Birds of the West Indies.* Collins, London, 1974

Buisseret D.: *Historic Architecture of the Caribbean.* Heinemann, London, 1980

Cousteau J. Y.: *Silberschiffe.* Droemer Knaur, München, 1972

Cumming W. P.: *Die Entdeckung Nordamerikas.* Prisma Verlag, Gütersloh, 1978

Dookhan I.: *European settlement and rivalry.* Collins, London, 1981

Enzensberger H. M. (Hrsg.): *Las Casas, Bericht von der Verwüstung der Westindischen Länder.* Insel-Verlag, Insel Taschenbuch 553, Frankfurt, 1981

Fichte H.: *Xango.* Fischer (Fischer Taschenbuch 5436), Frankfurt, 1984

Gruner I., Riom, J.: *Butterflies and Insects of the Caribbean.* Les Éditions du Pacifique, Papeete, Tahiti, 1979

Innes H.: *Die Konquistadoren.* Heyne, Heyne Taschenbuch 7045, München, 1978

Jones A., Sefton, N.: *Marine Life of the Caribbean.* Macmillan Education Ltd., London, 1979

Labat J. B.: *Pater Labats Sklavenbericht.* Thienemann, Ed. Erdmann, Stuttgart, 1984

Lötschert W., Beese, G.: *Pflanzen der Tropen.* BLV-Verlag, München, 1981

Lüden C.: *Sklavenfahrt.* Boyens & Co., Heide, 1983

Maggiolo M. V.: *Arqueologia Prehistorica de Santo Domingo.* McGraw-Hill Far Eastern Publishers Ltd., Singapore, 1972

Manucy A., Torres-Reyes, R.: *Puerto Rico and the Forts of Old San Juan.* The Chatham Press, Old Greenwich, USA, 1973

Maurer E.: *Herrscher der Karibik – Der schwarze Napoleon.* Kristall bei Langen Müller, München

Menezes M. N.: *The Amerindians and the Europeans.* Collins, London, 1982

Nohlen D., Nuscheter, F.: *Handbuch der Dritten Welt, Mittelamerika und Karibik.* Hoffmann & Campe, Hamburg, 1982

Ohne Autor: *Die Neue Welt in den Schätzen einer alten Staatsbibliothek.* Herzog August Bibliothek Wolfenbüttel, Wolfenbüttel 1976

Ohne Autor: *La Citadelle, le Palais Sanssouci, le Site des Ramiers.* Institut de Sauvegarde du Patrimoine National, Port-au-Prince, Haiti, 1980

Ohne Autor: *La Revalorización de la Zona Historica de la Ciudad Santo Domingo.* Ediciones Culturales, C. por A., Santo Domingo, 1973

Ohne Autor: *Merian, Karibik und Bahamas, Heft 10/XXV.* Hoffmann & Campe, Hamburg, 1974

Ohne Autor: *Merian, Karibische Inselwelt, Heft 2/36.* Hoffmann & Campe, Hamburg, 1984

Ohne Autor: *Moderne Erzähler der Welt – Westindien.* Horst Erdmann Verlag, Tübingen, 1984

Oppens E.: *Karibik.* Prestel, München, 1981

Orlandi E., Giardini C.: *Kolumbus und seine Zeit.* Emil Vollmer Verlag, Wiesbaden, 1966

Palm W.: *Los Monumentos Arquitectónicos de la Española.* Indústrias Gráficas Soix y Barral, Ciudad Trujillo, 1955

Pennington P.: *Die großen Entdecker.* Neuer Kaiser Verlag, Klagenfurt, 1980

Pérez Mantas E.: *Monumentos Históricos y Arqueológicos de la República Dominica.* Instituto Panamericano de Geografia e Historia, Mexico, D.F., 1984

Pleticha H.: *Kolumbus.* Bertelsmann, Gütersloh, 1977

Randell J.E.: *Caribbean Reef Fishes.* T.F.H. Publications, Inc., Jersey City, USA, 1968

Rädecke K.A.: *Richtig Reisen – Cuba.* DuMont, Köln, 1984

Roo, de J.: *Curaçao scenes and behind the scenes.* De Walburg Pers, Zutphen, Holland, 1979

Schreiner C.: *Musica Latina.* Fischer, Fischer Taschenbuch 2973, Frankfurt, 1982

Schultze-Kraft P. (Hrsg.): *Die Nacht, in der die Hütten leer blieben.* Eichborn-Verlag, Frankfurt, 1981

Sormani G., Hertig L. (Hrsg.): *Zentralamerika.* Arbeitsgemeinschaft der Buchhandlungen e.V., Frankfurt, 1973

Stebich U.: *Kunst aus Haiti.* International Primary Art GmbH, Neu-Ulm, 1983

Tavares K.J.T.: *The Indians of Hispaniola.* Editora de Santo Domingo, Santo Domingo, 1978

Vieth U., Zimmermann M.: *Reggae – Musiker, Rastas und Jamaica.* Fischer, Fischer Taschenbuch 2965, Frankfurt, 1981

Ward F.: *Die goldenen Inseln der Karibik.* H.M. Hieronimi, Bonn, 1973

Weiss, J.E.: *Techos Coloniales Cubanos.* Editoral Arte y Literatura, La Habana, 1978

Weiss J.E.: *La Arquitectura Colonial Cubana.* Editoral Letras Cubanas, La Habana, 1979

Wimmer W.: *Die Sklaven.* Rowohlt, rororo Taschenbuch 7169, Reinbek, 1979

Wolfe L.: *Die Karibische Küche.* Time-Life International, Nederland, 1974

Wood P.: *Die Inselwelt der Karibik.* Time-Life International, Niederlande, 1976

Fotonachweis

Fridmar Damm, Köln Ft. 38, 43, 47
Ralf-Dieter Kempe, Urberach Ft. 63–65
Giv von Koerber, Köln Ft. 9
Gerold Jung (CTA), Ottobrunn Ft. 57, 58, 60, 61
Gerold Jung, Ottobrunn Umschlagvorderseite, Umschlagrückseite; Ft. 2, 3, 5, 6, 39–42, 48

Alle übrigen farbigen und schwarzweißen Vorlagen stammen vom Autor.

Zeichnungen und Pläne im Text

Die Zeichnungen und Pläne auf folgenden Seiten wurden vom Autor gezeichnet oder sind von ihm nach Vorlagen angefertigt worden:

18, 19, 21, 24, 29, 32, 33, 35, 36, 37, 42, 48, 69, 70, 72, 73, 75, 77, 78, 113, 114, 115, 126, 130, 140, 203, 204, 208, 238, 246, 247, 249, 283, 294, 308, 312, 315, 317, 347, 369

Ortsverzeichnis

Personenverzeichnis

(Historische Personen, Völker, Stämme)

DuMont Kunst-Reiseführer

- Ägypten und Sinai
- Algerien
- Belgien
- Bulgarien

Bundesrepublik Deutschland
- Das Allgäu
- Das Bergische Land
- Bodensee und Oberschwaben
- Die Eifel
- Franken
- Hessen
- Köln
- Kölns romanische Kirchen
- Die Mosel
- München
- Münster und das Münsterland
- Zwischen Neckar und Donau
- Der Niederrhein
- Oberbayern
- Oberpfalz, Bayerischer Wald, Niederbayern
- Ostfriesland
- Die Pfalz
- Der Rhein von Mainz bis Köln
- Das Ruhrgebiet
- Sauerland
- Schleswig-Holstein
- Der Schwarzwald und das Oberrheinland
- Sylt, Helgoland, Amrum, Föhr
- Der Westerwald
- Östliches Westfalen
- Württemberg-Hohenzollern
- DDR
- Dänemark

Frankreich
- Auvergne und Zentralmassiv
- Die Bretagne
- Burgund
- Côte d'Azur
- Das Elsaß
- Frankreich für Pferdefreunde
- Frankreichs gotische Kathedralen
- Korsika
- Languedoc-Roussillon
- Das Tal der Loire
- Lothringen (Oktober '85)
- Die Normandie
- Paris und die Ile de France
- Périgord und Atlantikküste
- Das Poitou
- Drei Jahrtausende Provence
- Savoyen
- Südwest-Frankreich

Griechenland
- Athen
- Die griechischen Inseln
- Alte Kirchen und Klöster Griechenlands
- Tempel und Stätten der Götter Griechenlands
- Kreta
- Rhodos

Großbritannien
- Englische Kathedralen
- Die Kanalinseln und die Insel Wight
- Schottland
- Süd-England
- Wales
- Guatemala
- Das Heilige Land
- Holland
- Indien
- Ladakh und Zanskar
- Indonesien
- Bali
- Iran
- Irland

Italien
- Elba
- Das etruskische Italien
- Florenz
- Ober-Italien
- Die italienische Riviera
- Von Pavia nach Rom
- Das antike Rom
- Rom
- Sardinien
- Sizilien
- Südtirol
- Toscana
- Venedig
- Japan
- Der Jemen
- Jordanien
- Jugoslawien
- Karibische Inseln
- Kenya
- Luxemburg
- Malta und Gozo
- Marokko
- Mexiko
- Unbekanntes Mexiko
- Nepal

Österreich
- Kärnten und Steiermark
- Salzburg, Salzkammergut, Oberösterreich
- Tirol
- Wien und Umgebung
- Pakistan
- Papua-Neuguinea
- Portugal
- Rumänien
- Die Sahara
- Sahel: Senegal, Mauretanien, Mali, Niger
- Die Schweiz
- Skandinavien

Sowjetunion
- Rußland
- Sowjetischer Orient

Spanien
- Die Kanarischen Inseln
- Katalonien
- Mallorca – Menorca
- Südspanien für Pferdefreunde
- Zentral-Spanien
- Sudan
- Südamerika
- Syrien
- Thailand und Burma
- Tunesien
- USA – Der Südwesten

»Richtig reisen«

- Algerische Sahara
- Amsterdam
- Arabische Halbinsel
- Australien
- Bahamas
- Bangkok
- Von Bangkok nach Bali
- Berlin
- Budapest
- Cuba
- Florida
- Friaul-Triest-Venetien
- Griechenland
- Griechische Inseln
- Großbritannien
- Hawaii
- Holland
- Hongkong
- Ibiza/Formentera
- Irland
- Istanbul
- Jamaica
- Kairo
- Kalifornien
- Kanada/Alaska
- West-Kanada und Alaska
- Kopenhagen
- Kreta
- London
- Los Angeles
- Madagaskar
- Malediven
- Marokko
- Mauritius
- Mexiko und Zentralamerika
- Moskau
- München
- Nepal
- Neu-England
- New Mexico
- New Orleans
- New York
- Nord-Indien
- Norwegen
- Paris
- Paris für Feinschmecker
- Peking/Shanghai
- Rom
- San Francisco
- Die Schweiz und ihre Städte
- Seychellen
- Sri Lanka
- Südamerika 1, 2, 3
- Süd-Indien
- Texas
- Tunesien
- Venedig
- Wallis
- Wien